权威·前沿·原创

皮书系列为
"十二五""十三五""十四五"时期国家重点出版物出版专项规划项目

乡村振兴蓝皮书

BLUE BOOK OF RURAL REVITALIZATION

湖南乡村振兴报告（2023）

HUNAN RURAL REVITALIZATION REPORT(2023)

湖南师范大学道德文化研究中心
湖南师范大学中国乡村振兴研究院
主　编／陈文胜　　向玉乔
副主编／陆福兴　　瞿理铜
执行主编／游　斌　汪义力　李珊珊

社会科学文献出版社
SOCIAL SCIENCES ACADEMIC PRESS（CHINA）

图书在版编目（CIP）数据

湖南乡村振兴报告 . 2023 / 陈文胜，向玉乔主编
. --北京：社会科学文献出版社，2023. 11
（乡村振兴蓝皮书）
ISBN 978-7-5228-2616-5

Ⅰ. ①湖…　Ⅱ. ①陈…　②向…　Ⅲ. ①农村-社会主
义建设-研究报告-湖南-2023　Ⅳ. ①F327.64

中国国家版本馆 CIP 数据核字（2023）第 193247 号

乡村振兴蓝皮书
湖南乡村振兴报告（2023）

主　　编／陈文胜　向玉乔

出 版 人／冀祥德
组稿编辑／邓泳红
责任编辑／桂　芳
责任印制／王京美

出　　版／社会科学文献出版社·皮书出版分社（010）59367127
　　　　　地址：北京市北三环中路甲 29 号院华龙大厦　邮编：100029
　　　　　网址：www. ssap. com. cn
发　　行／社会科学文献出版社（010）59367028
印　　装／三河市东方印刷有限公司

规　　格／开本：787mm×1092mm　1/16
　　　　　印张：22.5　字数：336 千字
版　　次／2023 年 11 月第 1 版　2023 年 11 月第 1 次印刷
书　　号／ISBN 978-7-5228-2616-5
定　　价／158.00 元

读者服务电话：4008918866

主编简介

陈文胜 湖南师范大学潇湘学者特聘教授、中国乡村振兴研究院院长，二级教授、博士生导师，教育部人文社会科学重点研究基地道德文化研究中心研究员，享受国务院政府特殊津贴专家，中央农办乡村振兴专家咨询委员会委员，中共湖南省委农村工作领导小组"三农"工作专家组组长，中国农村发展学会副会长，湖南省政府参事室特约研究员、省重大决策咨询智囊团专家，《中国乡村发现》主编，香港中文大学访问学者，湖南省"五个一批"人才，湖南省中国乡村振兴研究基地首席专家。主要从事"三农"问题研究。主持国家社科基金项目3项、国家社科基金重大项目子课题2项；主持省社科基金重大项目2项、重点项目3项、一般项目15项，其他项目28项。出版专著7部、合著7部、编著60余部；在《求是》《政治学研究》《人民日报》《光明日报》《经济日报》发表论文100余篇，被《新华文摘》《中国社会科学文摘》等转载20余篇；研究报告获党和国家领导人肯定性批示11人次、省部级领导肯定性批示70余人次，15项成果进入湖南省委省政府决策。研究成果获湖南省哲学社会科学优秀成果一等奖、二等奖各1项，代表作《论大国农业转型》《论中国乡村变迁》均入选"国家社科基金中华学术外译项目"，《论大国农业转型》被翻译为英文和阿拉伯文，《大国小村》被翻译为哈萨克文正式出版。

向玉乔 教育部人文社会科学重点研究基地道德文化研究中心主任，湖南师范大学道德文化研究院院长、哲学系主任，二级教授、博士生导师；

中央马工程专家，全国应用伦理专业学位研究生教育指导委员会委员，全国高校黄大年式教师团队负责人，湖南省121人才，芙蓉学者特聘教授；中国伦理学会常务理事，中国经济伦理学会和中国教育伦理学会常务理事，湖南省伦理学会副会长，中国伦理学会会刊《伦理学研究》副主编；曾经留学英国威尔士大学和美国斯坦福大学、乔治城大学等世界名校将近三年时间；主要研究伦理学基础理论、政治伦理学、经济伦理学，在道德记忆、分配正义、共享伦理、汉语道德语言、美国伦理思想史等领域形成自己的研究优势和特色；主持完成国家社科基金重点项目1项、一般项目2项，教育部人文社会科学重点研究基地重大项目1项，省级项目12项，目前主持国家社科基金重大招标项目"中国共产党的集体道德记忆研究"以及湖南省"十四五"时期社科重大学术和文化研究专项项目、研究阐释党的二十大报告精神专项项目各1项；在《中国社会科学》《哲学研究》《哲学动态》《世界哲学》《光明日报》等报纸杂志发表学术论文150余篇，被《新华文摘》《中国社会科学文摘》等转载40余篇；著有《道德记忆》《共享伦理研究》《中国道德话语》《美国伦理思想史》等专著、合著、译著20余部；领衔一门国家级哲学专业一流本科课程和一门省级哲学专业一流本科课程；著有16项智库成果，其中1项智库成果获中央领导同志重要批示；多次获湖南省哲学社会科学优秀成果奖。

摘　要

2022 年，是党和国家历史上极为重要的一年，党的二十大胜利召开，擘画了全面建设社会主义现代化国家的宏伟蓝图，并首次提出加快建设农业强国。在 2022 年底召开的中央农村工作会议上，习近平总书记对建设农业强国、全面推进乡村振兴的重大理论和实践问题进行了深刻阐述，为做好新时代新征程"三农"工作提供了根本遵循和行动指南。本书立足于湖南传统农业大省的省情，以解决城乡发展不平衡不充分的矛盾为主线，对湖南全面推进乡村振兴，促进农业高质高效、乡村宜居宜业、农民富裕富足取得的成效、存在的问题及对策进行了全面深入的研究。

2022 年，湖南全面推进乡村振兴取得明显的成效：一是以多元食品结构为取向，特色农业发展加速推进。在保障粮食生产供给能力的同时，采取了一系列措施提高粮食生产效率和质量。大力培育特色优势产业，逐步形成了多元化食物供给体系，并推动产购储加销全链条协同发力，不断夯实食物供给的安全根基。二是以"两个高地"建设为依托，农业科技创新能力持续提升。通过打造种业创新高地和智慧智能农机产业链发展高地，不断提高农业产业的科技含量和附加值，推动了现代农业快速发展。三是以乡村文化振兴为引领，打造具有湖湘特色的宜居宜业和美乡村。通过大力推进农村精神文明建设、改善农村人居环境、逐步完善基础设施，推动了乡村文化振兴和农村社会和谐稳定。四是以增加农民收入为主线，积极推动农民富裕富足。通过加快推进县域经济高质量发展，发展壮大村集体经济，健全促进增收联农带农机制，促进了农民收入较快增长。五是以党建为引领，乡村善治水平不断提升。通过加强基层党组织建设，引导村民全面参与乡村治理，积极开展平安创建和民主法治示范创建等，推动乡村治理效能不断提升。

湖南全面推进乡村振兴亟待破解的现实问题：一是特色产业发展缺乏长远的规划，产业链条延伸不够充分；二是农村集体产权制度改革进展相对缓慢；三是"三农"带头人总量不足、素质不高、结构不优的问题突出；四是全过程人民民主的基层基础有待夯实；五是乡村优秀传统文化传承与提升的关系处理尚待平衡。

全面推进湖南乡村振兴的对策建议：第一，坚持大食物观，优化农产品供给体系。包括提升粮食综合生产能力、强化多元化农产品供给、积极发展现代设施农业等，以确保粮食安全和农业高效发展。第二，着力打造特色化融合化绿色化现代乡村产业体系。通过延伸做强特色农产品产业链、大力发展乡村新产业新业态和加强农产品品牌建设等措施，促进农村产业升级和农民增收。同时，推进农业低碳绿色化发展，实现可持续发展。第三，以产权改革为突破口，拓展农民增收渠道。包括稳步推进农村承包地改革，放活经营权；稳慎推进农村宅基地制度改革，盘活闲置资源；推进新型农村集体经济发展，增强农民增收动能。第四，突出地域特色，强化宜居宜业和美乡村建设。包括稳妥推进乡村建设行动、提升农民生活品质、促进城乡基本公共服务均等化、弘扬优秀乡土文化和提高农民文化素养等举措。第五，坚持农民主体地位，加强和创新乡村治理。通过健全党建引领的多元共治体系，推进乡村数字化治理，提升乡村治理效能。第六，以县城为战略支撑，促进城乡融合与区域协调发展。包括提升县城服务城乡区域发展的能力，推进以县城为引领的城乡区域产业协同发展，推进以县城为枢纽的区域市场体系建设等措施。第七，聚焦机制建设，强化农业强省建设投入保障。通过健全涉农财政投入保障机制、优化农村金融服务机制、激发社会力量投资农业农村活力等措施，推动乡村振兴获得更广泛的社会支持和资源投入。

关键词： 乡村振兴　城乡融合　县域经济　农业农村现代化　湖南

Abstract

In 2022, the year that was crucial in the history of both the Party and the country, the 20th National Congress of the Communist Party of China successfully convened, mapping out a grand blueprint for comprehensively building a socialist modern country and proposing for the first time to accelerate the construction of an agricultural strong country. At the Central Rural Work Conference held at the end of 2022, General Secretary Xi Jinping conducted a profound exposition on the construction of an agricultural strong country and promoting rural revitalization with a comprehensive focus on major theoretical and practical issues, providing fundamental guidance and direction for handling the work in rural areas in the new era. Based on Hunan Province's traditional status as an agricultural province in China, this book takes the contradiction of unbalanced and inadequate urban and rural development as the main line, and makes a comprehensive and in-depth study on the achievements, existing problems and countermeasures of Hunan's comprehensive promotion of rural revitalization, high quality and efficiency of agriculture, rural livability and industry, and farmers' prosperity. The book also delves into the effectiveness and issues that need to be addressed in Hunan's efforts to promote rural revitalization.

In 2022, Hunan has achieved remarkable results in comprehensively promoting rural revitalization: Firstly, Hunan has accelerated the development of its agricultural industry with a diversified food structure as the orientation. While ensuring the ability to provide food production, Hunan has taken a series of measures to improve grain production efficiency and quality. The province has vigorously cultivated signature industries and gradually formed a diversified food supply system. It has also promoted the entire industry chain of production, procurement, storage, processing, and sales to work together and continuously strengthen food supply security. Secondly, Hunan has continued to improve its agricultural scientific and technological innovation capacity with the construction of "two highlands" as the support. By creating a highland for agricultural seed innovation and a highland for intelligent agricultural machinery industry development, Hunan has continuously increased the technological content and added value of agricultural industries, promoting rapid modern agricultural development. Thirdly, Hunan has led the way in rural cultural revitalization, building beautiful villages suitable for living and working in line with Hunan's characteristics. Through vigorously promoting rural spiritual civilization construction and improving rural living environments, Hunan has gradually improved infrastructure and promoted rural cultural revitalization and rural social harmony and stability. Fourthly, Hunan has actively promoted farmers' prosperity with increasing farmers' income as the main line. By accelerating the high-quality development of county economies, expanding the collective economy of rural areas, improving the mechanism that promotes income growth for farmers, and farmers' linkage with agriculture, Hunan has promoted farmers' income growth at a faster rate. Fifthly, Hunan has continuously improved rural governance with Party building as the lead. By strengthening grassroots party organizations, guiding villagers to fully participate in rural governance, actively promoting public security construction in rural areas and Democratic rule of law demonstration creation, Hunan has promoted the effectiveness of rural governance and constantly improved governance capacity.

However, there are still some real problems that need to be solved in Hunan Province's comprehensive promotion of rural revitalization: Firstly, there is a lack of long-term planning in the development of signature industries, and the industrial chain needs to be further extended. Secondly, the reform of rural collective property rights has progressed relatively slowly. Thirdly, the problem of insufficient quantity, low quality, and imbalanced structure of "three agriculture" leaders is prominent. Fourthly, there is still room for improvement in strengthening the grassroots foundation of the whole process of people's democracy. Fifthly, there is still a need to balance handling the relationship between inheriting excellent traditional culture and promoting its development in rural areas.

To comprehensively promote rural revitalization in Hunan Province, this book puts forward countermeasures including: Firstly, we should adhere to the concept of providing food from multiple sources and optimize the supply system of agricultural products. This includes improving grain production capacity and diversifying agricultural product supply to ensure food safety and efficient agricultural development. Secondly, we should focus on creating a specialized and integrated green modern rural industry system with characteristics. This involves extending and strengthening the industrial chain of characteristic agricultural products; vigorously developing new rural industries and vibrant small towns; strengthening brand construction for agricultural products; etc., to promote rural industrial upgrading and farmers' income increase. At the same time, we should promote low-carbon green development in agriculture to achieve sustainable development. Thirdly, taking property rights as a breakthrough point, we should expand farmers' income channels. This involves steadily promoting rural land contract reform; gingerly promoting rural land house system reform; actively promoting new rural collective economic development; strengthening farmers' income increase capabilities; etc., to promote farmers' income growth and strengthen their sense of gain. Fourthly, we should highlight regional characteristics and strengthen livable industry and beautiful rural construction. This includes steadily promoting rural construction actions, improving farmers' quality of life, promoting equalization of basic public services between urban and rural areas, promoting excellent local culture and enhancing farmers' cultural literacy measures. Fifthly, we should adhere to the dominant position of farmers and strengthen and innovate rural governance. By improving a diversified governance system led by party building, promoting digital rural governance, and enhancing rural governance effectiveness. Sixthly, we should take the county as a strategic support to promote urban-rural integration and coordinated development. This involves improving the county's ability to serve urban and rural development; promoting coordinated development of urban and rural industries; and promoting the construction of a regional market system with the county as the hub. Seventhly, we should focus on mechanism construction and strengthen support for agricultural strong province construction investment. We should improve the agricultural financial input mechanism in Hunan Province, optimize the rural financial service mechanism, stimulate social capital investment in agriculture and rural areas, and promote agricultural modernization and rural revitalization in Hunan Province with broader social support and resource input.

This book takes Chenzhou City, Loudi City, Xiangxi Autonomous Prefecture in Hunan Province and five typical counties as research examples, conducts detailed research on rural revitalization, and forms a research report on "Three Cities and Five Counties". In addition, this book also selects six representative villages for field visits and writes corresponding research reports. These research reports fully reflect different aspects of Hunan's comprehensive promotion of rural revitalization process, delineating a rich and colorful panorama of rural revitalization. On this basis, this book also conducts in-depth research on regional public brand building for agricultural products, rural cultural revitalization, and agricultural industrial leading enterprises in Hunan Province to showcase the current situation and results of rural revitalization in Hunan Province more accurately and profoundly.

Keywords: Rural Revitalization; Urban-rural Integration; County Economy; Agricultural and Rural Modernization; Hunan

目 录 ↖

Ⅰ 总报告

B.1 2023年湖南省全面推进乡村振兴研究报告

.... 湖南师范大学中国乡村振兴研究院 / 001

    一 湖南全面推进乡村振兴取得明显成效 .... / 002

    二 湖南全面推进乡村振兴亟待破解的现实问题 .... / 022

    三 全面推进湖南乡村振兴的对策建议 .... / 031

Ⅱ 专题篇

B.2 2023年湖南省农产品区域公共品牌研究报告

.... 海星区域公共品牌研究院 / 046

B.3 2023年岳阳市乡村文化振兴研究报告 ...... 岳阳市政协课题组 / 077

B.4 2023年益阳市农业产业化龙头企业发展研究报告

.... 益阳市政协课题调研组 / 091

Ⅲ 市域篇

B.5 2023年郴州市乡村振兴研究报告 ...... 陈文胜 游 斌 王文强 / 105

B.6　2023年娄底市乡村振兴研究报告

　　…………………………………… 陆福兴　韩梦瑶　康　霜 / 127

B.7　2023年湘西州乡村振兴研究报告 ………………… 瞿理铜　文雅芳 / 148

Ⅳ　县域篇

B.8　2023年常宁市乡村振兴研究报告 ………………… 游　斌　孙建红 / 167

B.9　2023年宜章县乡村振兴研究报告 ………………… 李珊珊　凌力群 / 184

B.10　2023年双峰县乡村振兴研究报告 ………………… 汪义力　胡　勇 / 205

B.11　2023年古丈县乡村振兴研究报告 ………………… 陈翔宇　陈文胜 / 226

B.12　2023年汝城县乡村振兴研究报告…………………… 周　楠　陈文胜 / 243

Ⅴ　村庄篇

B.13　长沙市长沙县新云村乡村产业调研报告 …… 曹　倩　陈文胜 / 264

B.14　浏阳市沙市镇东门村乡村振兴调研报告 …… 田　珍　陆福兴 / 274

B.15　浏阳市官桥镇石灰嘴村乡村振兴调研报告

　　……………………………………………… 朱　烨　陈文胜 / 286

B.16　湘潭市湘潭县乌石峰村特色文旅调研报告

　　……………………………………………… 胡　勇　陈文胜 / 295

B.17　邵阳市隆回县向家村乡村产业调研报告 …… 凌力群　陈文胜 / 306

B.18　常德市桃源县新跃村乡村振兴调研报告 …… 韩梦瑶　陆福兴 / 318

后　记……………………………………………………………………… / 331

皮书数据库阅读 **使用指南**

CONTENTS ⟋⟍

I General Report

B.1 Research Report on Hunan Province's Comprehensive Promotion of
Rural Revitalization in 2023

China Rural Revitalization Research Institute, Hunan Normal University / 001

  1. Hunan has achieved significant results in comprehensively
  promoting rural revitalization / 002
  2. The Realistic Problems Urgently to be Solved in the Comprehensive
  Promotion of Rural Revitalization in Hunan Province / 022
  3. Countermeasures and Suggestions for Comprehensively Promoting
  Rural Revitalization in Hunan Province / 031

II Special Reports

B.2 Research Report on Regional Public Brands of Agricultural
Products in Hunan Province in 2023

Starfish Regional Public Brand Research Institute / 046

B.3 Research Report on Rural Cultural Revitalization in

Yueyang City in 2023 *Yueyang CPPCC Research Group* / 077

B.4 Research Report on the Development of Leading Agricultural

Industrialization Enterprises in Yiyang City in 2023

Yiyang City CPPCC Research Group / 091

Ⅲ City Reports

B.5 Research Report on Rural Revitalization in Chenzhou City in 2023

Chen Wensheng, You Bin and Wang Wenqiang / 105

B.6 Research Report on Rural Revitalization in Loudi City in 2023

Lu Fuxing, Han Mengyao and Kang Shuang / 127

B.7 Research Report on Rural Revitalization in Xiangxi Prefecture in 2023

Qu Litong, Wen Yafang / 148

Ⅳ County Reports

B.8 Research Report on Rural Revitalization in Changning City in 2023

You Bin, Sun Jianhong / 167

B.9 Research Report on Rural Revitalization in Yizhang County in 2023

Li Shanshan, Ling Liqun / 184

B.10 Research Report on Rural Revitalization in Shuangfeng County in 2023

Wang Yili, Hu Yong / 205

B.11 Research Report on Rural Revitalization in Guzhang County in 2023

Chen Xiangyu, Chen Wensheng / 226

B.12 Research Report on Rural Revitalization in Rucheng County in 2023

Zhou Nan, Chen Wensheng / 243

V Village Reports

B.13　Research Report on Rural Industry in Xinyun Village, Changsha County,
Changsha City　　　　　　　　　　　*Cao Qian, Chen Wensheng* / 264

B.14　Research Report on Rural Revitalization in Dongmen Village,
Shashi Town, Liuyang City　　　　　　　*Tian Zhen, Lu Fuxing* / 274

B.15　Research Report on Rural Revitalization in Shihuizui Village,
Guanqiao Town, Liuyang City　　　　　*Zhu Ye, Chen Wensheng* / 286

B.16　Research Report on Characteristics of Culture and Tourism in
Wushifeng Village, Xiangtan County, Xiangtan City

Hu Yong, Chen Wensheng / 295

B.17　Research Report on Rural Industry in Xiangjia Village,
Longhui County, Shaoyang City　　　*Ling Liqun, Chen Wensheng* / 306

B.18　Research Report on Rural Revitalization in Xinyue Village,
Taoyuan County, Changde City　　　　*Han Mengyao, Lu Fuxing* / 318

Postscript　　　　　　　　　　　　　　　　　　　　/ 331

总 报 告

General Report

B.1
2023年湖南省全面推进
乡村振兴研究报告

湖南师范大学中国乡村振兴研究院*

摘　要： 湖南2022年全面推进乡村振兴取得明显成效，主要表现在：以多元食品结构为取向，特色农业发展加速推进；以"两个高地"建设为依托，农业科技创新能力持续提升；以乡村文化振兴为引领，打造具有湖湘特色的宜居宜业和美乡村；以增加农民收入为

* 湖南师范大学中国乡村振兴研究院课题组成员：陈文胜，湖南师范大学中国乡村振兴研究院院长、二级教授、博士生导师，研究方向为农村经济、城乡关系、乡村治理；陆福兴，湖南师范大学中国乡村振兴研究院教授，研究方向为农村政策法律、农业安全；瞿理铜，湖南师范大学中国乡村振兴研究院副教授、硕士生导师，研究方向为"三农"问题、土地经济与土地政策、区域发展与城乡规划；李珺，湖南师范大学中国乡村振兴研究院、马克思主义学院博士研究生，研究方向为乡村文化；李珊珊，湖南师范大学中国乡村振兴研究院、马克思主义学院博士研究生，研究方向为乡村振兴战略；汪义力，湖南师范大学中国乡村振兴研究院、马克思主义学院博士研究生，研究方向为乡村治理；王文强，湖南师范大学中国乡村振兴研究院博士研究生、湖南省社科院（省政府发展研究中心）研究员，研究方向为农村人力资源；周楠，湖南师范大学中国乡村振兴研究院博士研究生，研究方向为县域城乡融合；游斌，湖南师范大学中国乡村振兴研究院博士后，研究方向为城乡和区域经济发展。

主线，推动农民富裕富足；以党建为引领，乡村善治水平不断提升。本报告认为，在全面推进乡村振兴中亟待破解的现实问题主要有：特色产业发展规划滞后，产业链条延伸不足；农村集体产权制度改革进展相对缓慢；"三农"带头人问题突出；全过程人民民主的基层基础有待夯实；乡村优秀传统文化传承与提升的关系处理失衡。本报告提出全面推进湖南乡村振兴的对策：坚持大食物观，优化农产品供给体系；着力打造特色化融合化绿色化现代乡村产业体系；以产权改革为突破口拓展农民增收渠道；突出地域特色，强化宜居宜业和美乡村建设；坚持农民主体地位，加强和创新乡村治理；以县城为战略支撑促进城乡融合与区域协调发展；聚焦机制建设，强化农业强省建设投入保障。

关键词： 乡村振兴 农业强国 农业农村现代化 湖南

党的二十大对全面推进乡村振兴、加快建设农业强国作出重大战略部署。湖南作为传统农业大省，按照党中央关于全面推进乡村振兴的要求，始终把保障粮食和重要农产品稳定安全供给作为建设农业强省的头等大事，大力推进全国种业创新、智慧智能农业装备制造、农产品加工业发展的高地建设，加快补齐农业机械化、设施化、适度规模化、服务社会化短板，持续拓展农民增收渠道，不断推动农业大省向农业强省跨越。

一 湖南全面推进乡村振兴取得明显成效

为全面推进乡村振兴、着力构建农业高质高效、乡村宜居宜业、农民富裕富足的农业农村现代化新格局，湖南 2022 年加速推进特色农业发展，加快农业技术创新步伐，抓好乡村发展、乡村建设、乡村治理三个重点，努力在"稳产""强基""增效""富民"上下功夫。

（一）以多元食品结构为取向，加速推进特色农业发展

习近平总书记在中央农村工作会议上指出，"解决吃饭问题，不能光盯着有限的耕地，要把思路打开，树立大食物观"；"要构建多元化食物供给体系"。[①] 湖南省深入贯彻落实习近平总书记关于大食物观的重要论述，坚决扛起维护国家粮食安全的政治责任，积极探索拓展食物来源、丰富食物品种的有效路径，加快发展特色食品产业，为保障国家粮食安全贡献力量。

1. 坚持粮食数量和质量并重原则，粮食生产供给能力不断提升

湖南主动扛稳粮食安全重任，坚决保障粮食和重要农产品的稳定安全供给，千方百计稳住农业生产"基本盘"。2022 年出栏生猪 6248 万头，创历史新高，居全国第二位，能繁母猪存栏 369.6 万头，为正常保有量的103.8%。落实大豆种植面积 198 万亩、带状复合种植 109 万亩。棉花收获面积 96.9 万亩，同比增加 6.6 万亩。蔬菜、牛羊、家禽等产量稳定增长，渔业产值突破千亿元，[②] 油茶籽产量稳居全国第一。[③]

一是建"良田"，牢牢守住耕地保护红线。严格落实粮食安全党政同责要求，狠抓水稻集中育秧、社会化服务等关键环节，2022 年各级投入粮食生产资金增加 30%，全省完成粮食播种面积 7148 万亩，超国家任务 13.4 万亩，产量 603.6 亿斤，连续 3 年站稳 600 亿斤台阶。特别是有效应对上年入汛以来 9 轮暴雨洪水和入夏后发生的 1961 年以来最严重干旱，挽回粮食损失 93.6 亿斤，大灾之年实现粮食基本稳产。[④] 田长制全面推行，新建高标准农田 460 万亩，粮食总产连续三年超 600 亿斤。[⑤] 调研发现，益阳市建立市、县、乡、村、组五级"田长制"，覆盖耕地 411.68 万亩以上，形成精

---

① 习近平：《加快建设农业强国　推进农业农村现代化》，《求是》2023 年第 6 期。
② 湖南省农业农村厅：《加快建设现代化农业产业体系基础材料》，2023 年 5 月 6 日，打印稿。
③ 毛伟明：《政府工作报告——2023 年 1 月 14 日在湖南省第十四届人民代表大会第一次会议上》，《湖南日报》2023 年 1 月 28 日，第 1 版。
④ 湖南省农业农村厅：《加快建设现代化农业产业体系基础材料》，2023 年 5 月 6 日，打印稿。
⑤ 毛伟明：《政府工作报告——2023 年 1 月 14 日在湖南省第十四届人民代表大会第一次会议上》，《湖南日报》2023 年 1 月 28 日，第 1 版。

准到丘块的耕地安全利用"一张图",全覆盖完成 4.86 万亩严格管控区产业结构调整、72.42 万亩安全利用区"六改"农艺措施;创新高标准农田建管护一体化机制,建成高标准万亩示范区 12 个、千亩示范区 38 个,全市高标田达 322.33 万亩。目前,益阳市粮食播种面积 557.66 万亩,超省定任务6.76 万亩。早稻生产喜获丰收,平均单产 431.6 公斤,同比增加 16.35 公斤。[①] 临澧县突出早稻集中育秧、"早专晚优"双季稻轮作暨粮油作物绿色高质高效行动、"稻油"水旱轮作试点等项目建设,强举措、重落实,确保守住粮食安全底线。近年来,临澧全县粮食播种面积常年保持在 80 万亩左右,总产 33 万吨左右。[②]

二是推"良治",健全种粮收益保障机制。2022 年湖南省农业农村厅落实中央三批实际种粮农民一次性补贴资金 19.06 亿元,提前下达 2023 年耕地地力保护补贴 57.312 亿元,全省各级支持粮食生产发展财政资金投入超过 40 亿元,较上年增加 10 亿元以上,中央和省里配套支持耕地轮作、绿色高质高效行动补贴达到 7.56 亿多元。[③] 调研得知,东安县出台《东安县2022 年发展粮食生产十条措施》,从产粮大县奖励资金中安排 3000 万元用于扶持发展粮食生产,加大对早稻集中育秧、玉米大豆复合种植、全程机械化等关键领域关键环节的扶持力度,多途径多环节进行累加补贴,全力稳定粮食播种面积。金融信贷"放水养鱼",以乡镇为单位开展农银对接洽谈会,引导金融资本下乡,加大对种粮大户的信贷支持力度,带动金融机构发放各类惠农贷款 4500 万元。[④]

2. 大力培育特色优势产业,多元化食物供给体系逐渐形成

湖南地貌类型多样,光水热资源丰富,自古以来就享有"九州粮仓""鱼米之乡"的美誉。近年来,湖南省委、省政府坚决贯彻落实习近平总书

---

① 熊炜:《实施"六良行动" 建设"洞庭粮仓"——益阳市率先探索推进洞庭湖区国家粮食安全产业带建设》,《农业论坛》2022 年第 3 期。
② 中共临澧县委办公室:《临澧县粮食生产工作调研报告》,《农业论坛》2022 年第 2 期。
③ 湖南省农业农村厅:《2022 年全省农业优势特色千亿产业发展情况报告》,打印稿。
④ 中共东安县委东安县人民政府:《保障粮食安全稳住经济大盘》,《农业论坛》2022 年第 3 期。

记关于"大食物观"系列指示，立足于农业发展区域差异性与发展路径多元性的双重特征，既用好有限的耕地，又善用大自然的馈赠，学会向大自然"要粮"，逐渐形成多元化食物供给体系。

向森林要食物，因地制宜发展"林下经济"。森林蕴藏着丰富的食物，是天然的"大粮库"，不仅能丰富人民群众的餐桌，还能满足健康的生活需求。湖南森林资源丰富，林地面积1221.03万公顷，完成营造林面积574.57万亩，森林覆盖率达59.98%，森林蓄积量达6.64亿立方米。[1] 丰厚的绿色家底是湖南发展林下经济的坚实基础。近年来湖南省林下经济产业发展方兴未艾，发展规模、产值等指标在全国范围内名列前茅，打造了"靖县茯苓""新化黄精""通道黑老虎""慈利杜仲"等一批林下经济品牌，全省林下经济产值达391亿元。[2] 调研发现，森林覆盖率达54%、境内海拔1000米以上的山峰达70多座的新化县深入践行"两山"理论，紧扣茶叶、黄精"两特"产业的产业化、规模化、品牌化，着力擘画乡村振兴产业兴旺新蓝图，2021年县域"两特"种植面积达16万余亩、相关合作社和企业达591家、从业人员达20余万人、综合总产值突破16亿元。[3]

向江河湖要食物，推进渔业高质量发展。水产品是重要的农产品，也是优质动物蛋白的重要来源，发展渔业可以更好保障食物供给安全。湖南立足长江干流湖南段、洞庭湖、湘资沅澧四水等优良渔业水域和自然禀赋，深挖大水面生态渔业产业发展潜力，探索出了一条生态渔业绿色健康发展新路子。2021年，全省水产品总量达266.1万吨，渔业经济总产值达945.5亿元，比上年增长27%。渔业产业规模不断壮大，淡水产品总量居全国前五位。"南县小龙虾""汉寿甲鱼"等14种水产品成为国家地理标志保护产品。[4]

---

① 湖南省林业局：《上行下效，推深做实林长制 湖南打通林草资源保护发展"最后一公里"》，湖南省林业局信息门户网站，2023年6月29日。
② 李兵、李璐：《绘出生态建设最美底色》，红网，2022年9月3日。
③ 谢建斌、王平、谢欢、王国安：《新化紧扣"两特"产业书写产业振兴佳篇》，《农业论坛》2022年第1期。
④ 张尚武等：《湖南淡水产品总量居全国前五》，《湖南日报》2022年10月24日，第7版。

向植物要热量、要蛋白，打造"湘菌"千亿产业。湖南发展食用菌产业，具有气候适宜、原料充足等优势条件。全省每年的农作物秸秆、壳皮、木屑、竹屑等副产物达 100 亿公斤，加上气候湿热、雨量充沛、丘岗山区林木丛生、洞庭湖区大片芦苇，都极适合于食用菌开发。目前，全省食用菌栽培品种已有 60 多个。① 湖南已形成以香菇、平菇、茯苓、杏鲍菇等大宗食用菌为主，兼有羊肚菌、竹荪、黑皮鸡枞、鹿茸菇等特色珍稀食用菌的产业结构。全省食用菌工厂化生产企业数十家，省级以上农业产业化龙头企业 10 余家，全省食用菌产值早已过 200 亿元。"果秀"公司工厂化瓶栽杏鲍菇年产 1.6 万吨，靖州茯苓占领全国"半壁江山"。②

3. 产购储加销全链条协同发力，食物供给的安全根基不断夯实

湖南省加快构建现代化粮食产业体系，实现产业链、价值链、供应链"三链协同"，打造从田间到餐桌的产购储加销一体化"全产业链发展模式"，确保食物稳定供给、市场平稳运行。

推进"规模+产业"建设，延伸产业链。近年来湖南积极探索"品牌引领、订单引导"的粮油产业发展模式，以"优质粮油工程"和"粮油千亿产业工程"为主要载体，不断提升产业发展的质量效益。2022 年全省粮油产业加工业总产值达 1728 亿元，同比增长 3.9%。③ 2022 年粮食产业全产业链产值 3396 亿元，同比增长 6.79%；畜禽产业全产业链产值 3855 亿元，同比增长 6.66%；蔬菜产业全产业链产值 2111 亿元，同比增长 5.56%；油料产业全产业链产值 982 亿元，同比增长 1.97%；水果产业全产业链产值 900 亿元，同比增长 8.56%；水产产业全产业链产值 848 亿元，同比增长 6%；茶叶产业全产业链产值 839 亿元，同比增长 7.15%；中药材产业全产业链产值 717 亿元，同比增长 9.97%；南竹产业全产业链产值 557 亿元，同比增长

① 高瑞霞：《产学研结合 打造"湘菌"千亿产业——湖南省食用菌研究所以科技推动产业发展》，《中华合作时报》2022 年 7 月 22 日，第 8 版。
② 彭运祥：《湘菌千亿产业路在何方——统筹推进产业升级是根本》，新湖南客户端，2022 年 4 月 30 日，https://baijiahao.baidu.com/s? id=1731506986133483455&wfr=spider&for=pc。
③ 李偲：《湖南：加强粮食收储和流通能力建设 夯实粮食安全根基》，红网，2023 年 4 月 26 日。

6.50%；种业产值410亿元，同比增长4.59%。① 国家级优势特色产业集群项目达到6个，是全国数量最多的省份之一；农产品加工业营收突破2万亿元，增长7%；农产品出口179.6亿元，增长19%。② 调研发现，益阳助农米业引进国际先进粮食加工生产线4条，以人工智能、万物物联为手段，以2微米精度在线检测为依据，以算法、数据为支撑，实现稻米加工智能化生产、全程数字化控制；联合中南林业科技大学研制开发营养米提质技术和稻虾米加工衍生产品等新品，现已开发精米、胚芽米、营养米及自热米饭等产品，最大限度地提升稻米利用率，引领粮食梯次全值利用，将一粒稻谷"吃干榨尽"。③

推进"品质+品牌"建设，提升价值链。一是进一步完善品牌建设支持政策。重点推进"端稳端牢中国粮　做优做香湖南饭"有关品牌工作，制定《十大湘菜名县评选办法》《十大湘菜预制菜加工企业评选办法》，评选了"2022年十大湘菜名县""十大湘菜预制菜加工企业"。二是持续培育区域公用品牌。持续打造"两茶两油两菜"6个省级区域公用品牌，培育"湘赣红""湘南脐橙"等5个片区公用品牌。将"湘九味"品牌升级为省级区域公用品牌进行品牌建设与支持。评选确定了20个"一县一特"优秀农产品品牌。持续组织开展"一县一特"优秀品牌评选。编制湖南省农产品区域公用品牌名录（含优秀企业）。新授权20家企业及其产品使用"湘赣红"品牌。同时开展了"十大湖南红茶品牌""湘江源"蔬菜十佳品牌评选活动。在2022年中国农业品牌创新发展大会上，湖南省作为典型，现场向全国推介实施"一县一特一品"的"湖南经验"。三是加强宣传，提升品牌影响力。加大了与央视、湖南卫视及其他主流媒体合作进行宣传推广的力度。在CCTV-13新闻频道、湖南卫视播放湖南辣椒视频广告；联合湖南都市频道拍摄20期优质农产品宣传片。继续在交通枢纽、重点社区及其他人流密集地开展宣传。重点在新媒体平台进行品牌推广。打造"湘赣红品牌

---

① 湖南省农业农村厅：《加快建设现代化农业产业体系基础材料》，2023年5月6日，打印稿。

② 湖南省农业农村厅：《湖南省农业农村工作总结》，2023年2月6日，打印稿。

③ 李偲：《湖南：加强粮食收储和流通能力建设　夯实粮食安全根基》，红网，2023年4月26日。

官方抖音号"，共更新制作"湘赣红"视频40条，观看总量超过300万次。借助丰收节、农博会平台营造品牌宣传氛围。举办第五届中国农民丰收节湖南主题活动，在全省范围内开展了农民文化艺术展演、名优农产品展示展销、衡东土菜（茶担子）文化体验等活动，举办2022湖南辣椒产业论坛暨"湘江源"蔬菜产销对接等活动。四是鼓励大胆创新发展农商直供、预制菜肴、冷链配送、自营门店、商超专柜、在线销售、场景销售等新销售业态，初步形成了"中央厨房+冷链配送+食堂管理"模式以及"公司+农户+合作社+屠宰+冷链物流+中央厨房+餐饮门店"的经营模式。目前全省初步形成了以"两茶两油两菜""湘赣红"等为代表的省级区域公用品牌、以"崀山脐橙""南县小龙虾""岳阳黄茶"等为代表的片区品牌、以"宁乡花猪"等为代表的"一县一特"品牌，以及一大批企业品牌、产品品牌共同参与、多轮驱动、梯次发展的金字塔结构。全省农业区域公用品牌意识明显增强、数量快速增长、效益显著提升，进一步完善了湖南农业品牌体系。①

推进"冷藏+保鲜"建设，打造供应链。湖南不断创新思路、强化举措，持续推进农产品产地冷藏保鲜设施建设，提升乡村供应链现代化水平。累计建设农产品产地冷藏保鲜项目6300个，冷藏保鲜能力提升34%、鲜活农产品损腐率下降10.8%。克服疫情影响，高质量举办中部（湖南）农博会。② 大力实施农产品产地冷藏保鲜设施建设。2022年在全省范围内重点围绕蔬菜、水果，兼顾薯类、食用菌、茶叶、中药材等地方优势特色品种，支持2534个农民合作社、家庭农场和村集体经济组织开展农产品产地冷藏保鲜设施建设，培育农民合作社、家庭农场等新型农业经营主体，进一步健全农业专业化社会化服务体系，稳步推进冷链设施项目建设。2022年农业农村部下达湖南省的资金5.3亿元，省财政安排3亿元用于非脱贫县农产品产地冷藏保鲜设施建设。农产品产地冷藏保鲜设施建设带动全省农产品产地冷藏保鲜能力提升34%、鲜活农产品损腐率下降10.8%，农产品商品化处理

---

① 湖南省农业农村厅：《2022年全省农业优势特色千亿产业发展情况报告》，打印稿。

② 湖南省农业农村厅：《湖南省农业农村工作总结》，2023年2月6日，打印稿。

和错季销售能力明显提高，参与项目建设的市场主体平均收益增加20.6%，产生了显著的经济效益和社会效益。① 调研发现，2020年，石门县农业农村局以鲜活农产品主产区和优势区生产基地为重点，按照"田头市场+新型农业经营主体+农户"的模式，扎实推进了39个高温库、4个低温库、4个预冷库、3个气调库共计41782.23立方米的农产品仓储保鲜冷链设施项目建设，均通过了验收。提升了农产品的商品化处理能力，降低了产后损失，提高了农产品附加值和品牌价值。②

（二）以"两个高地"建设为依托，农业科技创新能力持续提升

近年来，湖南充分发挥种业和农机优势，把农业科技创新摆在突出重要位置，着力打造种业创新高地和智慧智能农机产业链发展高地，推动湖南农业高质量发展。

1. 打造种业创新高地

习近平总书记强调："种源安全关系到国家安全，必须下决心把我国种业搞上去，实现种业科技自立自强、种源自主可控。"③ 湖南大力开展科技攻关，发展种业产业，奋力打造有核心竞争力的种业科技创新高地，为保障国家粮食安全和种业安全贡献湖南力量。一是加强种质资源收集、保护和开发利用。种业是农业的"芯片"，湖南有独特的区位优势，是良种的天然筛选场；全省拥有水稻院士、鱼院士、油菜院士、养猪院士、辣椒院士、茶院士、果树院士等8名院士，在全国各省份中排名第二，在多个领域育种技术居世界或国内领先地位；有丰富的种质资源，水稻、辣椒等种质资源库全国排名靠前。为全面摸清全省种质资源家底、实现资源安全共享，由岳麓山种业创新中心承建的"湖南省农业种质资源创新数据库"正在加紧建设。二

---

① 湖南省农业农村厅：《2022年全省农业优势特色千亿产业发展情况报告》，2023，打印稿。
② 李志、徐霞、李东波：《石门县高质量推动农产品仓储保鲜冷链设施建设》，《湖南农业》2022年第1期。
③ 《习近平在看望参加政协会议的农业界社会福利和社会保障界委员时强调：把提高农业综合生产能力放在更加突出的位置》，《人民日报》2022年3月7日，第1版。

是推进岳麓山实验室等创新平台建设。湖南有杂交水稻全国重点实验室等一批国家级科技创新平台，拥有农业相关国家及省部级创新平台39个，其中3个国家重点实验室、1个国家技术创新中心、3个国家工程技术研究中心、9个国家育种中心或改良分中心，尤其是瞄准种业科技自立自强的岳麓山实验室、岳麓山种业创新中心加快建设，将进一步提升农业科技优势。建有水稻、蔬菜、玉米、微生物等15大品种创新中心，既涵盖湖南特色优势种业，又通盘考虑国家重大需求。① 实验室的总体定位为国家生物育种科学研究高地，面向动物、植物、微生物3大种业，建设国内顶尖、世界一流种业实验室。三是强化种业企业创新主体地位。湖南不断做大做强种业企业，加快构建育繁推一体化产业体系，打造具有国际竞争力的种业企业。拥有隆平高科等一批规模种业企业，产业基础雄厚，7家企业入选国家种业企业阵营，隆平高科综合实力居全国第1位、全球第8位。② 四是多次开展重大良种攻关。制定出台湖南省农业关键核心技术攻关方案，聚焦水稻、油菜、生猪、辣椒等核心种源开展科技攻关。如超级稻双季亩产攻关不断刷新纪录，利用分子育种技术改良后的超级杂交稻品种既抗病，又保留了高产等原有优良特性；低镉水稻品种选育也取得突破，在34个县市区进行试验示范，可望大面积推广。高效运营南繁科研育种园，认定国家级制种大县8个，数量居全国首位，③ 省南繁科研育种园建设进度、规模均居全国第一，高标准打造一批良繁基地。

2. 打造智慧智能农机产业链发展高地

湖南近年来出台了打造智慧智能农机产业链发展高地等多个政策，推广人工智能等新技术在农业领域的应用，全方位提升农业现代化水平。一是加强智慧智能农业装备研发制造。尤其是推动研发制造丘陵山区的适用农机，逐渐在粮油机收减损、再生稻收获等特色机具研发上取得新突破，推动中小

---

① 张云梦、刘文韬、胡宇芬、王铭俊：《勠力打造世界一流"种谷"——湖南高质量发展怎么看怎么干之二》，《湖南日报》2023年7月20日，第3版。
② 《湖南省农业农村厅2022年度工作总结》，2023年2月17日，打印稿。
③ 《湖南省农业农村厅2022年度工作总结》，2023年2月17日，打印稿。

型农机企业向"专精特新"方向发展。近年来，湖南在农机领域通过校企合作获得发明专利7项、创新型实用专利200余项，目前还在研发水果采摘平台、两行棉花收获机、智能化循环养鱼等30多种丘陵山区先进适用机具。组建了湖南智能农机创新研发中心，省财政连续两年每年安排专项资金支持省内农机企业创新研发，形成轻量化智能通用动力底盘等20种研发成果。① 实施农机购置与应用补贴、农机研发制造推广应用一体化"双试点"，启动实施"北斗+无人机"数字农业应用试点，全省水稻综合机械化水平提升1.82个百分点。② 如长沙市望城区采用物联网等新技术，远程控制农场设施的智能化作业，实现生产环节自动化全覆盖。二是加强规模企业培育，推动规模以上农机企业由2014年的107家增加到2021年的150家，占农机企业的比例由不到14%增长到32.6%。全省经工商登记注册的农机合作社达6103家，服务水稻面积占比超50%，其中省财政扶持建设现代农机合作社3263家、示范社703家、全程机械化综合农事服务中心75家，数量均居全国前列。2021年，全省农机总动力为6676.4万千瓦，稳居全国前六位。三是开展农业科技推广应用。全省构建起水稻、生猪、油菜、水果、蔬菜、茶叶、水产、草食动物、中药材、旱粮、棉花、家禽12个产业技术体系，每一个产业初步形成由农业院士领衔的创新团队，体系专家达到176人，每个产业全产业链的关键环节有一名岗位专家，每个产业的主产区域有一个试验站，2022年12个体系共选育（引进）品种100多个，集成绿色高效种养技术178项，制定生产技术规程、标准206项，有力支撑了特色产业发展。深入推行科技特派员制度，组建了122支科技专家服务团，实现科技专家服务团对所有县市区全覆盖、科技特派员对所有脱贫村全覆盖，2022年全省科技专家服务团共服务企业和合作社1.26万家，培训人员93万余人次，推广新技术2698项、引进新品种2131个，带动了33.4万农户增收。继续实施农技特岗招生计划，建好用好基层农技推广队伍。

---

① 《湖南省农业农村厅2022年度工作总结》，2023年2月17日，打印稿。
② 《湖南省农业农村厅2022年度工作总结》，2023年2月17日，打印稿。

（三）以乡村文化振兴为引领，打造具有湖湘特色的宜居宜业和美乡村

党的二十大报告提出要统筹乡村基础设施和公共服务布局，建设宜居宜业和美乡村。① 和美乡村涉及农村生产生活各个方面，涵盖精神文明和物质文明各个领域，湖南一方面聚焦培育文明乡风、良好家风、淳朴民风，大力弘扬社会主义核心价值观，增强农民群众的获得感、幸福感；另一方面，聚焦农村生态环境的提升与循序渐进的乡村建设行动，使得乡村面貌生态宜居、各具特色。

1. 大力宣扬社会主义核心价值观，推进农村精神文明建设

推进农村精神文明建设是建设宜居宜业和美乡村的内在要求。湖南通过持之以恒培育文明乡风，狠抓工作落实，多方联动、上下齐动推进农村精神文明建设取得新成效。一是聚力量，优化乡风文明新格局。如新邵县充分利用新闻媒体、宣传标语、标牌、宣传橱窗、电子显示屏等加大公德教育宣传力度，编印《新邵县农村社会公德教育宣传手册》26 万册，连同"遵守社会公德倡议书"下发到全县各单位、企业、学校和农村每家每户，让公德教育家喻户晓、人尽皆知。在县乡村开展"平安家庭、文明卫生家庭、勤劳致富家庭、道德模范"四项评比活动，积极组织群众参与花鼓戏、广场舞等文艺表演活动，举办脱贫攻坚知识、村规民约抢答赛，以毛巾、牙膏、香皂等作为奖励，提高活动的教育性和趣味性，既使人们接受了教育，又激发了其内生动力。二是抓内容，规范居民文明好行为。坚持以社会主义核心价值观为引领，深入开展"知党恩、感党恩、听党话、跟党走"活动，增加乡村文化产品和服务供给。如宜章县成立"好人协会"，组织开展多方面的帮扶解难公益活动，形成了县乡村（社区）三级联动网络。三是创形式，培育乡风文明美环境。广泛开展"推动移风易俗，树立文明乡风"主题活

---

① 习近平：《在中国共产党第二十次全国代表大会上的报告》，《人民日报》2022 年 10 月 26 日，第 1 版。

动，创新用好村规民约、"县乡长说唱"等方式，举办"最美婆媳""最美邻里"等体现中华民族传统美德的评比活动，引导形成文明向善的社会风气。① 岳阳楼区麻布村组织一批老党员、退休教师干部等乡贤成立"和乐驿站"，参与道德评比、纠纷调解等工作。② 永州市零陵区将移风易俗等各项要求纳入村规民约，每年评选一批文明村、文明家庭，以先进带后进，优化乡风民风。③

2.改善农村人居环境，再现绿水青山美好画卷

良好人居环境是广大农民的殷切期盼。湖南深入推进农村人居环境整治，创新工作思路，积极整治农村"脏乱差"，全力"清源头、见底色、展形象"，推动农村"颜值"大提升。一是突出重点改善农村人居环境。湖南出台农村人居环境整治提升五年行动实施意见，继续抓好农村户厕问题排查整改，全面推进农村生活污水和垃圾治理。2022年新改建户厕42万座，农村卫生厕所普及率达93%；新增完成617个建制村生活污水治理，农村生活污水治理率提高5.5个百分点。创建省市县美丽乡村示范村500多个，怀化等4市和娄星区等10个县市区农村人居环境整治工作成效明显。④ 如湘西州实施乡村清洁行动，改（新）建农村户用厕所46043个。846个村农村生活污水乱排乱放得到管控，378个村生活污水治理达到省级治理标准，生活污水治理率达22.5%。二是因地制宜打造美丽屋场。在全力以赴改造村容村貌、扎实开展拆危拆旧等工作，让乡村人居环境保持干净整洁的同时，湖南坚持"尊重原貌、最小改造、就地取材、废旧利用、修旧如旧"原则，尽量保持湖湘古民居特色，因地制宜提升乡村人居环境美观度。比如，郴州市北湖区吴山村对保存完好的30余栋明清建筑进行微改造、精提升，建设诗画墙体，打造了"醉美"吴山诗画乡村，引导游客寻觅老屋记忆、寻味

---

① 湖南省乡村振兴局：《巩固拓展脱贫攻坚成果同乡村振兴有效衔接工作总结》，打印稿。
② 湖南省乡村治理专题调研组：《如何破解乡村治理低效难题——湖南乡村治理建设情况调研报告》，《农村工作通讯》2020年第1期。
③ 永州市零陵区人民政府：《谱写乡村善治新篇章》，《新湘评论》2022年第5期。
④ 《湖南省农业农村厅2022年度工作总结》，2023年2月17日，打印稿。

老家烟火。① 宜章县梅田镇龙村瑶族村在保留原有风貌的基础上，因村制宜打造符合龙村特色的美丽屋场。如挖掘红军夜宿石子岭、年关暴动英烈等革命先烈的英雄事迹，将老旧房屋改造成红色故事陈列室和党建书屋。又如利用空心房拆除后的砖瓦、窗户，河道里的鹅卵石等现有资源，建造石板路和小游园景观点。以"美丽屋场"建设为辐射点，带动全村整体村容村貌改观，全面提升龙村瑶族村生态宜居水平。② 三是坚持群众主体，激发内生动力。近年来，湖南在人居环境整治等方面持续发力，充分尊重村民意愿，组织引领各地发动群众、依靠群众，让群众"唱主角"、担主力、聚合力，探索出多元化工作模式。如娄底选取责任心强、认可度高的村民担任村级屋场长、河长、田长、林长、路段长，由屋场长总负责，坚持"五长"联动，定期对屋场、河道、耕地、林地、道路等开展自我巡查、自我管理、自我监督工作，带动全体村民对自己的生产、生活、生态空间负起责来、共同治理。郴州汝城县土桥镇龙潭桥村家家户户齐动手，主动参与巷道硬化、污水沟建设、果园建设等工作，花1/3的钱办成了全部的事。文明乡上章村发动群众投工投劳实施人居环境整治项目，仅用46万元就完成了150万元的工程量，得到了全村群众认可支持，并在全县大力推广。③

3.逐步完善基础设施建设，扎实稳妥实施乡村建设行动

近年来，湖南扎实稳妥实施乡村建设行动，既尽力而为，又量力而行，着力加强普惠性、基础性、兜底性民生建设，让农村基本生活设施不断完善，基本公共服务公平可及，使农村逐步基本具备现代化生活条件。一是乡村规划建设水平不断提升。乡村建设行动是一项系统工程，不能一蹴而就，最重要的是坚持规划先行，分阶段、分步骤逐步实施。湖南在全面推进乡村振兴中，根据乡村发展的规律，进行统筹安排的科学规划，强化协调、形成乡村建设合力。如湘西州推出农村生活污水多元化治理、"多规合一"村庄

① 中共郴州市委郴州市人民政府：《发挥优势突出重点　着力打造西河乡村振兴示范带》，2023年5月，打印稿。
② 《梅田镇龙村瑶族村美丽屋场建设"六字"工作法》，打印稿。
③ 汝城县乡村振兴局：《汝城县乡村振兴工作资料汇编》，2023年6月，打印稿。

规划编制、"四好农村路"建设模式及农村人居环境梯次推进模式，涌现出如花垣县十八洞村、岩锣村，保靖县甘溪村、踏梯村，古丈县红石林村村庄规划等一批被广泛认可的优秀村庄规划编制案例，获得国家、省级各类奖项。郴州市全面推进西河乡村振兴示范带建设，站在区域角度和乡村振兴战略高度，全盘考虑、统筹推进西河沿线村庄规划编制工作，最大限度保留乡村原有风貌，依托现有村落、民居、自然条件，保护乡村生态与人文景观，将西河沿线留存历史印记的古桥、古祠堂、古戏台、古牌坊等全部纳入保护范围，修缮提质湘昆古戏台、骆氏宗祠等10余个市级以上重点文保单位。[①] 二是农村基础设施不断完善。2022年提质改造旅游路、资源路、产业路6996公里，美丽乡村示范村达7500个，汨罗市、娄星区、浏阳市、赫山区被纳入国家首批乡村振兴示范创建县。[②] 同时，在推进乡村建设过程中，坚持不搞大开发大建设，在原有基础上完善基础设施，以最小投入实现最大效益。注重通过路段新建联通、道路改造加宽等方式建设旅游公路，在原基础上完善游步道、驿站等配套设施。比如近年来，郴州市西河沿线以较少投入累计建成旅游公路（步道）251公里、旅游厕所70余座、驿站8所，完成供水工程养护项目297处、农田水利基础设施项目177个。[③] 三是基本公共服务不断健全。湖南坚持将基本公共服务资源持续向基层、农村倾斜，在教育、医疗、养老、住房等人民群众最关心的领域精准发力，从而实现城乡协同、共同发展，以打造幸福乡村。如郴州宜章县秉承"方便群众就近就医"的宗旨，积极落实村卫生室的标准、规范化建设工作，投入190万元用于消除卫生室"空白村"和村卫生室达标整治，2023年卫生室"空白村"已全面消除，村卫生室公有化率达85%、标准化率达99.18%。全县246个行政村，共有442家村卫生室，其中开展基本医疗的村卫生室357家。全县所有

---

① 中共郴州市委郴州市人民政府：《发挥优势突出重点　着力打造西河乡村振兴示范带》，2023年5月，打印稿。

② 毛伟明：《政府工作报告——2023年1月14日在湖南省第十四届人民代表大会第一次会议上》，《湖南日报》2023年1月28日，第1版。

③ 中共郴州市委郴州市人民政府：《发挥优势突出重点　着力打造西河乡村振兴示范带》，2023年5月，打印稿。

行政村实现了"一村至少一卫生室、一名合格村医开展基本医疗和基本公共卫生服务"。①

（四）以增加农民收入为主线，推动农民富裕富足

习近平总书记强调："农业农村工作，说一千、道一万，增加农民收入是关键。要加快构建促进农村持续较快增收的长效政策机制，让广大农民都尽快富裕起来。"② 2022 年，湖南根据农民增收形势和农民增收新旧动能的新变化，聚焦重点难点，不断调整和创新拓宽农民增收思路和路径，促进农业增效、农民增收。

1. 加快推进县域经济高质量发展，巩固拓展"一县一业"成效

县域一头连着城、一头带着乡，是城镇体系的重要组成部分。湖南将发展县域经济作为促进农民增收的重要切入点。一是深入实施县域经济高质量发展工程。做强做优县域主导产业，推动形成"一县一业"发展格局。持续推进县域主体培育、市场主体倍增工程、"金芙蓉"跃升行动，促进市场主体高质量发展。加快县域园区和民营经济发展，引导产业向园区集中、企业向园区集聚，支持有条件的地方共建"飞地经济"。促进城乡融合发展，推进以县城为重要载体的城镇化建设，进一步健全县域经济考评体系，落实县域经济发展激励措施，形成全省比学赶超良好氛围。二是引导要素集聚。强化"人、地、钱"要素保障能力，加大财力下沉力度，兜牢兜实基层"三保"底线，激励金融机构加大县域经济发展信贷投放。推动资源要素向乡村集聚。实施农村双创"百园千企万人"工程，创建全国农村双创典型县 10 个，同步推进"湘才乡连"行动，开展"全省十佳农民""全省十佳基层农技人员"评选活动，全省农村双创人员 72.4 万人，带动 70% 的返乡农民工就业。三是深化体制机制改革。第二轮土地承包到期后再延长 30 年试点经验在全国推介，《人民日报》等主流媒体多次推介湖南省宅基地管理

---

① 宜章县卫健局：《宜章卫生健康助力乡村振兴　不断提升群众获得感》，打印稿。
② 习近平：《论"三农"工作》，中央文献出版社，2022，第 46 页。

经验。在全国率先推进农村产权流转交易市场体系建设、率先开展"村社分账"管理改革整省试点，实现村级集体经营性收入低于5万元以下的村减半。与17家在湘金融机构签订合作协议，涉农贷款余额达1.9万亿元、同比增长14%。水稻完全成本保险实现产粮大县全覆盖。在鼎城区、宁远县开展整镇国家级试点。在浏阳市、汩罗市、宁远县、凤凰县4县（市）开展国家农村宅基地制度改革试点，试点经验获农业农村部充分肯定。村社分账改革工作在28个县市区试启动。供销合作社、农业水价、粮食监管体制机制等农村改革稳步推进，在益阳市开展现代农业综合改革试点。①

2. 发展壮大村集体经济，拓展增收效益空间

农村集体经济作为乡村振兴的经济基础，是农村发展的重要引擎。湖南高度重视发展壮大农村集体经济，积极探索有效实现形式，探索促进农民增收渠道。一是出台推进村集体经济发展配套政策。全面贯彻落实《关于进一步加快发展壮大农村集体经济的意见》精神，积极推进农村产权流转交易市场体系建设，截至目前，沅陵县、溆浦县和邵阳县已建立农村产权交易市场。2022年实施中央扶持壮大村级集体经济项目，分别扶持51个脱贫县及15个重点县项目村530个、181个，资金2.65亿元、0.91亿元。引导脱贫地区立足当地区位和资源优势，坚持市场主导、因地制宜、村级主体原则，探索了各具特色的村级集体经济发展有效模式，如按照"门面产权归政府，收益归村集体"的模式，花垣县县财政为82个脱贫村每村购置1个门面，打造"村集体经济一条街"，全县每村集体年增收4万元以上。将龙头企业实施的省巩固拓展产业扶贫成果重点项目资金的50%作为生产基地所在村的股本金，按过渡期内不低于8%的年利率保底收益，主要用于村集体公益事业、低收入人口发展产业。据统计，2022年度省重点项目将带动371个村增加村集体经济收入1353万元以上。② 二是鼓励发展高质量庭院经济。根据省乡村振兴局《关于鼓励引导脱贫地区高质量发展庭院经济的实

---

① 湖南省委农办、省农业农村厅：《关于我省推进实施乡村振兴战略重点工作总结》，打印稿。

② 湖南省委农办、省农业农村厅：《2022年巩固拓展脱贫攻坚成果同乡村振兴有效衔接工作总结》，打印稿。

施意见》，指导各地依托农户、脱贫户、监测户住宅院落及其周围发展特色种植、养殖、手工、休闲旅游、生活服务等，并提出了财政、金融、创业就业等方面支持政策，加快推动全省庭院经济发展，力争2023年有10%以上的脱贫户和监测对象参与发展高质量庭院经济，到2025年，全省有15%的脱贫户和监测对象通过参与发展高质量庭院经济实现人均年收入增长15%以上。三是推进市场化发展。2022年，继续重点培育产品主要来源于脱贫地区的"两茶两油两菜"6个省级区域公用品牌、"崀山脐橙"等5个片区品牌，对符合条件的企业产品免费授权使用省级区域公用品牌。提升湖南省优质农产品产销对接综合服务中心功能，持续做好湖南省脱贫地区优质农产品展示展销中心管理，与北京新发地市场湖南优农馆、广东省东西部协作市场湖南展馆实现互联互动，形成辐射全国的产销对接常态化服务网络。成功举办2022年湘赣边区域合作示范区建设推进大会、第五届中国农民丰收节湖南主题活动、第二十三届中国中部（湖南）农博会等大型线下产销对接活动，重点展示展销脱贫地区优质农产品，着重抓好与国内大市场的有效对接。其中，第二十三届中国中部（湖南）农博会展览总面积9.5万平方米，参展企业4078家，参展产品1.6万余种，现场销售额达5.16亿元。[①]

3. 健全促进增收联农带农机制，确保工作落地落实

联农带农机制是促进农户持续稳定增收的重要保障。湖南聚焦健全"带得准""带得稳""带得久"的长效机制，探索创新联农带农路径和机制。一是进一步健全工作体系。明确由党委农村工作领导小组一体承担巩固拓展脱贫攻坚成果、全面推进乡村振兴议事协调职责。对标理顺市县农村工作体制，确保上下贯通、步调一致。4月，省委农村工作领导小组制定出台了《全省农业农村工作重点突破四年行动方案（2022—2025）》。[②] 二是实施联农带农两大行动。在全省范围内深入推进"万企兴万村"及"千企帮村万社联户"行动，支持各类民营企业和新型农业经营主体通过建基地、

---

① 湖南省委农办、省农业农村厅：《2022年巩固拓展脱贫攻坚成果同乡村振兴有效衔接工作总结》，打印稿。

② 湖南省委农办、省农业农村厅：《关于我省推进实施乡村振兴战略重点工作总结》，打印稿。

创品牌、促就业等模式，组建"龙头企业+村级集体经济组织或合作社+农户"产业发展共同体，带动脱贫村、脱贫户发展产业。与农业银行湖南省分行等金融保险机构签订战略合作协议，创新联农带农企业的金融产品和服务方式；将原有新型农业经营主体贷款贴息与"信贷直通车"深度融合，利用信息化平台同步宣传、申报。落实省委、省政府关于万名干部联万企行动部署，建立厅领导、处室单位主要负责同志对口联系服务企业机制，实现全省80家国家重点农业产业化龙头企业全覆盖。三是强化产业科技人才服务。依托产业发展技术顾问体系，重点推广双季稻"早专晚优""稻田综合种养""稻—再生稻""稻油轮作""特色旱杂粮"5种绿色高质高效模式及畜禽粪污资源化利用、高效复合微生物菌剂、中小规模场粪污生态处理等健康养殖模式及配套技术，着力提高产业收益。2022年，联合湖南农业大学、省蚕科所等科研院所，聚焦蔬菜、水果、中药材等"一特两辅"脱贫主导特色产业，面向产业生产加工主要从业人员开展产业科学技术培训，2022年已开展35期培训，共培训4900余人。[①]

（五）以党建为引领，乡村善治水平不断提升

习近平总书记强调："办好农村的事情，实现乡村振兴，关键在党。"[②]湖南省立足省情农情，推动党领导乡村治理向下往细延伸，乡村治理内容逐步充实，治理效能不断提升，广大农民的获得感幸福感安全感不断增强。

1. 将基层党组织建设作为加强乡村治理的重中之重

提高乡村治理效能是加强农村基层党组织建设的重要职责。2022年，在全面推进乡村振兴背景下，湖南省以高质量党建引领乡村治理，夯实基层党组织在乡村治理中的领导核心作用，构建基层社会治理新格局。一是深入推进"抓党建促乡村振兴"，加强农村基层组织建设。如娄底市选优配强驻

---

① 湖南省委农办、省农业农村厅：《2022年巩固拓展脱贫攻坚成果同乡村振兴有效衔接工作总结》，打印稿。

② 中共中央党史和文献研究院编《习近平关于"三农"工作论述摘编》，中央文献出版社，2019，第190页。

村第一书记，出台政策引导高校毕业生、优秀农民工等回村任职。花垣县让党员与群众组成互助小组，通过学习互助加强乡村治理。① 二是充分发挥基层党组织服务群众的重要作用。如永州零陵区注重发挥党建引领作用，创新开展"党员'137'包户"工程，构建了党建引领、全民参与、共建共享的乡村治理新格局。② 三是大力推进"五化"建设，建强基层党支部。选优配强支部书记，推动"能人治村"，持续提升乡村治理水平。如安乡县将村划为若干网格，构建"村干部—网格长—联户长"的动态管理体系，真正做到"小事不出村，大事不出镇"。③

2. 突出村民自治，引导村民全面参与乡村治理

村民自治是从农村的土壤中生长出来的有效制度，是推进乡村治理体系和治理能力现代化的坚强保障。2022 年，湖南立足省情农情，不断完善村民自治和民主决策制度，提高民主管理水平。一是统一规范村务公开工作，抓好村级监督。石门县探索以村党支部、村民委员会、村务监督委员会为基础，打破原自然村、小组概念，就近整合自治小区，下移自治重心，形成乡村自治的新格局。邵东市灵官殿镇以乡村院落为单位推选"院落长"，通过召开"院落会议"，引导村民全面参与乡村治理。二是全面推广清单制、积分制、数字化、屋场会等模式。新化县油溪桥村开展村级事务积分考评管理，通过"积分制"参与村级集体经济分配，提高村民自治的主动性与积极性。④ 三是创新开展党务村务民主协商监督活动。永州市零陵区以"小例会"实现"大作用"，每月组织镇村干部、村民代表等召开例会，并进行网络直播，村民们积极参与互动。通过这一例会，参与监督协商的群众、解决反映的事项均增加了数倍，入选全国社会治理创新和平安创建案例。⑤

① 湖南省乡村振兴局：《巩固拓展脱贫攻坚成果同乡村振兴有效衔接工作总结》，打印稿。
② 永州市零陵区人民政府：《谱写乡村善治新篇章》，《新湘评论》2022 年第 5 期。
③ 湖南省乡村治理专题调研组：《如何破解乡村治理低效难题——湖南乡村治理建设情况调研报告》，《农村工作通讯》2020 年第 1 期。
④ 湖南省乡村治理专题调研组：《如何破解乡村治理低效难题——湖南乡村治理建设情况调研报告》，《农村工作通讯》2020 年第 1 期。
⑤ 永州市零陵区人民政府：《谱写乡村善治新篇章》，《新湘评论》2022 年第 5 期。

3.积极开展平安创建和民主法治示范创建

群众安全感进一步增强。一是引导广大农民学法守法用法，加强小微权力约束和监督。如涟源市科学确权、严格限权、阳光晒权，将每项权力的运行流程制度化，同时利用网络平台公开村级事务管理状况。二是加强农村社会治安防控体系建设，深入推进扫黑除恶专项斗争。邵东市率先在全国推行"一村一辅警"制度，社会治安显著好转。三是健全农村矛盾化解机制，加强法制宣传教育和法律服务供给。临武县万水乡因地制宜，组织各村调委会每周开展纠纷排查，及时将细小矛盾化解在基层，群众满意度居全县前列。[①]

4.积极转变管理思路，树立服务理念

牢固树立"乡村振兴为农民而兴，乡村建设为农民而建"的理念，充分调动农民的积极性和创造性。一是深化"放管服"改革，将行政审批、服务事项下沉到乡村。如岳阳楼区的"互联网+政务服务"，将服务从"线下"发展到"线上"，争取实现绝大部分事务只用"跑一次路、进一道门、找一个人"。浏阳市扩大乡镇政府服务管理权限，将28项县级管理权限下放乡镇政府。[②] 二是切实提高服务群众的能力，提升了服务质量。如永州市零陵区以"小网格"推动"大治理"，大力推行城乡网格化管理，将全区划分为1135个网格，把"人、地、事、组织"全部纳入网格，在乡村治理中，推动党建网与治理网"两网"融合，整合网格员、"五老"、村辅警等力量，组建万人网格服务团，打通服务群众的"最后一米"，实现了矛盾纠纷、治安案件、安全事故总量逐年下降，群众满意度逐年上升的"三降一升"。[③]

---

① 湖南省乡村治理专题调研组：《如何破解乡村治理低效难题——湖南乡村治理建设情况调研报告》，《农村工作通讯》2020年第1期。

② 湖南省乡村治理专题调研组：《如何破解乡村治理低效难题——湖南乡村治理建设情况调研报告》，《农村工作通讯》2020年第1期。

③ 永州市零陵区人民政府：《谱写乡村善治新篇章》，《新湘评论》2022年第5期。

二 湖南全面推进乡村振兴亟待破解的现实问题

乡村振兴是一项具有长期性、复杂性和艰巨性的系统工程，全面推进乡村振兴的深度、广度、难度都不亚于脱贫攻坚。尽管近年来湖南推进乡村振兴取得了明显成效，但整体来看，乡村建设发展的基础还较薄弱，在实际工作中还存在一些亟待解决的问题与挑战。

（一）特色产业发展规划滞后，产业链条延伸不足

产业振兴是乡村振兴重中之重。发展乡村产业最有利的基础条件是乡村拥有丰富多样的特色资源。近年来，湖南紧扣自身乡村特色资源优势，持续挖掘、利用乡土资源发展特色产业，推动特色产业不断壮大。但是，也存在特色产业发展规划滞后、产业链条延伸不足、要素激活不充分等问题，制约产业可持续发展。

1.特色产业发展规划相对滞后

近年来，湖南印发了《关于持续推进"六大强农"行动促进乡村产业兴旺的实施意见》《湖南省"十四五"农业农村现代化规划》《关于锚定建设农业强省目标扎实做好2023年全面推进乡村振兴重点工作的意见》等系列文件，对培育发展农业特色产业作出了全面部署和安排，但由于各市、县（市）、乡镇、村情况不一样，其优势、劣势、机遇、风险存在差异，乡村产业的发展模式必然不同，需要各地根据自身实际制定农业优势特色产业发展的专门政策措施以及实施细则。

调研发现，湖南各地的乡村特色产业发展规划还比较滞后，部分乡村特色产业的发展方向、发展目标、发展路径、政策措施等不明确，甚至有部分地区的农业优势特色产业发展规划及方案同质化严重，在对市场的把握上存在较大的滞后性，难以满足日益增长的市场多元化需求。一方面，受地理条件类似、特色资源相近影响，加上受基层干部群众知识、视野等内外部因素制约，产业规划时没能及时充分掌握市场信息，没能结合市场需求，导致产

业发展思路老旧、产业层次低、产品加工技术手段落后、产品附加值较低等。以近年来湘西、湘南地区推进的乡村旅游产业为例，一些企业在没有科学规划、总体规划的前提下就开始开发乡村旅游景点，内容基本以花海、采摘大棚、稻田画、农家乐、钓鱼为主，观光、体验停留在初级层面，不能体现一个地方的特色农业和文化，没有挖掘独特的文化内涵，也难以对消费者产生长期吸引力。另一方面，部分乡村的特色产业建设急于求成，产业规划盲目跟风，甚至是"一窝蜂"。本应以产业振兴激活乡村振兴的内生动力，但部分地方政府把发展特色产业作为任务，不尊重发展规律，单纯地为了发展产业而发展产业，对其他地方探索的市场利润高、效果好的产业发展案例照抄照搬，既不结合自身特色，也不进行创新升级，出现不少低水平重复性的建设，从而形成恶性竞争，使得产业难以长效发展。比如一些地方重复发展茶叶、黄桃、羊肚菌、黑山羊等产业，往往在品质、加工、名称、外包装设计上也存在雷同问题，导致品牌效应弱化、恶性竞争加剧，阻碍了特色产业的可持续发展。

2. 特色产业链条延伸不足

发展乡村特色产业必须改变传统的生产经营模式，以拓展二三产业为重点，不断延伸和拓展农业产业链，培育发展农村新产业新业态，开发特色化、多样化产品，提升乡村特色产业的附加值，不断拓宽农民增收致富渠道。近年来，湖南省不少地区已经发展并形成了一些乡村特色产业，将现代生产要素和乡村特色优势资源有机结合，持续延伸产业链，但是从总体上看，湖南的农业特色产业链发展水平相对不高，产业链相对简单，发展布局不平衡，可持续发展的后劲不足。

产业链条相对较短且以前端初加工为主。近年来，各地依托特色资源禀赋，积极培育新产业新业态，但总体上产业链延伸不足，初加工占据主体，休闲农业、文化体验等新产业新模式新业态依然欠缺。以农产品加工为例，总体还是加工转化率、产品溢价率、产业融合度较低，不少农副产品只经过简单包装等即进入市场，甚至以半成品形式售卖，附加值不高。数据显示，湖南省当前农产品加工转化率只有 53%，比全国平均水平低 12 个百分点。精深加工和资源综合利用率也比较低，湖南省加工副产物综合利用率还不到30%，低于全国平均水平10个百分点左右。[①] 比如多地开发的蜂蜜、茶油、红薯片、芝麻饼等产品，仍然简单以塑料瓶封装，无标签标识，停留在"三无产品"的土特产初级开发阶段。

产业链条的延伸缺乏强有力带动。尽管不少地区已经发展并形成了一些乡村特色产业，且发展势头较好，但经营主体大多数是实力偏弱，总体上缺乏有引领力的龙头企业、合作社，存在经营分散、规模偏小、利润不高、稳定性弱等问题。数据显示，湖南全省5万多家农产品加工企业中90%是小微企业，缺少领军企业，销售收入过100亿元的仅有8家，没有超大型企业；加工企业中规模最大的唐人神集团（2020年财报营收185亿元），营业收入只有四川省新希望集团的1/12、江西正邦集团的1/6。[②]

特色产业链各个环节之间连接不够紧密，难以形成支撑产业链延伸的合力。种植和养殖是特色产业链的中心环节，长期被孤立地存在于广大农村地区，加工、存储、运输和销售等大量集中在城镇地区。前后端环节连接不够紧密，既导致利润更高的环节远离农村，不利于农民增收致富，也不利于新品种、新技术的推广，对产业规模化、集约化发展不利。

3. 特色产业发展要素激活不够充分

发展乡村特色产业，必须以市场为导向，紧扣本地传统产业和资源优势中的独特优势，使市场需求与本地特色有机结合，形成独特的优势，进而获得市场竞争力。就特色产业发展的资源要素而言，除了传统的"人地钱"等产业发展要素外，还包括科技、信息、特色的产品、特有的地域文化内涵、特殊的自然资源、特别的秘传技能等。近年来，湖南多地深入挖掘本地特色资源，变特色资源为特色产品，变资源优势为市场优势，使乡村特色产业不断强化比较优势，但是部分地区还存在特色产业发展要素激活不够充分，导致宝贵资源"沉睡"的情况。据调研发现，湖南多地乡村反映"人

---

① 湖南省农业农村厅：《2022年全省农业优势特色千亿产业发展情况报告》，2023，打印稿。
② 湖南省农业农村厅：《2022年全省农业优势特色千亿产业发展情况报告》，2023，打印稿。

地钱"等要素供给不足的问题，土地资源整合度不够、金融资金支持不足、社会资本进入不顺畅、引进人才以及青年返乡创业较难、科技和经营等各类人才服务乡村产业的激励保障机制尚不健全等问题，同时也面临着新技术、科学知识、管理知识、高质量信息等创新要素紧缺等困难，导致乡村的稀缺价值资源等要素难以被充分激活，特色产业发展乏力。

（二）农村集体产权制度改革进展相对缓慢

农村集体产权制度改革是重大农村改革任务，是管长远、管根本、管全局的大事。湖南省早在 2019 年就被确定为全国农村集体产权制度改革整省推进试点省份之一，近年来加快探索农村集体所有制有效实现形式，创新农村集体经济运行机制，推进资源变资产、资金变股金、农民变股东的"三变"改革。但是，由于部分干部群众认识不到位、改革政策配套力度不足，各地农村集体产权制度改革不同程度遇到一些问题，拖慢了整体改革进程。

1.部分地区存在改革认识不到位等问题

多地基层干部群众反映，集体产权制度改革是新事物，不但群众一时不理解，各级干部思想认识也不统一。一是主客观原因导致对改革认识存在偏差。多年来，历经多次乡镇机构改革，对乡级集体经济组织的组织构架、治理体系、资产属性均缺乏准确的定性定位，前些年一些地方或部门的规章制度和规范性文件表述不够精准，客观上存在概念混淆的情况，部分乡镇、村两级干部不能及时充分地领会政策，村民对村里事务关注较少，对上级相关政策及村里相关工作了解不多。多种主客观因素加在一起，导致部分地区基层干部群众对农村集体产权制度改革认识不足，改革动力不强，参与和配合积极性不高。二是农村集体产权制度改革是一项较为复杂的系统性工作，政策性强，现有的经验和成功模式较少，操作难度比较大。湘西、湘北等地干部群众反映，如何确保产权明晰、理清集体资产的权属关系？如何形成可产生收益的项目、拓宽村集体和群众的增收渠道？如何完善管理监督，确保村级集体经济项目安全、资金安全？在这些难啃的"硬骨头"面前，一些干部对改革的意义和紧迫性认识不到位，存在畏难情绪。三是经济社会快速转型带来的村庄变迁、历史遗留下来长期未解决的难题等都带来不少具体困难，需要党员干部主动担当、创新破解，部分村干部长期习惯于按上级部署机械开展工作，工作推进存在表面化、形式化问题。

2. 部分地区基层人才队伍支撑不足

湖南多地在深入推进农村集体产权制度改革的过程中，充分发挥村党组织书记的"领头雁"作用，培育一批政治强、懂经营、善管理、带富致富能力强的优秀人才充实到村"两委"和村集体经济组织，为改革提供了有力的人才支撑。但是，也有部分地区在推进改革中面临人才支撑偏弱等问题。一方面，农村集体产权制度改革的涉及面广、工作量大、政策性强、技术含量高、牵涉的知识面广，加上还在探索阶段，缺乏可供借鉴的改革案例，因此需要大量人力、物力、财力支持，尤其需要专业人才支持。但是，从湖南不少地区的情况来看，县、乡镇两级的农经部门工作力量普遍比较薄弱，尤其是部分乡镇只有1名兼职农经人员具体负责产改工作，且人员相对不稳定，有时候还会因为其他工作任务要求临时换人。另一方面，改革工作要求成立集体经济合作组织，以确保集体资产保值增值，但部分村干部缺乏经营头脑、思想僵化、观念守旧，跟不上市场经济新形势，缺乏开拓创新精神，没有发展集体经济的能力，村级缺乏比较专业的财务人员，尤其在一些留守群体为主的农村，村会计普遍专业水平低、账务记录不规范，对农村集体产权制度改革理解不到位，对改革后成立的村经济组织的财务管理、资产监管、资产运营等业务也不熟悉，既不符合新时代对农村财务管理的要求，也不利于改革的深入推进。

3. 集体资产积累相对薄弱，改革"后半篇"面临挑战

尽管部分地区的农村集体产权制度改革来势不错，但也有不少地方的集体经济发展势头堪忧，集体资产积累薄弱，改革后劲不足。据湖南省农业农村厅统计，至2022年底，全省共核实农村集体资产1821.36亿元，同期湖北省的农村集体资产达到2132.1亿元。且全省农村集体资产中，经营性资产336.91亿元，仅占资产总额的18.5%，内源性收入能力不足，更多依赖外源性收入，外部依赖性较强，难以将集体资产、资源转化为资本。究其原

因，一是发展动力相对不足，由于过去"分"得太过彻底，集体经济组织"统"的功能短时间内难以补齐，一些村集体经济组织与村委会职能混淆，引领集体经济长远发展的动力、能力不足。二是集体经济基础相对比较薄弱，区域发展不平衡等问题仍然突出，脱贫村集体经济仍然存在一定风险，带富致富能力仍有待提升。三是村集体经济组织人员结构不合理，带头人总体素质有待进一步提高。

（三）"三农"带头人问题突出

人才是乡村振兴的关键要素，人才振兴是乡村振兴的重要支撑。湖南省围绕乡村人才振兴行动计划，创新和完善乡村引才、聚才、铸才、育才、扶才、优才的体制机制和政策体系，为实施乡村振兴战略持续提供人才支撑和智力保障。但从总体上看，"三农"带头人总量不足、素质不高、结构不优的问题依然存在，毕业大学生不愿到农村，留守群体中人才不足，人才引进效果有限，返乡群体创业较难，"三农"带头人缺乏，远不能适应实施乡村振兴战略、推进农业农村现代化的需要。

1. "三农"带头人整体仍然缺乏

近年来，各地聚焦本土人才培养和优秀人才引进，结合乡村产业发展、农业科技创新、乡村治理与公共服务等方面的需求，加快培养壮大"三农"带头人队伍。但是总体上仍然呈现数量不足、难以满足乡村发展对人才需求的局面。一是部分地区村级基层组织力量相对薄弱，中青年党员人数偏少，缺乏能力强、经验丰富的"三农"带头人。二是后备队伍力量相对薄弱。目前多地乡村发展机会相对有限，相对优秀的乡村人才仍以外出谋发展为主。大学生村官和到村任职的选调生或被上级长时间借调，或者即使在村工作期间，也因为时间短难以为村庄发展持续提供智力支持。三是特别在湘西等偏远山区，难以留住优秀的人才，一些着力培养的人才在服务年限到期后离开，导致人才缺乏、青黄不接问题尤其突出。

2. "三农"带头人能力整体存在短板

尽管前些年经过软弱涣散基层党组织整顿工作后，各地强化了基层党组织的凝聚力和战斗力，改善了村干部党员工作作风，当前"三农"带头人各方面素质均提高，但在能力上依然存在短板，应付日常的村级事务、落实上级组织部署的普通工作任务还可以，但受限于眼界、思维、文化水平、社会资源等方面短板，在主动谋划、引进项目、带民致富、突破发展、化解矛盾等方面的能力还是有欠缺，难以满足基层群众对"领头雁"的能力素质需求。

3. 针对"三农"带头人的培养和激励机制不完善

"三农"带头人涉及基层治理、产业发展、技能应用、文化传承等多个领域。要充分激发乡村人才活力，持续壮大"三农"带头人的队伍，必须构建运行有序、系统高效的人才激励机制，让这些人才在政治上有盼头、社会上受尊重、经济上得回报。近年来，湖南在"三农"带头人的推荐、认定、培养、扶持等方面拿出了得力举措，不断激活这些人才的创造力。但是，调研发现，"三农"带头人类型比较丰富多样，相关主管部门也多，相关的认定、培养、激励等工作还比较滞后，对人才的认定还处在起步阶段，相关评价标准也脱离农村实际，简单套用城市地区对人才的认定评价标准，适用于"三农"带头人的技术职称和技能等级鉴定制度还不够系统。相关的人才管理体系不健全，县、乡镇农业农村系统大多缺乏专业专职的乡土人才管理机构。在与高等院校、职校共同搭建培训平台的工作上还缺乏系统性和长期性。

（四）全过程人民民主的基层基础有待夯实

治理有效是乡村振兴的重要保障。近年来，湖南省不断优化乡村治理体系，从意见征询、协商、决策，再到监督等全环节坚持基层民主，以全过程人民民主及时、有效地回应人民诉求，提升基层治理效能。不过，湖南多地在推进乡村振兴的过程中，全过程人民民主的基层基础还不够坚实，受到现实条件的约束，部分地区的形式主义、官僚主义问题仍然较突出，疏远了干群关系，影响了基层民主实施。

1. 部分群众参与全过程人民民主的能力和动力不足

尽管乡村振兴进程不断加快，但湖南各地乡村仍然有大量青壮年劳动力外出，随着年青一代农村父母对子女教育愈发重视，部分地区出现举家进城务工的趋势，且由于观念的变化，其返乡频率在降低，更多时间生活在城市，这就导致更多年老体弱的人员留守在乡村。一方面，受传统思维、历史因素等影响，以老人为主的留守群众对全过程人民民主的认识不到位、理解不深入，尤其是对全过程人民民主的重要性及其实现形式认识不足，甚至有不少群众认为全过程人民民主就是换届选举期间的投票。另一方面，留守老人体弱，精力有限，加上前些年村庄合并力度大，有的行政村面积堪比过去的小规模乡，行政村内有的村民小组相互距离较远，人群居住非常分散，客观上也给年老的留守群体参政议事带来困难。

2. 部分基层干部引导群众参与全过程人民民主的能力不足

尽管湖南多地在乡村治理中持续推进全过程人民民主，从民主选举、民主决策、民主管理与民主监督等环节，保障农民当家作主。但是，调研发现，也有部分地区，基层党建引领作用发挥不充分、基层干部组织和引导能力不足，以及少数基层领导干部作风不实，民主意识差，不能在党内民主方面起好模范带头作用，影响群众对民主建设的信心，加上部分群众民主参政议事的意识比较单薄等主客观原因，导致部分群众对民主选举、民主决策、民主管理与民主监督不积极或不信任，认为这些都是由上级组织和领导决定，错误认为全过程人民民主是走过场。

3. 部分地区形式主义、官僚主义影响基层民主建设

尽管湖南近年来持续深化整治形式主义、官僚主义等突出问题，但部分地区的形式主义、官僚主义问题仍然较突出，对全过程人民民主的推进、基层治理效能的提升构成威胁。调研发现，一些干部工作作风形式主义问题突出，对群众反映问题以"模板"回应，对群众办理事项设置"软钉子"，对群众诉求回复"在走程序"，从程序和形式上看没有瑕疵，但群众权益得不到保障，全过程人民民主更是难以做到。有的干部对人民群众的感情弱化，工作开展不从党和人民的利益出发，而是瞄准上级是否满意、自身是否有政

绩，不问民意、不察民情，甚至作风霸道，把民主监督置于一旁，影响全过程人民民主的推进。

（五）乡村优秀传统文化传承与提升的关系处理失衡

文化振兴是乡村振兴的"魂"。传承和提升乡村优秀传统文化，能够丰富农村精神文化生活、提升农村群众文化素质、促进农村文化的繁荣与发展，进而为乡村振兴提供强大的文化支撑。近年来，湖南省委省政府高度重视乡村文化建设，以社会主义核心价值观为引领，传承发展优秀传统文化。但是，也有部分地区不能科学处理好乡村优秀传统文化传承与提升的关系，移风易俗工作"跑偏"，既不利于传统文化传承，也难以满足新时代广大农村群众的文化需求。

1. 顶层设计上把握不够精准

部分地区在乡村文化建设发展中，出于认识局限、作风不实等原因，对乡村文化发展的整体设计与规划不够重视，比如习惯于以行政命令方式抓文化工作，导致一些公共文化产品与服务供给脱离农民实际需求；对传统风俗习惯简单地予以"禁止"，缺乏对传统风俗习惯在仪式、程序、内容上的创新引导；重视搞建设、办活动、做评比，缺乏对文化建设组织体系的支持，没有形成科学有序的乡村文化运行管理机制，没能在传承和提升之间找到平衡之道，从顶层设计上影响了乡村文化建设的健康可持续发展。

2. 具体操作上简单"一刀切"

部分乡村陈风陋习给基层群众带来沉重经济和精神负担，移风易俗非常有必要，多地已展开探索，效果也比较明显。但对于部分地区由政府主导的移风易俗和"一刀切"整治方式，如不准老人办寿宴、春节完全禁鞭炮等，群众质疑工作方式简单粗暴，移风易俗的标准界定不科学，对传统习俗文化传承构成威胁，会对凝聚人心的乡村传统文化造成破坏。

多地干部群众表示，部分地方政府初衷是好的，但要反思过去"破四旧"和农村中小学撤并的教训，反思过去部分地方大规模推进"平坟运动"和"合村并乡"等产生的问题，防止对孝道、忠义、仁爱等价值观念和礼仪体系产生不好的影响，对中国人的民族精神信仰产生冲击。这些传统背后是精神信仰，地方领导只顾着更快地完成数据目标，既会导致干群对立，也会冲击村民信仰，不利于乡风文明的健康发展。

3. "低端"创新给文化传承带来失真风险

当前传统乡村文化工艺市场上，为追求高效率和低成本，劣币驱逐良币现象十分普遍。一些地方简单追求经济效益和短期效果，引入相对粗糙的机械化流水线工艺，用来替代精巧细致的传统乡村文化工艺制品制作。特别是在打造文旅产业的乡村，过度商业化的背景下，过去需要精益求精的工艺品，如今被流水线批量化、规模化生产的粗糙劣质品取代，破坏了传统手工制作的独特性和文化内涵，甚至迫使手工传统艺人不得不放弃自己的传统技艺乃至改行，造成不少农村传统文化传承中断。

三 全面推进湖南乡村振兴的对策建议

在新征程上全面推进乡村振兴、加快建设农业强省，必须全面贯彻落实党的二十大精神，深入贯彻落实习近平总书记关于"三农"工作的重要论述和对湖南重要讲话重要指示批示精神，立足湖南省情、彰显湖南特色，抓住建设现代农业产业体系和宜居宜业和美乡村两大重点，深入推进改革创新，加快城乡融合发展，建立健全农业农村优先发展的体制机制，加快推进农业农村现代化。

（一）坚持大食物观，优化农产品供给体系

坚持大食物观，构建多元化食物供给体系是党中央着眼于提升食物安全保障能力和水平作出的重要战略部署。湖南践行大食物观，就是要在扛牢粮食安全责任基础上，积极开发农业优势资源，丰富农产品供给，不断满足人们食物消费结构升级的要求。

1. 提升粮食综合生产能力

坚持大食物观需要把粮食供给摆在首要位置。湖南作为产粮大省，必须

扛牢粮食安全的政治责任，全面落实粮食安全党政同责，不断提升粮食综合生产能力。一是协同推进稳产与提质。优化粮食结构，扩大专用型早稻、杂粮（大豆）种植。主攻单产，将筛选优良品种、实施高产栽培技术结合起来，打造优质高产示范片，带动全省粮食供给增量提质。二是落实最严格的耕地保护制度。严格落实耕地保护党政同责，完善"田长制"，建立健全县乡村三级联动的网格化监管体系。遏制耕地"非农化"，防止"非粮化"，坚持分类施策分步整治，逐步妥善消化存量，坚决遏制新增问题。三是加强高标准农田建设。围绕新一轮国家新增千亿斤粮食产能提升行动，实行高标准农田新增建设和改造提升并重，大力开展绿色农田、数字农田、智慧农田建设，探索高标准农田投融资模式、建后管护等方面的新模式新途径，全方位夯实粮食安全根基。

2. 强化多元化农产品供给

湖南农业资源丰富，需要以市场需求为导向优化农产品生产布局，做到宜粮则粮、宜经则经、宜牧则牧、宜渔则渔、宜林则林，让农产品供给更加丰富多元，更好地满足人们的需要。一是提高优势农产品供给质量。改善养殖结构，坚持质量导向，加强生猪产能调控，深入实施优质湘猪工程，因地制宜推进种草养畜，提高肉牛肉羊生产质量，丰富淡水产品供给品类。继续抓好蔬菜、水果等产品生产，深入推进区域优势水果品改，提高产品供给质量。二是拓宽扩大食物来源。依托湖南山区面积多的优势深入挖掘开发绿色森林食品，科学合理安排布局、规模、种类，分类制定林下种养标准。因地制宜推广林菌种植模式，培育壮大食用菌产业。三是推进种业创新突破。加强种质资源库建设，加大对地方特色种质资源的培育和保护力度，在开展低镉稻、耐盐碱稻以及优质绿色超级稻等品种攻关的同时，积极开展生猪、油菜、辣椒、柑橘及地方特色小水果等良种创新，培育名特优新水产品种，并推进良种培育与良法应用配套，增强湖南多元化的农业育种能力，不断提升农产品竞争力。

3. 积极发展现代设施农业

设施农业是构建多元化食物供给体系的重要途径。2023年7月，农业农村部等部门联合印发《全国现代设施农业建设规划（2023—2030年）》。以此为契机，着力推进设施农业建设发展，以此作为湖南优化农产品供给的重要路径。一是因地制宜推广先进适用设施种养业。制定全省设施农业发展专项规划，分区合理布局设施类型、种养品种和模式。推进水稻集中育秧和蔬菜集约化育苗，加强粤港澳大湾区等设施蔬菜基地建设，推广低耗、生态、高效、优质棚室设施装备与种植模式。支持建设改造现代设施畜禽生产设施，推动工厂化集约化设施渔业养殖场建设。二是补齐农产品仓储保鲜冷链物流和烘干设施短板。在全省重点镇和中心村统筹布局建设产地仓储保鲜设施，在产地重要流通节点加快建设具有仓储保鲜、初加工、冷链配送等能力的产地冷链集配中心。加快建设布局合理、体系完善的粮食产地烘干体系，降低粮食产后损失。三是推进数字设施农业创新应用。推进数字技术与种植业、畜牧业、渔业生产深度融合应用，开展数字化试点，加快建成产业数字化应用场景、"龙头企业+"数字化应用场景等一批数字化智能化农业典型应用场景，引领带动全省数字农业发展。

（二）着力打造特色化融合化绿色化现代乡村产业体系

建设现代农业产业体系是加快建设农业强省的重要内容。必须充分发挥湖南农业特色资源优势，以特色化、融合化、绿色化为方向，着力做好"土特产"文章，扎实推进产业体系现代转型，不断提升农业的质量效益与竞争力，促进农业高质量发展。

1. 延伸做强特色农产品产业链

建设农产品产业链是提高农业效益和竞争力、促进农民增收的重要举措。湖南应坚定不移走精细农业发展之路，聚焦地方特色农产品延伸产业链，优化产业结构，打造特色产业集群。一是优化特色农业区域布局。按照全省优势特色千亿产业重点布局和"一县一特""一特一片"区域布局，进一步细化农业生产区域分工以及各区域产业重点，推进错位发展、特色发展。二是加快打造农产品加工业发展高地。聚焦全省优势特色产业，积极发展初加工、精深加工和副产物综合利用，大力培育"链主"型企业，积极引进农产品精深加工战略合作项目，支持建设一批农产品加工业高质量发展先行县。推动预制菜产业集聚，构建以"湘菜"为主要特色、上中下游紧密衔接的预制菜产业体系。三是建设全产业链的社会化服务体系。大力发展农业社会化服务业，加强对农业服务主体的培育，鼓励各类主体合作建设"一站式"区域性农业社会化服务综合平台，提供全程专业社会化服务。四是推进特色农业集群化发展。统筹抓好全省农业现代化示范区、现代农业产业园、农业产业强镇、农业优势特色千亿产业集群联动创建，打造集生产、加工、流通于一体的产业集群，增强区域产业发展带动力。

2. 大力发展乡村新产业新业态

习近平总书记强调："发展乡村旅游、休闲农业、文化体验、健康养老、电子商务等新产业新兴态，既要有速度，更要高质量，实现健康可持续"。这是湖南培育乡村新产业新业态的根本遵循。一是深入推进"农业+"多元融合。促进农业与文化、旅游、教育、康养等产业融合，大力发展休闲度假、旅游观光、养生养老、创意农业、农耕体验、乡村手工艺等新业态新模式，深入挖掘湘字号特色农产品品牌资源，精心打造一批带动力强的特色农业与乡村旅游融合发展典型样板。二是加快农村电商发展。深入实施"数商兴农"和"互联网+"农产品出村进城工程，支持打造农村电子商务产业园、创业园、孵化基地、直播电商基地，完善"农户+合作社+电商"利益联结机制，发展"电子商务+产地仓+快递物流"仓配融合模式，鼓励发展农产品电商直采、定制生产。三是发展现代乡村服务业。加快发展乡村设施管护、餐饮购物、文体健身、旅游休闲、家政服务、养老等生活性服务业。建立健全农村商业服务体系，因地制宜推动建设改造一批多业态融合的乡镇商贸中心，发展新型乡村购物中心、便利店，促进农村消费和农民增收。

3. 强化农产品品牌建设

大力培育地域品牌无疑是以市场需求为导向的农业产业结构调整的战略性选择。一方面，大力推进品牌强农行动。巩固提升优势品牌，继续支持"两茶两油两菜"等省级区域公用品牌的宣传推介和品质提升，加强既有地理标志品牌保护，健全省市县品牌共建共享机制。大力培育农产品优秀品牌，建立健全农业品牌目录制度，构建"湘"字号品牌指数监测评价系统和定期发布制度，加大农业品牌培育支持力度。构建全媒体宣传矩阵，依托各类展会节庆活动，加强对湖南农业品牌的推介宣传，扩大品牌影响力。另一方面，强化农产品质量安全管理。健全农产品"身份证"质量管控标准体系，推行食用农产品合格证制度，强化质量安全追溯管理，推动实现品牌农产品、"两品一标"农产品"身份证"和赋码标识管理。完善第二代农产品"身份证"标准，尽快实现区域公用品牌全覆盖，确保品牌农产品的质量和特色。

4. 加快推进农业低碳绿色化发展

坚持绿色发展导向，加快推动实现农业资源利用集约化、投入品减量化、废弃物资源化、产业模式生态化，以低碳绿色引领湖南现代农业产业体系建设。一是大力发展节约型农业。推进农业节水、节地、节能技术应用推广，积极有序发展雨养农业，因地制宜推行管灌、喷灌、微灌等工程节水措施，加快节能低耗智能化农机装备推广应用，大力示范推广节种节水节能节肥节药的农机化技术，集成推广畜禽养殖废弃物能源化、肥料化利用技术模式和服务机制，推进秸秆肥料化、饲料化和基料化利用。二是加强农业面源污染防治。深入推进化肥、农药减量增效，全面推广测土配方施肥、病虫害精准防治、低毒低残留农药等技术和产品，提高主要农作物测土配方施肥技术覆盖率，扩大绿色防控、统防统治应用覆盖面。建立健全农膜、农药包装废弃物等农业废弃物收集利用处理体系。三是推广绿色循环农业模式。积极推动农业智慧技术、生态技术、增汇技术的研发和应用。推进区域稻田生态种养、清洁水产养殖等技术模式应用与规范化，建设一批绿色低碳农业示范区，带动区域绿色循环种养农业发展。

（三）以产权改革为突破口拓展农民增收渠道

土地是农民最宝贵的资产与最根本的生存资源，贯彻党中央关于农村土地制度改革的要求，用好用活相关政策，促进产权流动，既是拓展乡村振兴空间环境的需要，也是增加农民财产性收入、拓展农民增收渠道的重要支撑。

1. 稳步推进农村承包地改革，放活经营权

湖南人多地少，存在承包地细碎化问题。进一步推进以保护和放活土地经营权为重点的农村承包地改革，有利于发展适度规模经营，破解小农困境，增加农民收入，为现代农业发展创造更好条件。一方面，完善农村承包地产权制度。按照国家统一部署开展的第二轮土地承包到期后再延长30年试点，加强土地权属登记和确权，推进不动产统一登记与土地承包合同管理的有序衔接。另一方面，健全土地流转机制。健全农村土地流转市场，鼓励农民依法自愿有偿流转土地，引导土地资源向效益较高的新型农业经营主体集聚，形成规模化、专业化的农业经营模式，提高土地利用效率。继续扶持发展家庭农场，鼓励农民合作社、农村集体经济组织参与土地经营，鼓励开展土地服务性托管、收益性托管、半托管及土地经营权入股等土地流转模式，以社会化服务的规模化推进农业的规模化、专业化经营。

2. 稳慎推进农村宅基地制度改革，盘活闲置资源

农村宅基地制度为保障农村社会稳定发挥了重要作用，但随着城镇化的推进，农村宅基地和房屋的闲置现象日益突出，盘活用好宅基地成为增加农民财产性收入、为乡村发展腾出空间的重要抓手。一是加强基础性工作。在农村"房地一体"确权登记的基础上，采用整县推进方式，摸清闲置宅基地和房屋的权属、类别、面积等基本情况，形成专门的数据库，支持各地以维护农民权益为底线，开展顶层设计，稳妥推进盘活利用工作。二是加强政策支持。省级制定相关政策，对县域开展农村闲置宅基地和房屋盘活利用工作进行支持，鼓励把闲置宅基地利用与土地综合整治结合起来，在"拆旧拆废"后开展复垦复绿，建设公共设施和发展特色产业，建立对取得突出成效的村集体、企业、专业合作社等进行奖补的机制。三是打造服务平台。探索打造全省农村闲置建设用地和房屋产权交易服务平台，引导社会力量与农民、农村集体经济组织合作，推进闲置宅基地和房屋盘活的市场化运作。

3.推进新型农村集体经济发展，增强农民增收动能

发展新型农村集体经济是全面推进乡村振兴的重要任务，是实现农民农村共同富裕的重要支撑。湖南农村集体经济组织资源少、底子薄、发展起步晚，对其需要进一步加大支持力度，加快消除集体经济薄弱村，培育更多集体经济发展强村，以确保农村集体资产保值增值，促进农民增收。一是鼓励多样化发展。重点支持和引导村级集体经济组织以提供统一管理、有偿服务等形式，领办创办各类服务实体，提供生产经营服务，支持和引导村集体经济组织与科研机构、龙头企业合作，发展特色产业和新业态。二是推进联村抱团发展。在不改变行政村区划和自治主体、尊重农民意愿等基本原则的前提下，突破村域、镇域限制，实现强村带弱村。三是促进集体经济组织规范发展。明确集体经济组织法人地位，完善治理机制，推进政经分开，落实农民作为新型农村集体经济组织成员的民主权利，由农民决定新型农村集体经济组织收益的使用方向和分配形式，防止收益被少数人侵占和把控。

（四）突出地域特色，强化宜居宜业和美乡村建设

党的二十大报告提出"建设宜居宜业和美乡村"的新要求，其目标指向是使农村基本具备现代生活条件。建设宜居宜业和美乡村是一项长期的任务，对于湖南来说，要学习浙江"千村示范、万村整治"工程经验，因地制宜，彰显地域特色与乡村个性，统筹谋划乡村建设、乡村文化传承发展与乡村公共服务提升，从软硬件两方面优化乡村空间与社会环境，让农民享受到现代化的生活条件，促进城乡各美其美、融合发展。

1.稳妥实施乡村建设行动

坚持从实际出发，因地制宜，彰显特色，稳妥实施乡村建设行动，提高农村交通、供水、供电等基础设施水平，提升乡村宜居性。一是强化村庄规划的可持续性。加强村庄规划建设，注重保护资源环境，避免过度开发，充分考虑农民生产经营需求与地域特征，注重体现乡土特色与村庄个性。科学界定乡村建设规划范围，鼓励以乡镇或片区为单位推进多村庄共同规划。二是推动乡村基础设施提档升级。推动城乡基础设施统筹建设和管护。实施农

村公路提质改造，优化路网结构，促进城乡交通互联互通，提升乡村交通便捷性。推进农村规模化供水和城乡供水一体化建设，加快农村电网智能化进程，因地制宜支持发展太阳能、风能等清洁能源，加强乡村交通、消防、经营性自建房等重点领域的风险隐患治理攻坚，提高乡村安全水平。三是推进农村人居环境与乡村风貌提升。分类梯次推进农村生活污水治理，推行农村改厕与生活污水治理一体规划、协同推进，完善农村生活垃圾收集、转运和处理体系，提高垃圾处理效率和资源回收利用率。开展乡村风貌提升行动，深入推进乡村绿化和村容村貌美化工作，开展农房特色风貌塑造试点，加强传统村落保护和村庄传统建筑、历史文化遗产的保护与修缮，推广美丽屋场、美丽庭院等创建活动，激发农民参与宜居家园建设热情。

2. 扎实推进乡村文化建设

乡村振兴不仅要塑形，更要铸魂。同步推进"物"的现代化和"人"的现代化，需要加强优秀传统文化传承，推进乡村文化建设，促进"和"与"美"的共同提升。一是加强乡村公共文化阵地建设。加强镇村两级新时代文明实践所（站）建设，推动各地完善农村讲堂、小广场、小舞台、文体活动中心、党群服务中心等阵地，因地制宜推进村史馆建设，促进资源共享、阵地共建。二是丰富乡村文化活动。组织开展丰富多彩的民俗活动、特色节庆、赛事活动，支持乡村自办群众性文化活动，鼓励群众参与文化创作和传承，增进农民之间的文化认同，让农民在家门口享受到文化的滋养。三是深入开展农村移风易俗治理。注重发挥红白喜事理事会等民间组织作用，将"禁"与"创"结合起来，开展传统风俗习惯的创新，营造良好的社会风尚。四是推进文明创建。积极推进文明村镇创建，发挥文明家庭、五好家庭、最美家庭等示范带动作用，强化乡风文明的正向引导，营造文明和谐的乡村环境。

3. 推进城乡基本公共服务均等化

基本公共服务不平衡是城乡发展不平衡的突出表现，推进基本公共服务均等化是建设宜居宜业和美乡村的内在要求和题中应有之义。一是加快城乡教育均等化。以构建城乡学校联合体为重要抓手，推进义务教育均衡发展。

推行城区学校与乡村学校联合或一体化办学，建立健全城乡师资轮岗和教学融合机制。紧扣区域发展需求优化职业教育专业，深入推进产教融合，为乡村发展提供人才支撑。二是健全乡村医疗卫生服务体系。实施医疗卫生人才培养计划，稳定乡村医疗队伍。大力发展县域紧密型"医共体"，推进县级医院与乡村医疗卫生机构人才的统筹使用，探索城市医院与县域医院组建"医联体"，促进优质资源下沉，提升乡村医疗卫生服务水平。三是完善城乡居民保险制度。统筹发展城乡居民医疗、养老保险，合理提高政府补助和个人缴费标准，完善门诊保障措施，增强大病保险功能，促进农村社会保险覆盖工作提质扩面。四是健全乡村养老服务网络。推进乡镇区域养老服务中心建设，鼓励发展城乡养老服务联合体，探索农村互助养老服务新模式，提升农村养老服务能力。

（五）坚持农民主体地位，加强和创新乡村治理

乡村治理是国家治理体系的重要组成部分，乡村治理水平和效能直接影响乡村振兴战略的实施效果。加强乡村治理的关键是在党的领导下始终坚持农民主体地位，依靠广大农民群众的积极参与，让农民真正成为乡村治理的主体和乡村建设发展的受益者，才能推动乡村振兴事业不断向前发展。

1. 健全党建引领的多元共治体系

发挥党组织战略堡垒作用和党员先锋模范作用，推进共建共享共治，引领带动农民群众把对美好生活的向往转化为促进乡村振兴的实际行动。一方面，强化农村基层党组织引领作用。加强农村基层党组织建设，持续整顿软弱涣散基层党组织，选优配强农村基层党组织带头人，持续派强用好驻村第一书记和工作队。深入推进网格化治理，建立健全乡镇党政、村"两委"班子成员联系群众机制，引导基层党组织把群众利益摆在首位，眼睛往下看，工作朝下做。统筹推进农村群团组织、经济组织、社会组织建设，着力构建以党组织为领导核心，多元主体共同参与、共建共享的农村治理新格局。另一方面，加强乡村人才队伍建设。加大乡村振兴一线岗位优秀干部配备力度，构建县乡干部常态化交流机制。统筹实施乡村产业振兴带头人培育

"头雁"项目、高素质农民培育计划、"匠心传承"职业技能师资提升计划和各类乡村专业人才定向培养计划。加强对城市专业技术人才定期服务乡村的激励，深入推进"湘才乡连"万名专家服务乡村振兴行动，制定允许返乡回乡下乡就业创业人员在原籍地或就业创业地落户的落实细则，促进城乡人才双向流动，全面提升乡村振兴人才支撑能力。

2. 提升乡村治理效能

以治理能力建设为主攻方向加强和改进乡村治理，健全自治、法治、德治相结合的乡村治理体系，激发乡村社会活力，确保乡村社会和谐稳定。一是提升村民自治能力。推进村民自治组织规范化建设，健全村级议事协商制度，推广以"屋场会"等形式开展各类议事协商，推进民事民议、民事民办、民事民管。二是规范村级组织工作事务。持续整顿清理乱摊派、填表报数、检查考核加码、"指尖"歪风等问题，纠治各类形式主义、官僚主义，建立健全乡镇政府的权力清单与责任清单，厘清村级组织的职责边界，推动村级组织把主要精力放在谋发展和为农民群众办实事上。三是推进乡村治理方式创新。继续推进乡村治理示范村镇创建，树立典型案例，广泛传播乡村治理的好经验。遵从农民意愿，因地制宜推广应用积分制、清单制、数字化等治理方式，创新发展新时代"枫桥经验"，完善社会矛盾纠纷多元预防调处化解机制，推进平安乡村建设，不断提高乡村社会安全保障水平。

3. 推进乡村数字化治理

数字乡村是数字湖南建设的重要内容。强化信息化在乡村治理中的基础作用，推进乡村数字化治理，是乡村治理体系与治理能力现代化的重要支撑。一是推进乡村数字化治理平台建设。加大对乡村数字化治理的投入，推进农村信息基础设施建设，加快建设包括信息发布平台、在线审批平台、公共服务平台等在内的乡村数字化治理平台，推动"互联网+政务服务"下沉到乡村，实现城乡数字服务均等化。二是加强数字技术应用于乡村治理的统筹协调。加强对数字技术在乡村民主建设、社会治安、公共服务等多领域应用的系统谋划，推动不同部门和机构间的数据共享，丰富数字技术应用于乡村治理的具体场景，促进数字治理的协同推进。三是提升乡村数字化应用能力。加强乡村数字化应用场景培训，提高农民群众对数字技术的认知和应用能力，提升乡村干部的数字工作素养，引导因地制宜发展数字农业、数字乡村旅游等服务，推动乡村各类政务服务网上办、马上办，提升农民群众的获得感和幸福感。

（六）以县城为战略支撑促进城乡融合与区域协调发展

把县域作为城乡融合发展的重要切入点是党中央的明确要求，也是推进城乡区域协调发展的客观需要。发挥县域在推进城乡区域协调发展中的重要作用，关键是发挥县城在空间上"承上启下"的战略支撑作用，促进新型城镇化和乡村振兴协同发展，打造城市与乡村共生共荣的新生态。

1. 提升县城服务城乡区域发展的能力

县城处于城乡之间，是区域发展的重要节点、推进城乡融合发展的重要载体，在统筹推进新型城镇化和乡村振兴中具有不可替代的作用。湖南县域数量多，但县城服务城乡区域发展的能力普遍偏弱，必须着力提升其综合承载力。一是提升县城对城乡空间的统筹能力。坚持城乡一体化理念，分类做好县域空间规划编制工作，推进县城规划、乡村规划、土地利用规划衔接融合，统筹布局小城镇建设、村庄分布、基础设施、生态涵养等空间，着力打造"以县城为龙头、乡镇为枢纽、村庄为支撑"的县域城乡空间融合格局。二是夯实县城基础设施承载能力。实施县城基础设施补短板强弱项行动，重点加强脱贫区域县城各类基础设施建设，推进市政、交通、防洪、供水、供气、供暖、通信、用电等设施全面提质扩容，改造提升老旧小区，增强其承载能力。三是提升县城公共服务供给能力。以服务人口为依据，加强县城医疗卫生、文化教育、养老、政务服务体系建设，引导部分中心城市的学校、医院、养老机构向县城疏解，增强县城人口承载力和服务城乡的能力。

2. 推进以县城为引领的城乡区域产业协同发展

推进城乡产业融合，形成工农对接、协调联动的产业协同发展格局，这需要县城成为城乡产业协同生产、协同服务的产业聚集平台、资源交易平台、产品流通平台，促进城乡经济互动融合。一方面，建好城乡产业协同发展平台。以服务"一县一特"特色产业为导向，推动县城布局发展工业化程度较高的农产品加工园区、农副产品集散中心，建设商贸平台、互联网平台，支持培育一批县域优势特色产业融合园区，为城乡产业协同发展提供支撑。另一方面，以县城为纽带打造城乡产业链。分类推进县域城乡产业链对接融合，支持大城市周边县城发展大城市配套产业，引领县域承接大城市产业转移，支持农产品主产区县城发展农产品精深加工，延伸产业链、提高价值链，带动农业农村发展，支持生态功能区县城大力发展生态产业和服务业，带动农村一二三产业融合发展。支持脱贫县产业发展，探索中心城市对脱贫县县城开展产业链支援机制，提升脱贫县自我"造血"能力。同时，依据资源禀赋，支持县城建设"五好"园区，打造产学研融合平台，促进科技成果在县域转化，推动县域产业高质量发展。

3. 推进以县城为枢纽的区域市场体系建设

县域市场是全国统一大市场的有机组成部分，加强以县城为枢纽的区域市场体系建设，有利于促进城乡资源要素有序流动和合理配置，优化城乡区域分工合作，推动形成优势互补、高质量发展的城乡区域经济体系。一是完善县域人力资源市场。推动县城主动融入区域性人力资源市场，全面放开落户限制，推进城镇基本公共服务常住人口全覆盖，建立健全人才下乡返乡回乡的引导与激励机制，促进城乡劳动力合理流动。二是推动完善土地要素市场。支持以县城为中心建设农村产权流转市场，在县域内优化农村土地资源配置，盘活农村土地资源。三是加强县域流通体系建设。加强县域商贸流通基础设施建设，支持每个县域以县城为中心建好一个全域覆盖的区域性物流中心，促进物流中心与镇村商品集散中心有机衔接，打造畅通协调高效的城乡物流体系，尤其是补上农产品仓储冷链物流短板，为"工业品下乡、农产品进城"双向畅通提供支撑。

（七）聚焦机制建设，强化农业强省建设投入保障

全面推进乡村振兴，加快建设农业强省，资金投入是重要保障。湖南财力并不雄厚，要满足农业农村现代化的资金需求，需要多渠道筹措资金，关

键是发挥财政的支撑、引导、协调、撬动作用，以提高资金整体效益为导向，引导推动金融、社会投入，激活各类投入主体的积极性。

1. 健全涉农财政投入保障机制

把农业农村作为一般公共预算优先保障领域，压实地方政府投入责任，是党中央的明确要求。受近年来财政收入增速放缓的影响，湖南仍有部分市县对涉农财政投入缺乏足够重视，需要进一步强化财政支农的优先保障机制。一是进一步强化政府责任。将各级涉农财政投入作为全省乡村振兴战略考核的重要指标，严格保障各级涉农财政投入总量逐年增加、增速高于一般预算支出增速。统筹安排政府一般债券发行计划，加快专项债券发行步伐，拓展农业农村项目建设资金来源。二是创新财政投入的撬动机制。探索由省财政出资引导成立湖南现代农业发展基金，通过参股专项基金、直接投资等方式，撬动金融机构等社会资本投入乡村产业项目。三是完善涉农资金的统筹整合机制。针对涉农财政资金来源分散等问题，进一步完善涉农资金的统筹整合机制，在省级层面加大整合力度，推进相关职能部门放权，防止任务清单过于详细、具体，给予市县更大资金分配权限。

2. 优化农村金融服务机制

金融是农业农村发展的重要支撑。尽管近年来湖南金融服务农业农村能力不断提升，但湖南农村融资难的问题仍较突出，亟待进一步推动金融创新。一是优化金融供给机制。支持金融机构在湘设立或参与设立各类新型农村金融机构，建立健全县域金融机构涉农贷款增量奖励机制，稳定实施对农村金融机构的涉农贷款税收优惠、定向费用补贴等政策，并加大风险补偿力度。二是完善金融基础设施建设。推动全省涉农信用信息数据平台建设，加强数据共享，健全农村信用体系，鼓励金融科技在金融基础设施建设中的创新应用，改善农村金融服务环境。三是推进金融产品创新。鼓励涉农金融机构加大农业农村中长期信贷投入，开展面向农业农村的普惠金融服务，推广保单质押、农业装备设施抵押、活畜禽抵押、农村产权抵（质）押等创新型金融产品。四是加快发展农业保险。推广稻谷完全成本保险和种植收入保险，支持各地因地制宜开展地方特色农业保险，创新"保险+期货"等产品，提高农业保险保障能力。

3. 激发社会力量投资农业农村的活力

随着乡村的独特价值日益为人们所认知，社会力量投资农业农村的意愿明显增强，但要将社会投资意愿转化为投资的实际行动，仍然需要加强政策引导。一是加强投资引导。研究确定湖南支持社会资本重点投资农业农村的领域，制定发布市县支持社会资本投资农业农村的投资目录及重点项目库，并建立投资"负面清单"，引导社会资本有序稳妥投入。二是完善支持政策。制定完善湖南的乡村产业用地政策、税费优惠政策，在此基础上公开发布湖南的社会资本投资农业农村政策指引，为社会资本投资提供公开透明的政策支持。督促市县进一步深化"放管服"改革，清除社会资本投资农业农村的制度障碍，营造良好的市场环境。三是创新投资模式。采取以奖代补、财政贴息、融资风险补偿等方式，大力支持社会力量投资湖南优势特色产业全产业链开发，支持现代农业产业园、农民创业园、农产品电商园等平台建设，因地制宜开展对特色镇村的整体化、联合化投资，推动实现社会资本与农户的互惠共赢，不断激发社会力量投入乡村资源开发的活力。

参考文献

《中共中央国务院关于做好二〇二三年全面推进乡村振兴重点工作的意见》，《人民日报》2023年2月14日，第1版。

习近平：《论"三农"工作》，中央文献出版社，2022。

习近平：《加快建设农业强国　推进农业农村现代化》，《求是》2023年第6期。

中央农村工作领导小组办公室：《习近平关于"三农"工作的重要论述学习读本》，人民出版社、中国农业出版社，2023。

叶兴庆等：《中国农业现代化与农村现代化协调发展战略研究》，《农业经济问题》2023年第4期。

魏后凯：《以农业现代化助力农业强国建设》，《光明日报》2022年12月1日，第15版。

陈文胜：《中国农业何以强》，中国农业出版社，2023。

陈文胜：《中国乡村何以兴》，中国农业出版社，2023。

陈文胜：《实施乡村振兴战略走城乡融合发展之路》，《求是》2018年第6期。

陈文胜：《农业供给侧结构性改革：中国农业发展的战略转型》，《求是》2017年第3期。

陈文胜：《全面推进乡村振兴的底线、主线与重点任务》，《湖南日报》2022年2月24日，第6版。

陈文胜、李珊珊：《论新发展阶段全面推进乡村振兴》，《贵州社会科学》2022年第1期。

游斌、陈文胜：《率先在县域内破除城乡二元结构》，《光明日报》2023年8月1日，第11版。

陈文胜、陆福兴、李珊珊：《落实"大食物观"做优"一桌湖南饭"》，《新湘评论》2022年第10期。

王文强：《在城乡融合发展中全面推进乡村人才振兴》，《湖南师范大学社会科学学报》2022年第3期。

专 题 篇

Special Reports

B.2

2023年湖南省农产品区域公共
品牌研究报告

海星区域公共品牌研究院 *

摘　要： 品牌建设是提升农业综合效益和竞争力的重要抓手，打造区域公
用品牌更是兴农、强农、富农的重要途径。近年来，湖南省委、
省政府高度重视品牌强农战略，大力发展优势农业特色产业，农
产品区域公共品牌建设成效明显，辐射带动能力增强，品牌价值
不断提升，为广大农户带来了真金白银。本文从区域公共品牌建
设与乡村振兴的关系着手，梳理了"十三五"期间湖南区域公
共品牌发展的整体现状，以"桑植白茶"、"炎陵黄桃"和"常
宁茶油"为案例，剖析了湖南坚定不移推进农业高质量发展、
坚持以品牌建设为引领、助力乡村振兴取得新成效的先进做法。
最后，通过对发展现状和区域公共品牌发展案例的分析，为下一

---

* 课题组成员：任双，湖南谦益吉互联网产业发展有限公司董事总经理；胡庆红，海星区域公
共品牌研究院执行院长；张辉、李梦钰、陈致远，海星区域公共品牌研究院研究员。

步发展提出了：规划先行，引领发展方向；把握重点，协调多种关系；寻根塑魂，强化核心优势；大力促销，提升品牌价值；重视保护，规范品牌管理；组织保障，落实"县长工程"等具有针对性的解决措施和发展方向建议。

关键词： 农产品　区域公共品牌　乡村产业振兴　湖南　案例

全面建设社会主义现代化国家，最艰巨最繁重的任务仍然在农村。如何守好"三农"基本盘，要走出一条新时代具有中国特色的乡村振兴之路，产业振兴是根基和关键，也是巩固脱贫攻坚成果、全面推进乡村振兴的主要途径和长久之策。习总书记指出，要加快发展乡村产业，"适应城乡居民消费需求、顺应产业发展规律，立足当地特色资源，拓展乡村多种功能，向广度深度进军，推动乡村产业发展壮大"①。乡村振兴的关键在产业，产业兴旺的基础在农业，发展现代农业，实现"农业强、农村美、农民富"一直是传统农业地区的主要工作路径。而品牌化则是农业现代化的重要标志，是实施乡村振兴战略的重要驱动力。本文从区域公共品牌建设与乡村振兴的关系着手，梳理了"十三五"期间湖南省区域公共品牌发展的整体现状，以"桑植白茶"、"炎陵黄桃"和"常宁茶油"为案例，剖析了湖南坚定不移推进农业高质量发展、坚持以品牌建设为引领、助力乡村振兴取得新成效的先进做法。最后，基于对发展现状和区域公共品牌发展案例的分析，为下一步发展提出了具有针对性的解决措施和发展方向建议。

一　区域公共品牌与乡村振兴

区域公共品牌，作为乡村振兴的"火车头"、产业发展的"指挥棒"、

---

① 习近平：《坚持把解决好"三农"问题作为全党工作重中之重　举全党全社会之力推动乡村振兴》，《求是》2022 年第 7 期。

连接市场端和生产端的"传感器",通过发挥其特有的品牌优势,实现小农户生产经营与现代"大市场"的有效对接,对接产生的经济效应进一步引发农村集体行动,并通过农业生产要素整合以及生产关系重组,促进农产品生产趋向标准化、规模化和社会化,最终实现小农户与现代农业发展的有机衔接。

（一）区域公共品牌概述

"地理标志"的定义由世界贸易组织首次提出,指识别一货物来源于一成员领土或该领土内一地区或地方的标识,该货物的特定质量、声誉或其他特性主要归因于其地理来源。我国先后有三个政府部门负责保护地理标志,出台了相应的保护制度和标志符号,但为了避免权责不明的冲突、给地理标志的使用者和消费者造成困惑,国家正在探索建立地理标志统一认定标准。目前,由国家知识产权局负责合并原国家工商总局和国家质检总局的地理标志管理功能,并颁布了《地理标志专用标志使用管理办法（试行）》,全新的地理标志专用标志替代原有标志,用于地理标志保护产品和作为集体商标、证明商标注册的地理标志使用。此外,农业农村部也发布公告"废止《农产品地理标志登记程序》",停止农产品地理标志登记工作,包括受理、评审、公示和公告,2022 年制定的有关登记计划也相应停止实施。我国地理标志保护的统一和规范正在通过立法和规划的方式有序推进中。

区域公共品牌主要以地理标志为基础,是立足于当地独特的自然资源或者产业资源,为特定区域内相关机构、企业、农户等所共有的,在生产地域范围、品种品质管理、品牌使用许可、品牌行销与传播等方面具有共同诉求与行动,使区域产品与区域形象共同发展的产品品牌。"共有""共建""共享""共赢"是区域公共品牌区别于一般品牌的特点,区域公共品牌具有有限的非排他性和有限的非竞争性特征,区域内所有企业都会享受到区域公共品牌带来的品牌效益。"地名+产品名"的品牌形式不仅可以标识产品的来源地,而且还将产品的信誉和质量与该地的独特地理环境以及人文因素相关联,在同行业中打造出消费者认同、市场认同、行业认同的品牌,实现产品价值的飞跃。因此，区域公共品牌建设成为区域特色产业品牌化发展的必然选择。

全国各地有数千个极具特色的地理标志产品。然而有了地理标志并不意味着有了区域公共品牌。产品强、品牌弱是很多地方特色产业突出的制约因素，尽管各地对于区域公共品牌的重视程度日益上升，但是多而不精、大而不强的问题依然严重，很多地方政府陷入了重创建、轻运营的误区，认为有了地理标志就是有了区域公共品牌。要全面推进区域特色产业高质量发展，将地理标志的产品优势转换成区域公共品牌的市场优势，促进乡村产业振兴，由"地理标志"到"区域公共品牌"的升级和跨越将是关键一步。

（二）区域公共品牌与乡村振兴衔接

乡村振兴战略是新时代"三农"工作的总抓手，全面推进乡村振兴是这一战略的方向和目标。在 2022 年中央农村工作会议上，习近平总书记对实施乡村振兴战略作出重要指示："全面推进乡村振兴、加快建设农业强国，是党中央着眼全面建成社会主义现代化强国作出的战略部署。强国必先强农，农强方能国强。没有农业强国就没有整个现代化强国；没有农业农村现代化，社会主义现代化就是不全面的。要铆足干劲，抓好以乡村振兴为重心的'三农'各项工作，大力推进农业农村现代化，为加快建设农业强国而努力奋斗。"[①]

乡村振兴战略实施以来，党中央始终高度重视农业产业品牌化发展工作，发布了一系列政策推动品牌强农，为农产品区域公共品牌发展提供了绝佳的政策机遇。2017 年，中央一号文件首次提出推进区域农产品公共品牌建设，支持地方以优势企业和行业协会为依托打造区域特色品牌，引入现代要素改造提升传统名优品牌；2018 年，农业农村部发布了《关于加快推进品牌强农的意见》，意见指出要以推进农业供给侧结构性改革为主线，以提

---

① 习近平：《加快建设农业强国　推进农业农村现代化》，《求是》2023 年第 6 期。

质增效为目标，立足资源禀赋，坚持市场导向，加快构建现代农业品牌体系，重点培育一批全国影响力大、辐射带动范围广、国际竞争力强、文化底蕴深厚的国家级农业品牌，打造 300 个国家级农产品区域公用品牌、500 个国家级农业企业品牌、1000 个农产品品牌；2022 年，国家发展改革委、农业农村部等部门联合出台《关于新时代推进品牌建设的指导意见》，提出实施农业品牌精品培育计划，聚焦粮食生产功能区、重要农产品保护区、特色农产品优势区和现代农业产业园等，打造一批品质过硬、特色突出、竞争力强的精品区域公用品牌；2023 年，中央一号文件提出要推动乡村产业高质量发展，深入开展多种形式的消费帮扶，持续推进消费帮扶示范城市和产地示范区创建，支持脱贫地区打造区域公共品牌。

产业振兴是乡村振兴的重中之重，也是农产品区域公共品牌发展的重要目标，因而农产品区域公共品牌建设是助推乡村振兴、实现产业兴旺的重要抓手。乡村产业兴旺和区域公共品牌发展是相互促进的关系，基础完备、优势明显、品质突出的农特产业为区域公共品牌厚植发展土壤，而成功的品牌建设则能够带领产业迈向新的高度。目前农业现代化改革进程中，加快供给侧结构性改革、提升高端农产品供给数质并进水平、重视农产品品牌化成为核心内容。农产品区域公共品牌影响力的有效提升，需要各个农业生产主体把握品牌内涵，提升产品的品牌影响力，让真正纯正、地道、精品的农产品具备足够的溢价能力，增强市场竞争力，提升品质内涵和消费者美誉度。通过整合区域力量，统筹政府、农业企业、新型农业经营主体和行业协会等多主体协同推进农产品区域公共品牌建设，带动乡村农特产业发展，从而助推产业兴旺、实现乡村振兴。

（三）湖南省2022年区域公共品牌发展现状

湖南地理位置优越、物产富饶，素有"湖广熟，天下足"之谓，是著名的"鱼米之乡"，众多具有显著特色和发展优势的农产品赋予了湖南省农产品区域公共品牌绝佳的发展条件和坚实的发展基础。

近年来，湖南省委、省政府高度重视品牌强农战略，大力发展优势农业特色产业，开创了"产业一子落，农村全盘活"的可喜局面。2018年，省委、省政府发布《湖南省乡村振兴战略规划（2018—2022年）》，提出要全面推进品牌强农，特别是要打造农产品区域公共品牌；2021年，省委、省政府发布《关于全面推进乡村振兴 加快农业农村现代化的实施意见》，进一步提出要深入推进品牌强农，抓好省级区域公共品牌建设；同年，省委办公厅、省政府办公厅印发《关于持续推进"六大强农"行动促进乡村产业兴旺的实施意见》，指出深入推进品牌强农是重中之重，财政将继续支持省级、片区区域公用品牌宣传推介和品质提升；2023年，省委、省政府发布了《关于锚定建设农业强省目标扎实做好2023年全面推进乡村振兴重点工作的意见》，再一次把强化农业品牌引领放在了建设现代化乡村产业体系、推动农业优势特色产业全链条升级的重要位置，指出要持续打造"中国粮·湖南饭"金名片，深入推进省级和片区农业公用品牌、"一县一特"农产品优秀品牌建设。

目前，全省农业优势特色产业全产业链产值由2017年的9708亿元增加到2021年的1.33万亿元，增长37%。其中粮食、畜禽产业跨越3000亿元，蔬菜产业跨越2000亿元台阶，茶产业突破1000亿元；油菜、油茶2个产业合计达到1000亿元；水果、水产2个产业预计2024年均可达到1000亿元；中药材、楠竹2个产业预计到2025年也可分别达到或接近1000亿元①。湖南省十大优势农业千亿产业的打造为品牌强农打下了坚实基础，结合"一县一特、一特一片"的总布局，持续以品牌建设为引领提升价值链，统筹推进品种培优、品质提升、品牌打造和标准化生产，努力提升农产品的知名度和美誉度，推动"湘品出湘"。湖南省重点打造了"湖南红茶""安化黑茶""湖南菜籽油""湖南茶油""湖南辣椒""湘江源蔬菜""湘赣红"等7个省级区域公用品牌，成功创建"五彩湘茶""湘九味""湖南菜籽油""洞庭香米""湘猪乡味"等5个优势特色产业

---

① 湖南省委农办：《湖南做强优势特色千亿产业向农业强省迈进》，《农村工作通讯》2022年第9期。

集群品牌，近3年新涌现27个"一县一特"农产品优秀品牌，进一步擦亮湖南农业"金字招牌"①。

经过数年努力，湖南省农产品区域公共品牌建设成效明显，辐射带动能力增强，品牌价值不断提升，为广大农户带来了真金白银。在2021~2022年中国品牌价值评估中，"宁乡花猪"品牌价值达52.4亿元，"新化红茶"品牌价值达37.15亿元，"碣滩茶""黔阳冰糖橙"品牌价值均超过26亿元，"麻阳柑橘"品牌价值近25亿元。在怀化市，"靖州杨梅"推动研发酒水饮料等深加工技术和产品，实现年总产值15亿元，带动9300余农户就业，人均年增收3600元；在保靖县，黄金茶种植面积超13.5万亩，综合产值11亿元，带动了2万贫困人口增收脱贫；在祁东县，12家"祁东黄花菜"生产、加工、销售龙头企业，2022年实现销售额26.8亿元；从2017年到2022年，"湖南红茶"均价增长109%；近5年来，"崀山脐橙"农户收购价从每公斤2元上涨至4.6元②。

品牌是高质量发展的重要特征，品牌建设事关高质量发展的成效。为进一步健全和加强农产品区域公共品牌管理和品牌保护，湖南省大力推进质量强省战略，开展地理标志产品保护示范区建设，率先制定品牌培育地方标准，健全农产品"身份证"管理体系。截至2022年，全省有地理标志320个（件），地理标志保护地域范围覆盖14个市州111个县市区，其中15个省级乡村振兴重点帮扶县有62个地理标志，带动关联企业5000余家，相关产业产值逾1000亿元。其中，"安化黑茶""保靖黄金茶""新晃黄牛肉"等15个地理标志创建国家和省级地理标志产品保护示范区，"浏阳花炮""醴陵瓷器""安化黑茶""保靖黄金茶""酒鬼酒""古丈毛尖""永丰辣

---

① 《湖南"一县一特"农产品优秀品牌年产值破1000亿元》，湖南省人民政府门户网站，http：//www.hunan.gov.cn/hnszf/hnyw/sy/hnyw1/202302/t20230209_29242385.html，2023年2月9日。

② 彭雅惠等：《"湘"字号，高质量发展立潮头——湖南品牌建设成就综述》，《湖南日报》2023年5月10日，第1版。

酱"等 7 个地理标志纳入中欧地理标志互认互保清单；① 为打造、管理和维护"湘品湘造"的优质形象，湖南出台《湖南省品牌建设工程行动计划》，制定《湖南省"十四五"质量强省发展规划》，率先在全国发布《品牌培育指南》《品牌管理体系要求与实施》《品牌价值评价》三项省级地方标准；为进一步提高农产品质量安全水平，切实提升农产品品牌美誉度和市场竞争力，湖南推行食用农产品合格证、"身份证"和质量追溯码并行的"两证+追溯"制度，督促全省农业区域公用品牌、地方特色品牌、"两品一标"和注册商标农产品及市级以上龙头企业全面实行农产品"身份证"管理和赋码标识。截至 2021 年底，湖南省 5806 家农业企业、14541 个品牌农产品已经纳入湖南农产品"身份证"平台，实行"一品一码"赋码标识②。

二 湖南省区域公共品牌发展助力产业振兴案例研究

湖南是全国农业大省、重要的农产品供给基地，农产品种类繁多且各具特色，"十三五"期间，湖南省区域公共品牌建设成效突出，已经形成一批极具特色的区域公共品牌。湖南正在"三高四新"战略科学指引下，坚定不移推进农业高质量发展，坚持以品牌建设为引领，从强化地理标志农产品保护，加大对"湘"字号农业区域公共品牌、企业品牌和特色农产品品牌的扶持力度，和打造"一县一特"品牌发展格局四个方向着力，走出一条农业大省的乡村振兴之路。

（一）湖南省桑植县区域公共品牌——以"桑植白茶"为例

桑植县隶属于张家界市，地处武陵山脉北麓、鄂西山地南端，地形复杂，地势北高南低，是神秘的富硒带、微生物发酵带和亚麻酸带。得天独厚

① 孟姣燕：《湖南大力推进质量强省战略 316 个地理标志带动产业产值逾千亿元》，《湖南日报》2023 年 5 月 6 日，第 2 版。
② 胡燕俊：《区域公用品牌如何持续发力？——中国农业大学高颖副教授谈品牌保护热点问题》，《农民日报》2023 年 5 月 8 日，第 7 版。

的地理优势，温和适宜的气候条件，风景秀丽的自然环境，多姿多彩的民俗文化，孕育了桑植县丰富多样的特色产品。

1. 发展现状

桑植县依托自然资源禀赋，把大力发展现代特色产业作为助推精准扶贫、实现乡村振兴的主要举措。目前，桑植县共有"张家界大鲵""桑植魔芋""桑植蜂蜜""桑植白茶"四种国家地理标志证明商标（见表1），以及"桑植萝卜"和"张家界大鲵"两种地理标志产品。2019年，桑植县政府进一步明确了以桑植白茶为主、其他多种特色产业同时发展的"一主多特"产业发展思路，助力乡村振兴之路①。

表1 桑植县地理标志商标信息

产品名称	类别	证书持有者	商标类型	发证年份
张家界大鲵	水产	张家界市大鲵保护与发展协会	证明商标	2013
桑植魔芋	蔬菜	张家界市魔芋科学技术研究所	证明商标	2015
桑植蜂蜜	蜂类产品	桑植县蜜蜂产业协会	证明商标	2018
桑植白茶	茶叶	桑植县茶业协会	证明商标	2019

2012年以前，桑植县茶园种植面积不足2万亩，亩产值仅2500元；2016年3月，桑植县委县政府为提高特色产业扶贫成效，启动建设"桑植白茶"区域公共品牌。"桑植白茶"区域公共品牌由桑植县人民政府持有，桑植县茶业协会运营。2019年5月，桑植县茶业协会制定了《"桑植白茶"地理标志证明商标使用管理规则》，明确规定了"桑植白茶"地理标志证明商标的使用条件、使用申请程序、被许可使用者的权利和义务、管理和保护等内容。

近年来，桑植县委县政府高度重视桑植白茶产业发展，2018年以来，共计投入资金2亿多元发展白茶产业，桑植白茶基地规模增长迅速，产业链

---

① 桑植县农业农村局：《桑植白茶产业发展情况说明》，2022年10月10日。

融合发展，基本形成了以八大公山大宗茶叶产业园、人潮溪名优茶叶产业带和洪家关休闲茶园片为核心的"一园一带一片"布局。截至2022年，桑植县茶园面积达到7.95万亩，白茶年产量达4500吨，年产值达5.8亿元。桑植县现有规范加工主体56家，其中，省级龙头企业3家，市级以上龙头企业11家，规模以上企业7家，拥有"超白""西莲云雾""万宝山""帅湘红"等20多个桑植白茶子品牌，设立桑植白茶专营店220余家[①]。桑植县内初加工企业基本覆盖主要产茶区，大型初加工厂主要分布在洪家关白族乡、人潮溪镇、陈家河镇和八大公山镇；茶叶精制和再加工则集中在湖南湘丰桑植白茶有限公司（见表2）。

表2　桑植白茶主要加工企业情况

企业名称	初/精制加工	所在乡镇	产能(吨)
湖南湘丰桑植白茶有限公司	精制加工	洪家关白族乡	1700
	初制加工	沙塔坪乡	120
张家界源丰成农业科技开发有限公司	精制加工	龙潭坪镇	1500
张家界万宝山茶业有限公司	初制加工	洪家关白族乡	420
张家界西莲茶业有限责任公司	初制加工	人潮溪镇	620
张家界林丰茶叶开发有限公司	初制加工	人潮溪镇	130
张家界恒丰农业开发有限公司	初制加工	陈家河镇	140
桑植县澧水韵茶叶有限公司	初制加工	陈家河镇	64
张家界婉嘉生态农业有限公司	初制加工	陈家河镇	48
张家界八大公山茶业有限公司	初制加工	八大公山镇	68
张家界西部茶厂	初制加工	八大公山镇	230
张家界柏辉农贸开发有限公司	初制加工	五道水镇	47
其他加工厂	初制加工	其他乡镇	213

桑植县在传统白茶加工工艺的基础上，结合当地气候条件（空气湿度较大）和加工条件，融合乌龙茶、黑茶加工工艺，创新桑植白茶加工技术，

---

① 桑植县农业农村局：《桑植白茶产业发展情况说明》，2022年10月10日。

并初步形成桑植白茶独特的加工技术规程。与此同时，结合白族文化创制了桑植白茶"风花雪月"不同级别的系列产品（见表3）。

表3 桑植白茶品质等级特征

级别	外形					肉质			
	部位	条索	整碎	色泽	净度	香气	滋味	汤色	叶底
月级	芽头	芽头肥壮挺直	匀整	银白	净	嫩香、毫香明显	清甜醇爽	黄亮	软嫩、匀明亮
雪级	一芽一叶	芽叶连枝，毫心多肥壮，叶背多茸毛	匀整	灰褐	净	花香、毫香明显	甘醇爽口	黄亮	软嫩、匀亮
花级	一芽二叶	芽叶连枝，毫心尚显，叶张尚嫩	较匀整	棕褐	较净	甜花香	甜醇较厚	橙黄明亮	叶张较软亮、匀净
风级	一芽三、四叶及机采叶	叶态略卷，稍展，略有破张	尚匀整	黄褐	含少量黄绿片	纯正	醇厚	橙黄	叶张略粗、稍摊张、较匀

近年来，"桑植白茶"及其区域公共品牌建设取得了不俗的成绩，先后荣获"湖南十大创新产品"、"袁隆平特别奖"、"中国国际农产品交易会产品金奖"、"精准扶贫十大品牌"和湖南省首批"一县一特"农产品优秀品牌，列入湖南省委省政府重点支持的"五彩湘茶"优势特色产业集群品牌。桑植县因此先后荣获"湖南十强生态产茶县"、"十大精准脱贫先进县"和中国白茶产业发展示范县等荣誉称号。

2. 建设路径与经验

近几年，桑植白茶声名鹊起，从"脱贫茶"变身为"振兴茶"，走出一条具有桑植特色的品牌建设之路。

产业政策驱动品牌建设。桑植白茶产业政策发展环境良好，湖南省、张家界市及桑植县政府相继制定了相关政策支持茶产业建设与发展（见表4）。

表4 茶业领域相关政策汇总

发布时间	发布部门	政策名称	主要内容
2022.03	湖南省委省政府	《中共湖南省委湖南省人民政府关于做好 2022 年"三农"工作扎实推进乡村振兴的意见》	继续支持"两茶两油两菜"品牌建设、产业发展
2022.09	湖南省农业农村厅	《湖南省茶产业发展促进条例》	明确提出制定省级茶叶区域公共品牌认定、使用、管理的具体办法,建立健全省级茶叶区域公共品牌宣传推介、保护和利用机制,鼓励湖南省人民政府及茶叶主产区人民政府建设省级、县域茶叶区域公共品牌
2021.01	张家界市委市政府	《张家界市"十四五"规划和2035 年远景目标》	全面落实省现代农业发展"三个百千万"工程和农业产业发展"一特两辅"战略,大力发展蔬菜、茶叶、中药材、水果、大鲵等特色农业产业
2020.11	桑植县农业农村局	《桑植县茶产业发展十四五规划纲要(2021-2025 年)》	本着立足资源、生态优先、经济可行、绿色可持续发展的原则,以品牌推广、人才培养为重点,兼顾产业布局、资源整合,以整体提升桑植县茶叶产业发展水平为最终目标
2022.03	桑植县委县政府	《桑植白茶产业发展规划(2022-2025-2035)》	全力打造以澧水源头为核心区域的 10 万亩高山生态有机茶园,其中规划期内新建"西莲 1号"为主的良种茶园 2 万亩,改造低产茶园 0.5 万亩,充分利用好现有 2.5 万亩古树茶、野生茶
2022.04	桑植县委县政府	《桑植县 2022 年白茶产业发展项目实施方案》	夯实一批产业基础、创办一个白茶"飞地"经济园、打造一个茶旅示范基地、创建一套技术规程、做大一个销售市场、培强一支产业队伍,全力提升品牌知名度,助推桑植白茶创新发展

桑植县属国家扶贫开发工作重点县、武陵山特困片区县，是典型的老、少、边、山、穷地区，也是生产优质茶的老区。近年来，桑植县以习近平新时代中国特色社会主义思想为指导，依托桑植独特的区位、生态和人文优势，以推动茶叶经济绿色增长为抓手，以市场需求和创新驱动为导向，以实现区域经济可持续发展为目标，借势借力中央"产业兴旺、乡村振兴、健康中国、一带一路"战略和湖南省"一县一特"和"五彩湘茶千亿产业高质量发展"政策，提出了"产业扶贫、工业兴县、绿色发展"的总体思路，将茶产业的发展放在扶贫攻坚的突出位置，把"桑植白茶"打造成五彩湘茶（白茶）主力军。

顶层规划引领品牌建设。桑植县大力实施"一县一特、一特一品"战略，制定了《桑植县"十四五"规划》《桑植县 2019 年白茶产业发展项目实施方案》《桑植县 2020 年白茶产业发展项目实施方案》《桑植县 2021 年白茶产业发展项目实施方案》《桑植县 2022 年白茶产业发展项目实施方案》等；加强组织领导，成立桑植白茶产业发展领导小组和桑植白茶产业发展办公室，贯彻"专业人干专业事"；建设高标准基地，强化桑植白茶标准制定与推广，提前规划，形成"一园一带一片"优质茶产业发展格局，确保鲜叶优质。桑植白茶栽培技术已通过湖南省地方标准项目公示，并成为2021年湖南省主推农业技术之一。

技术人才支撑品牌建设。桑植县以桑植县科技专家服务团为班底，整合湖南农科院茶叶研究所、湖南农业大学科研力量及其他社会力量和资源，成立"桑植白茶产业发展研究院"，为桑植白茶高质量发展提供强有力的智力支持，将桑植打造成聚集国内外白茶产业人才的高地、白茶产业技术研发与学科发展基地和茶产业科技成果展示、孵化与技术转移基地；优化产品工艺：由湖南省茶科所专家团队负责桑植白茶加工技术研究，进行六大茶类的工艺融合与创新，创新优化"养叶、走水、增香"工艺参数，形成独具特色的桑植白茶加工工艺，解决了贫困山区发展白茶的资金瓶颈；桑植白茶以白族文化为底蕴，结合白族服饰特色，按照"风花雪月"确定桑植白茶产品标准；与湖南省气象局合作实施桑植白茶气候品质认证项目，开展气候品质认证、气候适宜性评价、国家气候标志认证等；桑植白茶产业发展研究院与湖南海星区域公共品牌研究院开展"桑植白茶"区域公共品牌理论研究、战略规划、价值评估、营销传播及标准制定等咨询服务合作。

营销宣传赋能品牌建设。桑植县每年投入资金 1000 万元以上，举办桑植白茶品牌宣传推介活动，加大品牌宣传，在中央电视台、省市县各级媒体宣传推介"桑植白茶"，不断扩大品牌影响力，并以张家界旅游市场为核心，全方位投入广告，打造张家界农旅融合名片。大力发展"桑植白茶"专营店，目前湖南省内外已新建"桑植白茶"专营店 220 余家；采取市场化运营方式，在长沙高桥茶叶大市场创建桑植白茶运营中心，辐射带动各地茶店销售桑植白茶；与《潇湘晨报》合作，开展"一叶白茶一生情"系列宣传推介活动；连续举办桑植白茶文化节，进一步提升桑植白茶影响力；与湖南谦益吉互联网产业发展有限公司就桑植白茶产业公共品牌数字化运营与管理、线上宣传与销售服务开展合作，进一步提升品牌价值与影响力。

3. 品牌助力提升乡村振兴成效

茶叶是劳动密集型产业，茶叶初加工产品的成本中，劳动成本占 70% 左右，可以实现真正的精准扶贫。桑植县以"桑植白茶"区域公共品牌为抓手，以 11 家市级以上桑植白茶企业为主体，大力发展白茶产业精深加工，延伸、补齐、壮大优势产业链，培育桑植白茶产业成为独具特色的乡村致富产业，有效带动村民持续增收。据统计，2022 年，桑植县茶园面积达到 7.95 万亩，覆盖 15 个乡镇 118 个村，带动就业 9.45 万人，带动人均收入 3683 元，年产值达 5.8 亿元，较 2016 年年产值 3.54 亿元有了质的飞跃[1]。据桑植县政府工作报告，预计到 2030 年，桑植白茶产业提供 10000 个以上就业岗位，带动 5 万茶农增收致富[2]。

此外，桑植县政府积极推进三产融合发展，以茶促旅，以旅促茶，丰富乡村经济业态，拓展农民增收空间。桑植县政府挖掘当地红色旅游资源、茶

---

① 海星区域公共品牌研究院调研资料：《桑植白茶产业发展现状调研信息表》。
② 桑植县人民政府、湖南省茶叶研究所：《桑植白茶产业发展规划（2022-2025-2035）》。

文化优势、民俗特色和生态优势，依托张家界国际旅游市场优势，打造桑植茶旅融合线路：茶文化之旅线路、茶生态之旅线路、茶红色之旅、茶民俗之旅线路及茶观光之旅线路。茶文化与旅游业相互融合、共同发展，不仅实现茶农增收致富，还带动旅游、宾馆、民宿、餐饮等相关产业从业人员就业及增收。预计到 2035 年，桑植白茶产业综合产值达 100 亿元，其中，茶旅产值达 25 亿元[①]。

（二）湖南省炎陵县区域公共品牌——以"炎陵黄桃"为例

炎陵县隶属于株洲市，原名酃县，位于湖南东南边陲、井冈山西麓、罗霄山脉中段。炎陵县属于亚热带季风湿润气候，具有独特的山区立体气候，一年四季阳光充足，雨量适中，昼夜温差较大。炎陵县文化资源丰富，炎帝文化、红色文化、民俗文化发展相得益彰。炎陵县良好的自然资源和人文环境，十分适宜农业产业生产，被誉为"物种仓廪，酃峰桃源"。

1. 发展现状

乡村振兴战略实施以来，炎陵县委、县政府在习近平新时代中国特色社会主义思想指引下，坚持精准发力，立足资源禀赋，大力推动以水果、茶叶、中药材、白鹅等为主的特色产业高质量发展。目前，炎陵县共有"炎陵黄桃""酃县白鹅"两种农产品国家地理标志产品，以及"炎陵黄桃"国家地理标志证明商标。"十三五"期间，炎陵县政府构建了炎陵黄桃、炎陵茶叶、炎陵白鹅"3+X"产业体系；近年来，炎陵县特色水果产业种植面积达 6.4 万亩，酃县白鹅养殖规模达 150 万羽，茶叶种植面积达 1.3 万亩，新增无公害产品、绿色食品、有机食品和地理标志产品等"三品一标"农产品认证 19 个；"十四五"期间，炎陵县政府依托资源优势，大力发展以炎帝线生态休闲农业风光带，及酃县白鹅、特色水果、有机茶叶、花卉苗木等为中心的"一带八基地"产业，以巩固脱贫攻坚成果，助力乡村振兴（见表 5）。

---

① 桑植县人民政府、湖南省茶叶研究所：《桑植白茶产业发展规划（2022-2025-2035）》。

表5 炎陵县农产品国家地理标志产品信息

产品名称	类别	证书持有者	证书编号	发证日期
酃县白鹅	畜牧	炎陵县兴农养殖协会	AGI00178	2009.09.22
炎陵黄桃	果品	炎陵县炎陵黄桃产业协会	AGI03215	2020.12.25

炎陵县土壤土质细腻疏松，土层深厚且富含稀土元素，为黄桃种植创造了得天独厚的优势。炎陵县黄桃产业发展始于20世纪80年代，在精准扶贫过程中迅速壮大。2011年，炎陵县政府深入调研黄桃产业发展困境，制定出台黄桃产业扶持政策，切实解决黄桃产业发展难题，2014年，炎陵县成立黄桃产业协会；次年，启动建设"炎陵黄桃"区域公共品牌，"炎陵黄桃"区域公共品牌由炎陵县黄桃产业协会持有和运营；同年，黄桃产业协会发布《"炎陵黄桃"地理标志证明商标使用管理规则》；2021年，黄桃产业协会发布《"炎陵黄桃"农产品地理标志使用管理办法》，均明确规定了"炎陵黄桃"地理标志证明商标和农产品地理标志的使用条件、使用申请程序、被许可使用者的权利和义务、管理和保护等内容。炎陵黄桃经历长期发展，实现了跨越式的增长，现已成为炎陵县致富的主要特色产业及全国知名区域公共品牌。

2019年5月，炎陵县经湖南省农业农村厅、湖南省财政厅批准创建炎陵黄桃省级现代农业产业园。园区坚持"一主两翼"的空间布局，其中，"一主"指从北往南的交通主轴线，覆盖了沔渡镇、霞阳镇、龙溪乡等黄桃主要种植区域；"两翼"指两个辐射区，向西辐射炎帝陵风景区，融合发展文化旅游和农业，向东辐射神农谷风景区，融合发展黄桃生态旅游和农业[1]。2022年，炎陵黄桃种植面积达9.6万亩，总产量达7.8万吨，综合年产值达30亿元（见图1）。目前，登记在册的炎陵黄桃生产、销售企业共34家，其中，省级龙头企业1家、市级龙头企业3家；黄桃种植专业合作组织141家，共计3.6万人参与黄桃种植，约6万人参与黄桃产业链发展[2]。

---

[1] 株洲市农业农村局：《炎陵黄桃"桃醉天下"；省级园区"示范引领"》，《湖南农业》2021年第12期。

[2] 海星区域公共品牌研究院调研资料：《炎陵黄桃产业发展现状调研信息表》。

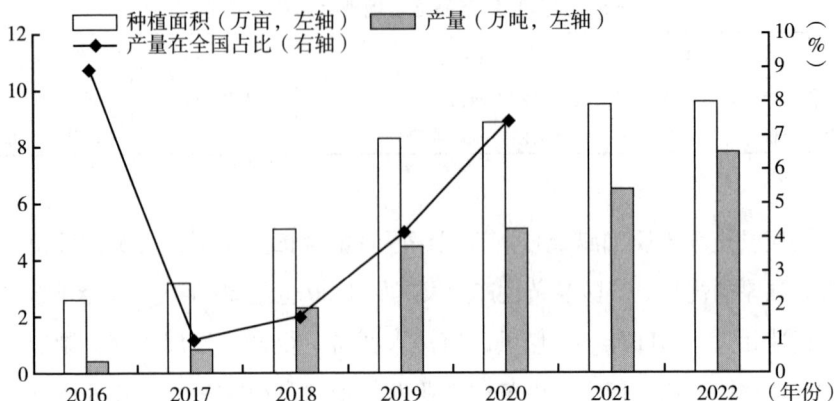

图1 2016~2022年炎陵县黄桃种植面积、产量及占比

此外,炎陵县政府鼓励黄桃深加工发展,引导企业加强下游终端产品研发,拉长产业链。2022年,炎陵黄桃共有20余家深加工企业,加工产值达1亿元,开发了黄桃酒、黄桃果汁、黄桃奶茶等10余种终端产品,形成了较为完善的黄桃产业链。

近年来,炎陵黄桃区域公共品牌建设取得了不俗的成绩。2016年,"炎陵黄桃"被注册为"国家地理标志证明商标",入选"中国农产品百强标志性品牌",获评"2016湖南十大农业品牌";2020年,荣获"国家地理标志农产品"称号。此外,"炎陵黄桃"获评"湖南十大农业(区域公用)品牌"与"湖南省'一县一特'农产品优秀品牌",被誉为"湖南省优质水果",炎陵县因此获评"中国优质黄桃之乡",中村瑶族乡、鹿原镇入选"国家农业产业强镇"。

2. 建设路径及经验

电商因黄桃而起,黄桃因电商而盛。近年来,炎陵县着力打造农产品互联网营销模式,每年黄桃季电商销售火爆,黄桃成为搜索的关键词,也被大家称为"网红桃",昔日农产品已成为互联网爆品。

高站位推动。炎陵县黄桃产业发展政策环境良好,为炎陵黄桃产业壮大打下雄厚的基础。2021年3月,发布的《炎陵县电子商务产业"十四五"

（2021-2025年）规划》，明确提出：建设农特产品电商交易平台，开设黄桃专区，建立专业化的黄桃购销共享信息库，将单一品类农产品深度挖掘，整合上下游资源，综合原材料供应、生产加工、信息发布宣传、对外销售等职能服务，形成电子化产业链，为炎陵黄桃提供强有力的营销及品牌推广渠道。

电商促裂变。炎陵县抓住两次入选全国电子商务进农村综合示范县的契机，大力开展电商培训，培育电商经营主体，推动炎陵黄桃网上交易。炎陵县依托遍布城乡的快递点，打通了全县电商物流配送"双向一公里"，完成了传统物流向冷链物流、智慧物流升级，实现了炎陵黄桃与市场无缝对接。此外，炎陵县升级改造了1个县级农村电子商务物流仓储配送中心，黄桃销售旺季，在重点桃产区设置收购点，日吞吐量达200万公斤以上，为炎陵黄桃等农特产品的上行提供了强力保障。2022年炎陵黄桃共计销售7.8万吨，线上销售占比超过70%，充分发挥了电商主力军的作用。

数字化转型。为实现炎陵黄桃产销"数字化、高效化、集约化、规范化"的目标，炎陵县政府部门、县电商协会与阿里巴巴集团合作，建成了全省第一个功能齐全的产、供、销一体化大数据应用平台——炎陵黄桃大数据中心。该中心录入黄桃种植面积、品种、土壤、气候和黄桃种植村共8000余种植户的相关信息，实现生态环境、种植情况、果品状况等可视化，数据实时采集上传，大小屏可视，便于政府有关部门把控黄桃生产质量。该平台还帮果农设置了"电子名片"，点开"电子名片"客户可直接与果农联系，大大降低供需错配带来的非必要周转，果农足不出园就可以卖黄桃，加快初级农产品流转。

溯源式打假。"炎陵黄桃"随着声名鹊起，和很多品牌一样，也面临"出名后的烦恼"，市场上不法商贩以假乱真、以次充好，严重损害品牌形象，品牌保护成为炎陵县黄桃产业发展的头等大事。相关部门对炎陵黄桃商户实施商标（品牌）授权管理，做到统一生产规程、统一标准质量、统一认证标志、统一包装设计、统一宣传广告"五个统一"，并在此基础上，积极开展线上线下维权打假工作，成立了线上异地维权、包装盒打假、长株潭线下打假等 5 个工作专班，"炎陵黄桃"网络异地维权工作模式被评为全国市场监管系统十大法治创新案例。同时，探索实施"满天星点亮中国"计划，确保产品质量安全源头可追溯。

多举措营销。炎陵县综合开展多轮驱动、多措并举的品牌宣传和营销。媒体宣传营销：积极对接中央电视台、湖南卫视等大批主流媒体对炎陵黄桃进行系列宣传报道，连续 5 年在央视投放炎陵黄桃区域公用品牌广告，维持较高出镜率，引爆新的宣传热点；节会宣传营销：每年联合顺丰、湖南日报社等有影响力企业共同举办"桃花节""黄桃大会"等重大节会活动，不断提升品牌知名度；新渠道宣传营销：在抖音、快手等新媒体平台投放广告，开展黄桃视频大赛、网红深入产区宣传报道、带货推介等，制造互联网营销热点；融入"湘赣红"区域公用品牌，为炎陵黄桃品牌宣传提供更广阔舞台和更强大发展后劲。

3. 品牌助力提升乡村振兴成效

炎陵县委、县政府以"两山"理论为指导，坚持精准发力，立足资源禀赋，找准市场需求，大力推动黄桃产业高质量发展，演绎了炎陵黄桃"桃醉天下"的生动局面。2012～2022 年，炎陵县地区生产总值从42.5 亿元升至 98.1 亿元，平均增速为 10.2%。其中，第一产业增加值从6.6 亿元增长到 16.7 亿元，黄桃产业增加值占据最主要地位，黄桃单品收入约占农产品收入的 40%，重点桃区甚至高达 90%，带动税收 188万元[1]。

黄桃产业的发展壮大推动了炎陵县脱贫攻坚进程。据统计，2019 年炎陵县建档立卡贫困人口 6469 户 21433 人，累计有 4811 户 14238 名贫困人口依靠种植黄桃得以稳定脱贫，占贫困人口总数的 66.4%，平均人均收入9000 元以上[2]。

---

[1] 海星区域公共品牌研究院调研资料：《炎陵黄桃产业发展现状调研信息表》。

[2] 陈彬：《炎陵县做大做强做优炎陵黄桃品牌　全力决战决胜脱贫攻坚》，炎陵县县融媒体中心，2020 年 5 月 26 日。

此外，炎陵县政府积极推进黄桃产业融合发展，让一产"接二连三"发展，形成"一业兴百业旺"的生动局面。炎陵县以黄桃种植为基础，鼓励果品分拣、种苗繁育、农资供应、黄桃加工等新业态发展，铸就"全桃链"。目前，炎陵县现有1条年生产能力高达1000吨的黄桃果汁生产线，果酒加工企业3家，桃干加工企业数十家，开发了黄桃果酒、黄桃果汁等终端产品，以延链、增链提高黄桃产业的附加值。另外，炎陵县立足县域区位优势，鼓励黄桃种植与采摘体验、森林康养、旅游休闲等新兴业态结合，投资修建全程103km的旅游环线公路，依托神农谷、炎帝陵等旅游资源，打造"红、古、绿"旅游精品线路，大力发展"黄桃＋"产业融合体系，2022年，桃旅产值实现5.6亿元[①]。

（三）湖南省常宁市区域公共品牌——以"常宁茶油"为例

常宁市隶属于衡阳市，位于湖南省南部、湘江中游右岸，属亚热带季风性湿润气候，四季分明，雨量充沛，优良的生态环境孕育了常宁市丰富多样的农林特色产品。

1. 发展现状

常宁市油茶种植有1700多年历史。1999年被农业部命名为"中国油茶之乡"，2009年成为国家首批油茶示范县之一，是全国油茶原产地和核心产区之一，素有"中国油茶之乡"之称。近年来，常宁市按照"一个公用品牌、一套标准体系、多种油茶产品"的思路，打造"常宁茶油"公用品牌，引领全市油茶品牌"一盘棋"发展。"常宁茶油"区域公共品牌由常宁市人民政府持有、协会运营。

近年来，常宁市委、市政府高度重视常宁茶油产业发展，成立由市委书记任政委、市长任组长的油茶产业发展领导小组，挂牌成立油茶产业发展局，组建油茶产业事务中心，加强管理协调，将油茶产业建设纳入重点项目考核内容。此外，常宁市林业局牵头成立常宁市油茶产业协会，在每个油茶

---

① 海星区域公共品牌研究院调研资料：《炎陵黄桃产业发展现状调研信息表》。

重点乡镇建立 1 个油茶产业分会。常宁市老油茶林面积约 62.7 万亩，2008 年以来，共完成低改复垦油茶林 35 万亩，新造高产油茶林 38 万亩。目前，常宁市林地面积 173 万亩，其中油茶林面积 100 万亩，占林地面积的 57.8%。2021 年，常宁茶油产量约 2.08 万吨，产值达 40 亿元[①]；2022 年，常宁市遭遇 100 年来最严重高温干旱无雨的极端天气，油茶林严重减产，茶油产量约 1.07 万吨，产值约 20 亿元。目前常宁油茶最高亩产量达 1500 公斤，最高亩产值超万元[②]。

"常宁茶油"为国家地理标志保护产品，其品种优良，有"四高"的特点：高含油率，高出油率，高抗病虫性，高产稳产性。这是常宁茶油之所以成为中国乃至世界上优质茶油的主要原因。目前，常宁茶油产品涉及食用油、保健品、化妆品、工艺品等多种类别，产品种类丰富、特色鲜明。

2. 建设路径及经验

制定"4564"行动。常宁市通过实施"四个统一"（统一区域公共品牌、统一公共标识、统一经营模式、统一标准管理），加快推进"五大行动"（品牌形象提升行动、品牌宣传推介行动、品牌质量提升行动、品牌管理服务行动和产业融合发展行动），实现"六个带动"（带动种植面积稳定增加、带动种植效益稳步提高、带动技术服务水平持续提升、带动质量安全监管不断加强、带动产品市场份额不断扩大和带动精深加工能力明显增强），促进"四大提升"（产品品质提升、企业实力提升、市场竞争力提升和企业效益提升）。

表 6　常宁市油茶产业相关政策一览

年份	政策名称	重点解读
2021	《常宁市国民经济和社会发展第十四个五年规划和二〇三五年远景目标纲要》	对油茶产业发展从各个维度进行了规划，提出将常宁打造成"中国油茶第一强县(市)"

---

① 彭评：《做强油茶产业　助力乡村振兴》，湖南省林业局门户网，2021 年 11 月 24 日。
② 常宁市林业局：《常宁市油茶产业发展情况汇报》，2023 年 2 月 2 日。

年份	政策名称	重点解读
2019	中共常宁市委 常宁市人民政府《关于进一步加快建设中国油茶产业第一县（市）的实施意见》	制定油茶产业"五个一"发展规划，从油茶产业发展的十一个方面提供纲领性指导
2018	常宁市人民政府办公室关于印发《常宁茶油地理标志产品保护管理办法》的通知	规范常宁茶油地理标志产品专用标志的申请、使用和管理

多渠道营销。为了将常宁茶油产自"北纬26度黄金产油带"的天然优势广而告之，常宁市政府开展常宁油茶广告语评选活动，积极开辟油茶电商渠道，开展"市长代言"农产品等促销活动，殷理基、常林农耕等公司除了开设线下实体店外，开始在京东、淘宝等开设网店，实现线上线下互动营销。2022年常宁市政府与竞网集团、红星集团、长沙银行、湖南师范大学中国乡村振兴研究院签署战略合作框架协议，以"产学研金媒"协同推进模式共同促进常宁市区域特色产业发展，推动当地农业农村现代化转型，助力常宁市实现乡村振兴，推动"常宁茶油"区域公共品牌建设。

规划先行。湖南省林科院编制了新一轮的《常宁市油茶产业发展规划》，明确重点支持精深加工和市场体系建设，带动全市油茶产业高质量发展。常宁市财政设立油茶产业发展基金，近三年以来整合涉农资金6000多万元投入油茶产业建设[①]。同时，常宁市政府加强种苗供应服务和质量监管工作，严格执行油茶育苗定点制度，油茶育苗质量逐年稳步提高，并且为保护油茶经营者的利益，常宁市每年在油茶收摘管理期间，在各乡镇（办事处）均设立群众举报电话，大力规范油茶收摘秩序，对违规行为依法依规严厉打击、严肃处理，保障油茶采收平稳有序进行。

常宁市通过实施茶油生产加工小作坊升级改造三年行动，进一步规范茶油加工生产小作坊生产经营和卫生环境，优化生产加工方式，更新榨油设施设备，改进生产加工条件，建立追溯体系，规范包装和标签，严格把控生产

---

① 谢金山：《常宁市油茶产业现状与发展对策》，湖南省林业局门户网，2019年11月13日。

加工过程环境卫生和食品安全管理，提高食品安全管理水平，实现了全市茶油加工生产规范、产品安全、追溯可靠的目标，有效提升全市茶油作坊加工水平和产品质量。

创新"保险"保障体系。油茶属于"靠天吃饭"的产业，极怕遭遇干旱、低温、冻害等气象灾害。为了防止自然天气造成的损失、提高油茶产业经营者抗风险能力、保障脱贫攻坚成果、切实维护农民利益，常宁市开展政策性油茶林种植保险项目，并将油茶林种植保险纳入衡阳市和常宁市地方"一地一品"特色保险试点①。2022年常宁遭遇百年一遇的干旱天气，导致茶油产量只有2021年的一半左右。常宁市林业局通过引导合作社在低改油茶林安装高效节水的"水肥一体化"灌溉设施缓解旱情，稳定油茶产量，干旱情况下油茶出油率最低只有12%，加装这个水肥一体化系统之后，仍然有可能维持到25%的正常出油率水平，保障生产稳定。

3.品牌助力提升乡村振兴成效

常宁市积极探索产业扶贫模式，把油茶产业作为乡村振兴的重要抓手，将产业发展与乡村振兴深度结合，构建"政府得生态、企业得效益、乡村得振兴"的利益联结机制，创新"自主经营、村社合一、返租倒包"等多种产业扶贫模式，将油茶产业打造成为扶贫攻坚的利器。油茶产业已成为常宁最具成长性的生态产业和富民产业。油茶遍布常宁市各地，全市24个乡镇（办事处、弥泉林场）除塔山瑶族乡、弥泉林场外均有油茶林分布，100亩以上的种植大户165家，40家专业合作社、350多个种植大户，带动近10万农户参与油茶产业建设，小小的油茶果成了常宁老百姓的致富果，每个散户每亩增收1000元，若村民加入公司化运营模式中，一年可通过油茶增收2万~3万元。

此外，常宁市积极发展林下经济和文旅产业，成功申报为全国农村一二三产业融合发展先导区。常宁西岭油茶小镇申报为全国农村一二三产业融合

① 常宁市财政局：《常宁市油茶林种植保险绩效评价报告》，常宁市人民政府网，2022年4月24日。

发展产业强镇、纳入湖南省首批十个农业特色小镇名单，在罗桥建设了5000亩油茶风情园，推动了油旅深度融合发展①。大力发展"茶山飞鸡"等特色养殖，充分提高林地综合利用率，实现"以短养长"，将油茶林每亩综合产值提升到5000元以上②。2023年常宁市一级茶油约200元/斤，二级茶油约100元/斤，毛油约80元/斤③。

油茶林作为生态产业，不仅发挥着增加农民收入的经济作用，还发挥着维持水土、涵养水源、净化空气的生态作用，将发展油茶与植树造林、消灭荒山和生态修复结合起来，能够实现生态经济效益一举多得。

三　湖南省2023年区域公共品牌发展方向建议

通过对湖南省农产品区域公共品牌的发展现状分析，结合桑植、炎陵、常宁的区域公共品牌发展案例，可以发现湖南省区域公共品牌发展有着分布广、种类多、发展速度快等特点。近年来湖南省各级党委、政府都极其重视区域公共品牌建设助力乡村产业兴旺的抓手作用，从财政支持到政策护航，为湖南省各级农产品区域公共品牌发展创造了良好局面。

然而在这一过程中，湖南省农产品区域公共品牌发展仍存在一些问题：部分区域公共品牌缺乏明确的发展规划和战略；政府、企业和协会之间分工和协作不足；企业品牌与区域公共品牌之间、省级与市县级区域公共品牌之间的配合和协调失衡；部分品牌未能充分挖掘和展示本地农产品的独特优势；部分品牌的宣传推广和促销手段偏于传统；部分品牌的知识产权保护和管理不足、手段侧重于线下；政府区域公共品牌建设组织的协调和落实机制不完善、执行力与权限不够等。这些问题在一定程度上限制了湖南省农产品区域公共品牌的整体发展和竞争力，需要有针对性的解决措施和发展方向建议。

---

① 谢金山：《常宁市油茶产业现状与发展对策》，湖南省林业局门户网，2019年11月13日。
② 湖南省林业局：《湖南常宁发展油茶助农增收》，国家林业和草原局政府网，2021年2月4日。
③ 常宁市林业局：《常宁市油茶产业发展情况汇报》，2023年2月2日。

（一）规划先行，引领发展方向

湖南省农产品区域公共品牌建设应当以国内统一大市场建设为主体，统筹内外双循环的发展格局，各级政府作为农产品区域公共品牌建设的主导者，要将农产品区域公共品牌发展列入当地经济社会发展的总体规划，制定品牌发展专项计划，明确农产品区域公共品牌未来发展方向。从顶层的规划战略制定到具体的行动计划实施，落实加大财政投入、创新资本投入、农业保险试点，积极引入第三方的区域公共品牌运营机构和智库机构参与区域公共品牌的建设和推广活动，创造良好的政策环境，共同推动品牌建设。例如，针对"湖南红茶""湖南茶油""湘江源"等省级区域公共品牌，要发挥湖南"一带一部"区位优势，把握建设自贸试验区机遇，落实"湘品进京入沪、走粤深、销港澳台、售国际"的要求，打造一批世界级"湘字号"区域公共品牌；针对"长沙绿茶""邵阳红""湘西香伴"等市级区域公共品牌，要提升其片区影响力，以优势企业和行业协会为依托，推动农产品生产标准化、产品特色化、身份标识化、全程数字化发展，提高湖南农产品区域公用品牌美誉度和知名度，打造一批全国有名的"湘字号"区域公用品牌；对于"汝城白毛茶""崀山脐橙""攸县香干"等县级区域公共品牌，要立足当地传统优势产业，结合优势特色千亿产业发展目标，坚持"因地制宜，合理布局"原则，发展"一县一特"品牌，彰显差异化，引导有一定资源优势、产业规模和市场知名度的地理标志农产品率先注册地理标志证明商标或集体商标，提高品牌认证、营销和保护能力，集中创建一批文化底蕴深厚、地域特征鲜明的湖南知名区域公共品牌。

（二）把握重点，协调多种关系

在湖南省农产品区域公共品牌建设中，政府、龙头企业和协会是关键的参与方，需要协同推进。政府在这一过程中扮演着组织和引导的角色，发挥战略引领作用，通过制定相关政策和规划，整合资源支持，调动各方积极性和工作的信心，推动品牌建设的整体发展；龙头企业在这一过程中扮演着主体角色，发挥着带动作用，农产品区域公共品牌建设主体主要依靠龙头企业带动，其他中小企业主体协同发力。龙头企业通过优化整合农业企业资源参与创建农产品区域公共品牌，通过产业集群的效用拉动其他利益相关主体参与共建农产品区域公共品牌，在自身效益增加的同时实现区域经济发展；农产品行业协会是地理标志的主要申报者和持有者，在政府和企业之间起着桥梁与纽带的作用，承担着培养成员企业公共品牌建设和保护意识，制定区域公共品牌授权管理办法，配合监督检查市场中冒用、滥用、错用公共品牌的违法违规行为等职责。

在区域公共品牌建设过程中，企业品牌与区域公共品牌之间应该是相互促进、相辅相成的关系。企业品牌是区域公共品牌的重要组成部分，也是区域公共品牌建设的基础，而区域公共品牌对于企业品牌有极强的产业带动和搭载提携效应。龙头企业需树立企业品牌与区域公共品牌共建的大局意识，严格按照区域公共品牌生产、经营规则，向市场提供优质产品；寻求与旅游产业、文化产业的合作，通过产业融合拓宽企业经营范畴，增强企业品牌影响力和盈利能力；积极参与政府、行业协会组织的农产品区域公用品牌宣传推介活动，提高企业品牌市场知名度；学习区域公共品牌经营经验，提升经营管理人才技能，做好企业品牌发展的长远规划。同时，政府可以与企业合作，共同推广区域公共品牌，形成企业品牌和区域公共品牌的良性互动，通过企业品牌的发展，可以为区域公共品牌的建设提供更多的支持和推动力。

在区域公共品牌建设过程中，省级区域公共品牌与市县级区域公共品牌之间应该是优势互补的协同发展关系。首先，要强化沟通与合作机制，建立省级、市县级政府之间的沟通与合作机制，促进信息共享、资源互补。定期召开联席会议，讨论区域公共品牌建设策略，共同解决问题、共享先进案例，相互学习，并制定协同发展的工作计划；其次，各级品牌要定位明确、互补发展，省级区域公共品牌应明确主导地位，树立整体形象和核心价值，代表湖南省农产品的品质和特色，市县级区域公共品牌要充分发挥地域特色和优势，通过突出当地农产品和文化特色，形成各具特色的区域品牌，与省级品牌形成互补发展；再次，要联合推广与营销各级区域公共品牌，共同参加农产品展览会、推介会等重要活动，共同探索推广渠道，如电商平台、农产品直供基地等，整合资源，形成品牌推广的合力，通过集中展示和宣传各级品牌的优势和特色，提升品牌的知名度和影响力；最后，要共同制定标准与认证，省级、市县级政府可以共同制定农产品品质标准和认证体系，确保农产品的质量和地域特色，通过统一的标准和认证，提升消费者对湖南农产品区域公共品牌的信任度，推动品牌的可持续发展。

（三）寻根塑魂，强化核心优势

湖南省农产品区域公共品牌建设应当强化品牌的核心优势，包括品种品质优势、历史文化优势、生产规模优势等，突出资源禀赋比较优势，引导品牌结构优化。在这个快速发展和竞争激烈的时代，寻找并凸显湖南农产品的独特性和核心优势，为品牌的差异化和竞争力提供坚实基础。首先，相关建设主体应当关注湖南农产品的品种品质优势。湖南省拥有丰富的农产品资源，如茶叶、果品、畜禽、水产等，在品种选择上，应挖掘并推广具有优质特点的品种，确保产品的口感、营养价值和安全性等方面的优势。同时，加强品质管理，从生产到加工环节，严格控制质量，保证湖南农产品的优良品质，使其成为区域公共品牌的核心卖点。其次，历史文化优势是湖南农产品的独特标识。湖南拥有悠久的历史和丰富的文化传承，这为农产品区域公共品牌建设提供了宝贵资源。通过挖掘历史文化内涵，赋予农产品品牌以故事性和文化内涵，打造富有情感共鸣和故事性的品牌形象。例如，以湖南的传统湖湘文化为主题，结合相关传统节日和民俗活动，开展品牌推广和宣传活动，吸引消费者的关注和喜爱。同时，湖南农产品的生产规模优势也是值得关注和发展的方面。通过合理规划和布局，优化农业产业结构，发展壮大一些具有竞争力的龙头企业，形成规模化生产和供应链体系，提高农产品的产量和供应能力。这将为湖南农产品区域公共品牌提供稳定的产品供给，同时也为品牌推广和市场拓展提供有力支持。

在强化核心优势的过程中，需要积极整合各方资源和力量。政府可以提供政策支持和金融扶持，鼓励农业科技创新和技术培训，帮助农民提高生产技术和管理水平。同时，加强农产品协会和行业组织的建设，促进农民的组织化和集约化生产，提高产品的品质和规模。企业可以发挥市场运作和品牌建设的主体作用，通过品牌推广和市场营销，提升产品的知名度和美誉度。

（四）提声促销，提升品牌价值

当前，数字化和信息化已成为不可逆转的发展趋势，传统的营销方式已不再适用于信息爆炸的市场。农产品区域公共品牌建设需要充分利用数字化优势，拓宽推介渠道，改变在信息、地域和渠道方面的不利局面。

首先，创新品牌营销模式。组织湖南省内各类农产品展览活动，让具有发展潜力和市场竞争力的区域公共品牌农产品参与国家级农业博览会和农产品展销会等活动；同时，推进湖南特色优质农产品的展示展销平台建设，实施与粤港澳大湾区的对接，为企业与市场搭建实际有效的对接平台，促进品牌农产品的国际化推广；此外，借鉴日韩经验，对农产品进行优选分类，设计有创意、差异化的精致包装，挖掘并赋予产品文化价值，将"土特产"升级为"精品优选"；建立"湘媒"推"湘品"的长效机制，将农产品宣传纳入工作计划，开展多层次宣传，重点推介优势特色的农产品区域公共品牌产品。

其次，推进品牌营销的数字化。加强第三方专业互联网营销机构的引领作用，结合产品供销大数据平台和质量监控平台，创建产、供、销"三位一体"的农业大数据系统，促进农产品与消费者的精准匹配，打造高效的农产品供应链，提升农产品区域公共品牌的营销能力；此外，充分发挥电商、自媒体等平台的优势，邀请名人、明星和网红进行直播带货，在电商平台上开设区域公共品牌旗舰店，加大对各级区域公共品牌的推介力度，提升其竞争力和市场占有率。

湖南省农产品区域公共品牌建设必须紧跟时代潮流，善用数字化和信息化的手段，以创新的思维和营销模式为推动力，推动湖南省农业品牌化走向全新的发展阶段。基于多元化的展览活动、优质的产品包装和宣传推介、数字化的信息服务以及电商平台的开发利用，湖南的农产品区域公共品牌将更好地适应市场需求，赢得消费者的青睐，提升市场竞争力，实现农村经济的可持续发展。

（五）重视保护，规范品牌管理

政府、市场和协会需要共同发挥作用，共同开展农产品区域公共品牌保护工作，健全工作体系和政策体系，并拓宽品牌保护手段，全面规范品牌管理。

首先，建立农业品牌诚信体系。推进诚信信息平台建设，加强品牌诚信信息管理，建立区域公共品牌质量信用信息数字化平台，定期发布农产品质量信息。同时，探索建立企业诚信考核与评价机制，引导区域公共品牌诚信体系建设。媒体在宣传农产品质量安全法律法规方面发挥导向作用，鼓励经营主体自觉维护品牌形象，依法经营品牌。此外，支持行业协会等社团组织发展，并赋予其审批、监督、奖惩权力，充分发挥其在区域公共品牌管理和打假维权等方面的作用。此外，政府还可以加强品牌管理培训，提升农民和农业企业的品牌意识和管理水平，推动规范化的品牌建设和管理。

其次，完善品牌知识产权保护。一方面，要加强农产品地理标志保护工作。地域优势特色农产品要积极申报地理标志保护，开展地理标志保护产品示范区创建，强化地理标志品牌化效应，制定地理标志保护产品系列质量标准，并严厉查处擅自使用或专用近似标志，加强线上线下、区域内外的协同执法，进一步提高地理标志保护水平。同时，树立国际化知识产权意识，争取更多地理标志申请中欧地理标志互认。另一方面，结合地理标志产品保护，积极注册集体商标、证明商标，推动商标品牌示范区建设，以进一步提升品牌保护水平。

（六）组织保障，落实"县长工程"

1. 建立协调机制和政策支持

为确保农产品区域公共品牌建设工作有序进行，需要建立跨部门、跨层级的协调机制。各级政府应成立专班，由"一把手"担任组长，相关部门负责人担任成员，以确保各职能部门的协同配合，推动政策的贯彻落实。同时，政府应制定明确的政策文件，包括财政扶持政策、组织协调机制、监管措施等，为农产品区域公共品牌建设提供政策支持和保障。

2. 优化资源配置和加强宣传推广

为推进农产品区域公共品牌建设，各相关部门应发挥各自优势和职能，形成合力。要加强部门间的协作，包括农业农村局、林业局、工信局、财政局、市场监督管理局、产业平台公司等。合理配置人力、物力和财力资源，确保农产品区域公共品牌建设所需资源得到充分保障。此外，政府部门还应积极开展宣传活动，提高公众对农产品区域公共品牌建设的认知度和关注度。通过农产品展览、推介会、产业发展论坛、培训班等形式，宣传区域公共品牌的价值和成果，吸引更多农产品生产者和企业参与其中。

3. 加强监督管理和维护品质安全

为确保农产品区域公共品牌建设的顺利进行，政府部门要建立健全监督管理体系。这包括加强对农产品区域公共品牌建设工作的监督和指导，通过监测和评估，及时发现问题和不足，并采取相应措施予以解决。同时，要加强对农产品区域公共品牌的品质和质量进行监管，确保产品的质量和安全，提升公众对农产品的信任度。通过强化监督管理，政府部门将维护农产品区域公共品牌的形象和声誉，进一步提高品牌保护能力。

参考文献

《中共中央国务院关于做好二〇二三年全面推进乡村振兴重点工作的意见》，《人民日报》2023年2月14日，第1版。

习近平：《加快建设农业强国　推进农业农村现代化》，《求是》2023年第6期。

陈文胜：《中国农业何以强》，中国农业出版社，2023。

陈文胜：《在中国式现代化进程中全面推进乡村振兴　建设农业强国》，《湖南日报》，2023年3月9日。

陈文胜：《推动乡村产业振兴》，《人民日报》2018年3月12日，第7版。

陈文胜：《乡村振兴战略目标下农业供给侧结构性改革研究》，《江西社会科学》2019 年第 12 期。

杨肖丽等：《农产品区域公共品牌培育：运行机制与实现路径》，《农业经济》2020 年第 1 期。

B.3
2023年岳阳市乡村文化振兴研究报告

岳阳市政协课题组*

摘　要： 文化是乡村振兴的"魂"，近年来，为培育文明乡风、提振广大农民的精神面貌，岳阳市坚持以文化为乡村振兴铸魂、进一步赋能省域副中心城市建设。但也在传承开发、公共服务、乡村风貌、工作推进、文化传播等五个维度方面存在一些问题。全面推进岳阳市的乡村文化振兴，要明确五个方向：不能以农村"空心化"来否定乡村文化振兴的重要性、不能以牺牲"田园文化"为代价来推进城镇化、不能以全盘照搬传统文化来推进乡村文化振兴、不能以移风易俗来对传统习俗简单粗暴"一刀切"、不能以"上位规划"来完全替代农民主体意愿。本文同时提出要开展五大行动。

关键词： 乡村文化　精神文明建设　岳阳

习近平总书记指出，"乡村振兴既要塑形，也要铸魂"[①]，"要推动乡村

---

* 课题组成员：黎作风，岳阳市政协主席、党组书记；张赟，岳阳市政协副主席、党组成员；罗鹏，岳阳市政协常委、研究室主任；郑立新，湖南理工学院乡村振兴研究中心副教授；刘庆华，岳阳市政协研究室副主任；孟日清，岳阳市文旅广电局法规科长；廖涛涛，岳阳市政协研究室综合科长；李雅丽，岳阳市政协人口资源环境委员会综合科长。指导专家：陈文胜，湖南师范大学中国乡村振兴研究院院长；唐智彬，湖南师范大学中国乡村振兴研究院教授；李珺，湖南师范大学博士。

① 中共中央党史和文献研究院编《十九大以来重要文献选编》（上），中央文献出版社，2019，第150页。

文化振兴，加强农村思想道德建设和公共文化建设"①。近年来，为培育文明乡风，着力破解"有新村无新貌、有房子无文化"等问题，岳阳以文化为乡村振兴铸魂、进一步赋能省域副中心城市建设，在加快乡村基础设施建设的同时，让农村居民享有更加充实、更为丰富、更高质量的精神文化生活，进一步提振广大农民的精神面貌、激发乡村振兴的内生动力。

一 五个维度看现状：乡村文化事业还在负重致远

随着乡村振兴战略的不断推进，岳阳市文化资源、文化产业、文化理念更加广泛有效向农村拓展，乡村文化呈现百花争艳、蓬勃向好的局面，同时也存在一些不容忽视的问题，限制了乡村文化的繁荣和发展。

（一）从传承开发来看，金字招牌多，黄金效应少

岳阳现有省级以上历史文化名镇、民间文化艺术之乡、楹联之乡、诗词之乡、经典文化村镇等 63 个；有非遗项目 646 余项，其中国家级 9 项、省级 22 项，"汨罗江畔端午习俗"被列入联合国人类非遗名录；有不可移动文物 1670 处、文物保护单位 796 处，其中省级以上重点保护单位 82 处。这些珍贵的文化明珠散落在乡村，大多没有得到很好的传承保护和开发利用，无法释放"黄金效应"，不仅有"养在深闺"的遗憾，更有"风烛草霜"的危险。比如临湘聂市镇，是我市唯一的国家级历史文化名镇，目前茶马古道青石板路毁损严重，有的古建筑被拆除破坏或者无序改造，还有一些地方的皮影戏种、特色山歌、农事习俗正在逐渐消亡，令人惋惜。

（二）从公共服务来看，阵地建设多，有效功能少

目前，岳阳标准化新时代基层文明实践中心和基层综合文化服务中心

---

① 《习近平在参加十三届全国人大一次会议山东代表团审议时的讲话》，《人民日报》2018 年 3 月 9 日，第 1 版。

（站）实现全覆盖，农业远程教育和无线网络进村入户，广播电视实现"村村响""户户通"，送文化下乡活动经常性开展。但公共文化服务供给模式单一、输出样式单调、受众对象单薄的问题突出，调研期间，很少听到乡村广播响，文化服务站（中心）建了但使用率不高，农家书屋门庭冷清，陈列的不少书还没有拆封，有的地方设置的文化器材、体育设施闲置荒废，有的疏于管理、损毁废弃。乡村干部和村民普遍反映，农家书屋一般只有上级领导来检查工作或验收时，才组织村民"制造"阅读现场，下乡播放的电影有的也不受欢迎、无人观看，有时为完成任务就只好在办公室播放。

（三）从乡村风貌来看，机械复制多，文化内涵少

近几年，农村基础设施投入加大，农民生活环境和质量大幅提升，人居条件也大幅改善，很多老百姓都住上了洋房。由于湖南乡村建筑没有"徽派""赣派"那样的标识性风格，很多村民简单地将城市建筑风格复制到农村，一味地追求大气、豪气、阔气，没有乡村文化理念和美学设计，造成"千村一面"，有的甚至与周边环境格格不入，失去了乡村独有的活力、魅力和灵性。随着乡村旅游的兴起，岳阳各地相继举办荷花节、油菜花节、芦苇节、西瓜节等节会，带动了乡村节会经济的发展和乡村人气的回升，但大部分还停留在看、吃、购等初级阶段，形式雷同、内容单一，没有文化元素的植入，成不了品牌，也形不成影响。

（四）从工作推进来看，部署安排多，保障措施少

岳阳各级对乡村文化振兴有规划、有部署、有安排，不可谓不重视。但实事求是地说，乡村文化振兴工作还没有被摆到应有的位置。投入上，全市财政支出约75%投入到了民生事业，其中投入到文化上的不到2%，而真正投入到乡村文化的更少得可怜，乡镇每年落实到文化线上的资金最多的也只有4万元左右，乡村文化建设大多靠"化缘"。力量上，乡村都设了文化专干，但"专干不专职不专业"，少有科班出身的专业人员，且全部是兼职，

他们自述工作精力能放在文化上的极其有限。考核上，全市综合绩效考评中没有设立文化考核项目，在乡村振兴考核中也含糊其词，县市区参照取消该项考核指标。

（五）从文化传播来看，经济建设多，乡村主题少

基层组织的文化宣传以宣传栏、墙体绘画等为主，宣传主题不新颖、速度不快捷、影响不广泛，文化内涵挖掘有限，互联网连锁效应没有被激发。主流媒体大多是呼应省域副中心城市建设推出的经济社会发展情况，真正反映乡村文化内容的太少。"文艺岳家军"饮誉全国，但真正的"农民艺术家"或者扎根乡村的不多，接地气、有"泥土味"的文学作品也不多，600多部获奖作品中乡村题材的不到100部，仅占15%左右。加上缺少对岳阳本土文化体系中的农耕文化、湘楚文化、江湖文化的深入研究和推介，岳阳乡村文化逐渐失去了往日的自信，在乡村经济快速发展的环境下踉跄前行。

二 五个方向思前路：乡村文化复兴需要放眼长远

作为乡村振兴的重要组成部分，文化振兴不仅是一个重要的政治任务，更是彰显一个地方党委政府顺应农民群众对美好生活向往的责任担当。如何在加速城镇化的背景下实现乡村文化的复兴？需要更加理性的思考，解开理念上的束缚，确保不偏离初衷和方向。

（一）不能以农村"空心化"来否定乡村文化振兴的重要性

当前乡村老龄化、空巢化状况客观存在。如华容县华一村等不少村庄，常年外出人口接近一半，常住人口中60岁以上的将近60%。但广袤乡村不仅承载着农业生产和农民生活，更是中华民族"根"与"魂"的守望者，乡村不会消失、乡情不会消失，乡村文化也不能出现断代、断层、断档，需要薪火相传、后继有人。而且随着城市发展、"城市病"的产生，对现代化

的反思、文明转型与乡土魅力的复归，使乡土将成为更适宜居住、令人向往的生存乐园，从沿海地区来看，越来越多的城市人口向乡村回迁，乡村文化也将随之繁荣兴旺，因此必须把乡村文化振兴在更持久的层面上抓紧抓实抓好。

（二）不能以牺牲"田园文化"为代价来推进城镇化

有一种理论认为，以农耕文化为代表的乡村文化是落后文化，必然衰落，应当把乡村建设成城市，乡村文化必须让位给城市文化。事实上，城镇化进程对乡村田园文化的冲击十分巨大。一方面农民洗脚进城，乡村老龄化加剧，农村群体集聚的氛围淡化，乡村文化实践主体缺失，传统文化逐渐萧条；另一方面，乡村回流人员带回的城市现代文化，被乡村机械吸收，传统农耕文化等基因裂变和传统民间礼俗等精神退场，当城市文化的新奇感消失后，恶搞、低俗化趋势严重。从语源学角度考察，"文化"的本义就是栽培、耕作。作为一个农耕开国的民族，我们文化的根脉在乡村。推进城镇化，不能再继续简单地把城市文化复制粘贴到乡村，更不能对乡村传统文化遗产和自然生态进行"开发性破坏"，要留住田园生产、田园生活、田园生态为核心的原生、原味乡村风情，坚决守住农村"最后的家底"。

（三）不能以全盘照搬传统文化来推进乡村文化振兴

振兴乡村文化，绝不是将传统乡土文化全盘照搬，更不是割裂历史来"推倒重建"，而是在破立并举中去粗取精、涤旧生新，让乡村文化在现代文明体系中找到自己的位置，在复兴传统的基础上，实现社会主义乡村文化的创造性转化、创新性发展。要坚持以社会主义文化为魂、以传统本土文化为根、以地域特色文化为本，融入社会主义核心价值观等新时代文化理念，赋予乡村文化新的时代内涵和表达形式，不断满足广大农民多样化的文化需求，唤醒农民的文化自觉和文化自信，培育文明乡风、良好家风、淳朴民风，重建新的乡村精神。

（四）不能以移风易俗来对传统习俗简单粗暴"一刀切"

我国古代经典《礼记·王制》中说，修其教不易其俗，齐其政不易其宜。大致意思就是政府治理不要轻易改变本地风俗和生产方式。乡村本身是个传统的熟人社会，在其生产生活方式中，国家法律是基本底线，日常行为更多的是靠世代相传的"老规矩"或"乡规民约"来规范。比如村民反映，"南无阿弥陀佛"的路牌不违反相关法规，不能认定为封建糟粕，其在心理上比"事故多发地段"更具有警示作用。还普遍反映禁炮令实施后，没有了"爆竹声声辞旧岁"的年味，也没有了婚丧喜庆的氛围，认为爆竹不能一禁了之，应当从环保工艺上求突破、在燃放规定上提要求。在推进乡风文明、乡村文化建设中，要在倡导移风易俗、勤俭节约、保护环境的基础上，更加尊重民间"天人合一""道法自然"等哲学思想，科学区分敬天法祖、仁义忠孝、精神暗示等传统习俗与封建迷信的区别，承认其客观性、包容其独特性、尊重其合理性，不能搞"一刀切"。

（五）不能以"上位规划"来完全替代农民主体意愿

乡村文化振兴无疑需要党委政府的主导和推动，但长期以来，农村基层实际大多政府反客为主、包办代替，采取自上而下的资源输入策略，没有很好地激发农民的主体活力、创造属于农民自己的文化生活，难以满足村民日益个性化的文化需求。农家书屋、电影下乡等惠民措施在乡村不受欢迎的尴尬局面，就是供需不匹配的有力证明。有的地方甚至村规民约都是县乡制定下发的，没有征求当地群众意见。乡村文化振兴，归根结底是为了农民，要在加强党的领导、把握好方向的前提下，充分尊重村民的文化需求和文化创造，更加注重调动村民积极性，让他们从"观众"变为"演员"，从"食客"变为"主厨"，从"接受套餐"变为"自主点餐"。近年来岳阳不少地方建设了一批乡风民俗馆、乡土文化馆、孝廉家风馆、农耕博物馆、村史馆等，组织了广场舞队、腰鼓队、戏曲社等一批乡村文艺团体，基本实现了资金自筹、参与自发、管理自主，村民积极性也很高。

三 五个行动向未来，乡村文化振兴依然任重道远

乡村文化振兴要坚持全面动员与有序推进相结合，坚持时间服从质量，稳扎稳打，久久为功，着力构建多层次乡村文化发展体系。目前从中央到地方，相关文件的规定都很详尽，关键是如何因地制宜抓落实。

（一）实施"浸润"行动，让"新思想"引领"新风尚"

面对农村社会结构复杂化和价值多元化的趋势，实现乡村振兴首先是要重塑人们的价值观和文化认同，建构具有强烈归属感的精神家园，用先进文化潜移默化地教育引导乡村文化朝着正确的方向前进。

1. 以创新理论指引乡村文化建设

坚持不懈采取喜闻乐见的形式，运用群众听得懂、听得进的语言，深入开展面向乡村的理论学习宣传普及，用习近平新时代中国特色社会主义思想教育引导农村干部群众，用党的最新理论成果浸润干部群众心田，提振乡村精气神，心无旁骛地团结在党的周围，共同创造幸福生活。紧紧围绕中央、省委、市委的决策部署，运用各类新闻媒体和宣传文化阵地开展政策宣讲，把党和政府的惠民政策措施讲透彻、讲明白，引导干部群众感党恩、听党话、跟党走。

2. 以核心价值点亮乡村治理之路

让家规家训走进千家万户。挖掘、整理、编写弘扬传统美德、体现时代要求、贴近生活实际的家规家训，积极引导乡村展示家规家训，讲好家风故事，传播优秀家风，让好家风成就好家庭，好家庭培育好子女，好子女建设好社会。让村规民约更加契合实际。出台村规民约修订指导意见，以村为单元，规范村民议事会、理事会等村民自治组织，用民间自治规则来辨正邪、明是非，潜移默化影响农民群众的价值取向和道德观念。

3. 以文明创建提升乡村道德素养

深入开展文明村镇评选，修订测评细则，完善动态管理，力争五年内实

现文明村镇比例超过 80%。建立完善"身边好人""最美家庭""星级文明户",以及新时代"好媳妇""好公婆""好少年"等身边模范的推选长效机制,出台评价标准、推荐程序、动态管理、尊崇礼遇的指导意见,让点上开花成为普遍行为,让偶尔为之成为常态实施,让身边典型影响身边人。举办乡村文明典型巡礼活动,充分展现乡村文明建设新气象新风貌,用典型感染和教育周围群众。

4. 以移风易俗培育乡村文明风尚

传承中华文化精髓,尊重传统文化习俗,融入现代文明理念,突出庄重感仪式感,用蕴含优秀民俗、体现时代风尚的婚丧新文化取代旧陋习旧风俗,对农民群众根深蒂固的传统习惯不搞"一刀切"。倡导集体婚礼、公益婚礼、慈善婚礼等现代文明婚礼形式,深化殡葬改革综合试点,提倡厚养薄葬,建设公益性公墓,实现节地生态安葬和文明祭祀。科学划定封建迷信和传统风俗习惯的界线,加强农村宗教管理,引导合法信仰宗教,依法治理农村宗教领域乱象。

(二)实施"唤醒"行动,让"古岳州"焕发"新活力"

习近平总书记在文化传承发展座谈会上强调,要坚定文化自信、担当使命、奋发有为,共同努力创造属于我们这个时代的新文化,建设中华民族现代文明。① 推动中华优秀传统文化创造性转化和创新性发展,就要激活其生命力,让散落、沉睡在乡间的传统历史文化资源焕发新的生命力、影响力。

1. 抓传承,"唤醒"优秀传统文化活力

依托岳阳高校、社科研究机构和文化部门建立岳阳湖湘文化研究院,深入挖掘整理屈原文化、岳阳楼文化、近现代以来岳阳历史名人文化等具有岳阳地域特色的湖湘文化,提炼其精神内核,将其转化为岳阳乡村振兴的不竭精神动力;挖掘传统农耕文化中蕴含的农耕技艺、农业遗产、哲学思想、价

---

① 《习近平在文化传承发展座谈会上强调:担负起新的文化使命 努力建设中华民族现代文明》,《人民日报》2023 年 6 月 3 日,第 1 版。

值观念、精神情感、道德规范等，结合时代要求进行创新改良，放大优秀传统乡村文化价值；编写岳阳历史文化名人读本，建立优秀传统文化清单制度，对岳阳生产习俗、生活习俗、礼仪习俗、岁时习俗、龙舟竞渡、风味小吃等民情风俗进行收集整理，形成各有特色的乡风民俗文化地标。

2.抓保护，"唤醒"历史文化遗产活力

加强对岳阳文化遗产的摸底调查，制定乡村文化遗产名录清单。整理保护物质文化遗产，加强历史文化名镇、名村、乡村历史街区、传统民居院落、古树名木的保护，稳妥推进传统村落、建筑的维修、保护和利用。传承保护非物质文化遗产，挖掘和保护民间传统谚语、地方戏种、农耕文化、优秀民俗等乡村文化，鼓励支持非物质文化遗产传承人、其他文化遗产持有人开展传承、传播活动，鼓励有基础和条件的地方建立村史馆、民俗馆、农耕文化展馆等"乡村记忆"项目。建立数字影像馆，深入推进"非遗"进校园，打造一批"非遗"传习示范学校，加大文化遗产传承力度。鼓励非遗传承人、民间艺人收徒传艺，鼓励技艺精湛、符合条件的中青年传承人申报并进入各级非物质文化遗产代表性项目代表性传承人队伍，形成合理梯队，鼓励支持学有所成的传承人创新创业。

3.抓弘扬，"唤醒"红色文化资源活力

深入挖掘岳阳丰富的革命历史文化资源，统筹全市红色文化资源保护开发利用，打造一批红色文化教育基地和爱国主义教育基地，推出一批有价值的关于岳阳红色文化的理论文章和学术专著，组织创作一批文学、戏剧、影视剧、音乐等优秀文艺作品。扶持乡村红色文化旅游开发，推动红色旅游与民俗游、生态游等相结合，打造一批乡村红色旅游精品景区和精品线路。

（三）实施"滴灌"行动，让"供给侧"对接"新需求"

为破解当前政府公共文化供给与农民的文化需求脱节的难题，岳阳要深化政府公共文化供给侧改革，创新有效实现形式，形成多元主体合作共建机制，更加精准对接乡村对文化生活的向往，充分调动村民参与乡村文化的积极性和主体性。

1. 强化公共文化服务设施建管用

按照为民、利民、便民的要求，完善乡村公共文化服务发展规划，并与国土空间规划、乡村振兴规划、全域旅游规划和其他相关专项规划紧密衔接，推进乡村综合文化服务中心（站）提质升级。坚持一室多用，整合分布在不同部门、分散孤立、用途单一的基层公共文化资源，鼓励农村养老中心、托幼所、公益堂、文化场所等公共服务设施共建共享。推进乡村公共文化网络载体建设，实施农家书屋网络化建设工程，推广农家书屋电子阅读和"一卡通"管理模式。提质农村文化广场"百姓大舞台"功能建设，鼓励农村利用空坪绿地建设全民健身文化微场地；鼓励农村机关、学校等单位免费开放文化、体育、科普设施；持续推进"最美潇湘文化阵地"创建，力争到2025年，乡村基层综合性文化服务中心全部达到国家二级以上标准，创建100个以上的"最美潇湘文化阵地"。完善公共文化服务设施的服务内容、服务时间、服务规则，定期公布基本服务项目目录，健全管理制度，加强对场所开放使用情况的督促指导，让设施真正"动起来""活起来"，实现"建、管、用"平衡。

2. 提高公共文化服务供给适应性

针对乡村特点，加强资源整合，综合用好文化科技卫生"三下乡"等平台载体，以群众需求为导向，精准"送"的内容，优化"送"的形式，下放"送"的权力，实行"订单式""菜单式""预约式"服务，把更多适应农民群众需求的优秀电影、戏曲、图书、期刊、科普活动、文艺演出、全民健身活动送到农民中间，让群众拥有更多发言权、自主权、参与权。创新"文化输入"方式，引入购买服务和竞争机制，激发各类文艺团体、演出机构、演出场所积极性，满足农民群众对精神文化的向往。

3. 激发群众参与文化活动主动性

常态举办书法、合唱、器乐、广场舞、篮球、棋类、龙舟等群众性赛事活动；依托演出企业、演出团体、艺术院校等机构，充分挖掘地方特色资源，帮助和指导乡村开发演出项目，培养乡村文艺演出队伍，推动巴陵戏、花鼓戏、平江九龙舞、云山山歌、聂市十样锦等传统音乐上戏台；开展

"欢乐潇湘·幸福岳阳""周末绘本故事会""全民艺术普及大课堂"活动，扩大基层群众的参与面，让农民成为乡村文化振兴的"主力军"。

（四）实施"绽放"行动，让"软实力"赋能"新发展"

习近平总书记强调，"要繁荣发展文化事业和文化产业，持续推进城乡公共文化服务标准化、均等化"①，只有推动乡村文化事业繁荣，赋能产业发展，才能激发文化活力，为乡村振兴提供强劲动能。

1. 加快乡村产业融合发展

实施洞庭湖区传统工艺振兴计划，开发具有明显湖区特色的传统工艺产品和民间艺术表演项目，鼓励非物质文化遗产传承人、设计师、艺术家等参与乡村手工艺创作生产和民间艺术表演，做优岳州窑、岳州扇、汨罗龙舟、岳阳楼文创产品、临湘浮标等工艺美术产品，推动民间传统表演艺术进景区、上舞台。坚持以文塑旅、以旅彰文，利用传统民居村落、工农业遗址、"非遗"项目等发展文化旅游项目，研究推动优秀农业文化展示区建设，创新开发乡村文化遗产、节庆赛事、修学研习、养生文化、民俗文化、名人文化等旅游资源，打造一批特色突出的文化村镇，培育一批带有地标性的影视基地，形成"吃住行游购娱"全链条的乡村旅游，擦亮岳阳乡村文化品牌。

2. 持续繁荣乡村文化事业

在精品创作主题策划上，确定一定比例的农村题材。每年组织文艺工作者、文艺爱好者深入农村开展文艺创作采风，建立文艺工作者常下基层、常在基层的长效机制。举办文艺精品有奖征集等活动，创造一批反映乡村文化底蕴、乡村能人好人、乡村巨大变化的有温度、有情怀、接地气的村歌、剧本、小说、微电影、舞蹈、摄影、书画、手工等文艺精品。充分利用乡村文化站、文化活动中心等现有基层文化场馆，组织群众性文化组织、文艺剧团、文艺志愿队伍，深入乡村开展文艺讲座、民俗和民间文艺表演、公益演

① 《习近平在江苏考察时强调：在推进中国式现代化中走在前做示范，谱写"强富美高"新江苏现代化建设新篇章》，《人民日报》2023年7月8日，第1版。

出，以及书法、美术、摄影作品展览展示。对高素质民间艺术人才、民俗文化人才，通过购买其文化作品、文化服务等方式，保障其必要收入，延续传承地方特色文化。

3. 加强乡村文化宣传推介

做好政策解读和评论引导，使乡村文化振兴成为全市共识和自觉行动，形成强大工作合力。市、县主要新闻媒体开设专栏，策划推出系列乡村题材主题采访活动，讲好乡村振兴特别是文化振兴的岳阳故事，推广典型经验做法，特别是要树选、推介一批群众公认、品德高尚、处事公道、热心公益、积极参与地方管理、起到模范带头作用、真正为群众服务、推动家乡经济发展的乡村热心人士。做好优秀乡村文化融媒传播，围绕弘扬优秀乡村文化主题，做好报、台、网、微、端融合推送传播，使文明乡风、良好家风、淳朴民风深入人心。

（五）实施"增氧"行动，用"硬保障"促进"新繁荣"

全面推进乡村文化振兴，迫切需要建立一套有序推进的工作机制，加强组织领导，提供政策支持，为乡村文化繁荣发展滋养土壤、提供营养。

1. 加强组织领导，坚持高位推动

突出"铸魂""塑形"的核心地位，把乡村文化振兴摆在更加重要的位置，强化组织领导，精心谋划实施，建立以市委副书记牵头的乡村文化振兴工作联席会议制度，定期召开调度会议，统筹解决乡村文化振兴工作中的重大问题。宣传思想文化战线要把乡村文化振兴作为主职主业，精心组织、细化措施，推动中央、省委、市委决策部署落实落地。整合宣传、文化、农业、乡村振兴、自然资源、住建等部门零散布局的项目和资源，集中力量各个"击破"、重点突破，避免"撒胡椒面"式的无序低效，为乡村文化振兴创造良好环境和条件。

2. 健全体制机制，狠抓政策落实

建立健全资金投入机制，各级政府将乡村文化建设列入财政预算，设立专项资金，按照国家和省里规定的公共文化服务标准，科学测算保障辖

区常住人口公共文化产品、服务项目、活动所需经费；创新财政资金投入方式，将场所利用、活动组织等工作实绩与经费安排挂钩，提高资金使用效率；制定社会资金引入标准，引导鼓励社会力量投资兴办乡村文化事业；创新农村金融服务和产品，加大金融对乡村文化振兴的支持力度。完善考核机制，将乡村文化振兴纳入市县各级综合绩效考核、乡村振兴考核、示范村创建考核指标，用好考核指挥棒，强化督促检查，树立正确的工作导向。认真梳理中央、省委现有"三农"政策中关于扶持乡村文化建设的内容，研究制定配套政策和实施举措，用足用好用活各项政策，充分释放政策红利。

3.加快队伍建设，强化人才支撑

加大对基层党组织特别是镇村两级干部的培育力度，常态化举办专题乡村文化振兴培训班，定期组织开展乡文化站长和村文化专干的轮训，全面提升镇级两抓乡村文化振兴的能力水平。加大对乡村"非遗"文化传承人的培育力度，每年扶持20位"非遗"传承人、民间艺人收徒传艺，深入推进"非遗"进校园，打造一批"非遗"传习示范学校。鼓励支持民间成立诗联协会、书画协会、龙舟竞渡协会、玩龙舞狮协会、花鼓戏协会等，培养带动一批基层文化工作者、民间文化能手。吸纳企事业单位退休人员、返乡大中专学生等进乡村文化队伍，增强乡村文化自我发展能力。引导返乡下乡人员结合自身优势和特长，发展传统工艺、文化创意等产业。

参考文献

《中共中央国务院关于做好二〇二三年全面推进乡村振兴重点工作的意见》，《人民日报》2023年2月14日，第1版。

习近平：《论"三农"工作》，中央文献出版社，2022。

习近平：《在文化传承发展座谈会上的讲话》，《求是》2023年第17期。

欧阳雪梅：《立足农耕文明的历史底蕴建设农业强国》，《红旗文稿》2023年第4期。

徐勇：《乡村文化振兴与文化供给侧改革》，《东南学术》2018 年第 5 期。

陈文胜：《中国乡村何以兴》，中国农业出版社，2023。

陈文胜等：《乡村振兴不能盲目"现代化"》，《半月谈内部版》2022 年第 6 期。

陈文胜、李珺：《论新时代乡村文化兴盛之路》，《江淮论坛》2021 年第 4 期。

B.4
2023年益阳市农业产业化龙头企业
发展研究报告

摘　要： 产业振兴是乡村振兴的首要任务，龙头企业是引领乡村产业振兴
的中坚力量，是构建现代乡村产业体系、建设农业强市、推进农
业农村现代化的主力军和主抓手。益阳市政协调研组调研发现，
近年来，该市农业产业化龙头企业发展虽实现了长足发展，但仍
然存在龙头企业竞争力不强、产业组织化程度不高、要素保障难
点堵点多等问题。通过与域外龙头企业发展对比、召开座谈会，
听取各方意见建议，调研组提出要壮大农业产业化龙头企业、助
力乡村产业振兴需：产业思路再优化，构建发展新格局；优势产
业再集聚，锻造发展新链条；组织协同再深化，创建发展新机
制；品牌运营再加力，塑造发展新形象；要素保障再升级，汇聚
发展新动能。

关键词： 龙头企业　乡村振兴　产业发展　益阳

农业强必须产业强，产业强必须企业强。益阳市是国家现代农业示范区和
全省现代农业改革试验市，市委贯彻落实党的二十大关于加快建设农业强国战
略部署、把发展经济的着力点放在实体经济上的重大任务，壮大农业产业化龙

---

* 调研组主要成员：谢梅成，益阳市政协党组成员、副主席，分管农业和农村委员会、人口资源环境委员会。雷越毅，益阳市政协农业和农村委员会主任，负责农业和农村委员会全面工作。

头企业，助力乡村产业振兴，是锚定农业强市目标定位，形成乡村振兴新优势、奋力书写新时代高标准"山乡巨变"的重要举措。益阳市政协聚焦"壮大龙头企业，助力乡村产业振兴"，成立专题调研组，市县联动开展调研。调研组深入8个县市区，走访了41家企业和部分镇村，赴湖北省襄阳市、河南省南阳市和江苏省连云港市开展对比调研，召开22场座谈会，广泛听取各方意见建议。

一 农业产业化龙头企业发展的主要成效

农业产业化龙头企业是农业产业化发展最重要的带动主体。近年来，益阳市发展和培育了一大批农业龙头企业，充分发挥龙头企业的示范引领作用，进一步激发内生动力和发展潜力，有效地提高了农业产业化发展水平与质量，促进了农业产业兴旺、农民增收致富。[①]

（一）龙头企业发展来势较好

到2022年底，全市共有龙头企业332家，其中：国家级8家，全省占比10%，排名第3位，有一家上市企业克明面业；省级75家（含1家省直），全省占比7.4%，排名第7位；市级249家；县区级26家。龙头企业数量在全省市州排名相对靠前。全市市级以上龙头企业固定资产总额44.02亿元，主营收入1676亿元，年缴纳税收6.7亿元。2022年益阳市农产品出口28611.2万元，同比增长2.11%。全市农产品加工企业5142家，其中规模以上企业538家，规模以上农产品加工企业数在全省占比超过10%。其中459家正常生产企业占全市工业规模以上企业比重为32%，农产品加工业总产值占全市工业总产值的37.75%。南县获批全国农业全产业链典型县[②]，赫山区获批全国乡村振兴示范县，益阳市获2023年国务院促进乡村产业振兴改善农村人居环境等重点工作督查激励。

---

① 丁祺等：《壮大农业产业化龙头企业 助力乡村产业振兴》，《益阳日报》2023年6月10日，第1版。

② 杨玉菡等：《南县"稻虾共舞"领跑全国》，《湖南日报》2022年4月25日，第1版。

（二）产业集聚效应日益显现

全市龙头企业按行业分类，数量排名前 6 位的分别是黑茶、稻虾、蔬菜、水产、笋竹和休闲食品，与益阳市粮食、茶叶、竹木、蔬菜和水产等农业重点产业高度契合（见表1）。六大产业综合产值从 2019 年 904 亿元增加到 2022 年的 1368.48 亿元，年均增长 14.82%，高于 GDP 年均增速，也高于规模以上工业年均增速。2022 年全市农产品出口 28611.2 万元，同比增长 2.11%。全市创建市级以上农业产业园 109 个，农业产业强镇 14 个，省级农业特色小镇 3 个，全国一村一品示范镇 10 个。有沅江食品工业园、资阳区食品加工园，红联农贸大市场、兰溪米市、黑茶市场、南县洞庭虾市等专业市场，产业集聚效应较为明显。安化、南县出台了一系列奖扶黑茶、稻虾产业发展政策，黑茶形成了一定的比较优势，南县稻虾发展势头趋好。龙头企业的发展，助推了全市"一县一特"乡村产业格局的形成。

表1　益阳市农业产业化龙头企业分布情况（按行业）

行业	数量（个）	占比（%）	行业	数量（个）	占比（%）
粮食	98	30.43	生猪	6	1.86
茶叶	50	15.53	水果	6	1.86
竹木	40	12.42	植物油	6	1.86
蔬菜	37	11.49	中药材	5	1.55
水产	22	6.83	休闲农业	5	1.55
休闲食品	15	4.66	社会化服务	5	1.55
畜禽	15	4.66	农产品流通	2	0.62
农业物资	10	3.11	农用电商	1	0.31
棉麻	9	2.80	合计	332	100

（三）联农带农成效不断增强

近年来，龙头企业联农带农逐渐形成了"企业+基地+农户""企业+合作社+农户""企业+村集体+农户"等模式，农业"十代"社会化服务模式全省推广。2022 年，全市龙头企业从业人数达到 2.47 万人、支付工资 10.28 亿元、带动农户 35.43 万户。市级以上农业产业化联合体从 2019 年的 6 家，发展到 2022 年的 71 家，其中省级 40 家。组建了五大现代农业产业联盟，龙头企业联农带农已形成一定规模，粮食、茶叶类龙头企业本地联农带农成效较为明显，促进了乡村产业发展。

（四）产业发展基础加快夯实

近年来，益阳市聚焦土地、资金、平台、人才等产业要素，给予农业产业发展全方位保障，为龙头企业助力乡村产业振兴夯实了基础。去年以来，全市共获批农村产业项目用地 55 宗，总面积 48 公顷，备案设施农业用地 11775 宗，总面积 1528.6 公顷。2022 年市财政对龙头企业奖励资金 740 万元，投入乡村振兴财政资金 7.4 亿元。截至 2023 年 3 月末，全市涉农贷款余额 1074.69 亿元，占各项贷款总额的 47.33%，同比增长 20.44%；辖内银行机构相继推出"乡村振兴共享贷""种植 e 贷""粮食贷""稻虾贷"等 56 种涉农信贷产品，专利质押融资 1879.63 万元，农业保险品种达 30 个。2022 年市本级农产品网上销售额在 500 万元以上的电商企业近 100 家，网络零售额 22.65 亿元。诚邀刘仲华、柏连阳、刘少军等院士助力黑茶、水稻、水产等主导产业发展；实施产业振兴带头人"头雁"项目、金犁项目，吸引一批城市"乡创客"回乡创业。

二 农业产业化龙头企业发展的基本问题

益阳作为农业大市，优势明显，但对标农业强市目标和乡村振兴走在前列的要求，农业大而不强，短板在龙头企业，差距在乡村产业。

（一）龙头企业竞争力不强

益阳市农业龙头企业普遍存在整体实力不强、劳动生产率不高的问题，缺少"顶天立地"的龙头企业，产品缺少竞争优势。一是龙头企业实力不强。2022 年，全市 332 家龙头企业年销售收入过 10 亿元企业 9 家，过亿元企业 54 家，农产品批发市场交易额过 100 亿元的仅 1 家，只有 1 家上市公司。克明面业、口味王槟榔年销售收入过 50 亿元，但与本地主导农业产业的关联甚微。固定资产投资总额 44.02 亿元，户均 1326 万元，低于市级龙头企业认定的固定资产投资 1500 万元标准。市级龙头企业占比 77.4%，省级以上占比为 22.6%，市级占比偏大。二是品牌运营管理不力。2022 年，益阳市地标使用企业数位列全省第一，但仅有安化黑茶品牌在国内具有较大影响力，南县稻虾米品牌发展势头趋好。其他如鱼类休闲食品加工企业，近年来虽来势喜人，但企业品牌运营大多单打独斗、各自为政。从龙头企业数量最多的赫山区来看，区内粮食加工企业多，各种品牌不少，但叫得响的品牌屈指可数。即使"大通湖大闸蟹"这样在全省具有较强影响力的品牌，也没有发挥对本地经济发展的最佳带动作用，大量外地蟹利用该品牌影响力实现盈利。三是农业科技创新不够。农业科技创新是益阳市特色产业发展的短板，2022 年全市农业科技贡献率为 61%，低于全省 62.4% 的平均水平。农业科技创新资金投入主要依赖政府，社会投入少，企业主体作用发挥不够。市级龙头企业大多处于初加工层面，科技创新层次低。种业创新滞后，缺乏自有专用品种。农业生产、加工、流通、服务全产业链信息化程度不高，影响了生产综合能力和产业韧性。四是管理水平不高。市级龙头企业大多以家族式管理为主，企业主缺乏现代经营管理理念，发展后劲不足。省级龙头企业口口香、粒粒晶、和平水产、锦大水产因经营不善，先后破产。

（二）产业链发展水平较低

农业产业链延伸后，企业不仅可以降低交易成本、减少产品损耗，还可以缩短流通时间、提高农产品质量，从而获取更多利润。尽管益阳市农业产业链建设已经有了很大发展，但仍然面临发展水平较低的问题。一是产业集聚度不高。2022 年全市种养业仅粮食、茶叶、畜牧产值过百亿元，其他如笋竹、蔬菜、水产等产值低。林业面积有 900 万亩，产值只有 19.2 亿元；

蔬菜种植面积201.8万亩，产量497.76万吨，产值仅6亿元。一些特色产业特而不大、特而不强、特而不优，尚未形成比较优势。二是产业链条不全。以安化黑茶为例，产业链上游缺茶叶生产机械设备、新品研发企业等，下游缺包装设计制作、茶饮料、生物制剂等深加工企业。粮食产业链中稻米加工同质化企业多，深加工企业如饮品、佐餐食品企业少，生产环节的小型农机没有有效布局。国家级龙头企业味芝元反映，本地缺乏专业化的鱼类交易市场，农户送来企业的鱼都是混着卖，而企业需要的只有白鲢，无法收购，出现了被迫从常德交易市场采购沅江、大通湖鱼的窘境。三是农产品转化率低。2022年全市农产品加工值与农业产值比为2：1，农产品转化率只有51%，相比全国农产品转化率67.5%有差距，与国家要求的农业强市农产品加工值与农业产值之比2.8：1、农产品转化率80%的目标还有很大差距。龙头企业规模化、集约化、产业化程度不高，加工层次较低，精深加工企业少，产品质量不优。

（三）产业组织化程度不高

在保留农户生产经营的基础上，益阳市龙头企业借助利益关联联结农业生产经营体系当中的不同经营主体与环节，形成丰富多样、规模和功能各异的产业组织形式，但是产业组织化程度有待进一步提升。一是产业发展不聚焦。从产业集群发展来看，全市粮食类龙头企业98家，占比30.4%，但产业发展缺乏统筹，县市区之间缺乏协同，上中下游缺乏分工，南县、赫山、沅江、大通湖、资阳都在经营自己的大米品牌，同质化竞争大。从产业发展思路来看，2023年市级层面提出壮大"八大"优势特色产业集群，县市区都提出了各自发展思路，赫山区"一主五特"、资阳区"六个一"、安化"一特两辅"、桃江县"一特两辅多元化"、沅江市"四水农业、两芦优势"、南县"四大金字招牌"、大通湖"两大两小"，市县同频不共振。二是经营主体链接不紧密。龙头企业联农带农涉及多元主体，价值追求、利益诉求不同，主体之间难以达成有效稳定的利益链接，乡村产业难以成为本地龙头企业的"第一车间"。行业协会、农业合作社、农户和龙头企业利益链接松散，缺少有效的组织。农业产业化联合体、五大现代农业产业联盟、行业协会组织作用发挥不够，乡村中介、流通组织少，"订单收购+分红""农民入股+保底收益+分红"的利益链接模式推广不够，农民合理分享产业链增值收益难。三是市场化引领不够。全市龙头企业联农带农对乡村产业的带动效应并不显著，买方与卖方信息不对称，专业化市场引领带动能力较弱，本地产品资源利用率低。如益阳青松皮蛋，由于本地生产的鸭蛋蛋壳太薄，与企业需求不符，企业本地产品使用率不到20%；桃江竹加工企业因本地竹子年份、密度、厚度等达不到企业要求，50%原材料来自江西、福建等省，本地竹材利用率仅20%~25%，竹笋利用占比不到40%；辣妹子的辣椒酱原料多从外地购入；世林食品的蔬菜大部分来自东北；味芝元使用的鱼类只有一半左右来自本地，鸡、鸭等禽类产品大多来自山东。另外，即使乡村产业振兴中扶持的一些蔬菜产业，也难以找到好的销路。

（四）要素保障难点堵点多

党的二十大报告指出，坚持农业农村优先发展，坚持城乡融合发展，畅通城乡要素流动。益阳市龙头企业发展面临要素保障困境，尚未形成资金、土地、人才的良性循环。一是融资约束。至2023年3月末，全市332家龙头企业有贷户数175家，有贷率为52.71%，贷款门槛高。主要涉农担保机构仅2家，担保能力与旺盛的融资需求不相匹配，难以有效分担信贷风险，全市仅有沅江设立了乡村振兴产业发展风险基金，但也只发放了1笔950万元贷款。企业还反映，政策存在区域差异，有的政策在县市区适用，到了益阳市里就不灵了。二是用地约束。乡村干部和企业反映，产业发展土地、设施农业用地紧缺。而县市区自然资源规划部门则反映，目前正在进行的国土空间规划编制中，预留了10%的产业发展土地。规划编制落地与现实需求之间存在偏差。还有部分企业反映土地权证办理缓慢等问题。三是人才约束。现代农业经营主体带头人、基层农技人员、乡村职业经纪人等方面人才队伍缺失，成为制约企业和乡村产业做大做强的瓶颈。

三　加快农业产业化龙头企业发展的对策建议

益阳要立足本地农业资源优势特色，进一步壮大龙头企业，以龙头企业的带动联动，培育乡村新产业新业态，助推农业产业提质升级，助力乡村产业振兴，加快建成城乡一体的山乡巨变新农村。

（一）产业思路再优化，构建发展新格局

益阳作为农业大市，在保障供给的基础上，将特色产业做大做强、做成优势，是强市建设的必然选择。2018年市委市政府提出打造"131千亿级产业"工程，2022年市委一号文件提出加快培育发展"十大"优势特色全产业链，2023年市委农村工作会议提出发展"八大"优势产业集群。建议根据全市产业发展基础和资源禀赋，进一步优化发展思路。一是构建"4+N"产业发展新格局。聚焦粮食、茶叶、水产和笋竹四大主导产业。益阳市素有"鱼米之乡"美誉，拥有洞庭粮仓、淡水鱼都、黑茶之乡、楠竹之乡金字招牌，这是最重要的产业资源。黑茶基础较好，粮食规模最大且关乎国家粮食安全，水产与近年来益阳市异军突起的休闲食品业关联度高，笋竹也有一定的知名度。这四个产业2022年综合产值达到1076.8亿元，并且兼顾了山丘区和湖区的资源优势，可成为优势主导产业，从市级层面集中力量重点支持，真正把这四个产业做成国内外有影响力的优势特色产业。发展N个特色产业。各县市区立足本地资源优势，以"土""特"资源为抓手，在服从全市四个主导产业布局的同时，发展畜禽、蔬菜、油菜、油茶、水果、中药材等"一县一特"产业，形成全市乡村产业"铺天盖地"的良好局面。二是突出集群发展新思维。以产业集群的思维抓实产业发展，锚定四大优势主导产业，摸清各产业发展家底，打破县市区之间的利益藩篱，进行资源、资产和资金的整合，形成统一的发展思路、统一的发展规划，持续聚焦，一张蓝图干到底，逐步形成特色鲜明、业态丰满、结构优化的特色产业集群。

（二）优势产业再集聚，锻造发展新链条

2023年湖南省委一号文件锚定建设农业强省目标，明确提出"建设现代化乡村产业体系，推动农业优势特色产业全链条升级"。[①] 以龙头企业培育、招引为重点，带动一批产、加、销、研配套企业，多措并举，强链、延链、补链。一是做大龙头企业。按照政府主导、市场配置、企业自愿原则，围绕四大主导产业，培育和引进并重，鼓励支持龙头企业做大做强做优，融入长株潭都市区、大湾区、"一带一路"建设，融入国际国内双循环，带动"益"品出湘、"益"品出国，促进对外开放。出台激励措施，支持企业通过兼并重组、参股经营、组建农业产业集团等多种方式，做强存量。同时，重点引进行业头部企业、核心龙头企业，做大增量。把重点龙头企业纳入上市企业后备资源库，通过5~8年努力，力争各主导产业都能培育1~2家上市公司。以龙头企业带动优化产业布局，推动全产业链升级。二是做全产业链条。认真研究产业链条，梳理产业链现状，建立产业链发展目录清单，按照"缺什么、补什么"的原则，把链条拉长、补齐、做全。鼓励支持龙头企业从研发、生产、加工、储运、销售、品牌、体验、消费和服务九个环节出发，纵向完善拉长自身产业链，横向融合培育新业态。力争国家级龙头企业有3家上下游企业、省级龙头企业有2家上下游企业、市级龙头企业有1家上下游企业。将优势特色产业延链、补链、强链作为招商引资的重点，强化现有食品工业园区、农业产业园区、产业强镇载体功能，建设几个农产品深加工集中区。三是做强流通体系。加强农产品流通和冷链物流体系建设，强化专业化市场联农带农组织功能，发挥好红联市场、黑茶市场、南县洞庭虾市在大宗农产品流通和专业化市场方面的带动作用，重振兰溪米市，建设特色产业区域集散中心。整合线上线下各类信息资源，建立健全覆盖农产品生产、批发、零售、消费全链条权威的信息监测、预测预警和发布平台。充

[①] 中共湖南省委、湖南省人民政府：《关于锚定建设农业强省目标扎实做好2023年全面推进乡村振兴重点工作的意见》，2023年2月22日。

分运用微博、微信、抖音等新媒体平台，打通信息发布"最后一公里"。四是做优特色基地。以一县一特、产业强镇、农业特色小镇、一村一品示范镇为抓手，抓好乡村特色产业建设，建设一批规模化、集约化、标准化的种养基地，形成各自农业特色，将乡村打造成龙头企业的第一车间和原料基地。五是做足融合发展。发挥乡村独特优势，开发、拓展农业的多种功能，以特色产业为抓手，挖掘乡村文化资源，积极塑造农旅景观，大力发展乡村生态休闲游、观光体验游等。推动农村人居环境整治，建设和美乡村，培养壮大农村新产业新业态，推进一二三产业深度融合发展。

（三）组织协同再深化，创建发展新机制

以产业链为核心，提升产业组织化水平，有效整合产业资源，汇聚发展合力，激发主体内生动力，是当前加速农业产业转型升级的突破口和切入点。一是加大政府引导力度。明确四级书记抓乡村振兴，首要在于抓产业振兴，将产业振兴的成效作为绩效考核的重要内容，营造大抓产业的鲜明导向和浓厚氛围。借鉴黑茶产业发展和湖北襄阳的经验，尽快研究制定符合益阳市实际的扶持龙头企业和优势特色产业发展的政策措施。建立优势特色产业"链长"领导协调和"链主"企业领航两项机制，强化"链长"的责任担当，推进"八个一"工作机制和"部门分工协作、属地主体责任、重大项目服务、问题解决办理、工作调度督导"五项管理运行制度，提升"链主"企业整合行业资源、制定行业标准、引领产业发展的能力，把"链长"制做实做细。二是建立龙头企业帮扶机制。总结推广安化黑茶、南县稻虾和一些好的龙头企业联农带农机制和做法，用身边典型示范带动。组织动员龙头企业参与乡村振兴重点村帮扶，"百企联百村"，把龙头企业联农带农、帮扶乡村产业振兴作为龙头企业监测评估、项目扶持的必备内容，对带动乡村产业振兴作出突出贡献的企业予以奖励，鼓励、支持龙头企业在本地或重点帮扶村建立优质生产基地，更多采用"订单收购+分红""农民入股+保底收益+分红"等帮扶产业振兴新模式。三是加强新型经营主体建设。专业合作社、家庭农场、种养大户等新型经营主体是推动提升农民产业组织化程度的

重要力量，要研究制定促进新型经营主体可持续发展的指导意见，健全工作引导机制，健全配套扶持政策，健全县乡村三级土地流转服务体系，引导新型经营主体竞相发展、规范有序运行。四是充分发挥协会作用。支持五大产业联盟和行业协会发挥产业资源多、市场信息广、平台丰富的优势，发挥好中介组织作用，定期组织成员单位开展活动，分行业定期召开龙头企业与特色强镇、一村一品示范村、各类新型经营主体的对接会，加强市场、供需信息交流，扩大合作规模，打通农产品到餐桌、到加工、到流通领域的渠道。

（四）品牌运营再加力，塑造发展新形象

品牌强农是引领产业升级的战略选择，是推动产业质量、效率变革的重要抓手。要发挥益阳市在品牌建设方面的优势，统筹全局，系统谋划，下好下活"益"字号农产品这盘棋。一是加强区域品牌塑造。全面梳理全市农业产业方面的各类品牌，建立农产品知名品牌目录。树立全市一盘棋的思想，坚决破除县市区之间的行政壁垒，创建以"区域公共品牌+企业品牌+特色农产品品牌"为支撑的品牌体系，重点打造四大主导产业"益"字号区域公共品牌，以区域公共品牌擦亮益阳农业产业的底色，叫响益阳农业产业的特色和亮色，塑造产业发展新形象。根据目前产业发展和品牌运营实际，建议把安化黑茶、桃江笋竹和南县稻虾米作为市级区域公共品牌打造，水产也要尽快谋划设立市级区域公共品牌。加强品牌运行管理，按照"政府支持、企业主体、协会运营"原则，鼓励更多企业和各类经营主体使用区域公共品牌，聚力提升"益"字号农产品品牌的知名度、美誉度和市场占有率。以区域品牌建设为引领，推动形成"品牌+产业龙头+专业市场（平台支撑）+优质基地+农旅文融合"的产业发展新模式，实现品牌质的跃升。二是坚持标准引领。建立农产品品牌标准体系，按照区域公共品牌、农业企业品牌和农产品品牌分类别分步骤实施。推进学标贯标用标，以标准引领品种培优、品质提升和标准化生产。鼓励县市区结合本地特色产业制定品牌地方标准，引导行业协会建立具有创新性、先进性和国际性的团体标准。要特别关注粮食产业品牌运营和标准引领问题，从市级层面进行统筹谋划、

科学论证，努力破解龙头企业多、产业效益低、粮农积极性不高等问题，逐步将南县稻虾米现有的 80 多项标准先在湖区进行推广。笋竹、水产甚至松花皮蛋都应注重用标准来引领种养生产。三是提升品牌影响力。通过新媒体、电商平台、召开产业发展大会、发布品牌价值、举办展览（销）会、积极参与国内外会展、企业营销推广活动等诸多形式，拓展品牌宣介推广渠道，挖掘品牌文化底蕴，推播品牌文化、讲好产品故事，实现"文"以载"道"的融合传播。

（五）要素保障再升级，汇聚发展新动能

用足用活国家、省出台的各项扶持政策，提升产业支持政策效力。一是升级土地保障。新编县乡级国土空间规划应安排不少于 10% 的建设用地指标，重点保障乡村产业发展用地。① 用好用活省级每年单列不少于 5% 的新增建设用地计划指标，保障农村产业融合发展项目，在目前正在推进的乡镇、村庄规划编制中，尽可能科学合理安排，落实、落细乡村产业、设施农业用地需求，避免规划的地块用不了、用不好。产业强镇预留产业园区，避免将来无地可用。把深化农村土地制度改革作为农业综合改革的重点，盘活土地资源，努力探索赋予农民更加充分财产权益的新路子。二是升级资金保障。建立"三农"财政投入保障机制，结合益阳市财力实际，加大资金整合力度，整合除惠农、项目之外的其他公共性涉农资金，全市产业发展资金切块安排扶持农业龙头企业，力争市本级和县市区都设立不少于 5000 万元的乡村产业振兴专项发展基金，集中财力、握紧拳头支持产业发展。积极争取上级债券用于支持农业一二三产融合发展。由市金融办牵头，全面梳理金融机构现有涉农金融政策和产品，制定促进优势特色产业集群发展的金融政策，开发金融产品，大力推广"一次授信、随借随还、循环使用""无还本续贷"等信贷产品，缓解贷款期限与农业生产周期错配矛盾，降低担保费

---

① 中共中央、国务院：《关于抓好"三农"领域重点工作确保如期实现全面小康的意见》，《人民日报》2020 年 2 月 6 日，第 1 版。

用。鼓励将温室大棚、养殖圈舍、土地经营权、农机具、存量产品依法合规抵押融资，开展特色农产品保险，进一步降低授信、担保门槛，提高金融机构支持乡村产业振兴金融服务的主动性、积极性。三是升级科技支撑。对现有分散在龙头企业中的科研资源进行整合，集合重点实验室、产业创新联盟、高校院所、创新中心等科创资源，在种业创新、精深加工产品研发、全产业链信息化改造和数字化转型等方面着力。加强益阳市农科院建设，以农科院为载体，产学研结合，分产业链组建专家委员会，建立一条产业链由一个专业团队指导的"链创"协同攻关机制。四是升级人才保障。企业强，企业家必须强。龙头企业农民企业家和农业产业化创业者是乡村产业发展的主体，是最活跃、最中坚的力量，须高度重视这支队伍的建设，从政治上关怀、能力上培养、发展上服务，坚定其发展的信心，营造尊重农民企业家、尊重创业者的氛围。由市农业农村局牵头，市工信局、市人社局参加，定期组织召开龙头企业农民企业家座谈会，定期组织高标准、专业化的培训，提升其现代经营理念，稳步推进现代企业制度建立，联农带动乡村产业发展。将乡村产业振兴人才纳入全市人才培育扶持范围，建立乡村产业人才资源库，培育一批农民企业家、科技研发人才、种养能手、农产品经纪人、网红主播等，鼓励支持企业家、科技人员、大中专毕业生、退役军人和农民工返乡入乡创新创业，在乡村建立起一支"带不走"的人才队伍。

参考文献

《中共中央国务院关于做好二〇二三年全面推进乡村振兴重点工作的意见》，《人民日报》2023年2月14日，第1版。

习近平：《论"三农"工作》，中央文献出版社，2022。

习近平：《加快建设农业强国 推进农业农村现代化》，《求是》2023年第6期。

《国务院关于支持农业产业化龙头企业发展的意见》，2012年3月。

《农业农村部关于促进农业产业化龙头企业做大做强的意见》，2021年10月22日。

中共湖南省委、湖南省人民政府：《关于锚定建设农业强省目标扎实做好2023年全面推进乡村振兴重点工作的意见》，2023 年 2 月 22 日。

陈文胜：《中国农业何以强》，中国农业出版社，2023。

陈文胜：《为乡村振兴提供内在动力》，《人民日报》2019 年 5 月 13 日。

陈文胜：《农业供给侧结构性改革：中国农业发展的战略转型》，《求是》2017 年第 3 期。

姜惠宸、姜长云：《农业产业化龙头企业扶持政策优化研究》，《经济纵横》2021 年第 4 期。

张延龙等：《中国农业产业化龙头企业发展特点、问题及发展思路》，《农业经济问题》2021 年第 8 期。

市 域 篇
City Reports

B.5

2023年郴州市乡村振兴研究报告

陈文胜　游　斌　王文强*

摘　要： 推进城乡区域协调发展是落实共同富裕战略的必然要求，是实现中国式现代化的重要支撑。郴州市以打造西河乡村振兴示范带为"动力引擎"推动城乡区域协调发展，取得较好成效，其创新做法可以归纳为：统筹区域规划，着力打破壁垒，推动城乡要素顺畅流动；彰显乡土特色，着力品牌引领，推进产业融合发展；凸显湘南风貌，着力生态文化赋能，留住田园乡愁；突出党建引领，着力创新，提升乡村基层治理效能。在此基础上，提出以县域城乡融合发展为取向，强化区域政策体系建设；以区域内产业一体化为目的，构建优势互补分工体系；以挖掘乡村沉睡资源为举措，加快人居环境提质升级；以共融共享共建善治为目标，形

---

* 陈文胜，湖南师范大学中国乡村振兴研究院院长、二级教授、博士生导师，研究方向为农村经济、城乡关系、乡村治理；游斌，湖南师范大学中国乡村振兴研究院博士后，研究方向为城乡和区域经济发展。王文强，湖南师范大学中国乡村振兴研究院博士研究生、湖南省社会科学院（湖南省政府发展研究中心）研究员，研究方向为农村人力资源。

成全面协同有效措施；以因地制宜分类推进为原则，探索可持续
发展新路径等启示。

关键词： 乡村振兴示范带　城乡融合　郴州市

习近平总书记强调，"要全面推进城乡、区域协调发展，提高国内大
循环的覆盖面"，为全面开创中国式现代化建设新局面明确了战略路径和
方向。近年来，郴州市积极学习借鉴浙江"千万工程"经验，突出城乡
统筹、融合发展，打破地域界线，推进西河沿线联动发展，打造西河乡
村振兴示范带，促进乡村之间资源共享、抱团发展。西河，因盘绕郴州
市西北而得名，发源于北湖区仰天湖骑田岭山脉，全长142公里，流经
桂阳、北湖、苏仙、永兴4个县（区）、9个乡镇（街道）、52个行政村。
郴州市西河乡村振兴示范带的建设，推动乡村全面振兴由"连线成景"
向"面上开花"转变，构建"点线面"全域美丽大格局，实现了在更广
范围、更高水平、更深层次整合优势资源、发挥集聚效应，取得了良好
成效，积累了全面推进乡村振兴的有益经验，探索了促进城乡区域协调
发展的有效路径。

一　成效：以"示范带"的振兴辐射
带动全域乡村振兴

党的二十大报告提出"全面建设社会主义现代化国家，最艰巨最繁重
的任务仍然在农村"的重要判断，就"全面推进乡村振兴"作出新的重大
部署。全面推进乡村振兴，是新时代做好"三农"工作的总抓手。西河乡
村振兴示范带以流域为单位，以村为节点、以镇为枢纽，串点成线、连线成
片、集片成带，促进各种要素、各种业态融为一个整体，实现资源整合、优
势互补，探索符合各地自身特色的乡村振兴模式，初步构建起乡村产业集聚

发展、乡村建设提档升级、乡村治理效能提升的良好局面，以"带"的振兴辐射带动了全域乡村振兴。

（一）特色化融合化互促，提升乡村产业发展新动能

西河乡村振兴示范带以乡村资源禀赋为载体，坚持特色产业发展，让景观跟着业态走，业态跟着市场走，打通一二三产业的"任督二脉"，推进"一村一品""一村一特"建设，实现乡村产业"串珠成链"，畅通乡村经济纽带。依托西河沿线的自然生态条件和农业产业基础，推动农业提质增效，培育了"栖凤渡鱼粉""郴心郴意""永兴冰糖橙""华塘草莓""桂阳五爪辣"等一批特色农产品品牌。2022年，沿线种植蔬菜1.9万亩、柑橘1.5万亩、草莓1.2万亩，水产养殖3260亩，生猪存栏16万头、出栏43万头，建设市级及以上现代农业特色产业园6家，建成粤港澳大湾区"菜篮子"生产基地16个，苏仙区坳上镇获批创建2022年农业产业强镇。农产品加工企业达到20家，开发生产了栖凤渡鱼粉速食泡面、桂阳五爪辣辣酱、黑米酥等深加工产品。以建设"知名乡村休闲旅游目的地"为目标，打造了吴山村"小龙虾"、华塘"草莓小镇"、栖凤渡"鱼粉小镇"等一批产业融合发展的特色村、镇。桂阳县休闲农庄发展到190余家，其中星级休闲农庄19家，全年接待游客达261.2万人次，实现经营收入17.3亿元。[①] 该县正和镇开发了朝阳村梨山庭院、官溪村雅溪游乐、和谐村星空营地等休闲游乐项目，年吸引游客10万余人，促进消费2000万余元，带动就业200余人，集体经济收入增加100余万元。[②] 苏仙区瓦灶村依托省级非遗栖凤渡鱼粉制作技艺，发展乡村旅游和研学基地，年均接待游客20多万人次，接待研学学生2万多人次，栖凤渡鱼粉文化旅游已成为当地城市周边旅游的新热点。产业发展有效带动了农民增收，2022年西河沿线52个村集体经营性收入达973万元，增长167%，薄弱村全部消除；农村居民人均可支配收入达

---

① 李江青等：《一湾西河润两岸　见美见富见未来——桂阳县着力打造西河乡村振兴示范带掠影》，《郴州日报》2022年11月19日，第6版。

② 正和镇人民政府：《立足发展新优势　打造乡村振兴新高地》，2023年5月31日，打印稿。

26808 元，是全市平均水平的 1.3 倍；城乡居民人均可支配收入比缩至 1.58（全市为 2.04）。

（二）宜居宜业宜游共进，开拓乡村建设新境界

党的二十大报告提出，"全面推进乡村振兴""统筹乡村基础设施和公共服务布局，建设宜居宜业和美乡村"。西河乡村振兴示范带持续推进农村人居环境整治提升五年行动，特别是 2023 年抢抓承办第二届湖南旅发大会契机，全域开展城乡风貌提质，结合"唤醒老屋"行动，促进乡村基础设施建设与村庄微改造、精提升，营造传统湘南民居特色乡村风貌。近些年，累计投入资金近 9 亿元，沿线农村基础设施进一步完善，以较少投入累计建成旅游公路（步道）251 公里、旅游厕所 70 余座、驿站 8 所，完成供水工程养护项目 297 处、农田水利基础设施项目 177 个，卫生厕所普及率达 97.3%，行政村生活垃圾治理覆盖率达 100%，建制镇污水处理设施全覆盖。[①] 累计拆除违建房危房旧房杂房空心房残垣断壁 1.5 万余间（处），腾挪空间 85.4 万平方米，建成小菜园、小果园、小花园、小游园"四小园"面积 39559m²，成功创建 34 个美丽屋场、21 个省级美丽乡村示范村，其中苏仙区瓦灶村入选中国美丽休闲乡村，"永兴县建设美丽屋场促进农村人居环境整治提升"在农业农村部简报刊文推介。桂阳县官溪村利用废弃矿山打造了雅溪游乐特色餐饮和水上乐园；永兴县松柏村沃原农庄利用废旧的石碾、犁耙、打谷机等农具，打造农耕文化展览馆等，既改善了环境风貌又产生了经济效益。

（三）自治法治德治结合，构建乡村治理新格局

西河乡村振兴示范带健全党组织领导的自治、法治、德治相结合的基层治理体系，坚持把自上而下的"浦江经验"和自下而上的"枫桥经验"结

---

① 刘贵权、颜石敦：《郴州共绘宜居宜业和美乡村新画卷》，《湖南日报》2022 年 12 月 19 日，第 16 版。

合起来，建立健全领导干部下访接待群众工作机制，着力建设"一站式"矛盾纠纷排查化解系统——"百姓解忧站"，不断推进乡村治理体系和治理能力现代化，夯实乡村振兴基础。2022年，深入推进基层党组织整建提质行动，整顿提升软弱涣散村党组织3个，实现动态"清零"。① 苏仙区许家洞镇获评省级乡村治理示范乡镇，北湖区保和瑶族乡月峰村、桂阳县正和镇正和村、永兴县湘阴渡街道堡口村3个村获评省级乡村治理示范村。苏仙区推行以屋场为基本单元的党建模式，共建立屋场党小组127个，设立党员中心户8326户，累计召开屋场夜话、党员夜访842场次，收集意见建议3367条，解决各类问题5000余个。桂阳县和谐村实行微信打卡、视频连线"云端"自治，解决"户散人出难管"的乡村治理痛点，收集"百姓留言""群众金点子"654条，解决群众诉求456件、重大民生事件8件，引进企业5家，村民成为乡村治理的参与者、受益者和评判者。永兴县堡口村开展"我为乡村振兴办实事"活动，引导村民投工投劳，村民自筹资金达60余万元，达成了"公共区域村里投，庭前院后自己做"的广泛共识。桂阳县正和镇选聘15名专业律师、驻村干部、村干部组团开展"法治下乡"服务，实行"干部下沉、律师下派、远程下单"，成功解决项目建设、民事纠纷等法律问题和历史遗留问题。北湖区率先成立全市首家"乡贤馆"，在库乡贤242名，2022年通过新乡贤引进重点产业项目18个，带动就业1200余人，利用乡贤资源协调解决乡村问题147个，开展政策法规宣传116场次。②

二 做法：以"示范带"的行动推进城乡区域资源优化配置

2022年2月以来，郴州市按照"一年打基础、两年有突破、三年见成

① 邹继红等：《打造乡村振兴"西河样板"——郴州市西河乡村振兴示范带建设走笔》，《湖南日报》2022年12月19日，第1版。

② 陈勇：《把"满天星"聚成"一团火"》，《湖南日报》2022年7月6日，第2版。

效"的要求，量身制定西河乡村振兴示范带建设三年行动方案，重点实施
10大提升提质工程和30项主要工作，推动乡村发展、乡村建设、乡村治理
持续向纵深迈进，形成了一系列行之有效的做法。

（一）统筹区域规划，着力打破壁垒，推动城乡要素顺畅流动

依托片区内共同发展的特征，统筹推进沿线村庄规划编制工作，大胆开
展改革创新试点，强化土地、资金、人才等要素保障，促进县域城乡融合发
展，有力推动乡村发展质量变革、效率变革、动力变革，支撑引领西河乡村
振兴示范带全面振兴。

1.合并连片编制村庄规划，强化西河流域统筹发展

在市级层面成立高规格的示范带建设领导小组和项目协调指挥部，明确
35名在职市级领导和沿线四个区县的四大家主要领导联点推进，落实"一
个项目、一名领导、一套班子、一个方案、一抓到底"的工作机制，推进
重点项目建设。① 按照区位条件相似、发展基础相当、主导产业相近的原
则，推动镇村联编、片区联动，打破城乡壁垒、区域壁垒和行业壁垒，破除
邻避效应，实现物理层面上的"由点到带"。不仅能够提高技术单位工作效
率、节约编制经费，而且有助于整合沿线村庄特色资源，促进乡村统筹协调
发展。坚持生态、产业、用地、设施、文化等"五个统筹"，因地制宜、因
村施策地编制"多规合一"实用性村庄规划，有效整合沿线村庄特色资源，
科学谋划空间和产业布局，通过河道、乡村旅游公路、风景路、慢行步道
等，串联循环农业基地、特色田园乡村、历史文化名村、传统村落等特色资
源点，形成融自然、田园、产业、文化于一体的空间连片区域。

2.探索全域土地综合整治，强化城乡发展用地保障

2023年中央一号文件提出推进以乡镇为单元的全域土地综合整治，积
极盘活存量集体建设用地，优先保障农民居住、乡村基础设施、公共服务空

① 刘贵权、颜石敦：《郴州共绘宜居宜业和美乡村新画卷》，《湖南日报》2022年12月19日，
第16版。

间和产业用地需求。① 西河乡村振兴示范带推进土地规范有序流转，整组流转超过350个组，整体流转率超过70%。在拆除整治后的土地上因地制宜建设"四小园"和文体活动场、停车场等设施，积极开展复垦复耕，腾挪空间用于乡村建设。较为突出的如永兴县堡口村采取"党支部+合作社+基地"的"支部农场"模式，大力实施千亩烟稻轮作、千亩冰糖橙种植"双千"计划，流转了1100多亩土地，并将近800亩耕地、山地全部复耕复垦，由村集体统一经营种植，为产业发展提供土地。② 北湖区招旅村对村集体未开发利用地块进行全面摸底，分类施策，引进华兴农业等企业进行农业开发，取得地租收入和分红。③

3. 优化财政资金支出方式，拓展社会资金筹措渠道

2023年中央一号文件明确要"健全乡村振兴多元投入机制"，在继续坚持把农业农村作为一般公共预算优先保障领域的同时，强调要健全政府投资与金融、社会投入联动机制，鼓励将符合条件的项目打捆打包按规定由市场主体实施，撬动金融和社会资本按市场化原则更多投向农村。西河乡村振兴示范带通过"大专项+业务清单"等方式统筹涉农资金，采取财政保障一点、资源开发一点、金融支持一点、企业投资一点、社会投入一点"五个一点"方式筹措建设资金。2022年市财政预算4600万元，沿线累计整合涉农资金3.5亿元，申请专项债3.1亿元，金融贷款2665万元，民营企业捐资690万元，农民筹资1000余万元，新乡贤捐资1670万元，确保了乡村建设和重点项目有序推进。④ 桂阳县2022年整合农业农村、乡村振兴、交通、水利等资金1亿元，撬动社会资本1.7亿余元。⑤

---

① 《中共中央国务院关于做好二〇二三年全面推进乡村振兴重点工作的意见》，《人民日报》2023年2月14日，第1版。

② 邹继红等：《打造乡村振兴"西河样板"——郴州市西河乡村振兴示范带建设走笔》，《湖南日报》2022年12月19日，第1版。

③ 颜石敦等：《北湖区招旅村的生动示范》，《湖南日报》2022年12月20日，第14版。

④ 湖南省乡村振兴局：《郴州市："四个三"工作举措——推进西河示范带乡村建设》，《乡村振兴简报》2022年第19期。

⑤ 李秉钧、曹海浪、欧阳娅琼：《百里西河美如画》，《湖南日报》2022年7月3日，第4版。

4.通过多方聚才、悉心育才、环境留才，引导各类人才向乡村集聚

西河乡村振兴示范带秉承"乡村振兴，关键在人"的理念，坚持人才培养与引进相结合，为乡村振兴招贤纳士、广聚英才，促使农业科技人才、优秀专业人才、"土专家"、"田秀才"等多元人才积极投身乡村振兴工作。为了让各类人才、资本等要素在农村广阔天地发挥作用、大展身手，郴州市出台"人才新政52条"，实施"乡村人才提升提质工程"，制定《郴州市支持返乡入乡创新创业促进乡村振兴和县域经济高质量发展若干措施》，评选十大返乡入乡创新创业人才和十佳乡村名匠工作室。2022年共向沿线村派出第一书记52名、工作队52支、工作队员158名；向四个县区派出科技特派员188名。依托院校建设一批新型职业农民培训教育基地，面向郴州市的乡村产业如茶叶、草莓、黄姜、水果、文化旅游产业等开展实用技术培训。例如，苏仙区根据乡村人才所在地域特点和产业需求，邀请省、市、区及高校专家开展专题培训，重点组织新型职业农民、致富带头人、专业合作社人员等群体参加。2022年以来，该区以村为单位，组织农户集中培训38期，培训农民2000余人次，开展各类乡村振兴培训，累计培训农村带头人160余人次，优秀乡村人才400余人次。永兴县堡口村以凝聚乡贤力量为抓手，建立"乡贤资源库"和"项目建设库"，积极开展"乡贤回乡　助力家乡"主题活动，设立"村级爱心基金会"等平台，引导乡贤发挥能动性。①

（二）彰显乡土特色，着力品牌引领，推进产业融合发展

习近平总书记强调，"产业兴旺，是解决农村一切问题的前提"。西河乡村振兴示范带重点关注产业发展体系和空间布局，依托西河沿线乡土资源，充分发挥各村的特色优势，完善农产品全产业链，实现一产提质、二产升级、三产增效，贯通产加销、融合农文旅，立体式推动乡村产业发展壮大。

1.深挖优越乡土资源，做好"土特产"文章

乡村产业振兴关键在于将"土特产"3个字琢磨透，依托农业农村特色

---

① 永兴县基层党建调研第二组：《乡村振兴的"堡口密码"》，2022年10月18日，打印稿。

资源，开发农业多种功能、挖掘乡村多元价值，推动乡村产业全链条升级，增强市场竞争力和可持续发展能力。①郴州市出台《关于持续推进"六大强农"行动促进乡村产业兴旺实施方案》《郴州市壮大"4+2百亿产业"促进乡村振兴2022年工作方案》，重点发展优质稻、蔬菜、水果、烟叶、楠竹、养殖等优势特色产业。新建一批独具特色、辐射面广的现代农业产业示范区，如北湖区招旅村以招旅华兴公司果蔬种植基地和省级现代农业特色产业园为基础，合理利用基地周边闲置土地和林地，发展设施农业和智慧农业，打造"湘江源蔬菜"品牌和"粤港澳大湾区"蔬菜生产基地。制定《郴州市培育农业品牌推动农业高质量发展三年行动方案（2022~2024年）》，在全省率先探索"做优一桌郴州饭"，打造了"湘江源"蔬菜、"福城金叶"、"桂阳和米"、"桂阳坛子肉"等区域公用品牌，辣椒、冰糖橙、草莓、饺粑等乡土产品深受市场欢迎。

2. 发展农产品加工，延长产业链条

习近平总书记强调："要发展农产品加工业，推动一二三产业融合发展。"大力发展农产品加工业，是一个地区农业现代化水平和乡村全面振兴的重要标志，是实现产业兴旺和夯实小康社会基础的重要抉择，是经济社会健康发展的重要支撑。苏仙区瓦灶村打造以鱼粉为主题的农产品加工集群，建设了大米厂、米粉厂、调料厂、豆油厂、茶油厂、中央厨房和冷链物流。永兴县通过支持培育农产品加工企业和引进来料加工企业进村等形式，有力带动了西河沿线村庄产业发展。北湖区吴山村潘潘农场草莓基地，除了草莓鲜果的采摘、销售外，还初步研发出草莓干、草莓酒、草莓巧克力、草莓牛轧糖等一系列产品。②桂阳县和谐村建设姜黄产品创意工厂，实现姜黄精深加工，生产姜黄凤梨酥、姜黄茶饼等深受群众喜爱的台湾特色点心，年产量达到100吨，产值2亿元，完成税收500万元，增加村集体收入20余万元。桂阳县西水村以艾草系列加工产品（艾叶粑、艾香、香囊、枕头、香皂

---

① 习近平：《加快建设农业强国　推进农业农村现代化》，《求是》2023年第6期。

② 黄婧雯：《让餐桌洋溢果蔬的芬芳》，《郴州日报》2022年4月27日，第1版。

等）、桂阳饺粑、蔬菜面、蔬菜包为主打，兼有古法粮酒、烟熏腊肉等以传统手工艺加工为特色的农产品。

3. 突出农趣主题，发展新产业新业态

乡村旅游能够充分发挥农业产品供给、生态屏障、文化传承等功能，发挥好带动作用。通过与全域旅游高水平融合，在乡村建设与深化改革中，可以拓展乡村旅游新业态，创新挖掘乡村康养旅游、研学旅游、红色旅游等产品。[①] 依托西河沿线稻田、花海、果园、菜园等，推动田园观光、农耕体验、文化休闲、特色民宿、研学实践等新产业新业态快速发展。首届西河乡村旅游文化节发布了 12 条乡村旅游精品线路，签约了 20 个农业和文旅项目。苏仙区瓦灶村栖凤渡鱼粉传承基地运营成为"国家五星级休闲农庄"，桂阳县和谐村"和乐童趣园"仅 2023 年五一期间便吸引了 10 万游客打卡。北湖区吴山村围绕吴山草莓，推行"水稻+草莓"轮作模式，建设草莓产业园、草莓三产融合创意体验园，兴办草莓学院，举办草莓节，打造独特的"吃住行游购娱"全体验草莓小镇。2022 年，种植 1800 亩，亩均效益 6 万元。苏仙区河头村突出农趣主题，依托国家五星级农庄莲山庄园的辐射带动作用，充分融合农业、科技、休闲等元素，全链条促进"产供销""游购娱"提质升级，推进一二三产业融合，打造一个以研学旅行和团建活动为支撑，集果蔬摘采、特色养殖、乡村民宿等产业于一体，"农味"丰富、"趣味"十足的乡村休闲旅游地。[②]

4. 构建社会化服务体系，将先进技术、现代理念导入农业生产中

构建有中国特色的农业社会化服务体系是加快推进农业农村现代化、实现小农户与现代农业有机衔接的必然要求。[③] 为了让"单打独斗"的农业生产方式逐渐走向"握指成拳"的大农业生产模式，2023 年 4 月郴州市供销

---

① 赵腾泽、李志刚：《充分发挥旅游优势　全面推进乡村振兴——2021 年中央一号文件引发业界热议》，《中国旅游报》2021 年 2 月 25 日，第 1 版。
② 栖凤渡镇河头村：《坚持农文旅融合发展　谱写乡村振兴新篇章》，2023 年 5 月 5 日，打印稿。
③ 张红宇、胡凌啸：《构建有中国特色的农业社会化服务体系》，《行政管理改革》2021 年第 7 期。

合作社与农化服务、农产品初加工服务、农业生产市场主体、金融保险服务等代表共同签订"郴州供销农业社会化服务大联盟'四方'战略合作协议",建设郴州供销农化服务大联盟平台。合作社、家庭农场、小农户等各类经营主体在平台上,能更便捷购买到质优价廉的农资、农机等产品和服务,农户可在平台上自主选择农业社会化服务主体为其开展粮食生产代育、代耕、代插等"十代"服务,畅通为农服务"最后一公里"。桂阳县被湖南省农业农村厅确定为"全省农业社会化服务试点县",成为全省十个试点县之一,初步构建"主体多元、覆盖全程、综合配套、便捷高效"的社会化服务体系。该县现有各类型社会服务组织 3260 家,建成农技推广机构 25 个,建立农业科技示范点 386 个,服务带动农户近 11.68 万人。[①] 永兴县堡口村以烤烟、冰糖橙等传统优势产业创办专业合作社,已吸纳农户近 500 户入社发展,同时成立供销惠民服务有限公司,构建产业发展平台和配套链条。苏仙区瓦灶村积极探索"三位一体"新型农民合作经济组织,进一步完善村供销社功能,成立为农服务公司。

(三)凸显湘南风貌,着力生态文化赋能,留住田园乡愁

乡村建设中,既不能照搬城市套路或者"以洋代土",把村庄建得不伦不类;也不能统一模式搞"千村一面",而是要统筹考虑自然景观、资源禀赋、历史文化等因素,与自然环境融合,体现风土人情特色,精心打造一村一韵。[②] 西河乡村振兴示范带持续推进村庄洁化绿化美化亮化净化序化"六化"行动,坚持原真性保护、原住式开发、原特色利用,杜绝过度城市化、园林化、硬质化,不搞大拆大建,全面清理破败危房、残垣断壁等,完善配套基础设施,因地制宜找准特色,保持村庄原有形态、保留乡村风貌和田园风光。

---

① 李维坤等:《桂阳被确定为省级农业社会化服务试点县》,桂阳县融媒体中心,2022 年 6 月 29 日。

② 顾仲阳:《和美乡村,留住乡风乡韵乡愁》,《人民日报》2023 年 8 月 11 日,第 18 版。

1.以"唤醒老屋"行动激活乡村振兴新动能

经摸排,西河沿线拥有可利用老屋资源 417 栋。郴州市出台《郴州市"唤醒老屋"试点工作方案》,选取西河沿线作为试点,根据老屋资源禀赋,积极探索多样化的"唤醒"方式,村民可将闲置老屋委托村集体出租、合作开发或入股经营,或由村集体与老屋所有人协商回购进行回收开发利用。对闲置老旧房屋进行修缮和利用,以市场化手段系统推进农村老屋、闲置房屋盘活利用,以房屋为媒介带动市场主体、资金、人流为村落发展注入活力。北湖区在保留农耕古韵的基础上,将一批老旧房屋转变为党建党史馆、农产品展销馆、特色民宿、特色餐饮等各类业态,该区茅坪村引进农业龙头企业"黑米姐姐"进驻老屋,打造黑米姐姐米粉铺、酒铺等特色餐饮体验馆,以"租金保底+运营分成"方式可带动村民户均年增收 1 万元以上。桂阳县和谐村通过"市场主体+村集体+农户"的产业发展模式,引入市场主体整体运营 24 栋老屋,打造"文化传承馆"项目和"湘台文化坊"农文旅融合项目,建设湘昆传承馆、国学经典屋以及湘台文化与美食馆、姜黄手工研学体验馆等,最终实现农民增收、企业增效、集体增富。永兴县锦里村将10 余栋老宅出租用于建设花园式村庄,坚持"自然美学+本土文化"理念,打造集文化休闲、康养度假、野奢露营、农产品消费等于一体的乡村振兴示范基地。自 2022 年试营业以来,人气爆棚,高峰时期,日接待游客 3000 余人次。[1]

2.以"三废转变"为抓手推进乡村风貌提质

各种废弃材料及闲置的物件都承载着特定年代的历史记忆,针对不同类型建设废料的特点,在公共空间里加以合理利用,不仅能够就近就地消解各类建设废料,而且有助于延续乡村空间建设的乡土特质,留住乡土韵味,彰显乡村本色,对讲述村庄故事、发扬节俭精神大有裨益。[2] 西河乡村振兴示范带在乡村建设过程中,突出就地取材、废旧利用,发掘其残余价值,将

---

[1] 陈卫等:《湖南郴州:"沉睡"的老屋被唤醒》,《中国旅游报》2023 年 8 月 8 日,第 8 版。

[2] 段德罡、韩璐:《节俭营村:乡村建设中的建设废料再利用》,《中国建材报》2022 年 8 月29 日,第 3 版。

其作为承重、围护构件，或应用于景观营造之中，让旧材变新材、荒地变园地、盲区变景区。一是变废弃设施为休闲游乐项目。深度挖掘农村废弃的矿山、工厂、水渠堤坝、铁路轨道等基础设施资源，在原有基础上改造升级，以较小的投入打造新的游乐项目。比如，桂阳县和谐村利用废弃的旧郴嘉铁路和火车站建设"人生驿站"和"历史车轮"项目，融入星空露营、观光小火车、研学等业态，打造特色景点景观。二是变废旧材料为乡村建设原料。坚持就地取材、废旧利用，将拆除和闲置的旧砖、旧瓦、旧木料等统一回收用于园地围栏、诗画墙体、游步道建设。比如，苏仙区板屋村、桂阳县沙坪村将拆除和闲置的旧砖、旧瓦、旧木料等用于园地围栏、游步道建设。三是变废旧物件为农耕文化记忆。各村注重把农业农村生产生活中遗留的老物件、废旧农具等收集起来，因时制宜变为农耕文化载体。比如，永兴县堡口村收集利用废旧石头、砖瓦垒成一面"农耕记"文化墙，再嵌入陶罐瓦片，把犁、耙等老物件原貌悬挂，成为一道具有浓厚乡愁的风景。

3.以"四小园"为载体实施微改造

西河乡村振兴示范带将拆危拆旧专项行动和规划农村建房等工作有机结合，合理规划利用农村边角地、废弃地、撂荒地以及房前屋后闲置土地，通过共建、共享、共治，因地制宜打造小菜园、小果园、小花园、小公园"四小园"，以小切口带动村容村貌大变化。不仅提升了零星土地利用率，而且激活了乡村活力，节约了村庄后续管护成本。如苏仙区拆除违建房、空心房和危旧房 3.5 万多平方米；通过就地取材、废旧利用，微改造 116 处小菜园、小果园，修建 60 多处小花园、小游园，新建 16 个休闲广场、1 个文化和非遗展示中心、6 个农产品展销点。[①] 桂阳县正和镇对危旧杂房、残垣断壁进行集中拆除，累计拆除危旧杂房 77647m²，建成"四小园"面积 39559m²。[②] 北湖区招旅村拆除危旧房屋 180 栋、残垣断壁 56 处，采取"集

---

① 李秉钧等：《苏仙区着力打造乡村振兴样板》，《湖南日报》2022 年 11 月 23 日，第 11 版。
② 正和镇人民政府：《立足发展新优势　打造乡村振兴新高地》，2023 年 5 月 31 日，打印稿。

体出料出资+个人认领使用维护"模式对空坪闲地、房前屋后闲置地实施"微改造",打造小菜园、小果园、小禽园等88座,交村民使用,收益由村小组、村民按比例分成。①

4. 以涵养文化根脉为目的推进乡村文化传承保护

西河乡村振兴示范带结合农村特性传承耕读文化、民间技艺,加强农业文化遗产保护、历史文化村落保护,将西河沿线留存历史印记的古桥、古祠堂、古戏台、古牌坊等全部纳入保护范围,修缮提质湘昆古戏台、骆氏宗祠等10余个市级以上重点文保单位。充分挖掘利用丰富的红色文化资源,讲好桂阳朝阳村"红军夜宿梨山"、永兴松柏村"插标分田"等红色故事,建设"村史馆"等,弘扬革命文化,传承红色基因,打造爱国主义教育和研学基地。

5. 以建设"水美乡村"为契机推进农村环境治理

郴州地处长江水系、珠江水系分流地带,是湘江、北江、赣江三大流域的源头之一,水资源总量丰富。自2022年以来,北湖区实施水利部第三批水系连通及水美乡村建设试点项目,重点围绕打造"山水画卷、西河走廊"目标,将西河沿线三合村、月峰村等村打造为具有湖湘文化特色的"水美湘村"样板。北湖区三合村以建设"水美乡村"为契机推进人居环境整治和城乡风貌提质工作,先后建设三合村休闲广场、木槿岛、水帘桥,新建过河汀步坝、亲水平台、行人桥,同时对接湘江流域西河北湖区控制单元水生态保护修复项目开展河滨湿地建设,产生良好的生态效益、经济效益和社会效益。桂阳县以河流整治为着力点,实施水毁河堤修复、岸坡整治、人文景观等项目建设,既消除了防洪隐患薄弱环节,确保河道行洪安全,保护两岸农田,又结合了沿河乡村特色文化,体现人与水、村与水、文化与水的和谐之美,让沿河村庄因水而起,因水而美,因水而兴。②

---

① 颜石敦等:《北湖区招旅村的生动示范》,《湖南日报》2022年12月20日,第14版。
② 李江青等:《一湾西河润两岸　见美见富见未来——桂阳县着力打造西河乡村振兴示范带掠影》,《郴州日报》2022年11月19日,第6版。

（四）突出党建引领，着力创新,提升乡村基层治理效能

乡村治，百姓安。"治理有效"是实施乡村振兴战略的重要内容，西河乡村振兴示范带始终高度重视并持续加强乡村治理，坚持党的领导，着重保护和激活乡村治理的主体协同能力，突出农民群众主体地位，加强乡村治理体系建设，不断增强乡村治理效能，为乡村振兴打基础、保稳定、促发展。

1. 以人民导向、服务导向为原则，夯实乡村基层基础

习近平总书记指出，"全面推进乡村振兴、加快建设农业强国，关键在党"。党的领导是"三农"工作不断发展的"定海神针"，为扎实推进乡村振兴、实现农业农村现代化提供了坚强的组织保障。[①] 制定《西河抓党建促乡村振兴示范带创建"十条标准"和红色村建设"十个一要求"》，深入推进基层党组织整建提质行动，不断提升基层党组织凝聚力战斗力。苏仙区推行"党小组建在屋场上"工作模式，建立屋场党小组 127 个，建设党建长廊 15 公里、支部农场 10 个，该区瓦灶村构建"党支部联党员，党员包群众"的组织链条，针对村民委托的事情，打造群众点单、屋场派单、党员领单、支部验单的服务链条，让村民有困难就近找党员，帮助村民解决纠纷。桂阳县正和镇通过"党建引领促振兴、村企联建促发展"的方式，充分整合党建、社会、产业、人才等资源，推动党支部、村委会、企业三方由"单兵作战"向抱团发展转变，切实把基层组织建到产业链上，把党员聚到产业链上，激发基层发展新活力。[②]

2. 推行多元化村民议事协商形式，广泛发动群众参与

坚持"策由民选、规由民定、事由民决"，推行"屋场夜话"等村民议事协商形式，在乡村规划、产业发展、项目建设、人居环境整治中充分征求群众意见，汲取群众智慧。永兴县堡口村立足全民参与、全民受益推进项目建设，积极探索村民参与经济社会建设，引导村民共同参与社会治理，就重

---

① 沈卫星、刘宇轩：《全面推进乡村振兴　为中国式现代化提供坚实支撑》，《光明日报》2023 年 7 月 25 日，第 6 版。

② 正和镇人民政府：《立足发展新优势　打造乡村振兴新高地》，2023 年 5 月 31 日，打印稿。

大事项广泛听取党员群众意见，通过"四议两公开"渠道进行集体决策，重要项目经由党务村务公开，接受村民监督委员会的监督，力求公开公正透明办事。① 苏仙区钟家村通过屋场恳谈会等方式，强化农民的主人翁意识，提高农民主动参与村庄公共事务的积极性，让农民自己"说事、议事、主事"，农民的事让农民商量着办，凸显了农民在乡村治理中的主体地位。北湖区招旅村成立农村经济合作发展理事会，牵头定期召开例会，对村级事务进行共商、共建、共治、共享，形成乡村建设强大合力。②

3. 坚持凸显农民主体地位，多形式发动群众筹措资金、筹工筹劳，全民参与人居环境整治

习近平总书记指出，"乡村振兴不是坐享其成，等不来，也送不来，要靠广大农民奋斗"。西河乡村振兴示范带贯彻落实"乡村振兴为农民而兴、乡村建设为农民而建"理念，尊重农民的意愿和首创精神，把农民能干的事尽量交给农民干，尽可能让农民在创建中实现务工增收。③ 桂阳县和谐村 2022 年共发动村民筹资 26.5 万元，乡贤捐款 50 万元，村民投劳 4000 余人次，拆除废旧杂房 9000 余平方米，清理清运垃圾杂物 1126 吨。苏仙区坚持共建共享理念，突出村民主体地位，推动自来水水费、卫生保洁费、规范建房保证金"三费"收取，引导群众克服"等、靠、要"思想，提升群众参与乡村建设积极性。④ 永兴县堡口村在实施千亩烤烟、千亩冰糖橙"双千计划"中大力发动群众开垦荒山、整治荒田，高标准完成了 1700 亩土地流转和整理。⑤

4. 采取就业带动、保底分红、股份合作等多种形式，发展壮大村集体经济，带动农民增收致富

苏仙区瓦灶村通过"公司+基地+合作社+农户"的新型产业化合作模式发展鱼粉产业，吸纳和辐射带动周边村 5000 户以上农户增收，户年均增收

---

① 永兴县基层党建调研第二组：《乡村振兴的"堡口密码"》，2022 年 10 月 18 日，打印稿。
② 颜石敦等：《北湖区招旅村的生动示范》，《湖南日报》2022 年 12 月 20 日，第 14 版。
③ 黄承伟：《乡村振兴示范创建的理论逻辑与推进路径》，《甘肃社会科学》2022 年第 5 期。
④ 李秉钧等：《苏仙区着力打造乡村振兴样板》，《湖南日报》2022 年 11 月 23 日，第 11 版。
⑤ 郴州市委市政府：《发挥优势突出重点，着力打造西河乡村振兴示范带》，2023 年 5 月，打印稿。

3000 元以上，村集体总收入从 2021 年的 38 万元增加到 2022 年的 80 万元。北湖区梨园村通过村集体经济合作社带动周边 200 多农户参与雾柚种植，合作社统一提供生产资料、进行技术培训、实行订单生产，每年每户农户可增收 0.8 万多元，为周边村民解决就业岗位 50 个。桂阳县朝阳村坚持绿色生态发展理念，推行"党支部+基地+党员创业孵化基地"产业发展模式，引导村民向基地流转土地，发展果蔬 100 余亩，出租闲置旧房改建成民宿，村民既有近 1000 元的租金收入，又能在果蔬田园基地、民宿餐饮点务工增加收入。永兴县油塘村成立村级经济联合社，将村里 7000 多亩土地全部归集，村民以土地入股，按 380 元/亩进行保底分红。[①] 桂阳县把发展"一村一品"特色产业作为助推乡村振兴的有效途径，通过"公司+合作社+农户"的模式，大力培育家庭农场、合作社等新型经营主体，实现农业规模化、产业化发展，已联结农产品基地 30.8 万亩以上，带动农户 11.4 万余户。[②]

5. 建设多功能"数字乡村"平台，创新基层治理模式

创新推广"积分制""道德银行""红黑榜"等治理模式，推动各村科学制定"村规民约"，建立道德评议会、好人协会、村民议事会、治安协作会等"四会"，开展法律进乡行动，实施"法律明白人"和"法治带头人"培养工程。引导 3 家运营商对沿线村庄进行网络建设投资，推动"数字乡村"建设和农村信息基础设施升级，逐村建成集电商、云喇叭、视频安防监控系统、防溺水监控系统等多项功能于一身的"数字乡村"平台。郴州联通与永兴县高亭司镇政府合作，建设智慧平安小镇，在桂阳县和谐村、苏仙区板屋村等 20 余个村建设数字乡村云平台，提升了乡村数字化治理能力。郴州电信公司积极融入乡村振兴，将苏仙区瓦灶村，以及永兴县松柏村、油塘村作为数字乡村建设标杆进行打造。目前，已经搭建云平台、数字乡村驾驶舱，开展线上线下消费帮扶，推广乡村积分银行等模式，产生了良好的社

---

① 黄婧雯：《河水清清映笑脸——西河乡村振兴示范带建设走笔》，《郴州日报》2023 年 6 月 15 日，第 5 版。

② 李江青等：《一湾西河润两岸　见美见富见未来——桂阳县着力打造西河乡村振兴示范带掠影》，《郴州日报》2022 年 11 月 19 日，第 6 版。

会效应。郴州移动公司积极推广"一村一店一基地"数字乡村建设模式，在苏仙区飞天山镇建设的 5G 智慧小镇项目，覆盖 16 个行政村、2 个社区，荣获"中国移动数智乡村优秀示范乡镇 20 佳"。[①] 北湖区吴山村建立完善了"数字乡村"综合治理平台，促进了村干部、村民与村委互动，实现村镇视频化、智能化、立体化管理，大大提升了基层社会治理能力。

三 启示：以"示范带"为突破口 推动城乡区域协调发展

推动城乡区域协调发展的关键在于打破城乡地域限制，实现资源整合、优势互补，促进乡村振兴与新型城镇化双向赋能和双轮驱动。对此，郴州市建设西河乡村振兴示范带提供了有益启示。

（一）以县域城乡融合发展为取向，强化区域政策体系建设

郴州市依托西河沿线四个区县建立乡村振兴示范带，将各种资源、各种业态融为一个整体，不仅促进了城乡统筹布局，而且形成了规模效应，发挥了集聚优势。实践证明，只有以县域城乡融合发展为取向，因地制宜将特定区域的乡村进行整合，统筹推进乡村振兴，才能突破单个村庄资源有限，产业布局、招商引资水平较低的困境。因此，推进城乡区域协调发展，要成立高规格的区域乡村振兴领导小组和项目协调指挥部，有效整合市、县区两级资源，形成上下联动、部门协同、统筹推进的工作格局。要找到推进资源整合的突破口，对区域自然资源、文化特色、特色产业等进行全面统筹、规划布局，既推动差异性发展，又组成发展联盟。要强化区域政策体系的建设，制定切实可行的行动方案和规章制度，整体安排、系统设计区域城乡融合发展与乡村振兴，提升区域财政、金融、土地、人才、基础设施、公共服务等政策的系统性、整体性、协同性。

---

① 郴州市乡村振兴局：《郴州市：数字经济赋能乡村振兴》，2022 年 9 月 2 日，打印稿。

（二）以区域内产业一体化为目的，构建优势互补分工体系

西河乡村振兴示范带推动各村资源、技术、人才、资金以及市场需求等相关要素的整合重组优化，构建"从田头到餐桌"及一二三产业融合的全产业链，逐步形成优势互补的产业体系。实践证明，只有注重区域乡村产业之间的融合渗透和交叉重组，才能形成区域性优势特色农业产业集群，全面提升区域乡村产业的综合效益和竞争力。因此，推进城乡区域协调发展，要突出城乡区域产业协同一体化发展的方向，立足特色资源与地域优势，加快推动农业特色产业提质扩面。要把培育特色农产品品牌和建设农业现代化示范区作为推进农业现代化的重要抓手，形成梯次推进农业现代化的格局，挖掘不同区域的农业资源优势，以市场需求为导向发展特色农业、打造特色品牌。要强化农产品加工转化意识，改变"重种养、轻加工"的状况，推动农村由卖原字号向卖制成品转变，把增值收益更多留在县域，让农民更多分享产业增值收益。要充分挖掘农业非传统功能，将农业与农产品加工及田园观光、农耕体验、文化休闲、特色民宿、研学实践等新产业新业态有机结合，推动乡村产业全链条升级，增强市场竞争力和可持续发展能力。

（三）以专业化社会化服务为关键，促进农业科技创新赋能

西河乡村振兴示范带为了加快推进农业农村现代化，构建区域一体化的农业社会化服务体系，把农民组织起来走市场化发展道路，提升农户生产经营能力和抵抗风险水平，不仅降低了农业物化成本，而且提高了农业生产效率。实践证明，只有发展专业化社会化服务，建立资源共用共享机制，才能促进农业科技创新赋能乡村振兴，从而推进乡村产业基础高级化和产业链现代化，实现小农户和现代农业有机衔接。因此，推进城乡区域协调发展，要引导各类涉农组织向农业服务业延伸，发挥供销合作社组织体系、双向流通网络优势，探索生产合作、供销合作、信用合作"三位一体"综合合作模式，打造区域性农业综合服务中心，提供农业生产经营综合解决方案。要加快新型网络基础设施建设，将先进数字信息化应用融入乡村振兴，依靠科技

提高农业现代化水平，培育发展设施农业、智慧农业，促进农业转型升级，通过社会化服务推广应用先进技术装备、改善资源要素投入结构。要加快推进农业关键核心技术和重大良种攻关，引进并筛选出适合本地的农产品品种，通过社会化服务培育和推动地方优势农产品高质量发展，实现农产品供给保数量、保多样、保质量。

（四）以挖掘乡村沉睡资源为举措，加快人居环境提质升级

西河乡村振兴示范带通过"唤醒老屋"行动和"变废为宝"等举措，让乡村沉睡资源在乡村振兴中焕发新活力，将乡村的"冷资产"转变为"热财富"。实践证明，充分利用农村现有资源推进乡村建设，不仅可以保持乡村独特风貌，而且能在降低成本的同时带来经济效益。因此，推进城乡区域协调发展，要注重盘活利用农村闲置老旧房屋，坚持政府引导、市场运作、村民参与，秉持"拆危治乱、修旧如旧"的原则，对年久失修、破败不堪老屋群落进行修缮和改造，挖掘老屋价值。要注重农村废弃基础设施、废旧材料、废旧物件的利用，注重微改造、精提升，突出就地取材、自拆自用、废旧利用，注重保护传统村落，保留乡村风貌、形态、肌理，以实现"最小的人为干预、最大的原乡体验"。要充分利用空闲土地因地制宜打造小菜园、小果园、小花园、小公园等小生态板块，高效整合利用土地，以边角之景带动村容村貌提升，促进资源利用、美化环境、保护生态、留住乡愁、发展经济的有机统一。

（五）以共融共享共建善治为目标，形成全面协同有效措施

郴州市注重发挥农民主体作用，推动西河沿线乡村治理资源有机整合、联动发展，打造区域乡村治理共同体，激发了乡村发展活力。实践证明，只有以区域一体化的思路和举措打破壁垒、提高政策协同水平，让农民群众共建共享乡村振兴成果，建立协同共治、利益共享、要素共融的乡村治理秩序，才能发挥各地区比较优势，实现更合理的分工，凝聚更强大的合力。因此，推进城乡区域协调发展，要构建区域各要素融合交流的共融机制，通过

加强村庄间的联系，形成"点线成面"的网络空间布局，让要素在更大范围流动，发挥各地区比较优势，实现区域空间协同发展。要构建区域一体化多元主体参与乡村建设的共建机制，注重尊重农民意愿，调动村民自治积极性，让农民自己"说事、议事、主事"，做到"服务到位不越位，帮办不包办"，激发农民的创造性和主动性，让村民在参与乡村共建共治共享的治理体系建设过程中发挥主人翁作用。要构建区域一体化乡村治理成果的共享机制，推动医疗、教育、文化等公共服务向村庄辐射延伸，实现区域基础设施一体化建设、公共服务资源一体化共享，让农民共享乡村发展成果。

（六）以因地制宜分类推进为原则，探索可持续发展新路径

西河乡村振兴示范带建设中，沿线 52 个村的地理区位、资源禀赋、历史文化各不相同，既坚持统筹规划，又做到因地制宜，使村庄策划设计、发展主题各有特色，实现村庄各美其美、串珠成链。实践证明，只有立足资源禀赋，注重因地制宜、分类推进，分区分类明确目标任务，探索乡村建设可持续发展路径，才能打造各具特色的现代版"富春山居图"。因此，推进城乡区域协调发展，要注重保护传统村落和乡村特色风貌，突出乡村特色，做到"一村一策划、一村一设计"，尽可能保留差别性、独特性，促进农业全面升级、农村全面进步、农民全面发展。要合理确定公共基础设施配置和基本公共服务标准，遵循城乡发展建设规律，做到先规划后建设，不搞齐步走、"一刀切"。要突出地域特点，挖掘乡村多元价值，实现既分工又合作，在产业培育上用好当地资源，在乡村建设上要注意就地取材，防止千村一面，彰显乡土味道，留住田园乡愁。

参考文献

《中共中央国务院关于做好二〇二三年全面推进乡村振兴重点工作的意见》，《人民日报》2023 年 2 月 14 日，第 1 版。

习近平:《加快建设农业强国　推进农业农村现代化》,《求是》2023 年第 6 期。

习近平:《论"三农"工作》,中央文献出版社,2022。

中央农村工作领导小组办公室:《习近平关于"三农"工作的重要论述学习读本》,人民出版社、中国农业出版社,2023。

黄承伟:《乡村振兴示范创建的理论逻辑与推进路径》,《甘肃社会科学》2022 年第 5 期。

张红宇、胡凌啸:《构建有中国特色的农业社会化服务体系》,《行政管理改革》2021 年第 7 期。

陈文胜:《中国乡村何以兴》,中国农业出版社,2023。

陈文胜:《全面推进乡村振兴的底线、主线与重点任务》,《湖南日报》2022 年 2 月 24 日,第 6 版。

陈文胜、李珊珊:《论新发展阶段全面推进乡村振兴》,《贵州社会科学》2022 年 1 期。

游斌、陈文胜:《率先在县域内破除城乡二元结构》,《光明日报》2023 年 8 月 1 日,第 11 版。

B.6

2023年娄底市乡村振兴研究报告

陆福兴　韩梦瑶　康霜*

摘　要： 娄底市是一个文化厚重却又非常年轻的地级市，近年来，励精图治，奋发图强，在乡村振兴中取得了显著的成效。主要表现为：突出地域特色，形成特色乡土产业体系，以环境整治为先手棋实现生态赋能，激活地域传统文化，凝聚乡村活力，以积分制为抓手推进乡村治理多元共治，多措并举建立巩固脱贫攻坚长效机制。娄底市的基本经验就是坚持高标准定位，注重循序渐进；坚持差异化发展，突出地域特色；坚持因地制宜，确保发展实效；坚持典型示范，重视基层创新；坚持民生导向，建设和美乡村。这些做法和经验对于进一步全面推进乡村振兴具有启示作用，即要有久久为功的理念，不能急于求成；要有多方协同的合力，不能财政依赖；要有创新发展的思维，不能坐等政策；要有多元发展的路径，不能生搬硬套；要有统筹的财政政策，不能九龙治水。

关键词： 农村人居环境整治　积分制　区域特色文化　娄底市

娄底市是一个文化厚重却又非常年轻的地级市，被誉为"湘中明珠"。近年来，市委、市政府带领5县市区454.55万人民，励精图治，奋发图强，

---

* 陆福兴，湖南师范大学中国乡村振兴研究院教授，研究方向为乡村治理、农业安全。韩梦瑶，湖南师范大学中国乡村振兴研究院硕士研究生，研究方向为乡村人才；康霜，湖南师范大学中国乡村振兴研究院硕士研究生，研究方向为乡村文化。

在 8117 平方公里的土地上，把乡村振兴作为补短板、稳基础的民生工程，顺利开展乡村振兴各项工作，荣获了多项国家和省级荣誉。2022 年，新化县获评全国乡村特色产业与休闲农业融合发展重点县、娄星区成功入列全国乡村振兴示范县；全市易地扶贫搬迁安置党建工作、农村人居环境整治提升、巩固拓展脱贫攻坚成果经验分别获中组部、农业农村部、国家乡村振兴局推介。

一　娄底市乡村振兴的主要成效

2022 年以来，娄底市认真贯彻落实中央和省委一号文件精神，把乡村振兴作为重中之重的工作，立足各地资源禀赋，推进"一县一特"特色产业发展，拓宽农民增收致富渠道；着力打赢农村人居环境整治"首仗"；推进以积分制为主的乡村治理创新；依托区域特色文化资源赋能，社会经济发展取得显著成效。全年地区生产总值同比增长 4.8%，增速高于全国 1.8 个百分点、全省 0.3 个百分点。①

（一）突出地域特色，形成特色乡土产业体系

在推进乡村振兴战略进程中，娄底市委、市政府因地制宜，立足各县市区的资源禀赋和文化优势，围绕"一县一特、一乡一业、一村一品"发展壮大乡村产业，着力做好"土特产"文章，形成了特色鲜明的乡土产业体系。

1."一县一特"差异发展

双峰县以传统特色产业永丰辣酱为基础，推进辣椒生产与加工全链条发展，推动辣酱加工企业集聚发展，辣酱企业达到 100 多家，年产量近万吨，建成本地原料基地 666.7 公顷，形成长约 5 公里的辣酱销售一条街，拥有稳定的销售渠道和网络，年销售收入已经突破 10 亿元，综合产值达 15 亿元。

---

① 娄底市统计局：《2022 年娄底市经济运行稳中向好》，湖南统计信息网，2023 年 2 月 3 日。

新化县把红茶产业作为全县农业特色支柱产业打造，着力推进红茶特色县建设，培育和扶持龙头企业，打造新化红茶公用品牌和企业品牌。2022年，新化茶产业从业人员达8万多人，年产茶叶5552吨，综合产值近15亿元。冷水江市因地制宜实现发展转型，把发展特色"小水果"产业作为乡村振兴的重要抓手，列出"小水果"产业的培育"菜单"和措施"清单"，通过一二三产业融合，推进特色水果生产、加工、物流、销售、旅游观光、文化传播等全链条发展，实现年产值近10亿元，带动2万多农民就业。娄星区把湘村黑猪作为"一县一特"产业，推进湘村黑猪选育与扩繁，加强市场开拓与品牌打造，逐渐完善深加工产业链条，产业发展的战略地位不断凸显。目前，湘村黑猪养殖农户达300多户，增加就业岗位2000多个，种养循环发展果蔬基地3万亩，产值超过10亿元。涟源市蔬菜产业2018年就成为湖南省"一县一特"主导产业之一，2022年全市蔬菜播种面积达30万亩、鲜菜总产量达60万吨，专业合作社或公司等规模生产经营单位20多家，其中省级龙头企业3家。拥有2个省级著名商标和多个蔬菜品牌，产值达到15亿元。[①] 近年来，娄底市5县市区以辣酱、红茶、小水果、蔬菜、湘村黑猪等发展"一县一特"特色产业，形成了特色鲜明、错落有致的乡土特色产业体系。

2. "一特多元"的农业产业体系日益完善

新化在做大红茶产业的同时，大力打造"中国黄精之乡"，全县成立专班推进有传统优势的黄精产业全链化发展，大力建设国家黄精农业产业园。全县黄精种植面积达到9.2万余亩，种植和加工企业、合作社409家，年生产加工能力达5000余吨，综合产值达8.2亿元，成为新化县又一个特色产业。红茶与黄精产业又关联文旅产业，2022年累计接待游客113.5万人次，实现旅游综合收入1.09亿元。涟源市在发展传统蔬菜特色产业的同时，因地制宜着力打造强农富农柑橘产业，突出柑橘品种错季和耐储存特色。目前，柑橘种

---

① 龙明伟等：《小柑橘　大产业——涟源举行首届金秋砂糖橘品牌推介暨产销订货会》，《娄底日报》2022年11月18日，第5版。

植面积达 10 万亩，年产柑橘 30 万吨，柑橘类省级农业龙头企业 4 家，市级龙头企业 16 家，预计至 2025 年产值可达 20 亿元。双峰县的特色小农机产业、冷水江市的休闲观光农业、娄星区的石井杨梅和红心蜜柚等特色产业不断发展，形成了娄底市"一县一特"为龙头、多元特色融合发展的产业体系。

3. 特色主导产业科技创新能力不断增强

为了做大做强特色产业链，双峰县一些辣酱加工龙头企业与湖南省农业科学院等科研机构签署合作协议，聚焦辣椒种植、培育、加工等多个环节的科研投入，推动辣酱产业转型升级，辣酱产业综合发展能力明显增强。新化县加大红茶产业和黄精产业招商引资力度，大力引进国家级龙头企业和上市公司，加强与全国有关科研院所合作，强化产业科技创新，全面提升特色产业科研攻关能力。冷水江市特色水果产业加大品种改良力度，不断推动技术进步和加工，成为当地农村经济增长的新亮点，可持续发展能力不断增强。娄星区全力扶持湘村高科农业股份有限公司创新发展，在湘村黑猪生产研发、选育与扩繁、精深加工、市场开拓与品牌打造上，加大政府投入支持，支持创建湘村黑猪特色产业园，组织创建省级优质农产品（湘村黑猪）示范片，形成了万宝、杉山核心研发基地。湘村黑猪成为全省唯一进入国家级核心育种场的地方猪品种，生产研发领先全国。娄底市特色产业在不断创新中注重品牌发展，打造了一系列享誉全国的特色品牌。

（二）以环境整治为先手棋，实现生态赋能

娄底市把整治农村人居环境作为 2022 年实施乡村振兴战略的"首仗"。坚持高标准谋划、高起点部署、高要求推进，环境整治推动农村"颜值"大提升，群众精神面貌大变样，营商环境大优化。全年国家和省里考核地表水断面达到或好于Ⅲ类水体比例 100%，中心城区环境空气优良率达 90.4%，居全省 A 类地区第 1 位。全市居民生态环境满意率提升到 93.76%，居全省 A 类地区第 3 位。[①]

[①] 曾超群：《娄底市政府工作报告》，2022 年 12 月 29 日，打印稿。

1. 高位推进，打好人居环境整治"第一仗"

为打赢人居环境整治"首仗"，娄底市制定出台了《娄底市农村人居环境整治提升五年行动实施方案（2021-2025年）》，颁布了《娄底市农村人居环境治理条例》，这是全省首部农村人居环境治理方面的地方性法规，坚持以"首仗"意识高标准谋划、系统化推进农村人居环境整治。娄底市成立由市委书记、市长任顾问，市委副书记任组长的工作领导小组。坚持"市级统筹、县市区负责、部门尽责、乡镇落实、村民主体"的责任原则，推动党政"一把手"主动抓、分管领导直接抓、各级各部门协同抓，形成全市同抓共管的工作格局。与此同时，成立专门的市委农村人居环境督导组，将人居环境考核结果与县市区分管领导、乡镇党委书记、乡镇长任免挂钩，与各县市区的绩效考核挂钩，为打赢环境整治首仗奠定基础。

2. 生态赋能，脏乱差得到系统治理

坚持"绿水青山就是金山银山"理念，加大生态赋能环境整治力度，围绕县域城乡结合部、乡镇政府所在地、中心村、旅游风景区、自然文化村落等人口集中区域开展重点整治，以点带面、全面提升，切实解决脏乱差问题。2022年以来，清理卫生死角56.1万余处、生活垃圾637万余吨、"牛皮癣"78万余条、臭水沟渠2.8万千米、农业生产废弃物1.26万余吨。2023年全市172个生活污水治理示范村已启动规划编制并完成选址，27条黑臭水体治理全部开工。完成42717户厕改造，问题厕所已全部整改清零，群众满意度达99%以上，2023年新增11500户厕计划已全部下达各村居，全面启动首厕过关制。通过人居环境整治，全市农村生活垃圾分类减量化、资源化、无害化目标基本实现，形成了生态效益和经济效益双赢的良好局面。2023年6月，娄底市的经验做法入选中国再生资源回收利用协会农村方面人居环境整治提升典型案例。

3. 群众唱主角，内生动力全面激发

在人居环境整治中，坚持广泛发动群众、引导群众参与，让群众"唱主角"、担主力、聚合力。全市推进"一切工作到支部"、到"最小管理单元"、到"作业面"工作法，组织各级党员干部全部下沉一线，形成了工作部署到第一线、资源配置到第一线、力量布局到第一线的工作推进局面，通过基层党组织的战斗堡垒作用和党员的先锋模范作用，形成党员带领群众齐上阵、齐动手、一起干的局面。同时，选取责任心强、认可度高的村民担任村级屋场长、河长、田长、林长、路段长，由屋场长总负责，坚持"五长"联动干，带动全体村民对自己的生产、生活、生态空间负起责来、共同治理。通过党员带头和全面发动，充分激发了人民群众的主体积极性，形成了环境整治的主体活力。

（三）激活地域传统文化，凝聚乡村活力

市委、市政府立足娄底市丰富厚重的传统文化，聚焦保护传承，立足文化为民，坚定文化自信，坚持守正创新，着力挖掘好、利用好、推介好当地传统文化资源优势，赓续历史文脉、推动文明发展。

1. 湘军文化资源进一步开发激活

娄底是"湘军文化"的发源地。双峰荷叶镇是湘军领袖曾国藩的故乡。《清史稿》立传的 44 个湘军将帅，娄底占了 33 人，其中双峰 13 人、涟源 16 人、新化 1 人、娄星区 3 人。所谓"中兴将帅，什九湖湘""天下湘军出娄底"并非虚言。

双峰县作为曾国藩故里，着力打造湘军文化旅游品牌。一方面吸引从周边县市延伸至长株潭地区的游客，满足游客户外休闲、风俗旅游、放松娱乐等需求；另一方面拓宽当地农民创收渠道、增加农民就业机会，带动荷叶茶、莲藕、莲子、辣酱等旅游衍生农产品及本地土特产销量，增加村民收入，为湘军文化的开发激活提供了载体。

双峰县荷叶镇利用湘军文化创办了荷叶家风馆，积极宣传曾国藩持家教子的理念与实践，形成了以大界曾氏家族、长塘葛氏家族、城南王氏家族、永丰"蔡林氏"家族为核心的家教家风系列典型，通过加强家风建设来构建良好党风政风社风。双峰县黄马洲村利用湘军文化成立村文艺书画协会，筹资 30 万元在村道沿线制作 80 余幅手绘孝文化"墙画"，利用新时代的"孝"，引导村民崇德向善。[1]

---

① 黄马洲村：《双峰县梓门桥镇黄马洲村基本情况发展纪实（2022 年）》，打印稿。

2.梅山文化赋能乡村旅游产业特色发展

新化是蚩尤故里，古称梅山，处于我国大梅山区域的核心地带，蚩尤文化和梅山文化是新化文化的根基。新化县充分利用独特的地域文化和风俗习惯，突出梅山文化和蚩尤文化的精粹、特色与魅力，深入挖掘梳理梅山文化，通过创新提炼，推进梅山文化的生命力和影响力进一步彰显。比如，把本地传统农耕文化、饮食文化、宗教文化、建筑文化、民俗文化结合起来，挖掘整理古老神秘的梅山歌谣，通过梅山山歌、民歌、情歌、傩歌、佛歌，再现梅山文化的神秘魅力。与此同时，推动梅山饮食文化发扬光大，"三合汤"、雪花丸、坛子米粉肉等名扬海外，白溪豆腐、东岭田鱼、水车柴火腊肉等特色菜肴深受省内外人士欢迎；风格古朴、原始神秘的草龙舞、傩舞、傩戏凸显梅山地域风情，梅山道教文化远播港澳地区以及欧美国家，2022年新化县被评为全国乡村旅游特色县。

3.红色文化助推地方特色发展立新功

全市依托本地区蔡和森"光辉的一家"、锡矿山工矿红色文化、红二军团长征司令部旧址、李聚奎故居、贺国中故居、罗盛教故居、新化洋溪文昌阁、抗日万人坑等丰富的红色文化资源，着力讲好娄底红色故事。当前，成功开发青年毛泽东游学地娄星区东冲村、奉家镇上团村红二军团长征司令部旧址、冷水江锡矿山展览馆、游家镇楚怡高工旧址、罗盛教故居及纪念馆、陈天华故居及天华广场、方鼎英故居等地的旅游观光景点和红色基地，结合学生游学爱国主义教育需求，带动红色旅游发展。如娄星区双江乡新庄村，利用红军虎将贺国中故里资源，以全国红色美丽乡村试点工作为契机，着力打造爱国主义教育基地和红色文化研学基地。

（四）以积分制为抓手，推进乡村治理多元共治

娄底市全市推广积分制，乡村治理实现创新发展。通过积分制，实现物质文明和精神文明建设的部分量化，建立相对完善的责、权、利关系，以动态量化管理推动全过程民主实现村庄发展，农民参与乡村振兴的积极性显著提高，乡村治理多元共治局面基本形成。

1. 积分制推进乡村治理创新升级

积分制是乡村治理中通过民主程序,对乡村治理各项事务进行量化积分,依据积分给予相应的物质奖励或精神激励,形成有激励约束机制的乡村治理模式。娄底市以全国积分制典型新化县油溪桥村为基础,全域推进积分制取得了显著成效。首先,积分制将以往模糊且非形式化的村规民约清晰化,为村"两委"成员提供管理标准,为村民日常生活提供统一评价标准,使乡村中各个行动主体都有规可依,改变了之前以社会关系为基础的治理逻辑,推进了基层治理能力的标准化。其次,积分制推进乡村治理数字化。开发积分制管理的平台,实现积分制运转数字化,为乡村治理数字化转型提供技术基础和制度安排。最后,积分制推进乡村治理共同体的形成。通过积分的运作,把村民的利益联结在一起,把村民对集体的贡献形成具体的数字,将村民人力资源以及土地资源量化,汇聚起来建立集体经济,形成村庄发展的内在动力,推进乡村共同体的创建。新化县油溪桥村通过积分制推进了村庄发展,村民人均收入从 2008 年不足 800 元发展到 2022 年的 22300 元,村集体经济从 2008 年的负债 5 万元发展到 2022 年的 135 万元,全村构建成为一个村民利益、集体利益与社会利益的共同体。①

2. "屋场会"群众工作模式有效化解乡村矛盾

涟源市结合自身传统资源,因地制宜创新治理,推进"屋场会群众工作模式"。市县领导、驻村帮扶后盾单位领导、乡镇班子成员分别每季度、每两月、每月参加 1 次"屋场会",2020 年以来累计召开屋场会 2.8 万场,通过屋场会化解各类矛盾 1.79 万起,全市 70 多名重复访越级访的当事人,通过屋场会得到了息诉息访。

3. "屋场为基本单元治理"形成乡村治理新模式

娄星区以"屋场为基本单元治理"探索乡村治理创新。全区 144 个村划分为 1042 个屋场,村庄治理细化为屋场治理,会议室搬到屋场院子、田间地头,真正实现民事民议、民事民办、民事民管,进一步激活了村民的内

---

① 油溪桥村:《油溪桥村积分制管理升级版的推广运用》,2023,打印稿。

生动力。屋场会通过成立屋场党小组、屋场理事会、屋场合作社，使党的组织、村民自治组织、新型集体经济组织分工合作，协同发力，形成立体化的"单元治理"格局，实现了村民事务从"管理"到"治理"再到"自理"的转变。通过"屋场会"治理创新，娄星区形成了干部带头干、群众自愿干、干群一起干，以干群大融合推动了乡村大治理。

（五）多措并举建立巩固脱贫攻坚成果长效机制

巩固拓展脱贫攻坚成果与乡村振兴有效衔接是娄底市当前的重点工作，市委、市政府高度重视，通过出台指导性文件，细化任务清单，压实各级责任，牢牢守住了不发生规模性返贫的底线。工作成就和经验得到国家乡村振兴局的肯定和推介。

1. "四个走遍"责任落实到位

建立"四个走遍"工作机制，明确要求市委市政府主要负责同志任期内走遍所有乡镇，县级党政主要负责同志任期内走遍所有村，每年走访率均不低于30%，乡镇党政主要负责同志每年走遍辖区内所有农村低收入家庭，村级党组织书记和驻村第一书记每半年走遍辖区内所有农户。坚持市县乡村"四级书记一起抓""四个走遍"，推动市县乡领导、行业部门、驻村工作队、结对帮扶责任人、市场主体等"五支力量齐上阵"，娄底市的山山水水实现了全部"走遍"。共解决实际问题6.03万个，新纳入监测对象5326户1.65万人，历年累计纳入"三类监测对象"2.28万户4.85万人，及时将307户917名退出后又出现新风险的对象重新纳入监测帮扶，1.11万户2.16万人稳定消除致贫返贫风险。

2. "一个体系"政策执行到位

一个体系即市县行业部门出台有效衔接配套措施，形成一个完善的帮扶政策体系。各部门坚持以帮助脱贫人口和监测人口稳定增收为落脚点，按照"四个逐年增加"目标，大力推动脱贫人口小额信贷发放规模、脱贫人口务工规模、就业帮扶车间及吸纳脱贫人口数量、公益性岗位数量逐年增加。"一个体系"建立后，全市监测对象享受的帮扶措施数量从户均2.04项提升到4.29

项，跃居全省前列。扶持建成 121 个产业项目、6 个后扶产业孵化园。农村低保标准提高到 5074 元/年，特困人口基本生活费保障标准提高到 6724 元/年。

3. "三个十天"帮扶及时到位

在帮扶时限上，娄底市要求对新纳入监测对象做到"三个十天"。即村级在十天内制定帮扶措施，乡镇在十天内明确有能力的干部担任结对帮扶责任人，乡镇党政主要负责同志在帮扶措施制定后十天内入户检查政策措施是否管用够用。同时，要求对监测户的帮扶管理实行"一户一策""一户一册"，做到"三明白"，即每户有"一个明白人、一本明白账、一张明白卡"，做到饮水安全问题、群众不满意问题"两清零"，结对帮扶责任人每季走访、每月联系、对风险消除签字负责；村级每半年开展脱贫成效回访，对人均纯收入 1 万元以下的对象制定"一户一增收措施"。

4. "四种渠道"监测管理到位

畅通防返贫监测"四种渠道"，即村级设立"防贫监测员"负责动态排查；乡镇每半年组织对所有农户集中排查；县级每月比对分析部门数据，预警信息 15 天内核实处置到位；群众自主申报。通过"四种渠道"检测，2022 年下半年全市集中排查农户 99.33 万户 321.44 万人，面访率 68.03%，电话和微信调查率 31.97%。累计归集分析行业部门基础数据 1607 万余条，及时核实、处置 3.05 万条返贫致贫风险预警信息，累计纳入"三类监测对象"2.35 万户 5.18 万人，及时将 307 户 917 名退出后又出现新风险的对象重新纳入监测，采取针对性措施持续帮扶。

二 娄底市乡村振兴的基本经验

2022 年以来，娄底市乡村振兴高位推进，各项工作顺利开展，取得显著成效，为我们积累了可供借鉴的宝贵经验。

（一）坚持高标准定位，注重循序渐进

娄底市乡村振兴成效的取得，首先在于其坚持高标准定位，循序渐进，

在高标准布局各项工作的同时，充分尊重各地的实际，从人居环境整治突破，进而带动产业与治理循序渐进发展。

1. 高位推进粮食安全底线工作

娄底市在乡村振兴中，善于抓底线、抓重点，稳定工作的基本盘。娄底市坚持"党政同责"，坚决扛起耕地保护和粮食安全的政治责任，坚持"五个一起抓"，2022年5月20日在全省率先完成了存量抛荒耕地清零。通过出台"抗旱打井十条措施""保粮夺丰收九条措施"等文件，全力开展抗旱保粮促丰收"三进、三全、三送"行动。2022年完成粮食播种面积367.11万亩、粮食总产155.99万吨，实现粮食面积和产量双双超省定任务。

2. 高位布局脱贫攻坚与乡村振兴衔接工作

为实现脱贫与乡村振兴高度对接，娄底市成立了由市委书记任组长，市长和市委副书记任副组长的领导小组，市委书记亲自指导出台《关于严格落实"四个不摘"高质量巩固拓展脱贫攻坚成果同乡村振兴有效衔接的若干规定》，市委、市政府主要领导坚持常态化调研、调度，形成了脱贫成果与乡村振兴有效衔接的"娄底经验"，成为国家乡村振兴局在全国推广的典型经验。

3. 高规格有序推进环境整治提升

娄底市在整治农村人居环境中，不搞短期行为，坚持高标准谋划、高起点部署、高要求推进，制定出台《娄底市农村人居环境整治提升五年行动实施方案（2021-2025年）》，在全省率先颁布实施《娄底市农村人居环境治理条例》。市委、市政府主要领导亲自抓落实，全市上下凝聚思想共识，形成强大的工作推动力，"十百千万"和美乡村建设工程有序推进。

（二）坚持差异化发展，突出地域特色

乡村振兴是一个差异化发展的过程，各地的发展各有优势和特色。娄底市在推进乡村振兴过程中，做好"特色+坚持"文章，立足特色资源，坚持精准发力，形成了差异化发展的特色经验。

1. 突出县域特色乡村振兴差异化推进

娄底市在乡村振兴中，形成了两类差异较大的发展类型。娄底市的冷水江、涟源和娄星区，属于县级的市区，工业基础较好，财力较强，乡村发展具有良好的基础，三个市区强化以城带乡、以工补农，推进城乡融合发展。三市区主要发展农业观光、休闲农业、现代都市农业，农产品加工度和规模化程度较高，城乡发展相对平衡，乡村振兴的特色是以城带乡型。娄底市的新化县和双峰县，属于农业大县和山区县，工业化程度低。新化县主要发展茶叶等林下经济，利用自然山水风光发展乡村旅游，新化县工业产业主要是电子陶瓷和文印产业；双峰县作为传统农业大县，粮食和农业发展基础好，工业上特色小农机具有一定的发展优势。但是，两县乡村振兴的任务比较重，工业支持乡村振兴的能力不强大，乡村振兴的特色是城乡互动推进型。

2. 环境整治结合各县市区特点差异化开展

在人居环境整治中，娄底市各县市区不搞一刀切，差异化开展工作，各县市区形成了各自的好典型、好经验、好做法，营造了你争我赶的良好整治氛围，取得了明显的成效。如新化县开展"五比五看"创先争优竞赛活动；涟源市"六抓六促"推动乡村蝶变换新颜；"冷水江市巧用'加减乘除法'开展人居环境整治"取得了好的效果；娄星区创新性开展"五美一贤"（美丽庭院、美丽屋场、美丽村庄、美丽公路、美丽河流、好乡贤）争创活动，涌现了一大批典型，营造了全面争先创优的差异化推进格局。

3. 文化振兴利用地域传统文化差异化展开

娄底市利用各地差异化的传统文化赋能，推进各地文化建设，取得了明显的成效，各地文化与产业相结合，又实现文化赋能产业形成错位发展体系。娄底市有两大特色地域文化，一是以双峰县、涟源市、娄星区为重点的湘军文化，二是以新化、冷水江为重点的蚩尤梅山文化，这两种各具特色的传统地域文化赋能文化建设推进乡风文明，形成了差异化的建设特色。如双峰县是湘军首领曾国藩的故乡，荷叶镇等几个乡镇大力弘扬曾国藩的家风、富厚堂的富厚文化，利用富厚文化开展乡风文明和乡村治理建设，特别是家风建设取得了明显的成效。涟源市杨家滩镇以湘军主要将领的故居为依托，开展湘军文化建设，屋场会治理和乡风文明成效凸显。新化县和冷水江市，属于梅山文化为主的地区，利用梅山山歌、饮食、武术、草龙舞、傩面狮子舞等特色文化推进乡风文明建设，发展特色文化乡村旅游，推进了一二三产业融合发展，取得了乡村治理和乡风文明建设的特色成效。

（三）坚持因地制宜，确保发展实效

乡村振兴的各地资源禀赋并不相同，娄底市乡村振兴注重因地制宜、在推进中注重实效的做法，具有重要借鉴价值。

1. 因地制宜选择县域产业

娄底市在县域经济发展中，注重各地的资源禀赋和历史传统，允许因地制宜选择发展产业类型。新化县属于山区，旱地资源丰富，因地制宜选择茶叶和黄精等种植业，同时，新化山水和文化具有独特性，因此，还因地制宜发展了乡村休闲旅游。冷水江市是资源枯竭型城市，利用废旧老矿区发展特色水果产业，产业转型实效明显，乡村振兴有序推进。双峰县保存了非常浓厚的湘军文化传统，在大力发展辣椒酱特色产业的同时，发展山区特色农机和粮食产业以及湘军文化旅游，助力乡村振兴。涟源市在发展蔬菜特色产业和柑橘产业的同时，利用三一重工创始人梁稳根的故乡，发展工程机械，有力地支持乡村振兴。娄星区依靠市中心，因地制宜发展湘村黑猪、蔬菜等产业外，还发展了石井杨梅、红心蜜柚等特色农产品，通过做大做强农产品加工业，做精做优乡村休闲旅游业，区域经济发展逐渐形成特色。

2. 因地制宜推进乡村治理

在推进积分制过程中，娄底各地乡村治理结合自身传统资源，涌现了多种创新治理形式。新化县琅塘镇利用志愿者服务创建了乡村治理的"琅塘星"基层治理体系。涟源市结合自身传统资源，因地制宜推进"屋场会群众工作模式"。娄星区积极探索以"屋场为基本单元"的乡村治理新模式，构建起党建引领下的党的组织、村民自治组织、新型集体经济组织协同治理体系，实现了屋场事务的充分自治。

3.因地制宜发展集体经济

为加快乡村集体经济发展，因地制宜制定实施《娄底市发展壮大村级集体经济三年行动计划》及相关文件，搭建了村级集体经济发展的"四梁八柱"。在集体经济发展中，娄底市坚持因村施策，增强"造血"功能，发展村级集体经济，在创造乡民幸福生活上干出实绩。在集体经济发展形式上，既可一村一策、多村一策，也可一村多策；在经营方式上，倡导自主经营、股份合作等多种形式，积极探索资源开发型、股份合作型、项目带动型、服务增收型等形式，加快发展村级集体经济。[①]

（四）坚持典型示范，重视基层创新

娄底市在乡村振兴中，重视基层典型经验，注重民间智慧和力量，取得了显著成效。

1.积分制示范引领乡村治理多元创新

2023 年 6 月 29 日，娄底市乡村振兴"积分制"百村示范创建活动正式启动。[②]通过典型引领选优配强村党组织带头人，把广大农民群众聚集起来，激发村民自我管理内在动力，帮助农民实现共同富裕。基于积分制典型引领，涌现了多种乡村治理创新型模式，实现了乡村事务从"管理"到"治理"再到"自理"的转变。

2."十百千万"工程典型示范建设和美乡村

2023 年，娄底市深入推进农村人居环境整治提升，以创建和美屋场、和美庭院为着力点，以点带面，联面成片，在全市开展"十百千万"工程示范创建工作。通过在全市开展创建十个和美示范乡镇、百个和美示范片区、千个和美屋场、万个和美庭院的典型示范竞赛活动，全域推进宜居宜业和美乡村建设工作，探索宜居宜业和美乡村创建的有效途径，推动人居环境整治迈上新台阶。

---

① 娄底市乡村振兴局：《娄底市 2022 年乡村振兴战略实施工作总结和 2023 年工作计划》，2023，打印稿。

② 油溪桥村：《油溪桥村基本情况》，2023，打印稿。

3. 高质量典型示范引领庭院经济灵活发展

2023年，根据中央一号文件，娄底市委农村工作领导小组主动创新，印发《关于促进高质量发展庭院经济的若干措施》的通知，力图将农家方寸地变成致富聚宝盆，成为巩固脱贫攻坚成果、振兴乡村经济的后盾。目前，多地正在通过典型示范，引领庭院经济发展，为脱贫地区乡村振兴注入动力。通过示范带动，许多农户家庭院落等闲置资源得到有效盘活，农户实现灵活就业，家庭收入不断增加。村庄发展通过多彩庭院，不仅增添了绿色和文化风味，而且汇聚、培育了特色产业，形成了县域经济的新增长点。

（五）坚持民生导向，建设和美乡村

娄底市在和美乡村建设中，以民生为要，通过抓好民生工作推动乡村振兴、和美乡村建设。娄底市主要领导以上率下，带领全市各级党员干部深入基层第一线，与群众身挨身坐、心贴心聊，找出民生问题12448个，解决各种民生问题7894个。

1. 着力民生实事抓落实

2022年，以民生为导向推进乡村振兴，提前完成了22件省定民生实事，超额完成了10件市定民生实事，着力推进省市县确定的民生问题解决。实现农村客运、邮政、货运、快递100%全部通达行政村目标，打造美丽示范路130公里，农村公路提质改造598公里，完成602公里安防设施建设，改造危桥26座。全市行政村4G网络覆盖率和光纤通达率实现两个100%，自然村4G网络覆盖率和光纤通达率达到95%和90%。[①]

2. 着力脱贫人口抓就业

围绕农民就业，实施"雨露计划+"就业促进行动，组织"点对点、一站式"直通专列27趟，专车851次，运送4.53万人务工，加强劳务协作和

---

① 娄底市乡村振兴局：《娄底市2022年乡村振兴战略实施工作总结和2023年工作计划》，2023，打印稿。

就业帮扶。如双峰县脱贫劳动力 33655 人，已就业的达到 29808 人。[①] 2022 年全市共开发公益性就业岗位 7854 个，实现有就业意愿未就业人员的动态清零。

3. 着力秀美屋场聚民心

以开展"秀美屋场"为抓手，设定任务书、路线图，实行"月通报、季讲评、半年观摩、年终验收"；乡镇成立建设指挥部。通过以点带面、点面结合，加快推进宜居宜业和美乡村建设。通过群众自己动手，按照生态保护好、环境维护好、景观整治好、水体治理好、道路建设好的"五好"标准，着力打造"画龙点睛"的微景观，优化"共建共享"的大环境，从一处美着力，向全域美迈进，在秀美屋场建设中凝聚民心民力。

三 娄底市乡村振兴的实践启示

娄底市乡村振兴走出了自己的发展道路，其背后具有重要的内涵，对于进一步全面推进乡村振兴具有启示作用。

（一）要有久久为功的理念，不能急于求成

乡村振兴战略实施以来，有些地方片面理解乡村振兴战略，把乡村振兴作为一项临时性工作，不少地方出现了急功近利的做法，有的地方甚至出现了乡村振兴"大跃进"，想毕其功于一役，搞形象工程、面子工程；有些地方在乡村振兴中大搞超前建设，破坏了乡村可持续发展宝贵的生态资源和人文资源。因此，乡村振兴要有久久为功的理念，学习浙江"千万工程"，践行"功不在我"的政绩观，久久为功做好"实效工程"。

1. 脚踏实地稳步走，不急于求成

路要一步一步地走，才能蹄疾步稳、避免摔跤。乡村振兴业必须循序渐进，

---

① 中共双峰县委实施乡村振兴战略领导小组办公室：《双峰县推进乡村振兴工作情况汇报》，2023 年 6 月 15 日，打印稿。

需要久久为功。近年来,娄底市坚持规划先行,示范引领,一步一个脚印,稳步推进,取得了明显成效。乡村振兴只有锲而不舍、持之以恒,坚持水滴石穿的韧劲和耐力,顺势而为、乘势而上,接续奋斗、矢志不移,才能不断推进。

2.一茬接着一茬干,不"新官上任三把火"

近年来,娄底市新一届市委、市政府顺应形势发展和实际需要,以环境整治为第一仗,全面稳步推进乡村振兴,逐步开创了良好的局面。这也启示我们,干部履新,决不能搞"新官上任三把火",而是要接好发展接力棒,在继承中敢于创新,以长远眼光和全局思维,一任接着一任干,一张蓝图绘到底。

3.咬定青山不放松,不"东一榔头西一棒槌"

近年来,娄底市始终保持战略定力,创造了接续奋斗不停歇、锲而不舍抓落实的典范。征战新征程,要发扬"钉钉子"精神,坚定目标,保持定力,持续用力,精准发力,积小胜才能为大胜。

(二)要有多方协同的合力,不能依赖财政

乡村振兴战略事关国家第二个百年奋斗目标的实现,国家必然要加大投入力度。但是,完全依赖国家财政也是不现实的。目前,乡村振兴面临着资金短缺、融资困难的问题,严重依赖政府的行政推进和财政投入的弊端还存在,一些地方由于政府财政支持不足,乡村振兴工作还在等待。乡村振兴是一项宏大的民族振兴工程,国家、社会和农民都需要参与,只有多方力量共同努力,多元主体广泛参与,才能形成共建共治共享乡村振兴共同体。

1.政府要主导

娄底市充分发挥政府财政资金的引导作用,2022年度娄底市强化乡村振兴投入保障,完成农林水支出49.39亿元,同比增长6.1%,高于同期一般公共预算支出的增幅。全市衔接资金7.24亿元,已支付7.24亿元,支付率100%。全市落实中央省市级农业农村发展资金11.8701亿元,比上年增长15%。[1]

---

[1] 娄底市乡村振兴局:《娄底市2022年乡村振兴战略实施工作总结和2023年工作计划》,2023,打印稿。

2. 社会要联动

近年来，娄底市把招商引资作为培育新增长点的"一号引擎"，作为推动经济高质量发展的"源头活水"，强化项目意识、服务意识、创新意识，整合招商资源、拓展招商渠道、改进招商方式、优化招商服务，出台更加具体的扶持措施，让社会资本"下得去"村庄，在农村"大显身手"。

3. 农民要参与

乡村振兴是农民自己的事情，农民是乡村振兴的主体，理应担负起乡村振兴的主体责任。娄底市通过创新乡村治理、推进一切工作到支部等方式广泛发动群众，调动农民参与乡村振兴的主体积极性。通过强化党建引领，形成乡村振兴共同体，激活了乡村发展资源，取得了很好的成效。

（三）要有创新发展的思维，不能坐等政策

乡村振兴是一项史无前例的创新工程，因此，乡村振兴没有现成的典型和模式，需要不断在前进中探索和创新。当前，有些地方的乡村振兴还存在脱贫攻坚的思维定式，没有农业农村现代化的意识，因此，创新不足、停滞不前的现象还比较严重。娄底市鼓励创新、尊重基层智慧，有效激发了乡村振兴的动力活力。

1. 在创新中找出路

乡村振兴中国家政策只是外力，内生动力是人民群众。因此，人民群众主动创新、自觉作为才能真正实现乡村振兴。例如，新化油溪桥的积分制乡村治理创新，把一个贫穷落后的村庄治理成为全国先进典型；涟源市的"屋场会"创新乡村治理，形成了乡村振兴中的新气象；娄星区以屋场为单元的乡村治理创新，把治理与经济发展紧密结合起来，呈现了乡村治理的繁荣景象。

2. 在创新中主动作为

娄底市委、市政府在遵循中央精神的前提下，因地制宜、主动作为，形成了一系列创新发展的成功经验，如在巩固脱贫成果与乡村振兴有效衔接上，主动创新形成国家乡村振兴的先进典型；在人居环境整治上，将创新性

作为"首仗"来抓，带动形成整个乡村振兴的新局面；在产业发展上，率先出台政策鼓励发展庭院经济，大力推广大食物观，向各种资源要食物。

3. 在创新中守正前行

乡村振兴是一场浩浩荡荡的创新运动，没有固定的模式借鉴，需要各地根据实际进行创新，不能坐等国家的政策，要坚持守正创新开路、披荆斩棘前行。如2023年娄底市率先在全市推进"十百千万"工程示范，创新性推进和美乡村建设。"十百千万"工程与浙江"千万工程"异曲同工，这是对党的二十大和2023年中央一号文件的创新性执行。

（四）要有多元发展的路径，不能生搬硬套

乡村振兴是一场复杂的乡村社会革命，其推进有多条路径，只要方向对了，条条大道可以通罗马。当前，有些地方在乡村振兴中，存在不思进取、懒政怠政庸政现象，试图以几个模式生搬硬套完成乡村振兴任务，把乡村振兴搞成千村一面，这不仅不现实也不可能。娄底市在乡村振兴中，鼓励多元发展，鼓励走多元路径。

1. 多元路径来源于多元探索

娄底市在多元探索中，形成了5县市区不同的乡村振兴产业发展模式；在各县市区内，各乡镇和村庄的乡村振兴模式也多种多样，特别是在乡村治理和发展集体经济上，形成了全市百花齐放的局面，通过基层探索形成了多元乡村振兴路径。

2. 多元路径需要有政府引导

娄底市乡村振兴形成了因地制宜、差异化、特色化发展的局面，这种局面的形成，主要是市委、市政府在乡村振兴中充分发挥主导作用，同时又注重发挥农民的主体作用，坚持结合各村的山、水、田、林等资源禀赋，创新"以花为媒、以绿为衣、以水为脉、以山为魂"的发展思维，引领人民群众走"靠山吃山""靠水吃水"的路子，实现了政府政策引导老百姓多元探索的格局。

3.多元路径取决于因地制宜

不同的地区有不同的文化资源与风土人情，盲目套用别人的发展模式，不仅不能发挥地方资源的最大优势，还可能千篇一律、缺少核心竞争力，还容易水土不服、浪费资源。娄底根据人民群众的种养习惯和产业发展意愿，因地制宜发展区域特色产业，集中力量培育茶叶、蔬菜、柑橘、黑猪、肉牛等支柱产业，发展特色水果、辣椒、油菜等特色产业，形成了特色产业发展的多元路径。

（五）要有统筹的财政政策，不能"九龙治水"

我国农业农村现代化发展的财政投入属于多个管理部门，部门之间各有各的目标任务，各有各的考核标准，因此，不同的部门之间就像"九龙治水"，导致财政投入既分散、效率低，又重复投入、不公平。娄底市根据这一现象，着力在市县一级化解"九龙治水"的弊端，推进各种财政投入的统筹兼顾。

1.用项目统筹财政资金，激活源头活水

乡村振兴是一项复杂的系统工程，牵涉的部门多，需要多个部门协调配合。娄底市在统筹财政资金上，强化政府协调，发挥项目的整合作用，在考核上各记其功，化解部门之间的目标矛盾，充分发挥财政资金的整合作用。例如，在"十百千万"工程建设中，要求统筹好各级各部门涉农资金，多元投入，各重点成员单位项目和资金优先向"十百千万"示范创建点倾斜，集中力量办大事，激活乡村振兴的源头活水。

2.以"三农"优先理念激发干群内生动力

在资金使用上，娄底市把乡村振兴作为财政优先保障的领域，设置为金融优先服务的领域，要求公共财政和金融加大力度倾斜，县域新增贷款主要用于支持乡村振兴；地方政府债券资金要安排一定比例支持乡村振兴的各项工作，确保财政投入与乡村振兴目标任务相适应。市委市政府加强各部门间的统筹协调，财政部门统筹涉农资金，加大精准投入；发改、商务、税务、金融等部门严格落实优惠政策，提供优质服务，形成了工作合力，激发了乡村振兴各级部门和农民的内生活力。

参考文献

陈文胜：《中国农业何以强》，中国农业出版社，2023。

陈文胜：《中国乡村何以兴》，中国农业出版社，2023。

游斌、陈文胜：《率先在县域内破除城乡二元结构》，《光明日报》，2023年8月1日。

陈文胜：《论中国乡村变迁》，社会科学文献出版社，2021。

陈文胜：《在中国式现代化进程中全面推进乡村振兴　建设农业强国》，《湖南日报》2023年3月9日。

陆福兴：《大国种业安全之维——生物育种知识产权保护研究》，中国农业出版社，2022。

瞿理铜：《大国农村宅改》，湖南师范大学出版社，2021。

凌力群、陈文胜：《多元投入：构建乡村产业振兴长效动力机制》，《粮食科技与经济》2023年第3期。

李珺、陈文胜：《全面推进乡村振兴中的乡村规划研究》，《湖北民族大学学报》（哲学社会科学版）2023年第3期。

汪义力、陈文胜：《新时代乡村善治之路生成的四重维度》，《理论导刊》2023年第3期。

B.7
2023年湘西州乡村振兴研究报告

瞿理铜　文雅芳*

摘　要： 湘西州是精准扶贫首倡地，其乡村振兴之路深受关注。实现脱贫攻坚历史性跨越后，湘西州不忘精准扶贫首倡地初心，奋力推进乡村振兴取得"五个转型"新成效，探索走出了以区域特色产业为主体构建多元食物供给体系、以彰显湘西魅力为主线建设特色民族乡村文化、以特色民族乡村治理为纽带铸牢民族共同体意识、以乡村发展实干实绩为导向识别干部人才的贫困地区乡村振兴新路子。湘西州接续推进乡村振兴取得的实践成效充分表明，新征程中全面推进乡村振兴必须坚持顶层设计与精准施策相结合、政府推动与市场导向相结合、组织建设与人才建设相结合、文化建设与经济建设相结合，立足实际、顺应规律走适合自己的乡村振兴路子。

关键词： 区域特色产业　民族地区　乡村旅游　共同体　湘西州

　　湘西州作为新时代红色地标，时刻不忘弘扬新时代脱贫攻坚伟大精神，在巩固脱贫攻坚成果的基础上，全面推进乡村振兴，形成了乡村振兴的湘西样本，总结湘西州乡村振兴的成效、经验和启示，对于巩固脱贫成果及全面推进乡村振兴具有重要的参考价值。

---

* 瞿理铜，湖南师范大学中国乡村振兴研究院副教授、硕士生导师，研究方向为"三农"问题、土地经济与土地政策、区域发展与城乡规划；文雅芳，湖南师范大学中国乡村振兴研究院硕士研究生，研究方向为乡村建设。

一 "五个转型"彰显湘西州全面乡村振兴新成效

近年来，湘西州树立脱贫地区乡村振兴示范区新目标，守牢粮食安全和不发生规模性返贫底线，实施产业就业富民、美丽乡村建设、治理效能提升、乡风文明铸魂、乡村育才聚才、基层党建引领"六大行动"，乡村振兴取得了新成效。

（一）实现由巩固脱贫攻坚成果向逐步共同富裕转型

同步实现脱贫和全面建成小康社会后，湘西州把促进各民族共同富裕作为重要目标，不断拓宽农民增收渠道，稳定提升脱贫群众收入水平，着力优化城乡居民收入分配，健全社会保障体系，推动全州共同富裕迈出坚实步伐。

1. 农民劳动报酬合理增长机制初步形成

增加农民收入是"三农"工作的中心任务，目前工资性收入是农民收入的主要组成，湘西州通过增加农民就业机会、完善农民劳动报酬合理增长机制，促进农民尤其是脱贫农民实现稳定增收。2022 年 6 月，湘西州出台了《关于进一步做好稳岗位保就业工作的实施意见》，推出 23 条措施，引导企业建立劳动报酬合理增长机制，逐步提高劳动报酬水平。督促企业向提供正常劳动的劳动者按时支付不低于当地最低工资标准的劳动报酬，并缴纳社会保险，不得克扣或无故拖欠。在基础设施建设领域推广以工代赈方式，最大程度吸纳当地农村劳动力务工就业，最大限度提高劳务报酬发放比例。2022 年，湘西州在中小型农业农村基础设施建设领域推广以工代赈方式，实施项目 381 个，项目总投资 22582 万元，吸纳当地农村群众就地就近就业41240 人次（其中农村脱贫人口 20225 人次），累计发放劳务报酬 4893 万元。[1] 2022 年，湘西州脱贫户人均纯收入同比增长 17.88%。[2]

---

[1] 湘西州发展和改革委员会：《湘西州易地扶贫搬迁后续扶持和以工代赈工作情况报告》，2023，打印稿。

[2] 湘西州乡村振兴局：《湘西州推进乡村振兴战略亮点与典型》，2023，打印稿。

2.城乡社会保障体系稳步实现扩面提标

社会保障是保障和改善民生、维护社会公平、增进人民福祉的基本制度保障。① 扩大社会保障覆盖面。湘西州将进城务工农民纳入失业保险和工伤保险范畴。按规定推动农民工同等参加失业保险并享受政策保障，未出现 1 例仍以农民工身份参加失业保险的情况。从制度层面强化脱贫劳动力施工安全保障，全州新开工建设项目参保 98 户，参保率 100%。② 完善城乡低保家庭学生、特困救助供养学生、孤残学生等兜底保障机制，近 3 年来，湘西州累计发放资助金约 9.48 亿元，没有一个学生因家庭贫困而失学。③

提高社会保障标准。截至 2023 年 6 月底，湘西州城乡低保标准分别提高到 650 元/月、5051 元/年，与 2020 年相比增幅分别达 11.1%、20.3%；共保障农村低保 132580 人，约占湘西州农业户籍人口 6.1%。认真落实特困人员救助供养政策，完善临时救助制度，截至 2023 年 6 月底，湘西州城乡特困人员基本生活费标准分别达 10673 元/年、6905 元/年，与 2020 年相比增幅达 10.5%、23.6%，保障城乡特困人员 1.27 万人。困难残疾人生活补贴和重度残疾人护理标准均提高到每人每月 120 元，补贴标准位居全省前列。④

3.农村居民财产性收入实现多元共促

2023 年中央一号文件提出，拓宽农民增收致富渠道，并从促进农民就业增收、促进农业经营增效、赋予农民更加充分的财产权益三方面进行了部署。湘西州以盘活农村闲置宅基地为重要途径，增加农民财产性收入，实现农民增收渠道日益多元化。2022 年，凤凰县盘活利用闲置宅基地 368 宗 56 亩，实现旅游分红 447.8 万元；提供就业岗位 457 个，人均月工资 2500 元，村民工资年收入共 1370 万余元；传统村落村集体资源入股年收益达 5 万~

---

① 习近平：《促进我国社会保障事业高质量发展、可持续发展》，《求是》2022 年第 8 期。
② 湘西州人力资源和社会保障局：《强化人社帮扶助推乡村振兴》，2023，打印稿。
③ 湘西州教育和体育局：《走在前列 干在实处 奋力为乡村教育振兴蓄力赋能》，2023，打印稿。
④ 湘西州民政局：《在乡村振兴调研座谈会上的发言》，2023，打印稿。

30 万元；仅宅改参与的乡村旅游直接带动群众就业 3000 人以上，实现人均增收 2000 元以上。[①] 此外，龙山县通过保底收购、土地流转、入股分红、消费帮扶等方式直接带动 4336 户脱贫户年均增收 3000 元以上，辐射带动 2.66 万户脱贫户年均增收 2200 元以上；花垣县流转土地 15 万亩，涉及农户 3 万余户，户均增收 1500 元/年以上，全县 400 余家农业企业（合作社）年雇用农村群众 5000 多户，户均增收 1 万元/年以上。[②]

（二）实现由产能和规模扩张向构建现代化乡村产业体系转型

构建现代化产业体系是乡村振兴的重要任务之一。湘西州把建设现代化产业体系作为全面推进乡村振兴的主攻方向，突出产业特色化、品牌化、融合化方向，加快推动乡村产业由产能和规模扩张为主向高质高效的现代化产业体系转型升级。

1. 特色品牌乡村产业质量效益明显提升

特色是乡村产业发展的灵魂，品牌是提升乡村产业附加值的关键。湘西州围绕区位、生态、环境优势，以现代农业发展为前提，以农民增产增收为目标，形成了以茶叶、柑橘、猕猴桃为特色的现代农业产业集群。特色产业发展势头强劲。吉首市黄金茶总面积达 15.5 万亩、产值超 10 亿元，打造 5 个万亩以上产业强镇和 30 个千亩产业强村。泸溪县创建潭溪镇椪柑、武溪镇葡萄、合水镇生态油茶、兴隆场镇白茶等一批特色产业优质基地。凤凰县瞄准打造猕猴桃科技创新高地、猕猴桃良种培育高地和中国南方最大猕猴桃仓储物流交易中心的目标任务，实现 17 个乡镇猕猴桃产业全覆盖，种植面积 10 万亩，年产量 9.3 万吨、产值 4.16 亿元。古丈县推进全县茶叶产业园区建设，全县茶叶面积达 20 万亩，4.8 万亩茶园基地进入有机茶转换期，实现无公害栽培，现有万亩精品茶园 3 个，千亩标准园 18 个，百亩示范园 181 个。保靖县"保靖黄金茶"基地面积 15 万亩，可采面积 9.5 万亩，综

① 龙俊、吴东林：《湘西经验｜凤凰：盘活农村闲置宅基地 促进农民增收致富》，红网，2023 年 4 月 7 日，https：//moment.rednet.cn/pc/content/646748/99/12538967.html。
② 湘西州乡村振兴局：《湘西州推进乡村振兴战略亮点与典型》，2023，打印稿。

合产值突破 20 亿元。永顺县着力扶持猕猴桃、茶叶、柑橘等优势特色产业建设，全县培育莓茶种植专业合作社 40 多家，建成莓茶初加工厂 44 家，销售额达千万元以上的企业 3 家。[①] 品牌建设成效明显。湘西州共有"两品一标"产品 187 个，其中绿色食品 136 个，创历年最高水平；有机产品 38 个，排全省第 5；农产品地理标志 13 个，排全省第 4。18 个品牌入选 2021~2022 年湖南省农产品区域公用品牌名录。保靖黄金茶、龙山百合连续三年被评为"一县一特"优秀农产品品牌。泸溪县浦市铁骨猪申报"味道湖南"美食季活动之省级地道名优食材。[②]

2. 文化旅游赋能产业融合形成新格局

产业融合发展是乡村产业兴旺的必然选择。湘西州依托民族文化资源、红色文化资源和特色农业资源，催生了旅游新热点，激活了旅游市场活力，形成了以文旅融合、农旅融合和农文旅融合等多业态融合发展为特征的产业融合新格局。花垣县依托十八洞红色文化资源，催生红色旅游新热点，每年接待国内外游客突破万人次，旅游总收入超过 30 亿元。永顺县积极打造一二三产业融合发展先导区。吉首市积极打造 10 条生态黄金谷，建成 2 个三产融合示范区，隘口村获评中国最美"十条"茶旅融合精品线路之一。保靖县获评湖南茶叶乡村振兴十大茶旅融合示范县。[③]

3. 农业供销合作社会化服务体系初步形成

健全乡村社会化服务体系有利于降低农民生产生活成本，提高农业生产效益，改善农民生活质量。湘西州不断深化供销合作社综合改革，创新农业社会化服务模式，增强农业生产社会化服务的有效供给能力。完成菖蒲塘供销合作社和吉首市河溪镇供销合作社两个示范社的打造和培育；改造永顺西岐乡供销合作社、龙山红岩溪供销合作社、吉首市河溪供销社三个薄弱基层社；改造升级农村综合服务社 34 个；农业社会化服务达 32.55 万亩。[④] 此

---

① 湘西州乡村振兴局：《湘西州推进乡村振兴战略亮点与典型》，2023，打印稿。
② 湘西州农业农村局：《2022 年全州农业农村工作总结》，2023，打印稿。
③ 湘西州乡村振兴局：《湘西州推进乡村振兴战略亮点与典型》，2023，打印稿。
④ 湘西州供销联社：《在湖师大中国乡村振兴研究院调研座谈会上的发言》，2023，打印稿。

外，2019 年以来，在农业农村部的支持和省农业农村厅的指导下，湘西州永顺县、龙山县先后被列为农业社会化服务项目试点县，两个县重点推选农民专业合作社为项目实施主体，以水稻、油菜生产的机械化作业和服务环节为内容，开展社会化服务试点，取得了阶段性成效。

（三）实现由注重传统要素投入向科技生态赋能转型

实现发展动能有效转换是高质量发展的必然要求，湘西州紧紧把握科技兴农、绿色发展时代趋势，大力推进农业农村新旧动能转换，推动乡村振兴由主要依靠传统要素投入向更加注重科技生态赋能转型。

1. 科技赋能绿色发展底色更亮

习近平总书记指出，"绿水青山就是金山银山"，[1] 绿色发展是经济社会高质量发展的必由之路。湘西州通过科技创新推进森林防护、空气污染治理、水系治理和耕地污染治理，绿色发展成效明显。全州县市空气质量平均优良天数比例为 99.5%，环境空气质量综合指数居全省第一。强力推进锰污染综合治理，开展国家公职人员涉砂涉矿专项整治行动，完成矿山退出和锰锌企业整合任务。全州考核断面的水质优良率、Ⅰ~Ⅲ类水质断面达标率及受污染耕地安全利用率均达到 100%。封山育林 1328.8 万亩，森林总面积由 1957 年的 446 万亩增加到 2020 年的 1350 万亩，活立木蓄积量增幅21.7%，森林覆盖率达到 70.24%，湘西州已经成为全国最绿的地区之一，被国家林草局誉为全国绿色发展的典范城市。[2] 此外，湘西州大力推广绿色防控技术，推进化肥农药减量增效行动。2022 年，新增加绿色食品 136 个，创历年最高水平；有机产品 38 个，排全省第 5。全州绿色食品产业链完成产值 67.95 亿元、税收 1146.67 万元，分别增长 35.9%、36.8%。[3]

2. 农业标准化机械化普及更广

农业机械化是人口老龄化时代农业发展的必然选择。湘西州统筹推进高

① 习近平：《在中国共产党第十九次全国代表大会上的报告》，《人民日报》2017 年 10 月 28 日，第 1 版。
② 陈华：《湘西州 2023 年政府工作报告》，2023，打印稿。
③ 湘西州农业农村局：《2022 年全州农业农村工作总结》，2023，打印稿。

标准基本农田建设和农业机械化，通过实施高标准基本农田建设，田间道路得以拉通，田面更加平整，同时大力开展山区适用农机的推广和示范，现代化插秧机代替人工在撂荒地进行复种，让抛荒地变成良田。2022年，湘西州建成高标准农田21.8万亩，完成全部耕地抛荒治理任务。着力推进智慧智能农机产业链应用链建设，推动山区农业机械化发展。推进水稻油菜生产全程全面机械化，补齐水稻机插（机抛）秧短板，水稻油菜耕种收综合机械化率稳步提升。①

3. 传统民族村落数字化平台更大

以国家数字乡村试点建设为契机，推动数字化建设，构建共建共治共享的社会治理格局。湘西土家族苗族自治州花垣县"网格化数字治理助推乡村治理现代化"案例，成为湖南省唯一入选的全国优秀案例，探索出了最具信息活跃力、科技创新力、经济造血力的数字乡村"花垣模式"。② 从湘西州整体来看，城乡之间数字化建设差距不断缩小，智慧农业项目建设在湘西州主导产业实现全覆盖，黄金茶等特色产业链的全产业链数据基本生成，主要旅游景点实现智慧化，乡村地区文化数字资源库基本建成，形成了一批在全省范围内有影响力的农村电商品牌。

（四）实现由集中力量攻坚克难向激发内生动力转型

农民是乡村振兴的主体，湘西州不断激发乡村振兴的内生动力，增强乡村地区自身造血功能，实现由集中力量攻坚克难向激发内生动力转型。

1. 乡村市场造血功能不断增强

以市场需求为导向，根据市场有效需求供给产品才能促进乡村产业发展，进而助力农民和村集体经济增收。湘西州大力发展乡村特色产业，注重提高产品品质、扩大品牌影响力，产品市场需求不断扩大，带动农民增收和

---

① 湘西州农业农村局：《2022年全州农业农村工作总结》，2023，打印稿。
② 李孟河、彭雯：《湖南唯一！花垣入选国家数字乡村试点全国优秀案例》，湖南省人民政府门户网站，2023年6月1日，http：//www.hunan.gov.cn/hnszf/hnyw/szdt/202306/t20230601_29363853.html。

村集体经济增收。保靖县黄金茶产业带动全县 11 个乡镇 120 个行政村（社区）约 2.1 万户 8.5 万人通过从事茶叶产业而增收，真正实现"一片叶子富了一方百姓"；吉首市黄金茶直接和间接带动脱贫人口 2.3 万人增收；泸溪县特色优质产业基地辐射带动 6 万脱贫户监测对象年均增收 3000 元以上；凤凰县猕猴桃产业惠及农户 2.1 万户 8.3 万人；永顺县特色产业通过新型经营主体带动近 2 万名脱贫人口人均增收 3000 元以上。① 通过发展特色产业，湘西州已全面消除薄弱村，经营性收入超过 10 万元的村占比 66.41%，超过 50 万元的示范村达 144 个。②

2. 新型农民主体地位不断强化

农业农村发展，根本是依靠亿万农民群众，坚持农民主体地位是推进乡村振兴的一项基本原则。湘西州积极探索了一条以培育新型农民为突破口、实现助力乡村振兴的有效路径。湘西开放大学实施"农民大学生""农家女"等培养计划，2009 年至今培养各类农民大学生 3961 人，他们成为乡村振兴"领头雁"。③ 定向培养农村实用人才 3700 多名。组织开展各类农业技术培训 1723 期次，培训农民 13.46 万人次，新增培育 400 名农村网店经营人才、1000 名自媒体带货"网红"。④ 花垣县十八洞村"让妈妈回家"文明实践项目，通过对农村妇女进行苗绣技能培训，拓宽女性就业创业渠道，让留守妇女及迫于生计外出务工的女性能够在家门口就业创业，年收入达到人均 2 万多元。⑤

3. "神秘湘西"品牌活力不断释放

品牌是一个企业、一个地区乃至国家竞争力的综合体现，也是展示企业、地区和国家形象的鲜活代言。湘西州在打造湘西特色品牌、塑造品牌形

---

① 湘西州乡村振兴局：《湘西州推进乡村振兴战略亮点与典型》，2023，打印稿。
② 湘西州乡村振兴局：《湘西州推进乡村振兴战略情况的报告》，2023，打印稿。
③ 湘西州教育和体育局：《走在前列　干在实处　奋力为乡村教育振兴蓄力赋能》，2023，打印稿。
④ 李静：《湘西自治州：靶向"培+育"为乡村振兴注入人才"活水"》，湖南省乡村振兴局网站，2023 年 3 月 7 日，http：//hnsfpb. hunan. gov. cn/hnsfpb/tslm_ 71160/jzfp/202303/t20230307_ 29266194. html。
⑤ 湘西州乡村振兴局：《湘西州推进乡村振兴战略亮点与典型》，2023，打印稿。

象上真抓实干,品牌建设经验做法获省市场监管局肯定并上报国家总局予以推介。全州成功创建世界地质公园、"矮寨·十八洞·德夯大峡谷"国家5A级景区、国家现代农业产业园、国家装配式建筑范例城市和"十八洞""龙山茨岩""永顺塔卧"红色教育基地等一批知名品牌;酒鬼酒、古丈毛尖、保靖黄金茶被纳入中欧地理标志互认互保范围,茶叶、猕猴桃、百合等一大批特色产品被认定为国家地理标志产品。湘西黄牛被列入《国家级畜禽资源保护名录》,入选国家种质资源基因库,获国家地理标志证明商标。泸溪县浦市铁骨猪申报"味道湖南"美食季活动之省级地道名优食材。猕猴桃(红心猕猴桃)、牛肝菌、蜜柚、枞菌油、雪茶、油茶、血粑鸭、苗家腊肉、姜糖、湘西黄牛肉等"凤"字号农产品享誉全国。[1] 湘西州是全国30个少数民族自治州中唯一同时拥有世界文化遗产和世界地质公园的州、唯一的国家森林城市。

(五)实现由自上而下的工作要求向自下而上的常态化工作机制转型

湘西州不断优化乡村振兴工作机制,实现由自上而下的工作要求向自下而上的常态化工作机制转型。

1. 农民"主人翁"意识不断强化

激发农民在乡村振兴过程中的积极性和主动性才能有效避免"干部在干、群众在看"。湘西州充分发挥广大党员干部先锋模范作用,在抗旱救灾、森林防火和疫情防控等重点和难点任务实施过程中,广大党员冲在最前面,干得最有力,带动村民从"站着看"到"点个赞",从"跟着做"到"抢着干",农民的思想观念发生了巨大变化,主人翁的意识不断强化,农民让地建公共设施、农村改厕邻帮邻和户帮户、拆除实心高墙变低矮花墙等一系列农民主动参与乡村振兴的生动实践不断涌现。

2. 差异化目标引导机制不断形成

引导各县域在乡村振兴过程中不断放大自身资源优势,实现差异化发

---

① 湘西州乡村振兴局:《湘西州推进乡村振兴战略亮点与典型》,2023,打印稿。

展，是乡村振兴的必然选择。湘西州积极在"土"上做文章，在"特"上下功夫，在"产"上谋突破，培育县域差异化竞争优势，因地制宜建立差异化发展格局的工作目标不断强化。吉首市着力提升城市发展首位度和辐射带动力，凤凰县着力于做优做强生态文化旅游业，永顺县努力打造一二三产业融合发展先导区，龙山县旨在打造湘鄂渝边区中心城市，泸溪、古丈、花垣、保靖县致力于高质量打造一批特色产业优势区。①

3. 乡村典型示范工作机制不断完善

实施以村为主的工作机制有利于推动农村工作中心下移，增强基层党组织的凝聚力和号召力。湘西州不断完善以村为主推进典型示范的工作机制，以村为主的典型示范取得显著成效。湘西州5个村（社区）被确定为全国第九批"民主法治示范村（社区）"、7个村（社区）被确定为全省第十批民主法治示范村（社区）；花垣县十八洞村先后获评"全国乡村治理示范村""全国文明村"；凤凰县菖蒲塘村跻身第二批全国乡村治理示范村和中国美丽休闲乡村。全州成功创建全国"一村一品"示范村7个、湖南省"一村一品"示范村28个、乡村旅游示范村88个，涌现一批集体经济收入超过50万元、100万元的"示范村""明星村"。②

二 探索民族地区特色化的湘西乡村振兴新路子

湘西州立足山地优势特色资源，突出民族文化优势，大力培育地域特色产业品牌，着力构建凸显地域特色的现代化产业体系，比较成功地探索走出了一条民族地区特色化的乡村振兴新路子。

（一）以区域特色产业为主体构建多元食物供给体系

构建多元食物供给体系是落实习近平总书记大食物观的重要体现，是满

---

① 陈华：《湘西州2023年政府工作报告》，2023，打印稿。
② 湘西州乡村振兴局：《湘西州推进乡村振兴战略亮点与典型》，2023，打印稿。

足人民多元化消费需求的重要举措。湘西州结合实际坚决贯彻落实习近平总书记关于"大食物观"的重要理念，着力构建特色鲜明的多元食物供给体系。

1. 利用独特地理优势，着力优化农产品多元品种结构

人民日益增长的美好生活需要对农产品品种多元化提出了新要求。湘西州独特的地理位置与气候，孕育了丰富的生物群种，传承着千年的土家族、苗族非物质文化遗产和历史人文积淀，蕴藏着极为丰富的"地理标志"资源。湘西州注重突出独特的地理优势优化农产品的品种结构，引进和培育多元化品种，满足消费者口味多样化的需求。特色产业方面，湘西州因地制宜培育出猕猴桃"米良一号""金红一号"等优良品种10余个；引进和培育金黄蜜柚、湘西蜜橘16号、红美人柑橘、泸溪椪柑等柑橘品种；培育出保靖黄金茶、永顺莓茶等新型茶叶品种。

2. 发挥"一县一特"优势，着力优化产业区域分工

农业同质化竞争引起短期内农产品供给总量大幅度增加，会导致农产品价格下降以及农产品滞销，影响农民增收。依据"一县一特"优化农业区域分工方能避免区域农业同质化竞争。湘西州支持各县市立足资源禀赋、产业基础和区位条件，科学编制特色产业发展规划，明确各县市政府支持县域特色产业发展的"正面清单"，依靠市场主体力量，培育"一县一特"优势特色产业，重点培育一批"一县一特"公用品牌，形成以保靖黄金茶、泸溪柑橘、凤凰猕猴桃、古丈毛尖、龙山百合、永顺莓茶等"一县一特"为主的农业区域分工格局。

3. 突出区域品牌，引导优势产业集聚发展

湘西州依托县域公共品牌高质高效的优势，引导县域特色产业向农业产业园区和特色小镇布局。通过完善园区和特色小镇基础设施、支持特色品牌培育、科技成果转化等举措，吸引产业市场主体往现代农业产业园和特色小镇布局。加快建设现有4个国省级现代农业产业园，积极申报创建省级现代农业产业园1个、省级特色产业园6个，认定州级现代农业特色产业园10个。建设现代产业强镇和产业强村。实施凤凰县廖家桥镇、保靖县吕洞山镇2个国家级农业产业强镇项目。此外，以景区和交通干道沿线为重点，深入

推进县域特色品牌农业与旅游深度融合，着力打造一二三产业融合发展示范区。

（二）以彰显湘西魅力为主线建设特色民族乡村文化

特色民族乡村文化是湘西魅力的关键所在，是湘西州传统村落转型发展的重要载体。湘西州充分挖掘和激活独具魅力的湘西非物质文化遗产资源，不断促进民俗文化推陈出新和创新发展，在全面展示湘西魅力的同时推动乡村特色文化繁荣发展。

1. 以唤醒多民族文化点亮传统村落

湘西州现有民族43个，主体少数民族是土家族、苗族，人口过千的少数民族还有回族、瑶族、侗族和白族，是典型的少数民族聚居区、国家级文化生态保护区，民族文化资源丰富。湘西州建设传统工艺工作站和非遗就业车间，开发苗族银饰、土家织锦等非遗产品，依托优秀文化遗产资源带动农民就业增收，苗绣"让妈妈回家"计划被评为"全国非遗扶贫品牌行动"。以文艺创作激活民族文化生命力。湘西州广大民间文艺工作者自发创作苗歌、土家三棒鼓、土家山歌、溜子说唱、三句半、音乐主题党课等一批富有湘西特色的主题文艺作品，宣讲党的二十大精神，筑牢中华民族共同体意识。[1] 以节日民俗激发民族文化活力。积极开展民族传统节庆活动，组织开展了土家族舍巴日、土家族摆手舞、三棒鼓等民族传统节日和文化活动。举办土陶制作技艺、土家族摆手舞和土家族咚咚喹等培训班，打造村沉浸式旅游体验、民族文化体验景区景点。

2. 在传承历史文脉中实现文化多元价值

习近平总书记指出："把老祖宗留下的文化遗产精心守护好，让历史文脉更好地传承下去。"[2] 湘西州科学编制里耶遗址、四方城等30处国保省保单位整体性保护与利用规划，颁布实施浦市古镇、里耶古镇、老司城遗址等

---

[1] 湘西州乡村振兴局：《湘西州推进乡村振兴战略情况的报告》，2023，打印稿。

[2] 张贺、郑海鸥、王珏：《让历史文脉更好地传承下去》，《人民日报》2023年6月10日，第4版。

文物遗址保护条例，为文物保护提供了坚实法律和制度保障。与专业机构开展深度合作，培养专业力量，加强对老司城遗址等历史文化遗产中传统建筑的修缮保护。深入挖掘和阐发文物遗址资源中蕴含的优秀传统和精神价值，举办 400 多次文化展览，讲好"有意义、有意思"的湘西历史文化故事。①

3. 以农文旅融合增添传统村落时代活力

湘西州坚持以文塑旅、以旅彰文，把文化"软实力"转化为乡村振兴"驱动力"，推动文化兴起来、旅游火起来、乡村旺起来，建成首批中国传统村落集中连片示范区，打造高山峡谷、烽火苗疆等六大村寨集群，带动 300 个村寨发展。举办黄金茶文化旅游节、稻花鱼节、柑橘节、葡萄节等富有地方特色的"农文旅"节日活动，大力推进文旅、茶旅、农旅融合，不断放大"一业兴带动百业旺百姓富"的综合效应。依托革命时期和新时代两种红色资源，积极对接国家重大战略，建好长征国家公园（湘西段）、国际减贫交流基地、全国红色教育实践基地，创新"红色旅游+"产品开发模式，打造茨岩塘、甘露村等一批红色文化旅游村镇，改进丰富十八洞村精准扶贫陈列馆，建设一批全国爱国主义教育示范基地、国家国防教育示范基地，着力建设唱响乡村红色旅游品牌，推动红色基因传承与乡村振兴同频共振。②

（三）以特色民族乡村治理为纽带铸牢民族共同体意识

民族地区乡村治理是民族地区乡村振兴的基本要求，也是促进民族团结、加强中华民族共同体建设的可靠路径。③ 湘西立足民族融合聚居突出州情，充分尊重民族风俗习惯，强化民族自治共治，以不断增强民族共同体意识促进民族团结、乡村发展。

1. 以利益共享为核心构建乡村社会共同体

在发展过程中实现利益共享、建设乡村利益共同体是实现乡村有效治理

---

① 湘西州文化旅游广电局：《文旅赋能乡村振兴》，2023，打印稿。
② 湘西州文化旅游广电局：《文旅赋能乡村振兴》，2023，打印稿。
③ 崔榕、兰垂洪：《国家治理的视角：新中国成立以来民族地区乡村治理变迁及启示研究》，《贵州民族研究》2023 年第 3 期。

的关键。湘西州在推进产业发展过程中以利益共享为目标，打造乡村振兴利益共同体，推动乡村全面发展。以古丈县墨戎苗寨为例，当地村支两委为了带领全村脱贫致富，引进了"湘西墨戎苗寨乡村游有限责任公司"进村，依托丰厚的民族文化资源和便捷的交通资源优势发展乡村旅游产业，公司与龙鼻嘴村以及村民之间结成了"九大利益联结机制",① 并将该利益共享机制纳入村规民约，如村民不得在核心景区范围内经营银器、玉器、牛角梳等公司主营产品，以防止损害全体村民的共同利益等，村民在服从和配合公司的经营和管理的同时，也享受着公司与村集体的分红与各种福利待遇，如新建苗族特色民居、改善村内基础设施和居住环境、为村民缴纳保险等。② 企业、村集体、村民的利益联结在一起，形成了利益共同体关系，不仅推动了当地乡村旅游业的快速发展，壮大了村集体经济，增加了农民的收入，而且也促进了当地民族文化和历史的保护与传承，有利于民族团结。

2. 以公共需求为突破口畅通民意表达

畅通民意表达渠道是维护社会和谐稳定的重要举措。湘西州注重以农民的需求为导向，创新民意表达新渠道，推出了院坝会这一群众身边最接地气的活动形式。通过搭建平台把群众"围拢来"，创新形式让群众"想来听"，学用相融帮群众"解难题"。在热闹的场景和亲切的话语中，对党的创新理论进行宣讲，实现"接天线"与"接地气"结合，推动党的理论走入千家万户。湘西州委书记虢正贵作为志愿者在十八洞村率先开讲，其特色做法被湖南卫视新闻报道，引发社会强烈反响。③

3. 以法治为导向推进民族地区治理现代化

法治是乡村善治的根本保障。首先，以良法促善治。湘西州推进社会治理领域条例（法规）立改废，2023年着手《湘西州平安建设条例》立法。④

---

① 周名猛等：《结成利益共同体——"墨戎现象"探析系列报道之三》，《团结报》2019年5月11日，第4版。
② 默戎镇龙鼻嘴村村民委员会：《古丈县默戎镇龙鼻嘴村村规民约》，2021，打印稿。
③ 湘西州乡村振兴局：《湘西州推进乡村振兴战略亮点与典型》，2023，打印稿。
④ 雷国兵、瞿章胜、滕建玮：《以湘西之为助力中国之治》，《湖南法治报》2023年5月20日，第48版。

其次，实施培养农村"法律明白人"项目。提高村干部等重点人群的法治素养是推进乡村法治的重要任务。湘西州积极组织实施农村"法律明白人"教育培训工程，培养了一批以村干部、人民调解员为重点的农村"法律明白人"，开展培训 4500 余人次，村（社区）农村"法律明白人"参与各类矛盾纠纷排查化解 2800 余件，参与各类法治宣传工作 1500 余次。同时，加快推进民主法治示范村（社区）创建。2022 年湘西州 5 个村（社区）被确定为全国第九批"民主法治示范村（社区）"、7 个村（社区）被确定为全省第十批民主法治示范村（社区）。①

（四）以乡村发展实干实绩为导向识别干部人才

习近平总书记指出，推进乡村振兴，关键在党。湘西州积极发挥党建领头羊作用，充分发挥农村基层党组织领导作用和党员的先锋模范带头作用，以高质量党建引领乡村振兴。

1. 深化"互助五兴"，落实"五个到户"

湘西州聚焦党群连心"五个到户"，创新推行"党建引领、互助五兴"农村基层治理模式，推出基层治理"微单元"模式，围绕学习互助、生产互助、乡风互助、邻里互助、绿色互助，组织农村党员、干部、后备干部等优秀分子同 5 户左右群众建立互助组，组建互助小组 10.65 万个，58 万户农村群众参与互助，实现"家家党员联、户户见党员"，划小基层治理单元，消除了基层治理盲区，形成了党建引领、党群共治的基层治理新格局。以基层党组织整建提质专项行动为抓手，全覆盖开展村（社区）党组织运行情况分析，共摸排出 36 个软弱涣散基层党组织，严格按照"1 名县级领导班子成员联村、1 名乡镇领导班子成员包村、1 名第一书记和 1 支工作队驻村、1 个以上县直单位结对"的"四个一"措施进行驻点整顿，推动实现党员联系到户、民情走访到户、政策落实到户、产业对接到户、精准服务

---

① 湘西州乡村振兴局：《湘西州推进乡村振兴战略亮点与典型》，2023，打印稿。

到户。[1]

2. 注重从脱贫攻坚和乡村振兴一线选拔领导干部

湘西州坚持"重德才、重基层、重实干"导向，大力选拔在脱贫攻坚和乡村振兴一线敢担当、有作为，群众认同、组织认可的优秀干部。充分运用脱贫攻坚和乡村振兴绩效考核成果，对拟提名人选进行了深入的实绩分析，遴选出了一批成绩突出的党员领导干部。[2] 抓住乡村换届契机，选优配强基层领导班子，将优秀的脱贫攻坚和乡村振兴一线干部选拔到领导干部岗位，增强领导班子战斗力。近年来，湘西州新提拔的副处级领导干部中有扶贫经历的超过80%，县级班子成员中有乡镇正职经历的超过60%。[3] 2021年以来，乡村振兴一线干部晋职晋级695人、提拔重用540人。[4]

三 湘西实践对脱贫地区乡村振兴的重要启示

近年来，湘西州将巩固脱贫攻坚成果与推进乡村振兴有机结合起来，接续全面推进乡村振兴实现良好开局，大力探索脱贫地区乡村振兴新路径，这些成绩的取得，根本在于始终牢记习近平总书记殷切嘱托、不懈奋斗、继续前进，关键在于立足实际、顺应规律、坚持走适合自己的乡村振兴路子。

（一）顶层设计与精准施策相结合

湘西州在明确推进乡村振兴总体思路的同时，根据实际情况制定了实施乡村振兴战略的具体行动方案和政策措施，明确了湘西州推进乡村振兴的时间表、任务书和路线图，实现了顶层设计和精准施策相结合。实践证明，全面推进乡村振兴是涉及面广、时间周期长的复杂系统工程，必须要着眼长

---

① 湘西州乡村振兴局：《湘西州推进乡村振兴战略亮点与典型》，2023，打印稿。
② 刘燕娟等：《有为有位，一批扶贫干部获提拔重用——湘西州树立鲜明用人导向、严实换届风气监督》，《湖南日报》2021年10月26日，第2版。
③ 湘西自治州委组织部：《坚持抓党建促乡村振兴》，2023，打印稿。
④ 湘西自治州委组织部：《坚持抓党建促乡村振兴》，2023，打印稿。

远，锚定宏观目标全方位系统谋划，也必须立足阶段特征和发展实际，因地制宜将设定的目标具体化、明确化和阶段化。不同地区情况千差万别、基础参差不齐，要顺利推进乡村振兴必须要脚踏实地，坚持从实际出发，根据自身自然资源禀赋和文化差异，谋划符合自身发展需要的顶层设计，更需要分阶段分地区制定科学的实施方案，分类精准制定村庄发展的行动方案，推动乡村振兴顶层设计落到实处、见到实效。

（二）政府推动与市场导向相结合

更好地发挥市场机制的作用是乡村振兴可持续的必然选择。近年来，湘西州坚持市场主导、政府引导，坚决破除"等靠要"思想，根据市场需求，大力培育乡村振兴市场主体，积极培育壮大保靖黄金茶等乡村振兴的网红产品，推动形成适应市场发展趋势的新产业、新业态和新产品，明确各县域特色产业发展类型，提升县域特色产业内涵和品质，通过引导有力地避免了同质化恶性竞争，不断提高乡村特色产品的市场竞争力。实践证明，只有实现政府推动与市场导向的有机结合，才能实现乡村振兴资源配置效率最大化。顺利推进乡村振兴必须要处理好政府和市场的关系，既要使市场在资源配置中起决定性作用，充分调动市场主体的积极性和创造性，在市场竞争中实现乡村产业升级迭代和高质高效发展，也要更好发挥政府的引导和调控作用，优化乡村市场主体发展环境，扩大地方公共品牌影响力，为乡村振兴提供重要的基础性制度保障。

（三）组织建设与人才建设相结合

人才是乡村振兴的重要基础，组织是乡村振兴的有力保障。湘西州有针对性地加强党的乡村基层组织建设，系统强化乡村振兴系统、驻村工作队、振兴专干、村支书等专题辅导和培训，大力提升乡村振兴队伍业务能力和工作水平，发挥党员干部、驻村工作队员、乡贤等在乡村振兴中的先锋模范作用，激发村民参与乡村振兴的积极性主动性，带动形成以农民为主体的乡村振兴合力。实践证明，推进组织建设与人才建设相结合，实现乡村组织振兴和人才振兴同频共振是激活本地人才动力、破解乡村振兴人才短板的有效举措。全面推进乡村振兴，必须要把组织建设和人才队伍建设放在突出位置，通过选好选准基层党组织负责人、健全基层党组织考核评价机制、多渠道筹集乡村人才队伍建设经费、加大乡村党员干部培训力度和加强乡村振兴人才交流等方式，拓宽视野、转变观念，不断筑牢乡村振兴的组织和人才基础。

（四）文化建设与经济建设相结合

文化振兴是乡村振兴的重要内容。近年来，湘西州坚持把文化作为重要的资源要素，在充分保护和传承文化的基础上，推进地域特色文化创造性转化、创新性发展，推出了一批凸显少数民族文化的非物质文化产品，打造了一批享誉全国的红色文化教育基地、红色旅游基地和少数民族文化网红打卡新地标，推动文化旅游成为湘西州乡村振兴的重要新引擎。实践证明，文化既是宝贵的精神财富，也是重要的经济资源，推进文化建设与经济建设相结合才能实现文化保护传承与可持续开发利用。全面推进乡村振兴，必须坚持文化建设与经济建设紧密结合、相互促进的重要规律，充分挖掘和开发本地独特的民俗文化、历史文化资源，推动文化资源与现代科技紧密结合，不断将传统文化资源优势转化为经济优势。

参考文献

中共中央、国务院：《乡村振兴战略规划（2018-2022）》，人民出版社，2018。
陈文胜：《中国农业何以强》，中国农业出版社，2023。
陈文胜：《中国乡村何以兴》，中国农业出版社，2023。
陈文胜：《实施乡村振兴战略走城乡融合发展之路》，《求是》2018 年第 6 期。
陈文胜：《推动乡村产业振兴》，《人民日报》2018 年 3 月 12 日，第 7 版。
陈文胜：《农业供给侧结构性改革：中国农业发展的战略转型》，《求是》2017 年第 3 期。
陈文胜：《乡村振兴战略目标下农业供给侧结构性改革研究》，《江西社会科学》2019 年第 12 期。

张颐佳等：《"活"了非遗"火"了乡村——湘西州推动非遗与全域旅游、乡村振兴深度融合》，《湖南日报》2023年5月28日，第1版。

张颐佳、曹娴：《跑好乡村振兴"第一棒"——精准扶贫首倡地湘西州党建引领乡村振兴生动实践》，《湖南日报》2023年4月2日，第1版。

县 域 篇
County Reports

B.8
2023年常宁市乡村振兴研究报告

游　斌　孙建红[*]

摘　要:　全面推进乡村振兴、加快农业农村现代化不能就乡村论乡村，必须走城乡融合发展之路。常宁市通过在县域内破除城乡二元结构，全面推动乡村振兴工作取得重要进展，以两"茶"为支柱促进三产融合蓬勃发展，以产业党建联盟为抓手推动集体经济壮大，以供水一体化为突破促进城乡基础设施共建共享，以提升医疗服务能力为重点破解农村民生难题。其创新做法可以归纳为：发展县域富民产业，带动农业转型升级；完善县域商业体系，畅通城乡经济循环；优化公共资源配置，提升以城带乡能力；深化城乡联动改革，促进乡村高效发展；突出标准化为引领，推进共建共治共享。在此基础上，本报告提出以基层党组织整建提质为前提、以城乡要素配置合理化为关键、以县域经济高质量发展为支撑、以县域城乡建设一体化为核心、以

---

[*]　游斌，湖南师范大学中国乡村振兴研究院博士后，研究方向为城乡和区域经济发展。孙建红，湖南师范大学中国乡村振兴研究院、马克思主义学院硕士研究生，研究方向为乡村治理。

城乡居民收入均衡化为目标等建议。

关键词： 乡村振兴　县域城乡融合　常宁　党建联盟　标准化

习近平总书记指出："要把乡村振兴战略这篇大文章做好，必须走城乡融合发展之路。"县域是城乡融合发展与乡村振兴战略的核心载体，更是充分体现中国式现代化与高质量发展要求的关键层级。常宁市坚持"工业领航、绿色崛起、城乡协调、民生共享"发展思路，强化县域担当，以县域城乡融合为引擎，全面推进乡村振兴，从全国资源枯竭城市，转变为国家现代农村一二三产业融合先导区，积累了全面推进乡村振兴的有益经验，探索了县域经济高质量发展的有效路径。

一　常宁市全面推进乡村振兴取得新进展

常宁市坚持统筹县域城乡一体发展，为全面推进乡村振兴开山凿路、积势蓄能，在产业融合发展、集体经济壮大、基本公共服务均等化等方面都取得了重要进展。

（一）以两"茶"为支柱促进三产融合蓬勃发展

常宁市深入实施"六大强农"行动，聚焦油茶、茶叶支柱产业，做大做强特色产业，2022年已形成100万亩油茶、9万亩高山有机茶、33万亩油菜、2.9万亩烟叶的产业规模，发展规模蔬菜基地28家，蔬菜基地13.6万亩，收购烟叶7.29万担，发展棉花种植2.63万亩。① 成功打造"常宁油茶、塔山茶叶、无渣生姜"区域公共品牌、推介2个地理标志农产品品牌

---

① 常宁市农业农村局：《2022年度全市农业农村工作总结及2023年工作计划》，2022年12月7日，打印稿。

和 10 多个绿色有机产品，参加第二十三届中国中部（湖南）农业博览会，常宁塔山茶荣获展会金奖。参加中国农民丰收节湖南主会场（衡东）活动，常宁再生稻大米、塔山茶、无渣生姜、有机蔬菜等农产品深受消费者青睐。依托丰富的资源优势，深入推进茶旅融合发展，围绕"做优产业、做大规模、作响品牌、做活产业"全面发力，形成了"以茶促旅、以旅带茶、茶旅互动"的融合发展格局，实现了"茶叶产业+乡村旅游"的复合业态。平安村依托古树古桥古井等旅游资源，结合油茶文化产业园建设，以十里沙江等自然观光游为龙头，带动了小型农家乐、游乐场、小桥流水农庄等建设，延伸了旅游文化生态产业链。[①] 全市农产品加工业销售收入增长率达13.8%，农产品加工业产值与农业产值之比达 2.69：1。农产品加工新型经营主体发展到 756 家，获评衡阳市级以上农业产业化龙头企业 54 家，其中省级龙头企业 9 家；休闲农业经营主体达 100 余家，获评省级以上星级农庄28 家，其中国家五星级农庄 1 家。[②]

（二）以产业党建联盟为抓手推动集体经济壮大

常宁市结合各地资源禀赋，因地制宜组建了 32 个产业联盟，帮助小产业抱团发展壮大，带动 200 余个村集体经济快速发展，带旺了"特""优"农业、带强了集体经济、带富了农民群众。洋泉镇成立烟叶联盟，将全镇的烟农和村集体合作社组织起来，并设技术服务、农机服务、烟基服务和内务服务 4 个部门，帮助联盟成员上接"天线"找政策，下接"地线"优服务。塔山瑶族乡实行 9 个村党组织结对共建，成立"茶叶联盟"，创办茶叶加工乡村车间 14 个，指导茶农、村、茶企开展三方鲜叶订单式收购，破解户、企供需矛盾，为全乡 7 个村集体经济增收 60 余万元。[③] 2022 年底，全市 363

---

① 周瑞华等：《常宁市平安村："茶山飞鸡"走林 集体经济"振翅"》，《衡阳日报》2021年 9 月 9 日，第 1 版。

② 常宁市统计局：《常宁市 2022 年国民经济和社会发展统计公报》，2023 年 3 月 6 日。

③ 成俊峰等：《党建+产业联盟——发展壮大村集体经济的"常宁路径"》，《湖南日报》2023 年 7 月 6 日，第 10 版。

个行政村集体经济总收入达 4640 万元，比上年增加 1398 万元，增长 43.12%，其中 5 万元以下的集体经济薄弱村全部清零，集体经济收入 10 万元的村 199 个，占总村数的 54.82%；有 50% 以上的村集体经济收入比上年增长 30% 以上。[1] 在常宁市政府坚持"党建+产业联盟"的政策指引下，涌现出新河镇大禾坪村、西岭镇石山村、西岭镇桐江村、洋泉镇巷坪村等集体经济收入破百万元的富裕村，实现了从"输血兜底"到"造血共建"、从"点上开花"到"面上结果"、从"一枝独秀"到"百花齐放"的重要转变，为乡村振兴发展提供了源源不断的内生动力。农村居民人均可支配收入达到 23739 元，增长 7.1%，城乡居民收入差距缩小至 177∶100，较上年缩小 1.2 个百分点。[2]

（三）以供水一体化为突破促进城乡基础设施共建共享

常宁市近年来以供水一体化为突破口，在基础设施领域不断补齐发展过程中民生的短板，促进城乡基础设施共建共享，城乡基础设施差距不断缩小，使乡村居民共享改革发展成果。启动饮水安全巩固提升工程 PPP 项目，融资 12.5 亿元，新建 2 万吨/日的荫田水厂，提标扩建原 4 万吨/日的松柏水厂至 6 万吨/日，扩建原 1.5 万吨/日的洋泉水厂至 5.5 万吨/日；新建 226 公里供水管网及 5 座加压站和 5 座高位水池，促进城乡供水同网、同质、同服务，实现全市 100% 的乡镇通自来水，农村安全饮水覆盖率 100%，在全省率先实现了城乡供水一体化。[3] 常宁市大力推进城乡交通运输体系建设，共计建设农村公路 44.9 公里、安防工程 496.47 公里，抓好农村公路"建、管、养、运"一体化建设，完成庵子桥等三座农村危桥改造、X008 线（三湾至西岭）乡镇通三级公路提质改造工程，着力消除制约农村发展的交通

---

① 常宁市乡村振兴局：《2022 年常宁市巩固拓展脱贫攻坚成果同乡村振兴有效衔接工作总结》，2022 年 12 月 12 日，打印稿。

② 常宁市统计局：《常宁市 2022 年国民经济和社会发展统计公报》，2023 年 3 月 6 日。

③ 常宁市乡村振兴局：《2022 年常宁市巩固拓展脱贫攻坚成果同乡村振兴有效衔接工作总结》，2022 年 12 月 12 日，打印稿。

瓶颈，全方位提升城乡交通条件。所有行政村已全部开通农村客运班车，农村客运集约化、规模化经营基本实现，开通常宁至洋泉城乡公交车，有效缓解沿途乡村百姓出行难的矛盾，2023年被确定为全省城乡客运一体化第四批创建县之一。

（四）以提升医疗服务能力为重点破解农村民生难题

常宁市以提升医疗服务能力为重点，全面提升农村地区公共服务供给水平和质量。推进市人民医院、市中医院、市妇幼保健院基础设施的改造升级，改扩建兰江、塔山、新河、三角塘4所乡镇卫生院，新建双安、东山、桐梓、青仁、富贵、田尾等6所分院，实现每个建制乡镇均有1所政府举办的乡镇卫生院，基本满足辖区内群众医疗卫生服务需求。近三年，以每个村不少于5万元的标准，累计投入2000万元，对村卫生室进行标准化建设，实现364个行政村全部建有卫生室。同时，加强乡村小规模学校建设，投入资金310万元，改造小规模学校4所，对三角塘、蓬塘等11所乡镇寄宿制学校进行提质改造，开展"三帮一"控辍保学和"五类"学生送教上门工作，劝返复学12人，送教上门91人，真正实现义务教育阶段"一个都不少"。对全市乡镇敬老院提升改造，全面提升服务管理水平和安全指数。积极探索村级小型集中养老模式，利用村里闲置学校、老村部等集体资产改成分散供养集中居住的老年幸福之家，在所有村、社区同步建立了"养老托幼中心"，实现了村（社区）养老服务设施覆盖率100%，不出村即可办理高龄补贴、长寿津贴、基本养老服务补贴和选择社区养老、居家上门养老等服务。[①] 扎实做好特困人员、低保对象、脱贫人口、边缘户等困难群众参保工作，覆盖困难群众106875人次，参保率100%。

---

① 吴洪江等：《常宁市创新村级小集中养老模式：这样养老，让特困老人不再孤独》，《金鹰报》2020年11月14日，第3版。

二 常宁市全面推进乡村振兴形成的基本经验

常宁市立足市情农情特点、城乡产业特性和乡村地域特色，集聚更多资源、要素和力量，以县域为空间尺度和政策发力点，打造城乡产业功能互补、发展互促、利益互惠的经济共同体，探索以城乡融合发展引领乡村振兴的发展模式和实现路径。

（一）发展县域富民产业，带动农业转型升级

2023年中央一号文件提出"培育壮大县域富民产业"。发展县域富民产业是拓宽农民增收致富渠道的重要抓手，是推动城乡融合发展的重要举措，对促进农民农村共同富裕具有重大意义。常宁市完善产业利益联结机制，推进常宁油茶、塔山茶叶两大支柱产业的发展，因地制宜发展优质水果、药材、茶叶、蔬菜等特色产业，发展深加工，加快品牌建设，促进县域特色产业升级提质。

1. 推动城乡产业联动发展

常宁市推进电子、纺织等产业向周边乡镇延伸，因地制宜建设乡村车间，全市设立乡村车间124个。[①] 在茶油加工上开发出高档食用油、化妆品、月子油等产品，在茶叶加工上开发出绿茶、红茶、黑茶系列产品，形成茶叶洗发水、茶叶美容面膜等衍生产品的精深加工产业链。推进特色农业与休闲观光、乡村旅游、健康养生等融合，建设平安油茶小镇、5000亩油茶风情园等，打造以茶文化体验、交流、研学为主要内容的旅游线路，形成"农旅相融、以农促旅、以旅兴农"的产业格局。

2. 推动党的建设与产业发展双融双促

常宁市以镇为单位，依托优势资源跨村建立产业链党建联盟，吸纳产业

---

① 龙显蓉等：《有色之都、绿色崛起：常宁工业领航高质量发展》，《湖南日报》2023年1月3日，第7版。

链各环节的企业与个体参与，将小产业建成大联盟，推动联建共建、抱团发展。[①] 全市 21 个党建联盟分别挂钩联系一名党建指导员和一名产业指导员，通过活动联办、人才联培、资源联享、技术联用等举措，推动县域产业联合、要素聚合、多元融合，依托组织优势统筹资源配置、规范行业经营，将组织优势转化为发展效能。新河镇推行"党建联盟+产业联盟"模式，通过强化党建引领，创建新河鱼、农机、水果、电商四大产业联盟，该镇四大产业联盟累计创收 545 万元，为村集体增收 115 万元，有力地带动了农民增收。

3. 加强特色产业品牌建设

品牌化是农业现代化的重要特征和主要抓手，新时期打造农业品牌是提升农业竞争力的有力举措。常宁市为提升茶油的影响力和竞争力，对各企业原有茶油品牌进行统筹整合，树立"常宁茶油"公用品牌，并筹建"常宁茶油"产品质量溯源平台。[②] 2023 年引进湖南竞网集团等互联网企业，以"产学研金媒"协同推进模式助推油茶公用品牌建设。整合常宁茶业品牌，形成"常宁塔山茶"公共品牌，并申请地理保护商标，统一形象宣传。组织企业多方参赛参展，举办"品茗怀祖""登天堂山、赏杜鹃花、品塔山茶""春茶采茶节"等活动。专门成立了茶叶产业发展服务组予以重点扶持，引导全市茶叶产业发展和茶叶品牌建设，还设立了茶叶产业发展专项基金，确定了每年不少于 1000 万元的激励标准。

4. 健全农业社会化服务体系

自 2019 年被确认为农业生产社会化服务试点县（市）以来，常宁市以合作社为主体，推进代耕代种、统防统治、土地托管等农业生产社会化服务，用技术提升生产水平，调动农民种粮积极性，促进小农户和现代农业有机衔接。公开择优遴选出了常宁市智邦农机种养专业合作社等 20 家服务能

[①] 成俊峰等：《常宁市：共联共建，小产业建成大联盟》，《湖南日报》2023 年 7 月 28 日，第 11 版。

[②] 周瑞华等：《科技赋能　油茶飘香——常宁市推进油茶特色产业发展一线见闻》，《衡阳日报》2023 年 8 月 2 日，第 1 版。

力较强、信誉较好的服务组织承接试点项目，开辟规模化、规范化、机械化的现代化农业生产经营新模式，为集中连片小农户提供统一深松整地、集中育秧、统一播种等全部或部分作业环节的"耕、种、管、收、售"全产业链的一体化服务。[①] 采取"六统一"行动，推广"十代"服务模式，支持大户或合作社为周边农户提供集中育秧和机械抛插秧社会化服务，组织水稻由种到收全程机械化及稻谷烘干等"代办"服务。罗桥镇石盘村由村集体经济组织牵头，与智邦合作社对接，开展水稻统一供苗、机耕、机插、机防、机收和田间管理全程服务，生产"石盘贡米"。这种模式不仅利于良田土地的规模化、标准化，更降低了农资购买成本和农机服务成本，有效地解决了农民育秧难、病虫防治难、卖粮难问题。

（二）完善县域商业体系，畅通城乡经济循环

从发展的角度看，县域商业体系联通供需、对接城乡，既是县域经济的重要构成，也是乡村振兴的重要保障。常宁市不断完善县域商业体系建设基础设施，优化商业网络布局，谋划现代化电子商务运行新模式。

1. 以渠道下沉和产品上行为主线，提升农产品预处理能力和精深加工能力

常宁市为加快油茶、茶叶产业提质发展，引进知名电商建立产地仓，优化产供销链条，提升"常宁茶油""常宁塔山茶"等品牌影响力。开辟电商渠道，开展"市长代言"农产品等促销活动，引导公司开设实体店和网店，实现农产品线下线上互动营销。近年来，共引进茶企 31 家、茶叶专业合作社 25 家，建成茶馆 43 家、实体店与网店 156 家。

2. 加强农业生产资料市场建设，健全县域商业网络体系，加快县乡村物流配送体系建设

常宁市推进县域商业体系建设，扩大仓储冷链规模，强化综合商业服务能力，加强县域商业体系的基础设施建设，包括建设商业街区、提升商业设

---

① 封志良等：《常宁市：生产服务"一体化"农民吃上"科技饭"》，《衡阳日报》2019 年12 月 30 日，第 3 版。

施水平等。优化商业网络布局，引导商业资源合理配置，打造了一批特色商业街区和商贸聚集区，畅通县、乡、村三级物流通道，扩大仓储冷链规模，加强农产品供给链上行渠道建设，提高农产品流通效率。

3. 促进县域商业数字化转型、连锁化发展，实现农民增收与农村消费提质的良性循环

近年来，常宁市深入贯彻落实湖南省"数商兴农"工作，探索"电商+产业"的发展模式，通过农业公司带动、村集体合作社入股等途径，大力发展特色农业产业，带动群众增收致富，壮大村级集体经济。利用网络平台拓展产销渠道，创新网红带货、网络直播、短视频营销等电商模式，激活社会消费需求，提升电商在线销售能力。涉茶乡镇各村均建立了电商服务站，各茶企、大户及部分茶农打通了线上销售渠道，茶叶电商初具规模。新河镇大禾坪村党总支书记雷强迫、吕坪村党总支书记王敏共同成立雷王电子商务公司，建立高效优质的农村电商平台，线上销售本地品牌"王谷岭"再生稻米、土鸡蛋等特色农产品。

（三）优化公共资源配置，提升以城带乡能力

党的二十大报告强调，"着力解决好人民群众急难愁盼问题，健全基本公共服务体系，提高公共服务水平，增强均衡性和可及性，扎实推进共同富裕"。其核心是城乡基本公共服务均等化。常宁市推动县域市政设施提档升级，优化城乡公共资源配置，强化基础设施和社会事业县域统筹，为城乡居民提供更加普惠均等可及的基本公共服务，构建县乡村功能衔接互补的新格局。

1. 探索地方政府与企业协同合作的农村饮水安全建设管理新模式

常宁市城乡供水一体化项目按照"三大三化"（大水源、大水厂、大管网、城乡供水一体化、区域供水规模化、工程建管专业化）的标准，采用BOT+ROT+TOT 的模式运作，即新建工程采用 BOT 模式（建设—运营—移交），在建工程、农村扩建水厂采用 ROT 模式（改扩建—运营—移交），城区存量水厂采用 TOT（移交—运营—移交）模式，合作期限 30 年，回报机

制为可行性缺口补助，运营收入来源为水厂城乡供水一体化供水收入。

2. 不断强化医疗卫生基础，全面提升县域整体医疗服务能力

常宁市稳步推进县级医疗机构基础设施建设，强化基层医疗服务机构标准化建设，充分发挥村卫生室的"网底"作用，实现中医药服务基层全覆盖。通过"医联体"、合作托管、县域内组建医共体、跨区域专科联盟等多种方式，优化医疗卫生资源配置，确保大病不出县、小病不出乡，不开大处方，切实减轻群众看病负担。[①] 采取"签约医生+服务团队"集中服务模式，部分乡镇配备了健康体检车以上门随访、开展集中医疗服务，联合市直医院开展健康义诊、上门提供看病服务等。

（四）深化城乡联动改革，促进乡村高效发展

国家"十四五"规划提出，要"建立健全城乡要素平等交换、双向流动政策体系，促进要素更多向乡村流动，增强农业农村发展活力"。常宁市推动各领域要素市场化配置改革举措相互配合、相互促进，促进城乡之间人才、土地、资金、技术、信息良性互动，建立城市科技、人才、资本下乡的激励机制，促进各类要素更多向乡村流动。

1. 深入开展集体产权制度改革，加快农村土地流转

常宁市全面完成农村土地承包经营权确权登记颁证工作，土地承包经营权证书应发尽发，建立24个乡镇农村产权交易服务站，促进整乡整村荒山土地流转。官水村以推进种植产业结构调整为抓手，流转50余亩土地，引进了风险相对较低的辣椒产业。漕塘村通过土地整合流转，不断优化农业产业结构调整，引进企业，大力发展湘莲种植，村集体经济增加近10万元，解决就业50人。平安村依托大三湘公司油茶文化产业园建设，该村将林地和耕地集中流转到村股份经济合作社，统一租给公司或大户经营。其中，租给大三湘公司种油茶5000多亩，租给利民合作社种葡萄300亩，村集体还流转500亩建珍品果园，种植黄桃、李子等水果。其中，仅土地流转一项每

---

① 常宁市人民政府：《常宁市政府工作报告》，2023年2月21日，打印稿。

年能为村民增收 30 多万元。[①]

2. 优化财政资金支出方式，推进农村金融供给侧改革

近三年常宁市整合涉农资金 16000 多万元投入"两茶"产业建设，市财政设立油茶产业发展基金，每年安排茶叶产业发展专项资金，对标准化培育基地进行补助，新造油茶林每亩补助 500 元、茶园每亩补助 1000 元；油茶低产林改造第一年每亩补助 300 元，以后每年每亩补助 100 元。[②] 开展林地流转、交易和抵押贷款、"惠农担—油茶贷"等服务，由财政贴息，累计发放"两茶"贷款 18000 万元。推行"党建+信用+镇村"金融服务模式，与建行合作推出"裕农共享贷"，累计为全市村集体经济组织授信 3.5 亿元，撬动相关村年均增收 16 万元。塔山瑶族乡是衡阳市首个享受"裕农共享贷"业务的乡镇，村集体经济合作社共审批授信贷款 2300 万元，解决村级资金困境。

3. 注重人才引进与培养并举、留住与用好并重

习近平总书记指出："人才振兴是乡村振兴的基础"。常宁市深入实施"万雁入乡"，集结 468 名干部人才派驻乡村一线，为乡村振兴赋能加力。[③] 从返乡创业青年、致富能手、专业合作社带头人等党员中选取有能力、敢担当、善治理的人才担任村党支部书记，着力培育、选好、配强"雁阵"队伍，真正起到"选好一个支书，联结一个公司，激活一个村庄"的蝶变效应。大力实施"双培双带"工程，引导能人返乡，选派党员干部参加省市县农村实用人才培训或作为农民大学生、基层人才定向培养对象接受学历教育，为发展集体经济提供动能。平安村年轻党员周凌峰返乡创业带领群众养殖茶山飞鸡 10 万多羽，每年为村集体增收近 10 万元。板角村彭承禄曾在外经商，回村后与村里贫困户合伙办起粽子加工厂，带动了一批群众脱贫致

---

① 周瑞华等：《常宁市平安村："茶山飞鸡"走林 集体经济"振翅"》，《衡阳日报》2021 年 9 月 9 日，第 1 版。

② 常宁市乡村振兴局：《做强产业引擎 促进乡村振兴》，2023 年 3 月 9 日，打印稿。

③ 龙显蓉等：《有色之都、绿色崛起：常宁工业领航高质量发展》，《湖南日报》2023 年 1 月 3 日，第 7 版。

富，村集体经济收入也从 7000 元增加到 35 万元。

4. 深入推行科技特派员制度，优化科技服务

常宁市围绕茶叶生产、畜牧养殖、果树种植等农业主导产业，接收、选派多名专家、教授深入田间地头开展实用技术培训、引进推广新品种、传授推广新技术、帮助解决各类技术难题。2022 年选派 75 名科技特派员下沉到企业、合作社、乡村振兴示范村开展科技服务。共举办各类技术培训班 20 余场，培训种粮大户、家庭农场主 2400 多人次，发送技术资料 20 多万份，推广水稻机育机插（抛）技术、化肥农药减量增效技术等 8 项关键技术。推广生态健康养殖、水产养殖用药减量等 5 项水产养殖模式，实现农业生产高质量发展。

5. 数字技术赋能农业产业链整合和价值链提升

2023 年中央一号文件提出，要深入实施数字乡村发展行动，推动数字化应用场景研发推广，加快农业农村大数据应用，推进智慧农业发展等。① 常宁市通过广播电视、手机短（微）信、党政门户网等，把惠农政策、农业科技、气象预警、市场供求及价格等信息及时传送到乡村、到农户手中。在农情系统网络平台更新稻田信息、农作物种植计划、油菜产量及生产成本等信息 100 余条，发布大宗农作物市场分析报告、农业生产形势分析 4 篇，上报蔬菜价格速采表 50 次 1120 条。在全年省厅、市政府网站宣传公示"三农"信息 100 余篇。积极搭建联盟沟通交流平台，推动产业联盟的信息、技术、市场等资源有效整合、多方共享。

（五）突出标准化为引领，推进共建共治共享

常宁市聚焦乡村治理过程中的重点、难点、堵点问题，推行标准化改革，促进城乡治理标准化，用标准引领、依标准治理、靠标准检验、拿标准衡量，构建人人有责、人人尽责、人人享有的城乡治理共同体，有效提升了

---

① 《中共中央国务院关于做好二〇二三年全面推进乡村振兴重点工作的意见》，《人民日报》2023 年 2 月 14 日，第 1 版。

乡村治理体系和治理能力现代化水平。

1. 发挥基层党员干部的示范作用，推动各类主体平等协商、合作互动，共同参与乡村建设

在乡村一级推行"党建五分钟"，大力推广屋场党建+五个到户工作，全市共成立 1264 个屋场党小组，定期召开"屋场恳谈会"，宣传政策、化解矛盾，让党组织的"神经末梢"更加强健有力。[①] 平安村以乡村治理标准化为契机，围绕"宜居、宜业、宜游"的发展思路，扎实开展人居环境治理标准化建设，促进村容提质、厕所改造、垃圾处理和基础设施建设。高朋村通过开展"大评小奖"评选活动，将积分制管理与各类评先评优挂钩，引导村民参与城乡治理标准化建设，改善人居环境和乡风文明，提升群众的参与度和获得感。

2. 以标准化手段界定不同主体的关系和地位，发挥各级党委的领导核心作用，推动各类主体共同参与治理

官岭镇以党建为抓手，建立"基层党建+网格化+标准化"制度，实行上下联动、分片管理、责任到人，形成"党员带头、群众参与"的管理模式。塔山瑶族乡以"党建+城乡治理标准化"工作为抓手，充分发动党员干部的积极性，结合"衡阳群众"、新时代文明实践，开展志愿者活动，组织乡机关党员干部、村干部，在全乡范围内开展卫生保洁、规范停车、文明劝导等志愿行动。

3. 推动城乡居民共享发展和治理成果，扩大中等收入群体，帮助低收入群体进入中等收入行列

全市建设就业帮扶车间 44 家，吸纳脱贫劳动力及返乡劳动力就业 409 人，为脱贫（监测户）人口安排公益性岗位 845 个。由联盟主导设立村集体经济发展公益基金，按 5%～10% 的比例提取集体经济项目收益，支持村内建设、办好民生实事，让发展成果人人共享。推行村支部带头领办产业，村民参股发展集体经济，探索"就业带动、保底分红""订单收购、土地流

---

① 龙显蓉等：《有色之都、绿色崛起：常宁工业领航高质量发展》，《湖南日报》2023 年 1 月 3 日，第 7 版。

转、固定分红"等模式，构建让村集体、企业和群众三方受益的利益联结机制。塔山瑶族乡的茶叶联盟通过土地流转、协议用工等形式，与500余户脱贫群众建立利益联结，帮助脱贫群众户均年增收5000余元。[①] 大三湘公司每年将收益与村集体按7:3分红后，再将油茶林返包给村民管理，村民既得红利又有劳务收入，调动了村民参与积极性。

三 常宁市全面推进乡村振兴的重要启示

常宁市坚持统筹城镇和乡村发展，促进二者双向交流、联动推进，以县域城乡融合发展引领乡村振兴，注重城乡优势互补、协调发展，构建起"内生为源、外生联动"的新型城乡关系，为全面推进乡村振兴提供了有益启示。

（一）以基层党组织整建提质为前提

常宁市坚持以党建促进乡村产业发展，强化党建引领，聚焦农村共同发展、群众共同富裕的目标，打通地域、行政、行业壁垒，推动产业集约经营、规模发展，让同质产业联起来。实践证明，只有加强基层党组织对乡村振兴的全面领导，把党支部建在产业链上、把党员聚在产业链上，让党组织、企业、群众结成利益共同体，才能突破过去集体经济单打独斗、利益固化、群众参与不够等关键瓶颈。因此，全面推进乡村振兴，要推广党群联建机制，通过开"屋场恳谈会""发展商讨会"等方式，形成"党群连心、共话发展"的议事模式，凝心聚力抓产业。要建强屋场行动服务组、党员工作队等骨干队伍，完善村（居）民代表服务群众组织体系，筑牢基层战斗堡垒。要发挥"头雁"示范作用，通过党员致富带头人带头，实现"先进带后进"，带动群众参与产业发展。

---

① 成俊峰等：《党建+产业联盟——发展壮大村集体经济的"常宁路径"》，《湖南日报》2023年7月6日，第10版。

（二）以城乡要素配置合理化为关键

常宁市立足本地资源优势，进一步加大财政、金融、用地、人才、科技等要素扶持力度，推动各种有利要素靶向集聚、优势互补，支持农业特色产业发展壮大。实践证明，只有破除"人、地、钱"等要素在城乡自由流动的体制机制障碍，协同推进城乡联动式要素改革，赋予县级更多资源整合使用的自主权，实现县域城乡资源要素平等交换、双向流动，才能加快推进农业农村现代化。因此，全面推进乡村振兴，要创新城乡人才合作交流机制，畅通城市劳动力回流的渠道，完善城市劳动力回流的激励机制，发挥新乡贤的城乡纽带作用。要推动城乡土地资源统筹整合和优化配置，让人口流动与土地权益流转匹配起来，有效保障县城建设和乡村振兴合理用地需求，建立健全扶持专业大户、家庭农场发展的政策措施，鼓励和支持承包土地向新型农业经营主体流动，引导农民开展"互换并地"等方式以减少土地碎片化，对依法取得的集体经营性建设用地，允许农村集体通过土地市场以公开规范的方式流转。要建设城乡普惠的资本—体化市场，减少农村资本外流，构建高效的财政支农政策体系，发挥财政支农资金的杠杆和引导作用，推出符合农民需求的特色金融服务产品。

（三）以县域经济高质量发展为支撑

常宁市通过纵向延长产业链条、横向拓展产业形态、交叉提升产业价值链，将县域同一产业统筹起来，在县域内形成内涵丰富、类型多样、功能多元的产业体系。实践证明，只有突破单个村"单打独斗式"的发展模式，以县域为单位探索资源链接、力量整合、优势互补，才能实现集聚化、专业化、集约化、标准化，发挥比较优势，推动县域经济高质量发展。因此，全面推进乡村振兴，要推进农业供给侧结构性改革，以县域为基本单元推动城乡产业融合，发展多种形式农业适度规模经营，推动农业特色产业从基地建设向精深加工、品牌建设转变，发展生态休闲观光农业和乡村旅游。要立足县域特色资源优势，将集约、高效、绿色的产业作为县域经济转型发展的方向，支持返乡农民工创业和在乡农民就地就近就业，重视劳动密集型产业提质增效，发展壮大乡村产业，拓展农民增收空间。要在县域引导具备条件的区域发展小微企业集聚区，增强产业支撑能力，提高对县域经济尤其是乡村产业的引领带动能力，培育形成带动力强、就业容量大的产业。

（四）以县域城乡建设一体化为核心

常宁市以城乡供水一体化、城乡客运一体化为重点推进城乡基础设施共建共享，以提升县级医疗服务水平、基层医疗服务机构标准化为关键推进城乡公共服务均等化。实践证明，只有提升城乡基础设施互联互通程度，缩小公共服务水平差距，重点发挥县城的核心引领作用，才能为县域城乡融合发展奠定坚实基础。因此，全面推进乡村振兴，要在县域内统筹规划县城—集镇（小城镇）—中心村—居民点建设，优化城乡建设规模和密度，打造多层级城乡融合发展节点，搭建各类要素下乡桥梁，改善城乡公共服务和人居环境品质。要按照混合功能要求，补齐县城产业配套设施、市政公用设施、公共服务设施和环境基础设施等短板，促进县城基础设施和公共服务向乡村延伸覆盖，探索县域基础设施、公共服务多元化运营机制。要推进县域学校联合体建设，探索县城学校与乡村学校实行集团化、一体化办学模式，提升县城对乡村教育带动力。要推广县域"医共体"建设模式，推进大城市三级公立医院与县域"医共体"组建"医联体"，提升县域医疗服务能力与水平。

（五）以城乡居民收入均衡化为目标

常宁市实施"扩中提低"行动，稳定城乡居民工资性收入，提增经营性和财产性收入，拓展转移性收入。实践证明，只有提高低收入人口的收入，赋予该群体平等享受经济发展成果的机会和权利，同时扩大中等收入群体，才能促进城乡居民收入均衡化。因此，全面推进乡村振兴，要通过城乡联动式发展，畅通城乡产业链供应链，健全城乡流通网络，盘活农村资产并在县域内统筹配置，发展壮大新型集体经济。要提高农民组织化程度，引导农民实行团体式专业合作经营模式，使农民形成风险共担的利益共同体。要协调龙头企业和小农户、家庭农场、专业合作社等主体的利益诉求，遵循平等互利、风险共担的原则，形成可持续的党企农多赢命运共同体。

参考文献

《中共中央国务院关于做好二○二三年全面推进乡村振兴重点工作的意见》，《人民日报》2023年2月14日，第1版。

习近平：《论"三农"工作》，中央文献出版社，2022。

中央农村工作领导小组办公室：《习近平关于"三农"工作的重要论述学习读本》，人民出版社、中国农业出版社，2023。

芦千文：《把握县域经济高质量发展着力点》，《经济日报》2022年7月6日，第10版。

高强、薛洲：《以县域城乡融合发展引领乡村振兴：战略举措和路径选择》，《经济纵横》2022年第12期。

陈军亚、邱星：《全面推进乡村振兴中县域的功能定位及实践路径》，《探索》2023年第4期。

陈文胜：《中国乡村何以兴》，中国农业出版社，2023。

陈文胜、李珊珊：《论新发展阶段全面推进乡村振兴》，《贵州社会科学》2022年第1期。

游斌、陈文胜：《率先在县域内破除城乡二元结构》，《光明日报》2023年8月1日，第11版。

B.9
2023年宜章县乡村振兴研究报告

李珊珊　凌力群*

摘　要： 农业强国是社会主义现代化强国的根基。宜章县近年来以高质量发展推进农业强县建设，全面推进乡村振兴工作取得较好成效，其创新做法可以归纳为：建立"田长治"工作机制，创新耕地保护和粮食安全的有效途径；发挥地域特色，做好"土特产"特色文章；建立"共富基金"，扎实推进农民农村共同富裕；坚持农民主体地位，探索乡村治理新做法；构建大民政格局，兜牢大民生底线。在此基础上，本报告提出要处理好耕地"非粮化"整治与农民增收的关系、围绕市场体系不断延链补链强链、将"外部推力"与"内生动力"有机结合等启示。

关键词： 全面推进乡村振兴　农业农村高质量发展　农业强县　宜章县

习近平总书记在党的二十大报告明确提出"加快建设农业强国"，把农业强国建设正式纳入了我国社会主义现代化强国建设战略体系。同时，党的二十大报告中指出："高质量发展是全面建设社会主义现代化国家的首要任务。"站在由农业大国向农业强国跨越的历史节点，推进农业农村高质量发展，无疑是全面推进乡村振兴的重要主题、建设农业强国的首要任务。调研发现，宜章县以农业强县为目标，立足粤港澳大湾区"后花园"的区位条

---

* 李珊珊，湖南师范大学中国乡村振兴研究院、马克思主义学院博士研究生，研究方向为乡村振兴战略；凌力群，湖南师范大学中国乡村振兴研究院、马克思主义学院硕士研究生，研究方向为乡村组织振兴。

件，利用湘南起义策源地和首义地的红色优势，依托"天下莽山"旅游品牌的火热出圈，全方位推进农业农村高质量发展，积累了全面推进乡村振兴的有益经验。

一　全面推进乡村振兴的主要成效

宜章县立足资源禀赋和发展阶段，发挥自身优势，努力建设基础实、产业兴、生态好、农民富的农业强县，初步构建起城乡要素良性互动，特色产业发展壮大，乡村发展富有活力的良好局面，迈出了农业农村高质量发展的坚实步伐。

（一）守底线，脱贫攻坚成果得以巩固拓展

财政投入力度不断加大，2022 年度全县巩固脱贫攻坚成果和衔接乡村振兴项目计划共有 714 个，涉及金额 20672.7062 万元。[1] 防止规模性返贫的屏障不断筑牢，农村最低生活保障由 4560 元/年提高至 4680 元/年，2023 年再次提高至 5040 元/年，2022 年累计发放农村低保金 3465 万元，发放特困人员供养金和护理费 2166.5 万元，为低保对象和特困人员发放一次性生活补贴 293.52 万元，发放孤儿（事实无人抚养儿童）生活费 238.74 万元。农村低收入人口实现常态化帮扶，建立"财政+保险+农户"的防贫保障机制，由保险公司对生活困难且人均年收入低于标准线 6900 元的农户，按每户限额 3 万元的标准对不足部分进行补偿，2022 年累计赔付 159 户 118.31 万元。[2]

（二）提效能，乡村产业发展态势良好

粮食生产稳中有进，2022 年完成粮食播种面积 70.48 万亩，超额完成

---

[1]　中共宜章县委实施乡村振兴战略领导小组：《宜章县 2022 年度巩固脱贫攻坚成果和衔接乡村振兴项目计划完成情况公告》，宜章县人民政府信息门户网站，2022 年 12 月 12 日，http://app.yzx.gov.cn/yizhang/2/22/44/content_ 3533973.html。

[2]　宜章县乡村振兴局：《宜章县乡村振兴工作汇报》，2023 年 6 月 6 日，打印稿。

目标任务，粮食总产量达 27.4 万吨。① 农产品质量不断提升，全县创建农业标准化生产基地面积达到 40 万亩，13 家"两品一标"企业全部落实产品追溯和身份证管理，入驻管理平台的注册和使用率达 100%。② 特色产业不断做强，创建了湖南早中熟柑橘优势特色产业集群，目前脐橙种植面积共29.7 万亩，产量 21.8 万吨，综合产值 13.5 亿元。③ 宜章县被选定为 2022年中国柑橘年会现场参观点，长村乡创建为国家级农业特色强镇。产业融合不断深入，2022 年全县农产品加工业产值达到 114.32 亿元，休闲农业营业收入达 13.26 亿元，较上年度增长 22.5%，④ 实现旅游总收入 76.32 亿元，增长 4.9%。⑤

（三）强基础，宜居宜业和美乡村扎实推进

农村人居环境持续改善，加快推进农村"空心房"整治，2022 年拆除面积 23.4 万平方米，清理建筑垃圾约 15 万吨；扎实推进农村"厕所革命"，2022 年完成农村户厕新改建 1897 个，建成公厕 15 座，完成率100%。⑥ 美丽乡村建设扎实推进，获评全省村庄规划综合服务先进县，开展 11 个美丽屋场示范村创建，⑦ 关溪乡东源村、玉溪镇廖家湾村成功创建为省级美丽乡村示范村。县域统筹下的农村公共服务能力持续提升，在国家"优质服务基层行"活动中，全县 23 家基层医疗机构 100% 达到基本标准，其中有 8 家达到推荐标准，居全市第一；岩泉镇中心卫生院被评为"全国

---

① 宜章县乡村振兴局：《宜章县乡村振兴工作汇报》，2023 年 6 月 6 日，打印稿。
② 宜章县农业农村局：《宜章县 2022 年农业农村工作总结及 2023 年工作思路》，2022 年 12 月 15 日，打印稿。
③ 李永东等：《宜章县：中国柑橘年会开幕 专家学者参观考察我县脐橙产业》，宜章县融媒体中心，2023 年 1 月 12 日。
④ 宜章县农业农村局：《宜章县 2022 年农业农村工作总结及 2023 年工作思路》，2022 年 12 月 15 日，打印稿。
⑤ 郴州市统计局：《宜章县 2022 年国民经济和社会发展统计公报》，2023 年 3 月 20 日。
⑥ 宜章县乡村振兴局：《宜章县乡村振兴工作汇报》，2023 年 6 月 6 日，打印稿。
⑦ 宜章县乡村振兴局：《宜章县乡村振兴工作汇报》，2023 年 6 月 6 日，打印稿。

亮点机构"；有 7 家乡镇卫生院跻身全省乡镇卫生院医疗服务能力 100 强。①民生实事圆满完成，城乡最低生活保障再次提标，县民政局被评为全国社会救助工作先进单位。教育事业均衡优质发展，严格落实控辍保学周报制度，开展义务教育阶段"五类"学生专项排查，完成送教上门学生 327 人，发放春季学期贫困学生教育补助金 1722 万元，惠及学生 2.93 万人。②

（四）补短板，农民增收致富水平不断提升

村集体经济不断壮大。统筹整合衔接资金 1.86 亿元、实施项目 688 个，另外还安排县级衔接资金 2021 万元、实施项目 19 个。坚持把发展壮大村级集体经济作为"书记工程"，"一村一策"编制发展规划，每年设立专项支持资金 300 万元，对村集体经济首次突破 10 万元和 100 万元的村进行奖励。2022 年，全县 246 个村经营性收入为 3677 万元，同比增长 100%。成功承办全省发展村级集体经济工作推进会，"一村一策"举措被《湖南日报》头版头条推介。③ 农民收入持续增加。2022 年全县农村居民人均可支配收入 13605 元，增长 7.7%，④ 城乡居民收入比由 2021 的 2.9 缩小到 2.86。⑤

二　全面推进乡村振兴过程中的
创新实践与典型经验

宜章县锚定建设农业强县目标，因地制宜提出"乡路好走、乡景好看、乡间好玩、乡味好吃、乡屋好住、乡品好卖、乡风好淳、乡民好富"的"八好"乡村建设要求，着眼于保障粮食安全、推进产业振兴、推动共同富裕、提升治理效能、增进民生福祉等方面创新举措，积累了有益经验。

---

① 宜章县卫健局：《宜章卫生健康助力乡村振兴　不断提升群众获得感》，打印稿。
② 宜章县乡村振兴局：《宜章县乡村振兴工作汇报》，2023 年 6 月 6 日，打印稿。
③ 宜章县乡村振兴局：《宜章县乡村振兴工作汇报》，2023 年 6 月 6 日，打印稿。
④ 郴州市统计局：《宜章县 2022 年国民经济和社会发展统计公报》，2023 年 3 月 20 日。
⑤ 宜章县统计局：《宜章县 2021 年国民经济和社会发展统计公报》，2022 年 3 月 21 日。

（一）建立"田长治"机制，创新耕地保护和粮食安全的有效途径

习近平总书记 2022 年 12 月 23 日在中央农村工作会议上指出："要坚决守住 18 亿亩耕地红线，坚决遏制'非农化'、有效防止'非粮化'。"① 保障国家粮食安全，关键在于落实藏粮于地、藏粮于技战略。保耕地不仅要保数量还要提质量，要守住数量和质量双红线。宜章县农耕文明历史悠久，现有耕地 43.39 万亩，是全国和全省粮食生产先进县、全国新增千亿斤粮食产能建设县。② 近年来，宜章县深入学习贯彻习近平总书记关于耕地保护和粮食安全重要指示精神，面对山多田少、人多地少的县情，组建了一支 987 名田长队伍，推动 43.39 万亩耕地管护全覆盖，实施新一轮高标准农田建设，深入推进现代农业经营体系建设，让"田长制"成为"田长治"。做法被央视《新闻联播》推介。2022 年 6 月，宜章县因耕地保护工作成绩突出荣获国务院真抓实干奖，获得国家 1000 亩用地计划指标奖励。③

1. 县级田长抓"三基"，扛牢耕地保护政治责任

作为县第一田长、总田长，县委书记和县长牵头抓总，坚持整县统筹、上下齐抓、强力保障，构建了横向到边、纵向到底的网格化耕地保护机制。一是创新"四个一"工作模式。一本"台账"抓整改，对抛荒地弃耕原因及年限等基本情况登记造册；一套制度严考核，对工作人员因失职、渎职造成侵占农田、耕地抛荒问题进行追责。将 43.39 万亩耕地保有量和 39.56 万亩永久基本农田保护目标任务，带位置分解下达至 19 个乡镇 246 个行政村；④ 一张"地图"明责任，确定各片责任田的"田长"。县级田长带头拓荒种粮 5 亩以上，同时创办 100 亩以上的示范片 1 个，年底与乡村振兴

① 习近平：《加快建设农业强国 推进农业农村现代化》，《求是》2023 年第 6 期。
② 罗徽等：《郴州市宜章县第一田长：让"田长制"成为"田长治"》，《湖南日报》2022 年 9 月 28 日，第 8 版。
③ 中共宜章县委、宜章县人民政府：《三级田长齐上阵 建设湘南大粮仓》，2022 年 10 月 28 日，打印稿。
④ 中共宜章县委、宜章县人民政府：《三级田长齐上阵 建设湘南大粮仓》，2022 年 10 月 28 日，打印稿。

共同考核。宜章县要求，县级领导、县有关单位党政主要负责人及乡镇党政领导干部，每人"认种"1亩以上的抛荒田，全程参与复耕、管理和收割。① 一个"App"促工作，推出"宜章县田长制巡查监管"App平台，能精准定位、即时报告、现场查勘，一改过去"宣传靠吼、保护靠走"的管理模式。二是抓基础制度建立。率先在全省出台《全面推行"田长制"工作实施方案》《耕地保护六条措施》《宜章县加强耕地保护"钢牙齿"八条措施》文件，全面推进田长制工作，落实巡田工作要求，严格执行耕地用途管制，扎实做好耕地保护工作。实行例会制度，每周约谈耕地保护重点工作落后乡镇，每月召集乡镇分管领导调度耕地保护工作开展情况，理清工作思路，明确下一步工作重点，确保按时完成年度恢复耕地、田长制巡田等任务。落实指标冻结制度。根据各乡镇耕地保护底线目标任务数据，建立各乡镇耕地保护台账：县田长制办公室督查发现的违法占用耕地、各类"非农化""非粮化"、新增占用耕地问题，依法审批的除外，一律先行冻结所在乡镇耕地保护底线目标指标，经整改复耕后再进行指标解冻释放。三是抓基地示范引领。确定杨梅山镇平和洞、玉溪镇西门村、梅田镇下塘村、一六镇一六村、黄沙镇大元村5个耕地保护示范点。开展"耕地保护示范点责任包干""耕地保护模范创建"活动，县级田长示范包干1000亩，县级副田长包干800亩；镇级田长包干800亩，镇副田长包干500亩，村级田长包干500亩，村级副田长包干200亩；全年评选5个耕地保护模范乡镇和50名优秀田长，促进耕地保护和田长制工作落地增效。②

2. 乡级田长抓"三员"，落实耕地保护重点任务

坚持以乡镇为主体，发挥"三员"作用，确保耕地保护落实落细落点。一是监督员巡田，严防违法行为。各乡镇从人大代表、政协委员和好人协会

---

① 陈淦璋、罗徽：《山区如何端牢饭碗——宜章县委书记张润槐调研粮食生产"藏粮于地、藏粮于技"》，《湖南日报》2023年5月29日，第4版。

② 中共宜章县委、宜章县人民政府：《三级田长齐上阵 建设湘南大粮仓》，2022年10月28日，打印稿。

成员中挑选监督员,成立巡田队伍,用好 App,采取日常督查、重点督查、专项督查等方式,开展监督员常态化巡田,对耕地违法违规行为及时发现、及时制止。目前,宜章县借助 App,制止违法乱占耕地行为 28 起,复耕土地 146.61 亩,拆除违法占用耕地建房 2768 ㎡,实现违法占用耕地零增长。为激励"田长"履职尽责,县财政安排预算 500 万元,对年度完成任务好的乡镇、村组、单位和个人进行表彰奖励。[①] 二是水管员管水,确保灌溉用水。组建乡镇水管员队伍,压实管渠、清淤、配水职责,科学调度灌溉用水。投入 10 亿余元,建设莽山水库左右干渠和 5 条骨干支渠,改善和新增灌溉面积 31.2 万亩。2022 年面对 60 年一遇的特大旱情,宜章县整合各类资金 2000 余万元,实施小水源联通建设等工程,添置抗旱设施 2000 余套,实现大旱之年大丰收。2022 年宜章县粮食产量达到 27.4 万吨,新增 1.3 万吨。[②] 三是技术员送技,实现稳产高产。由科技特派员、农技员、气象员组成技术员队伍,开展送技下田活动,2022 年举办耕地保护、耕种技术指导培训 482 场次。大力推广耕地轮作模式,发展"烟稻"5 万亩、"菜稻"2.6 万亩、"油稻"8 万亩,大幅提高耕地利用效益。[③]

3. 村级田长抓"三社",打通耕地保护"最后一米"

坚持因田制宜、分类施策,发挥组长、种粮大户等网格田长的作用,紧盯耕地保护承包经营主体,督促履行耕地保护义务,做到守田有责、守田负责、守田尽责。一是专业合作社管好流转田。推行"以村为主"的土地组织化流转模式,大力发展专业合作社,300 余名种粮大户承包流转耕地 8.6 万亩,有效促进规模化经营、集约化利用、产业化发展。目前,全县有农业专业合作社 236 家,实现耕地流转面积 32 万亩。仅鼎泽农业科技公司种植规模就达到 3600 亩。二是支部合作社治好抛荒田。对基础差、较偏远、效

① 罗徽等:《郴州市宜章县第一田长:让"田长制"成为"田长治"》,《湖南日报》2022 年9 月 28 日,第 8 版。
② 中共宜章县委、宜章县人民政府:《三级田长齐上阵 建设湘南大粮仓》,2022 年 10 月 28 日,打印稿。
③ 中共宜章县委、宜章县人民政府:《三级田长齐上阵 建设湘南大粮仓》,2022 年 10 月 28 日,打印稿。

益低的抛荒田，一般种粮大户不愿种，需要村级组织担当起来。对撂荒两年以上且农户不愿意复耕的，由村民代表大会讨论决定依法收回土地经营权，通过村级组织成立支部合作社恢复耕种。比如，笆篱镇财源农机合作社支部，承种了 80 亩抛荒耕地，实现年收益 6 万余元。三是群众联合社种好分散田。对群众分散种的耕地，支持村组党员干部带头，成立联合社，把分散种田的农户组织起来，实现信息、科技、农机共享，还共同享受种粮大户的奖补政策，降低种粮成本和风险，直接增加每亩收入 300 元以上，大大提高了分散种粮效益。[1]

（二）发挥地域特色，做好"土特产"特色文章

产业振兴是乡村振兴的重中之重。习近平总书记 2022 年 12 月 23 日在中央农村工作会议上强调，"各地推动产业振兴，要把'土特产'这 3 个字琢磨透。"[2] 近年来，为将更多"宜人丰味"推上大湾区餐桌，把凝结一方水土、承载地域形象的"土特产"做大做强，宜章县立足茶叶、油茶、脐橙等"两茶一橙"产业，大力发展特色农业。目前，全县拥有脐橙 28.6 万亩、茶叶 6.6 万亩、油茶 11 万亩，获评"全国农业标准化（脐橙）示范县""中国脐橙之乡""全国茶业百强县"。宜章县大力推进农业品牌建设，引领传统农业转型升级、做大做强。从当地走出去的脐橙品牌"和橙"畅销粤港澳大湾区，在全县已入选的 20 个"粤港澳大湾区菜篮子基地"中，脐橙基地牢牢占据 12 个席位。[3] 除此之外，宜章的生猪、蔬菜产业，以及杨梅、葡萄、琯溪蜜柚、蓝莓等特色水果纷纷走向粤港澳大湾区。2022 年，全县 20 个"菜篮子"基地向粤港澳大湾区销售农产品 50000 吨。[4]

---

① 中共宜章县委、宜章县人民政府：《三级田长齐上阵　建设湘南大粮仓》，2022 年 10 月 28 日，打印稿。

② 习近平：《加快建设农业强国　推进农业农村现代化》，《求是》2023 年第 6 期。

③ 罗徽等：《立足"两茶一橙"，大力发展特色农业　宜章将"宜人丰味"推上大湾区餐桌》，《湖南日报》2022 年 12 月 14 日，第 15 版。

④ 罗徽等：《立足"两茶一橙"，大力发展特色农业　宜章将"宜人丰味"推上大湾区餐桌》，《湖南日报》2022 年 12 月 14 日，第 15 版。

1. 盘活优势资源，念好"土"字诀

橘生淮南为橘，生于淮北为枳。土特产的"土"之根脉，就在于不同地区各异的自然禀赋和农业资源。宜章大气候属于亚热带湿润季风气候，但南岭山脉横亘于宜章南部，其山脉走势对南下冷空气及北上的暖湿气流均有阻挡作用，这独特的地理构造成就了怡人的区域小气候，呈现冬暖、春早、夏凉的特点，使宜章拥有得天独厚的"土"的资源。做好农产品土特产文章的关键就在立足"土"资源，保持"土"味道。宜章县依托自然禀赋、区位条件，多方比较、综合考量，将脐橙产业确定为本县"一县一特"产业，将茶叶、油茶作为特色优势产业，大力推进"两茶一橙"产业发展，同时支持各地因地制宜发展生猪、烤烟以及杨梅、葡萄、琯溪蜜柚等特色水果产业，推动形成与地方资源相配的多元化产业结构。

2. 打造地标品牌，书好"特"字文

"特"讲究的是"错峰头""独一份""叫得响"。一方面，宜章县因地制宜，主动突破区域特色农业发展瓶颈，充分挖掘地域特色，找准产业发展新路子。宜章柑橘资源得天独厚、柑橘文化源远流长。2002 年，宜章县委、县政府将脐橙产业确定为本县"一县一特"产业，制定支持政策，引导产业做强做大，打造"和橙"品牌。2023 年宜章全县脐橙种植面积共约 29.7 万亩，年产量 21.8 万吨，综合产值 13.5 亿元，全县近 10 万人通过脐橙产业实现增收。脐橙产业成为全县的富民产业、支柱产业，脐橙产品畅销粤港澳大湾区。宜章县也成为农业农村部规划的赣南—湘南—桂北脐橙优势产业带的主产区，先后被评为中国脐橙之乡、全国绿色食品原料（脐橙）基地县、全国农业标准化（脐橙）示范县、粤港澳大湾区"菜篮子"工程生产基地。[①] 另一方面，宜章县又能"跳出本地看本地"，明晰自身优势，谋求差异发展，既有配套、关联发展，又能实现差异化、错位竞争，将本土优质农产品蝶变为区域特色品牌和优势产业。调研发现，宜章县以打造"中国

---

① 陈骏原野：《宜章脐橙　橙香世界——宜章县脐橙产业发展综述》，《郴州日报》2023 年 1 月 10 日，第 4 版。

红茶示范县""粤港澳大湾区红茶直供基地"为目标，坚持市场导向，以销定产，控制种植规模，引导产业做精做优。2021年全县茶叶种植面积6.6万亩，总产量1700吨、综合产值近5亿元，[①] 跻身"全国茶业百强县""湖南茶叶千亿产业十强县"，莽山红茶的产品品牌多次在国际农博会、全国农博会中获奖。

3. 实现产业集聚，唱好"产"字歌

宜章县立足特色优势产业，做强加工业、做实农旅业，推进一二三产业融合发展，促进产业全链条升级。2022年全县农产品加工企业达到674家，其中省级农业龙头企业8家，市级农业龙头企业24家。实现企业销售收入106.4亿元，较上年增长12.9%；实现利润5.68亿元，增长10.9%。以特色产业为基础，以"天下莽山"旅游品牌为引领，支持发展乡村旅游，建成一批星级乡村旅游区和精品民宿，农旅融合发展步伐加快，2022年全县接待游客754.4万人次，增长3.1%。[②] 脐橙产业方面，建设规模化脐橙商品化处理加工厂2座，脐橙年商品化处理由原来的加工空白增加到5万吨以上；建设脐橙简易通风库20余万立方米，农产品产地及集中冷链仓储库5.2万立方米。[③] 宜章"和橙"基地还配备建设了蚯蚓粪厂、育苗研发区，并自建了用于清洗脐橙表皮的纯净水厂以及榨汁系统等，进一步延伸产业链，积极探索经济与生态互融共生、互促共进的新路子。[④]

（三）建立"共富基金"，不断探索共同富裕新路径

习近平总书记曾指出，"促进共同富裕，最艰巨最繁重的任务仍然在农村"。[⑤] "要坚持把增加农民收入作为"三农"工作的中心任务，千方百计

① 宜章县农业农村局：《宜章县茶业产业建设情况汇报》，2022年4月，打印稿。
② 郴州市统计局：《宜章县2022年国民经济和社会发展统计公报》，2023年3月20日。
③ 肖佩珊、欧阳绍先、李荣华：《无边光景时时新——宜章县"三农"工作高质量发展纪实》，《郴州日报》2022年8月19日，第A2版。
④ 刘宾：《湖南宜章："小脐橙"对接全国"大市场"》，人民网-湖南频道，2022年11月20日，http://hn.people.com.cn/n2/2022/1120/c356883-40202154.html。
⑤ 习近平：《扎实推动共同富裕》，《求是》2021年第20期。

拓宽农民增收致富渠道"。① 宜章县在探索共同富裕的路上既注重公共资源的持续投入，更注重对农村主体、要素及市场的高度重视和充分激活，持续提升农村农民的内生动力。

1. 突出县域层面宏观统筹，打造"带富"战斗堡垒

促进农民农村共同富裕，需要以县域为载体加强对农村基层工作的全面领导，打造带领广大群众共同富裕的健全战斗堡垒。一是组织推动。坚持把发展壮大村级集体经济作为"书记工程"，"一村一策"编制发展规划，构建"党政统筹、组织牵头、农口主抓、部门配合、乡村实施"工作格局。二是政策撬动。每年设立专项支持资金 300 万元，对村集体经济首次突破 10 万元和 100 万元的村进行奖励，目前已兑现奖金 80 余万元。强化金融政策支持，2021 年来累计发放"乡村振兴贷"25 亿元。三是示范带动。设立城乡联动、休闲农业、生态旅游、温泉旅游、三产融合等"五大示范片区"，培育平和等 27 个集体经济示范村。四是考核促动。制定发展集体经济考核办法，2022 年提拔或进一步使用成绩突出的乡镇负责人 11 人，约谈排名靠后的乡镇负责人 3 人。② 五是结对联建。坚持以乡镇为单位，引导 27 个经济强村带动 50 个经济弱村发展，目前经济薄弱村全面"清零"。六是驻村帮建。推行县领导联村、县直单位包村机制，组建乡村振兴驻村工作队 101 支 294 人，帮助解决资金、政策、技术等问题。七是能人助建。选拔 783 名能人进入村"两委"班子、占比 36.6%，引导 325 名经济能人、142 名党员致富能手回村兴业，发挥"头雁"效应，提升共富能力。③

2. 搞活新型农村集体经济，夯实"致富"产业基础

习近平总书记曾指出，"壮大农村集体经济，是引领农民实现共同富裕

---

① 习近平：《加快建设农业强国　推进农业农村现代化》，《求是》2023 年第 6 期。
② 中共宜章县委实施乡村振兴战略领导小组办公室：《整县统筹　分类推进全面提升村级集体经济发展质效——2022 年 7 月 12 日在全省发展村级经济暨驻村帮扶工作推进会上的发言》，打印稿。
③ 中共宜章县委实施乡村振兴战略领导小组办公室：《整县统筹　分类推进全面提升村级集体经济发展质效——2022 年 7 月 12 日在全省发展村级经济暨驻村帮扶工作推进会上的发言》，打印稿。

的重要途径"。① 促进农民农村共同富裕需要发展壮大新型农村集体经济，并积极利用农业产业化龙头企业的带动作用，以夯实农民农村共同富裕的产业基础。2022 年，全县村集体经济出现可喜局面，全县 246 个村已有 90% 集体经济超 10 万元，同比上年增长 46%。② 调研发现，宜章县杨梅山镇平和洞成立了宜章首家多村联办集体所有制企业——宜章县神农文化旅游开发有限公司，旨在推进乡村振兴、壮大集体经济。莽山瑶族乡西岭村 5 组跳石子自然村从 2016 年初开始逐步探索出了一条"支部+农户+合作社+公司"的均权合作产业发展之路。跳石子生态农业公司从 2017 年开始盈利分户，至今已连续每年每户分红 500 元和 10 斤黑豚肉，村集体经济以土地和山林入股，每年可获益 1.8 万元，5 年来，公司予社员分红达 90 万元，村集体经济收入 9 万元，2021 年底合作社 32 户社员每户分红 5000 元、村集体经济收入 1.8 万元。5 年来，公司向社员分红达 90 万元，村集体经济收入达 9 万元。③

3. 持续促进城乡融合发展，激发"共富"强劲动能

坚持在城乡融合发展上持续发力，促进城乡资源要素双向流动，激发实现共同富裕的强劲动能。调研发现，平和洞片区四村联建探索"共富"模式，广泛发动在外企业家、知名人士、乡贤通过捐资、投资等方式支持乡村发展，以平和洞特色项目建设为依托，将所得村集体经济收益提取 60% 公积金、30% 公益金后，剩下的 10% 综合统筹设立"共富基金"，按全体村民均摊进行分配，让发展成果惠及广大群众。"共富基金"主要用于助学帮困、全民保险、应急救难、发展特色产业等，组建共富基金管理委员会，实行项目化运作、精准化投放、"造血式"帮扶，发挥基金最大效应。④ 与人保财险宜章支公司合作设立"乡村振兴共同富裕保险"，救助困难群体，实

---

① 中共中央党史和文献研究院编《习近平关于"三农"工作论述摘编》，中央文献出版社，2019，第 149 页。

② 唐翀、刘冲冲、张英：《宜章：持续整治"三资"壮大村集体经济》，红网，2022 年 12 月 10 日。

③ 宜章县：《全国脱贫攻坚乡村振兴交流基地申报书》，打印稿。

④ 吴海龙：《杨梅山镇在调研乡村振兴工作座谈会上的发言》，2023 年 6 月 6 日，打印稿。

现巩固拓展脱贫攻坚成果与乡村振兴有效衔接。在村支两委的大力宣传、推广下，于 2022 年 3 月平和村共富保险共有 499 户 1599 人参保，保费共 71955 元，实现全民参保，实现共富保险全覆盖。①

（四）坚持农民主体地位，探索乡村治理新做法

治理有效是乡村振兴的目标之一。习近平总书记 2022 年 12 月 23 日在中央农村工作会议上强调："要完善党组织领导的自治、法治、德治相结合的乡村治理体系，让农村既充满活力又稳定有序。"② 宜章县始终坚持因地制宜、因村施策，积极探索符合村情、贴合民意又科学有效的工作、治理、建设模式，助推宜居宜业和美乡村和农业强国建设。

1. 探索"共建共治共享"工作模式，架起百姓"连心桥"

近年来，龙村瑶族村坚持"干部示范、党员带头、代表先行、村组联动、全民参与"的工作思路和"财政奖补引导、村级集体补助、屋场自筹投入、社会捐赠支持"的多元投入机制，按照群众"提"、大家"议"、屋场"定"、多方"投"、因村"建"、网格"治""六字"工作法，以"红色"为主题，打造石子岭美丽屋场示范点，群众幸福感、获得感明显提升。一是群众"提"。每年年初村两委分片召开"共谋大振兴"座谈会，各自然村结合本自然村的环境优势、文化特色、群众意愿和存在的短板等畅所欲言，并以报告形式把本自然村的想法规划和工作打算上报给村里。二是大家"议"。利用屋场会、恳谈会、农家夜话等形式广泛征求党员组长、群众代表的意见和建议，并按照"四议两公开"原则商讨确定建设地点。三是屋场"定"。引导成立乡村振兴理事会、屋场议事会等群众组织，发动党员先动、代表联动、群众互动，有效激发群众内生动力，全体村民自发签订承诺书，主动参与屋场建设。四是多方"投"。村里采取向上级部门争取一点、村级集体经济投入一点、爱心人士支持一点、村民投工投劳一点的方式，争

---

① 杨梅山镇平和村委会：《平和村共富保险典型材料》，打印稿。
② 习近平：《加快建设农业强国　推进农业农村现代化》，《求是》2023 年第 6 期。

取乡村振兴衔接资金100余万元，发动部分村民、爱心人士等捐赠筹资10余万元，村集体经济支持20万元，有效保障了美丽屋场建设资金。[1] 五是因村"建"。在保留原有风貌的基础上，因村制宜打造符合龙村特色的美丽屋场。如挖掘红军夜宿石子岭、年关暴动英烈等革命先烈的英雄事迹，将老旧房屋改造成红色故事陈列室和党建书屋。六是网格"治"。坚持群众主体地位，构建了"网格化+村民代表+户积分"管理机制，成立石子岭党小组和推选9名村民代表，组织党员、村民代表分段认领公共责任区和分片联系包干户，通过屋场议事会、党小组会、村民代表联系服务群众等方式，引导群众积极参与村级事务，形成了美丽乡村共建、共治、共管、共享的良好格局。[2]

2.探索"贤人治村"治理模式，画好共治"同心圆"

宜章县着力探索农民群众在基层治理中充分发挥其主体作用的科学路径，为全面推进乡村振兴集聚内生动力。调研发现，宜章县浆水乡锁石村把人才资源作为第一资源，除了建强党员干部队伍及组长代表队伍外，还组织本村有文化、有威望、带富能力强的群众成立了"乡村振兴理事会"，引导理事会充分发挥人才优势，成立了乡贤名流队伍、务工青年队伍、好人志愿队伍、外嫁媳妇队伍、五老贤达队伍、工匠能人队伍、文化教育队伍等涵盖各行各业的七支队伍，各支队伍的队长均由党员担任，实现了全党动员、全民参与乡村治理、谋划乡村振兴的良好局面。村委积极发动、邀请村"五老"人员参与村级事务管理。借助他们的政治优势、经验优势和群众优势，让他们在民生项目建设、信访积案调解、发展规划制定等方面有效发挥了参谋助手和纽带桥梁作用。村委充分发挥工匠和艺人的各种技能，把零散的工匠加以整合，成立了工匠施工队、篮球队、小调班，开展专业培训、实践指导等提升了广大工匠的技能水平。锁石村通过党建引领、队伍协同、群众参与，建立了"贤人治村"乡村治理模式，使全村大事小事有人干、难事急

---

① 《梅田镇龙村瑶族村美丽屋场建设"六字"工作法》，打印稿。
② 《梅田镇龙村瑶族村美丽屋场建设"六字"工作法》，打印稿。

事有人办，极大地发挥了群众在村民自治中的主人翁作用。①

3. 探索"美丽红村"建设模式，激活红色"主引擎"

宜章县积极探索美丽红色村庄建设，把红色基因、红色文化、红色力量融入乡村振兴之中。调研发现，邓家湾村是中国共产党早期的创始人和杰出的工人运动领袖——邓中夏革命先烈的故乡。近年来，邓家湾村被中组部、财政部确定为"2022 年推动红色村组织振兴建设红色美丽村庄"先行试点村。一是以村庄规划为引领。编制《宜章县五岭镇邓家湾村红色美丽村庄规划设计》，突出"红色"两个字，围绕传承红色基因、弘扬革命传统做文章，充分依托现有的红色资源，把中夏故居打造成党员学习教育活动阵地、工会会员培训基地。② 二是以项目建设为依托。规划布置好中夏书屋，搜集展示邓中夏的出版物、音像资料，邓中夏执笔的文章、创办的刊物等；在中夏希望小学外墙上设计建设党史文化长廊，展示中国共产党党史和工会发展史；完成人行道及水泥仿古护栏修建和东车立面改造工程；完成邓家湾活动中心置换新建；完成党群服务中心功能设置、装修和现有的村综合服务中心的修缮工程。③ 三是以环境整治为突破。规范村庄风格，科学布局杆线，设计雨污分流，提升乡村风貌。契合红色主题，配齐环境卫生设施，定期组织党员干部对全村卫生开展大清扫；转变观念，解决乱堆乱放的难题，杂物堆放要有序，探索建造农具房以统一存放；通过评选活动"红黑榜"巩固环境整治成果。充实保洁员队伍，中夏故居 2023 年新增 5 个保洁员，加强调度监督，做好村内常态化保洁。结合房屋安全隐患排查行动，大力开展空心房、残垣断壁整治，截至 2022 年 9 月，累计拆除空心房 87 栋 3830 平方米。④

（五）构建大民政格局，兜牢大民生底线

近年来，宜章县始终坚持"一把手"抓民政、党政领导联系民政制度，

---

① 《巧开乡村治理之"锁"——宜章县浆水乡镇石村乡村治理案例》，打印稿。
② 《突出党建引领　促进村级振兴——宜章县五岭镇邓家湾村》，打印稿。
③ 《突出党建引领　促进村级振兴——宜章县五岭镇邓家湾村》，打印稿。
④ 《突出党建引领　促进村级振兴——宜章县五岭镇邓家湾村》，打印稿。

每年将新增财力的80%用于民生改善，以"小民政"托起"大民生"，从政府兜底的"内循环"拓展到社会广泛参与的"外循环"，民生保障从"兜底救助"大跨步向"精准救助"迈进，着力构建"党委领导、政府主导、民政牵头、部门协同、社会参与"的"大民政"格局。

1.健全体系，织密基本民生保障安全网

宜章县从完善最低生活保障制度切入，综合运用基本生活救助、专项社会救助、急难社会救助等措施，逐步健全体系，不断加强农村医疗卫生服务能力建设，强化人才培养，改善群众就医环境，编织一张基本民生保障安全网。2023年5月20日，宜章县卫健局获评全国基层中医药坚持中西医并重先进单位、被纳入基层中医药服务能力提升典型案例，宜章县岩泉镇中心卫生院获评全国基层助力乡村振兴优秀单位、被纳入全国乡村卫生体系健康发展典型案例。县中医医院设置"宜章县中医特色诊疗中心"，"范氏正骨手法"2021年被列为"郴州市非物质文化遗产"。范氏祖传骨伤外敷药"黄龙接骨膏"科研项目，获得湖南省科技进步三等奖。全县19家建制乡镇卫生院建成中医馆（中医药综合服务区），全县246家村卫生室配备了针灸、火罐、刮痧板、TDP神灯等基本器具，27家村卫生室建成"中医阁"，目前，246家村卫生室均可开展4类6种中医适宜技术，27家中医阁配备80种及以上中药饮片，配备了至少一名以中医药服务为主的乡村医生，能提供6类8种以上中医适宜技术，中医处方可达30%及以上，逐步扩大了中医药在群众中的影响。[①]

2.创新机制，形成综合高效的社会救助格局

宜章县在改革创新中将民政政策用好用足用活用实，不断提高社会救助的实效。一方面，宜章县通过部门数据共享、低收入人口动态监测、困难群众走访排查等手段，通过"政策找人"，及时发现困难家庭，提供"一户一策"社会救助服务，让特殊群体能够及时了解、享受各项救助政策，实现精准帮扶。另一方面，为加大社会救助领域"放管服"改革放权赋权力度，

---

① 宜章县卫健局：《宜章卫生健康助力乡村振兴　不断提升群众获得感》，打印稿。

宜章县先后将低保、特困供养、小额临时救助、高龄老人补贴等事项审批权限下放乡镇，原本需要开评议会审批的流程被简化，乡镇负责申请、审核、确认全流程，一个月内就可以办好低保审核，实现确认权限与监管职能有效分离，解决了县乡权责不一、审批耗时较长等问题，提高社会救助效率，及时高效为困难群众提供救助服务。审核确认权限下放后，"救急难"功能发挥更充分，困难群众对社会救助工作的满意度明显提升。民政部授予宜章县民政局"全国社会救助工作先进单位"称号。

3.多措并举，推动养老服务工作提质增效

宜章县在养老服务中重投入、抓创新、促提质，推动解决缺乏生活照料、康复护理等专业化养老服务实际问题，以高质量养老服务创造高品质生活，荣获省政府2022年度真抓实干督查激励表彰。一是合。按照"1+1+4"调整布局，整合县、乡两级财政资源，建设县级照护中心1家、精神障碍特困人员供养中心1家、区域性乡镇照护中心4家。二是建。争取中央地方专项债4500万元，全覆盖建设乡镇综合养老服务中心、社区居家养老服务站。目前，已建成村（居）养老互助设施148个，设置养老公益性服务岗位50个。三是买。推行县级统管、委托服务，为老年人提供高效化、人性化、体系化、嵌入式的养老服务。目前，宜章县有敬老院6所、社会养老机构5家，共有床位2041张，集中供养特困人员357人。四是补。出台扶持奖补办法，每年预算社会养老机构奖补资金200多万元。同时，通过以奖代补的方式，累计投入消防设施改造资金1000余万元。五是树。扎实推进养老机构多样化、品牌化、连锁化建设，培育5家主题鲜明、各具特色的社会养老机构，更好地满足老年人的多元化需求。[1]

三 加快推进乡村振兴的有益启示

全面推进乡村振兴的关键是处理好政府的宏观支持力量、市场化的外生

---

[1] 王铭：《湖南省宜章县委书记张润槐谈民政改革创新——兜住民生底线　鼓足发展底气》，《中国社会报》2023年6月8日，第2版。

拉动力量、农民自身能力的内生驱动力量这三者之间的关系，促进更多的资源要素持续向农村农业农民倾斜。对此，宜章县提供了有益启示。

（一）处理好耕地"非粮化"整治与农民增收的关系

习近平总书记 2022 年 12 月 23 日在中央农村工作会议上指出："治理'非粮化'政策性很强，要统筹考虑粮食生产和重要农产品保障、农民增收的关系，留出一定过渡期，加强政策引导。"[①] 粮食生产的经济效益不高，是当前治理耕地"非粮化"面临的最大障碍。调研发现，宜章县通过建立"田长治"工作机制，耕地保护和粮食安全工作取得实效，但也存在种粮效益不高影响农民种粮积极性的问题，如果"一刀切"地治理耕地"非粮化"，又会对当地经济产生较大影响，可能引发社会问题。宜章面临的这一问题是一个较为普遍的问题。为此建议：一是制定各有侧重的"非粮化"标准，制定差异化的合理阈值。针对一些非粮食主产区，本地又有良好的国家地理标志产品、名优土特产的生产条件和基础，建议在保障主要粮食种植面积的前提下，根据区域资源禀赋特点优化种植结构，着力寻求耕地保护与农民增收的平衡点。二是避免"非粮化"整治一刀切，引导耕地有序利用。在整治"非粮化"工作中，避免由于害怕担责而采用"从严处理"的整治原则，避免简单粗暴地采取下任务、定目标的方式来衡量基层部门的工作，杜绝"以禁代管、以毁代管"的工作手法，以免激化与农民群众的矛盾。三是制定粮食生产功能区"非粮化"整治补贴政策。在"非粮化"整治过程中，可以给予农民适当的经济补助，并且提升粮食生产补贴发放的精准性和力度，形成利益引导，减轻"非粮化"可能导致的不利影响。

（二）围绕市场体系不断延链补链强链

习近平总书记 2022 年 12 月 23 日在中央农村工作会议上指出："要延长农产品产业链，发展农产品加工、保鲜储藏、运输销售等，形成一定规模，

---

① 习近平：《加快建设农业强国　推进农业农村现代化》，《求是》2023 年第 6 期。

把农产品增值收益留在农村、留给农民。"① 完善乡村产业发展，不局限于打造单一的农产品，而是需要打造全链条、多业态、高附加值的土特产，并努力将各环节的增值收益分享给农民。因此，全面推进乡村振兴需要把对县域经济的支持重点放在培育发展县域的特色主导产业上，围绕市场体系不断延链补链强链，实现县域特色发展与产业特色发展相结合。宜章县立足本地比较优势，瞄准粤港澳大湾区广阔的市场，布局发展"两茶一橙"的下游产业与配套、延伸产业，不断延链补链强链，持续壮大特色主导产业，取得了较好成效。宜章县的实践表明，要围绕市场体系布局全产业链，构建"特色主导产业龙头项目+产业链+项目集群"的产业生态圈，逐步形成特色主导产业集群的规模效应。要推动特色优势主导产业以实现产业融合发展，以"粮头食尾""农头工尾"为抓手，聚焦特色优势产业，因地制宜地植入乡村生态文化旅游等新经济新业态，推动农业"接二连三"融合发展。要着力完善特色产业的配套设施，突出流通环节在市场体系建设中的战略地位，打造县域产地农产品冷链物流中心，建设联结城乡的物流网络。

（三）推动乡村振兴的外部推力与内生动力有机结合

习近平总书记指出，"要广泛依靠农民、教育引导农民、组织带动农民，激发广大农民群众积极性、主动性、创造性，投身乡村振兴，建设美好家园"。② 在乡村振兴实践中最大限度地激发起农民的自主性，成为乡村振兴的关键。无论是在脱贫攻坚阶段，还是在推进乡村振兴时期，农民的主体性都是作为内生发展最核心的保障条件而存在的。调研发现，宜章县在发展村集体经济、探索乡村治理模式等方面妥善处理好内生发展和外部资源引入的关系，形成一种外部推力与内生动力双向联动的发展格局。这启示我们，在全面推进乡村振兴中，要内外联动，把充分发挥农民的主体作用和更好发挥政府作用有机结合起来。将外部政策支持化为能够持续驱动乡村发展这台

---

① 习近平：《加快建设农业强国　推进农业农村现代化》，《求是》2023 年第 6 期。
② 习近平：《坚持把解决好"三农"问题作为全党工作重中之重　举全党全社会之力推动乡村振兴》，《求是》2022 年第 7 期。

"发动机"的不竭动能，进一步深化农村体制机制改革，全面激活主体、要素和市场，实行内外联动、相互促进，增强内生发展动力和发展能力，走内生性乡村振兴之路。要"双擎"驱动，发挥好乡村本土居民和回乡返乡人才的共同驱动作用。发挥好人的积极性、主动性和创造性是乡村振兴的关键。要放宽乡村居民和人才的视野，乡村振兴不仅要依靠农村本土居民和本地人力资源，同样也要依靠有志于在农村广阔天地施展拳脚的归乡返乡、创新创业的外来人才。要产业带动，利用好乡村特色资源和产业优势。在发展乡村产业的同时，要始终重视提升农民的组织化程度，积极发展多种形式的适度规模经营，壮大农村集体经济，发挥好龙头企业、合作社等新型农业经营主体带动作用。要城乡融合互动，促进优质要素更多向农村汇集。激发乡村振兴内生动力，必须发挥以工促农、以城带乡作用，走城乡融合发展道路。要带动农村居民就地就近就业，推动人才、土地、资本等要素在城乡间双向流动，建立健全城乡基本公共服务均等化的体制机制，推动公共服务向农村延伸、社会事业向农村覆盖，通过城乡融合发展给乡村产业发展铺就快速路、高速路，带动乡村内生性发展。

参考文献

《中共中央国务院关于做好二〇二三年全面推进乡村振兴重点工作的意见》，《人民日报》2023年2月14日，第1版。

习近平：《论"三农"工作》，中央文献出版社，2022。

习近平：《加快建设农业强国　推进农业农村现代化》，《求是》2023年第6期。

中央农村工作领导小组办公室：《习近平关于"三农"工作的重要论述学习读本》，人民出版社、中国农业出版社，2023。

毛伟明：《政府工作报告——2023年1月14日在湖南省第十四届人民代表大会第一次会议上》，《湖南日报》2023年1月28日，第1版。

毛伟明：《努力交出中国式现代化的湖南好答卷》，《新湘评论》2023年第2期。

陈文胜：《中国农业何以强》，中国农业出版社，2023。

陈文胜：《中国乡村何以兴》，中国农业出版社，2023。

陈文胜：《论中国乡村变迁》，社会科学文献出版社，2021。

陈文胜：《论道大国"三农"》，中国农业出版社，2021。

陈文胜：《大国村庄的进路》，湖南师范大学出版社，2020。

陈文胜：《全面推进乡村振兴的底线、主线与重点任务》，《湖南日报》2022年2月24日，第6版。

陈文胜、汪义力：《乡村振兴背景下乡镇治理现代转型研究》，《农村经济》2022年第4期。

陈文胜、李珊珊：《论新发展阶段全面推进乡村振兴》，《贵州社会科学》2022年第1期。

王文强：《为全面推进乡村振兴强基固本》，《新湘评论》2023年第7期。

B.10
2023年双峰县乡村振兴研究报告

汪义力　胡勇*

摘　要： 双峰县立足实际，对标对表，多措并举，激活庭院经济新动能，深化农文旅融合发展，突出农产品特色优势，涵养家风民风正能量，强化村为主治理模式，推动农业农村实现高质量发展的同时积累了诸多有益经验：因地制宜谋划，一村一策布局；强化科技赋能，培育特色产业；唤醒湘军文化，激发社会活力；突出农民主体，建设和美乡村；紧扣农民增收，巩固脱贫成果；并从中获得一些有益启示：处理好粮食安全与农民增收的关系，处理好统一行动与精准施策的关系，处理好基层党建与村民自治的关系，处理好文化传承与移风易俗的关系。

关键词： 乡村振兴　美丽屋场　湘军文化　双峰县

双峰县，隶属湖南省娄底市，地处湘中腹地，东邻湘潭、衡山，南接衡阳，西毗邵东、涟源，北界娄底、湘乡。东西长61公里，南北宽59.2公里，总面积1596平方公里。下辖11个镇、3个乡、2个街道办事处，523个行政村（社区），是传统农业大县、全国产粮大县，享有"湘中粮仓"的美誉。2022年，双峰县贯彻落实国务院、湖南省委省政府以及娄底市委市政府关于全面推进乡村振兴的决策部署，围绕实施"三高四新"战略，立足本土实际、发展实际，对标上级要求，全力抓重点、创特色、补短板、强弱项，推动各项工作取得新进展。

---

* 汪义力，湖南师范大学中国乡村振兴研究院博士研究生，研究方向为乡村治理；胡勇，湖南师范大学中国乡村振兴研究院硕士研究生，研究方向为乡村文化。

一　全面推进乡村振兴取得的成效

2022 年，双峰县坚持系统思维，把乡村振兴与各项工作统筹结合、一体推进，乡村产业发展有新突破，乡风更加文明，农旅文旅深度融合，环境更加美好，治理更加有效，乡村社会焕发新气象，乡村振兴取得较好成效。

（一）激活庭院经济新动能，"颜值""价值"双丰收

积极提高村民参与乡村旅游开发、经营、管理的积极性、能动性，着重以龙头产品加工、民宿、餐饮、农特产品销售、游乐项目为盈利点，最大限度地激发村民发展"庭院经济"的热情。锁石优质米、菜籽油、菜花蜜、农家豆豉、柴火腊肉、小花片、红薯片等一大批特色农产品走进千家万户。

1. 化零为整，油菜产业"从小到大"

双峰县锁石镇从 2011 年开始"试点"，采取镇里贴钱的方式，发动全镇干部利用工作间隙与村民一道下地种油菜，一丘一丘挖、一片一片种，开辟集中连片 1000 亩油菜花田，到 2022 年，油菜核心基地发展到大溢塘、车田、锁石、芙蓉、景星、桤木、山河等 10 个村，连片规模达到 1.5 万亩，1.5 万名村民通过"油菜花"实现增收。[①]

2. 拓宽产业，旅游效益"从庸到优"

通过乡村旅游的带动，全镇一二三产业实现齐头并进发展。福寿粮油获评省级农业龙头企业，"花之缘"菜籽油获评湖南省知名品牌，三荷农庄、花海人家、金紫峰农庄、问客杀鸡、凤舞酒家、醉美农庄等 40 余家休闲农家乐、精品家庭旅店年均获利达 30 余万元。锁石盛产的优质米、菜籽油、柴火腊肉、小花片、红薯片等一大批特色农产品搭上"旅游快车"，走出锁石、走入市场、打响品牌。土产达人刘婷、李花靠销售土产品年获利 30 余万元。"摆摊经济""电商经济"让老百姓享受到更多节会带来的经济红利，

---

① 中共双峰县委实施乡村振兴战略领导小组办公室：《双峰县推进乡村振兴典型经验》，打印稿。

景区村民家家户户都吃上了"旅游饭","花之缘"乡村旅游年均接待游客20余万人次,带动旅游综合效益5000余万元。[①]

3. 以文促旅,品牌辐射"从弱到强"

从政府"一头热"到村民"盼着办"到游客的"相念缘",一届一届政府传承接力棒,一张蓝图画到底,历经11年磨剑,实现从游客的吃、住、行难到游步道、停车场、农家乐、家庭旅店等旅游设施的持续改善,从单一的油菜花会到"春油夏荷秋菊"、金紫峰、清峻亭、冷山冲大峡谷、车田最美一条河等自然人文的完美结合,从纯粹的乡村游到农旅人文的融合发展。[②]

(二)深化文农旅融合发展,"业态""生态"再升级

全面推进乡村振兴,要立足特色资源,因地制宜发展乡村旅游、休闲农业等新产业新业态,贯通产加销,融合农文旅,推动乡村产业发展壮大,让农民更多分享产业增值收益。近年来,双峰县锁石镇坚决践行"绿水青山就是金山银山"理念,深入挖掘、解码乡村特色基因,以"一朵油菜花"为依托,巧打"农旅+"品牌,探索以农旅串起山水人文的"美丽经济"发展道路。

1. 以花造形,打造"美丽"景点

充分发挥锁石镇天然"绿肺""氧吧"优势,以一朵油菜花为切入点,打造"生态、休闲、健康"品牌。采取"合作社+大户"的运作模式,组建集体经济合作社,培育种植大户,吸引小农户以土地入股,借地生财,全镇10个集体经济合作社、5个农民种养专业合作社、102个种植大户"握指成拳"建设了1.5万亩油菜基地、1000亩荷花基地、500亩菊花基地和400亩药材基地。同时,集合多方力量,整合各方资源,投入推动乡村旅游项目建设。政府投入以公路等基础设施建设以奖代补为主,鼓励和吸引工商资本、

---

① 中共双峰县委实施乡村振兴战略领导小组办公室:《双峰县推进乡村振兴典型经验》,打印稿。
② 中共双峰县委实施乡村振兴战略领导小组办公室:《双峰县推进乡村振兴典型经验》,打印稿。

民营资本参与"美丽经济"建设，近10年共通过"上争外引内筹"的模式，撬动产业项目投入超过2亿元，构建了以车田花海、上尧翠荷、金峰禅林、清峻古亭等锁石八景为主覆盖全镇的全域旅游格局。[①]

2. 以节造势，彰显"美丽"品牌

精心举办油菜花、菊花、丰收节等节会活动，连续举办11届娄底·双峰油菜花文化旅游节，双峰县第八届县花（菊花）节，锁石镇第二届丰收节，2021年作为主会场成功举办湖南油菜花节。精心策划双峰县首届油菜花摄影大赛、抖音视频大赛，录制并唱响《在醉美锁石邂逅你》《花之缘》等原创歌曲，邀请中央美院专家写生，制作油菜花风光宣传片，编发旅游宣传画册，以节造势，以节吸粉，全方位立体化宣传推介锁石"花"样旅游，提升锁石知名度和美誉度。围绕创建国家级3A级旅游景区定位，积极规范和完善乡村旅游管理体制，加强乡村旅游从业人员业务培训，全镇共举办乡村旅游实用人才培训班22期，采取短期培训、流动课堂等方式培训学员1000余人次，培养管理、研究、创作、表演、服务等方面的专业人才220余人。[②]

3. 以文造魂，丰富"美丽"内涵

深入挖掘农家鼓乐、书画、剪纸等乡村传统文化，融入鞭春牛、踏水车、捉泥鳅等传统活动元素和网红桥、趣味秋千、机器人等新兴元素，开发民俗体验、农事参与、农家生活三大乡村亲情体验一日游活动，精心包装了油菜花海—千岁古松—金峰禅林、油菜花海—上尧翠荷—冷山峡谷、油菜花海—枧水冲—清峻亭等精品旅游线路3条。配套建设好农家书屋、文化大院和健身广场等文化娱乐场所，组织开展贴近农村生活、反映传统农耕文明的文娱活动，为乡村旅游注入源源不断的发展动能。把禁燃禁炮、限塑列入村规民约，明确红白理事会章程和简办制度，引导村民破传统陋习、树文明新风。全面整治农村人居环境，实施绿化、亮化、美化、净化工程，深化环境

---

① 中共双峰县委实施乡村振兴战略领导小组办公室：《双峰县推进乡村振兴典型经验》，打印稿。
② 中共双峰县委实施乡村振兴战略领导小组办公室：《双峰县推进乡村振兴典型经验》，打印稿。

卫生"门前三包"制度，开展美丽村庄、美丽屋场、美丽庭院评比，提升旅游软实力。[①]

（三）突出农产品特色优势，"提质""增效"齐上阵

近年来，双峰县采取突出政策引领、培育多元主体、完善服务体系、加大力宣传和推介力度等一系列举措，双峰县特色产业发展呈现诸多突出特点。

1. 产业体系逐步调顺

经过多年发展，双峰县基本形成了水稻、油菜、辣椒、中药材、油茶、楠竹、蛋白桑等为主的特色种植业，以黑加宝黑猪、青壳蛋鸡、龙虾等为主的特色养殖业，以粮油、辣酱、楠竹为主的农产品加工业和以生物制药等为主的新兴产业。全县粮食作物总面积超过110万亩，涌现了"稻—鱼""稻—油"等种养模式，晚稻优质稻率突破90%；油菜种植面积稳定在20万亩以上，"油菜花海"旅游观光面积超过4万亩，生猪出栏量常年稳定在100万头左右，多年获评"全国生猪调出大县"。大力发展优势特色千亿产业，湖南中南神剑竹木有限公司申报成功"优势特色千亿产业标杆企业打造项目"。农机产业已形成聚集程度较高、闻名全国的农机产业基地。2022年，双峰县农产品加工业实现销售收入138.97亿元，同比增长9.0%。[②]

2. 经营体系逐步完善

全县现有农业产业化省级龙头企业15家，市级龙头企业46家，县级龙头企业93家。涵盖粮油、肉类水产、竹木林、果蔬茶、中药材等八大产业。主要产品有优质大米、面条、优质茶油、菜油、永丰辣酱、豆豉、香干、豆笋、豆皮、分割肉类、实木家具、滕制家具、竹床垫、木工板材、建筑模板等。现有休闲农业经营主体672家，省三星级以上休闲农庄共23家，省休闲农业集聚发展示范点3家，荷塘村被评为中国美丽休闲乡村。全县农村电

---

① 中共双峰县委实施乡村振兴战略领导小组办公室：《双峰县推进乡村振兴典型经验》，打印稿。

② 双峰县农业农村局：《在湖南师范大学中国乡村振兴研究院调研双峰乡村振兴工作座谈会上的发言》，打印稿。

商（微商）网点超过 1 万家，益农信息社即将实现所有行政村全覆盖。双峰县"三品一标"有效总数达到 86 个，占到全市的 36.5%。永丰街道因永丰辣酱成为第九批全国"一村一品"示范村镇。永丰镇农机小镇被授予首批省级特色产业小镇称号，永丰辣酱、五色糙米、青树坪淮山多次荣获省级以上农产品博览会产品金奖。①

3. 产业融合水平逐步提高

推进现代农业与乡村旅游深度融合，如锁石花之缘 3A 景区按照突出优势、聚集资源、产业集中连片、三产有效联动的布局，以旅游推动农业发展，辐射带动全镇鲜销、加工、服务、餐饮、休闲的发展，做到现代农业与文化创意深度融合。如曾府辣酱有限公司在原材料基地旁创办了"辣文化体验馆"，既普及永丰辣文化，又带动当地的休闲采摘，做到现代农业与科技深度融合。如湖南晨旭农业科技有限公司开发的新型"鱼菜（稻）共生"生态循环农业"一亩通"系统，实现了高密度养鱼与立体基质二培种植完美结合。从生产原理上杜绝了农药及有害物质的介入，整个系统是以高品质且安全的鱼饲料、有机基质、农畜肥和有机肥等作为鱼菜的营养，能为老百姓供应直观可靠、安全健康、营养丰富、美味可口的有机鱼、菜、米。②

（四）涵养家风民风正能量，"铸魂""塑形"同提升

坚持弘扬和践行社会主义核心价值观，依托新时代文明实践所、站，广泛凝聚人心、凝聚共识、凝聚智慧，激发人民追求美好生活的内生动力。加强家国情怀培养，着力营造忠党爱国、创业追梦、遵规守法、和谐稳定的乡村环境，夯实乡风文明的人文基础。

1. 创新宣传，以文铸魂

实施宣传提质工程，通过主流媒体、自媒体、新媒体等途径做好线上宣

---

① 双峰县农业农村局：《在湖南师范大学中国乡村振兴研究院调研双峰乡村振兴工作座谈会上的发言》，打印稿。
② 双峰县农业农村局：《在湖南师范大学中国乡村振兴研究院调研双峰乡村振兴工作座谈会上的发言》，打印稿。

传，已推出《双峰县 2022 年建设湖南省文明城市测评重点工作任务解读》系列小视频 10 个，制作"创文进行时"系列小视频 6 个，制作《新版全国文明城市测评体系图解》海报 10 个，制作 H5《双峰县 2022 年建设湖南省文明城市测评重点工作任务解读》3 个；每月推送一批"湖南好人"如罗慧、江泳波等，让大家学有标兵、学有示范。各单位以在显著位置投放公益广告等形式进行线下宣传，开展敲门行动入户宣传 4.5 万次，发放《"和森红"志愿服务知识手册》100000 份，推动文明城市创建理念家喻户晓。新时代文明实践中心、所、站建设已 100%覆盖县乡村，逐步投入使用并开展系列有组织、有主题、有内容的文明实践活动，使其成为成风化人、凝心聚力的根据地。举办"喜迎二十大·强国复兴有我"美术书法摄影作品展览，营造良好的文化宣传氛围。①

2. 示范带动，以文塑行

在全县范围内持续打造和森路上"和森红"品牌，传承红色基因，赓续红色血脉，把和森精神融入志愿服务。在全县范围内广泛征集创建全国文明城市的意见建议，开展创建全国文明城市（县级）主题歌曲和"和森红"志愿服务者主题歌曲征集，开展创建文明城市摄影比赛，提升群众参与度。全县建立了 311 支"和森红"志愿服务队伍，共 10.6 万余名志愿服务者。建立环保、消防应急、安全生产、文明劝导等多种专业志愿者队伍，志愿者服务队主要由小区党员、县直和街道在职党员干部、离退休党员干部、村（社区）两委干部、各类志愿者组成，为小区居民提供政策宣讲、疫情防控、法律援助、平安建设、扶贫帮困、环境整治、应急管理等服务，扎扎实实为群众做好事、办实事、解难事。②

3. 涵养家风，成风化人

推动国藩故里"好家风"建设常态化，以党风领家风、以家风带民风，努力推进乡风文明建设，发出《"弘扬家国情怀共建文明城市"倡议书》，

---

① 中共双峰县委实施乡村振兴战略领导小组办公室：《双峰县推进乡村振兴典型经验》，打印稿。
② 中共双峰县委实施乡村振兴战略领导小组办公室：《双峰县推进乡村振兴典型经验》，打印稿。

号召广大市民朋友积极参与文明城市创建，做家国情怀的"弘扬者"，做文明言行的"践行者"，做文明创建的"志愿者"，"文明礼让""文明餐桌""公筷公勺"成为市民新时尚。开展家庭家教家风"七个一"活动，即组织一次家风演讲比赛、编好一本双峰好家风读本、征集一批好家训、讲好一场家史课、开好一次家庭会议、写好一封家书、搞好一期家训书画展览。举办"国藩故里好家风"演讲比赛，推出 70 余期"好家风好家训"书信展播等活动，促进了家风家教文化传播弘扬，致力把双峰打造成"家风第一县"。①

（五）强化村为主治理模式，"自治""共治"相协同

2023 年来，双峰县以"五无两创"（无疫、无诈、无毒、无上访、无安全生产事故，创文明城市、创先进基层党组织）为抓手，按照"一名县级领导、多个县直单位帮扶共建一个社区、一个工作专班、一套工作机制"的模式，推动社会治理重心下移，着力做强街镇、夯实社区，构建"共建共治共享"的基层社会治理格局，实现党建引领、多元发力、共建共治良性互动，城市治理效能显著提升。

1. 以"五无"社区为目标推动工作大整合

网格是基层社会治理的"神经末梢"，也是直接服务群众的最前沿，更是疫情防控、信访维稳、安全生产等底线工作的"前哨"。县委在充分调研的基础上，结合双峰实际，制定《双峰县"一抓三促"五年行动计划（2022-2026 年）》，构建好基层网格化组织体系，科学合理设置网格 188 个，配齐配强网格队伍，建立社区大数据库，加快实行智能化、信息化管理，逐步推进智慧社区建设，做到每个网格长都有手持终端数据，随时随地可查询信息，进一步健全完善"基层吹哨、部门报到"快速反应办理工作机制，着力破解网格员"看得见、解决难"的难题，实现了"需求在网格发现、信息在网格采集、隐患在网格排查、矛盾在网格化解、服务在网格开

---

① 中共双峰县委实施乡村振兴战略领导小组办公室：《双峰县推进乡村振兴典型经验》，打印稿。

展"的全闭环管理。①

2.以党建为引领推动力量大聚合

把社区党建作为基层党建工作的重点来抓,实行县级领导联点制度,县级领导均明确挂点社区。县级领导每个季度组织召开一次联席会,责任单位主要负责人每月、分管负责人每周至少到社区调研 1 次,专职人员每月 10 天以上在社区签到工作,推动工作力量下沉到"最小单位",确保城市基层党建各项任务落实落细。大力推进"小区党组织+物业+楼宇会"的城市基层治理模式,把党支部建到小区、楼栋等"最小单元",在全县 188 个城市网格中,择优推选党员担任网格长(员)279 人、楼栋长 699 人、单元长(信息员)人员 531 人,实现了居民小区党建全覆盖。②

3.以帮扶、监督双发力构建治理大格局

制定下发《双峰县中心城区社区"五无两创"帮扶共建工作方案》等文件,83 个县直机关单位、国有企事业单位全部结对联系两个街道 29 个社区、132 个居民小区,领导干部常下社区、常在社区、常助社区,持续开展"机关联基层、党建促治理""万名干部上网格、基层治理我担当"结对帮扶活动,指导社区开展各项党支部、党日活动和志愿服务活动、完善物业管理等工作,真正做到领导在一线指挥、干部在一线工作、问题在一线解决。以督导促落实,以考核促提升,下发了《双峰县中心城区社区"五无两创"帮扶共建工作考评细则(试行)》,持续性开展日常督查和专项督查,建立健全"整改清单+台账管理+办结销号"的督查机制,使督查常态化、日常化、长效化。③

二 全面推进乡村振兴的基本经验

2022 年双峰县全面贯彻中央、省委、市委经济工作会议、农村工作会

---

① 中共双峰县委实施乡村振兴战略领导小组办公室:《双峰县推进乡村振兴典型经验》,打印稿。
② 中共双峰县委实施乡村振兴战略领导小组办公室:《双峰县推进乡村振兴典型经验》,打印稿。
③ 中共双峰县委实施乡村振兴战略领导小组办公室:《双峰县推进乡村振兴典型经验》,打印稿。

议精神,深入贯彻落实习近平总书记关于"三农"工作的重要论述,以全面推进乡村振兴为总抓手,坚持农业农村优先发展,坚持城乡融合发展,强化科技创新和制度创新,坚决守牢确保粮食安全、防止规模性返贫等底线,扎实做好乡村发展、乡村建设、乡村治理等重点工作,全力推进双峰农业农村实现高质量发展。

(一)因地制宜谋划,一村一策布局

双峰县把集体经济发展作为乡村振兴的重要工作,坚持党建引领,协调各方资源,采取务实举措,全力推进消薄攻坚行动。自 2021 年以来,全县共减少集体经济薄弱村 212 个。

1. 加强组织领导,强化顶层设计

结合双峰实际,出台《双峰县加快发展壮大村级集体经济五年行动计划(2022-2026 年)》,明确"实现 149 个村退出薄弱村行列,新增村级集体经济收入 10 万元以上的村 10 个,新增村级集体经济收入 100 万元以上的村 2 个"的全年目标任务和"十村标杆、百村示范、全域提升"的五年行动目标[①]。组织全县 16 个乡镇(街道)集中开展专题学习研讨,逐村分析研判,由县委组织部、县农业农村局、县乡村振兴局班子成员带队,逐一督促指导。乡镇(街道)领导班子成员、驻村工作队全员下村,组织调查摸底、座谈讨论,形成"一村一策"发展方案。

2. 建强战斗堡垒,提升发展能力

注重从致富能手、农民合作社负责人、优秀民营企业家、外出务工经商人员中选拔优秀人才担任村党组织书记。培训"头雁",提升带富能力。邀请省农业农村厅相关领导做专题辅导,举办抓党建促乡村振兴(村级集体经济发展专题)培训班,优选 5 名村党组织书记现身说教、交流经验,邀请浏阳市委党校 1 名高级讲师和 1 名村党组织书记专题授课。储备"头雁",增强发展后劲。村级换届中,全县 574 名大专以上文化、35 岁以下的

---

① 中共双峰县委实施乡村振兴战略领导小组办公室:《双峰县推进乡村振兴典型经验》,打印稿。

年轻同志脱颖而出，当选为村（社区） "两委"成员，优化了村干部结构。①

3. 规范"三资"管理，拓宽发展路径

因村施策，增强"造血"功能。在产业形态上，走一、二、三产业共同发展之路；在实现形式上，既可一村一策、多村一策，也可一村多策；在经营方式上，倡导自主经营、股份合作等多种形式，积极探索资源开发型、股份合作型、服务增收型、项目带动型等加快发展村级集体经济的新路子。社会扶持，加大"输血"力度。突出党建引领，多方发动、多层次鼓励社会团体、企事业单位、社会各界人士支持村级集体经济发展。深入开展"企业联村"活动，鼓励企业将各类产业发展资金和优势资源向农村流动。②

4. 加大扶持力度，激发内生动力

通过强化政策、项目、人才三大要素体系支持村级集体经济发展。县财政整合乡村振兴资金和项目类资金支持村级集体经济发展，采取以奖代补的方式重点支持集体经济收入在5万元以下薄弱村；村级集体经济组织提取不低于10%的集体土地征收补偿费留作村级集体经济发展资金；对发展村级集体经济的贷款，执行银行贷款基准利率，由县级财政进行适当贴息。支持村级集体经济组织申报乡村振兴、美丽乡村建设、油茶产业发展、农业产业化、农民专业合作社等示范项目，鼓励有条件的村组建工程施工队、农业服务队、运输公司、劳务公司等生产经营组织。③

（二）强化科技赋能，培育特色产业

以双峰高新技术开发区农机产业园区为依托，出台政策鼓励本土农机企业与重点院校、院士团队开展产学研合作，重点从推动农机产业链协同创新、培育农机产业链优质企业、加大开放合作力度、夯实农机产业集群基础、强化要素保障等5个方面发力推动农机产业发展，擦亮双峰农机名片。

---

① 中共双峰县委实施乡村振兴战略领导小组办公室：《双峰县推进乡村振兴典型经验》，打印稿。
② 中共双峰县委实施乡村振兴战略领导小组办公室：《双峰县推进乡村振兴典型经验》，打印稿。
③ 中共双峰县委实施乡村振兴战略领导小组办公室：《双峰县推进乡村振兴典型经验》，打印稿。

1. "三类订单"创新服务模式

根据小农户和农业生产个性化需求，创新推出单环节、多环节、套餐式等各类订单服务模式。一是创新"服务组织+大户"模式。服务组织对接规模经营主体，提供"统一品种、统一育秧、统一耕作、统一防治、统一收割"的"五统"服务，全县服务面积达30余万亩。二是创新"服务组织+小农户"模式。服务组织对服务区域内小农户，实行供、耕、种、防、收、销全程服务，全县托管服务达21万余亩。三是创新"单环节服务"模式。对育秧、统防统治等专业性强、技术要求高的环节，引导16家工厂化育秧主体、39家规模化统防统治服务主体开展单环节服务。[①]

2. "三业延伸"拓展服务领域

探索建立农业社会化服务的新模式新机制，有效破解了农业生产"老大难"问题。一是拓展生产，参与抛荒整治。对服务主体参与抛荒整治的，荒田免收1~3年租金，水利设施和机耕道路项目资金向整治抛荒地倾斜，服务主体优先推荐申报种粮标兵。二是拓展加工，促进产品增值。鼓励服务主体开展订单生产，提供粮食烘干、仓储、精品粮油加工等服务。如花门镇珠江村将农户承包耕地统一流转给两家农民专业合作社，村集体经济组织与合作社合资兴建大米厂，承担本村及周边村优质稻谷收储、加工、销售工作，实现了村民、农民专业合作社、村级集体"三赢"。三是拓展旅游，推进三产融合。引导支持服务主体开展综合生态种养、民俗体验、休闲观光等服务，进一步延伸产业链、提升价值链、拓宽增收链。[②]

3. "三个结合"提升服务效益

坚持工作统筹、要素集聚、资源整合，加快构建现代农业生产体系。一是与推进适度规模经营相结合。开展村集体引导型、乡镇集中服务型、村级组织集中流转型等多形式的土地流转，全县流转面积达33.59万亩，占家庭承包耕地的56.8%，发展流转大户1375户。二是与推进农业机械化相结合。

---

① 中共双峰县委实施乡村振兴战略领导小组办公室：《双峰县推进乡村振兴典型经验》，打印稿。

② 《"田管家"上阵"老大难"下岗——双峰县1116家农业社会化服务主体赋能乡村振兴》，《娄底日报》2022年9月5日，第5版。

立足丘陵山区耕地"碎片化"的现实困境，发挥农机产业发展优势，大力研发和推广"轻便、适用、实惠"和"小、精、实"农机装备，全县108家农机合作社为农户提供"全程机械化+综合农事服务"的"一条龙"服务。三是与集体经济组织增收相结合。鼓励村"两委"为主体牵头领办社会化服务实体，全县473个行政村有超过300个村组建各类服务组织，服务内容涵盖土地流转、农资供应、生产经营、农机耕作、农产品收储加工、市场营销、基础设施建设等10多个项目，村均增收2万元以上。①

（三）唤醒湘军文化，激发社会活力

乡村振兴，既要塑形，也要铸魂，既要"富口袋"，也要"富脑袋"。双峰县坚持把乡村文化振兴作为农村精神文明建设的重要抓手，不断挖掘湘军文化资源，引领乡村文化振兴。

1. 打造湘军文化墙，以文化人

双峰县荷叶镇把乡风文明、风貌提升作为落实乡村振兴战略的重要举措，打造墙体文化，以墙为载体，用连环画、彩绘等形式，将乡村振兴、湘军文化、耕读文化、曾国藩家教家风家训等主题内容画到墙上，图文并茂、生动形象地呈现在群众和游客面前，使家风家教文化更加深入人心，民风更淳朴，邻里关系更和谐，干群关系更融洽，提升了乡村人居环境，推动了乡村文化振兴。荷叶镇共打造文化墙120多块，主要分布在石林、荷塘、富托、天坪四个村和古镇城区。在村民家房屋外墙、庭院、村级活动中心等地，"树家风、传家训、立家规""大力发展乡村旅游，全面推进乡村振兴"等一面面内容丰富、色彩鲜艳的"文化墙"与整洁的村庄交相辉映，成为荷叶镇精神文明建设的美丽风景线，传递着文明的力量。在全域美丽乡村建设中，荷叶镇设立文化墙，旨在以文化人、以文育人，倡导好的道德风尚，

---

① 湖南省农业农村厅农村合作经济指导处：《"田管家上阵""老大难"下岗——湖南省双峰县推进农业社会化服务赋能乡村振兴》，打印稿。

传承文明薪火，起到营造氛围、深化主题的作用。[①]

2. 打造湘军文化园，丰富文化生活

湘军文化园区依托荷叶镇曾国藩家教家风、湘军文化和石林村的自然环境、独特的资源条件和已有的产业基础支持，结合区域发展产业需求，大力挖掘湘军文化，弘扬湘军精神，体现湘军特色。同时，结合自然山水，增加体验式情景模式，传承和弘扬湘军文化内核，把国藩故里、湘军摇篮、家教殿堂等文化元素融合在一起，打造 3A 级旅游景区。石林村是当年湘军练兵的场所之一，如今是"湘军文化园"打造地，也是省级美丽乡村建设示范村，以"乡村振兴、湘军文化"为主题，通过挖掘村里历史文化，把曾国藩八本家训、文明用语、整洁环境卫生用语等内容，用文字和图画表达了出来，为创建特色文旅小镇和全域美丽乡村助力。荷塘村是全国文明村镇、中国美丽休闲乡村、省级特色精品乡村，也是"曾国藩耕读文化园"建设地，将"耕读文化"融入文化墙中，书写"荷塘'悦'色"动人篇章，助力乡村文化振兴。[②]

（四）突出农民主体，建设和美乡村

乡村的建设是乡村振兴美丽乡村中的一个重要环节，往往存在资金少、人才缺、维护保持难的问题。双峰县杏子铺镇通过创新思路，探索出"三来四自"的美丽乡村建设新模式。

1. 以"三来"解决"谁来建"的问题

农民是乡村的主体，乡村应为农民而建、让农民来建。一是乡贤请出来。乡贤在村民中有较高的道德权威，是乡村人才振兴中不可或缺的重要群体。"乡贤"捐资出力，做屋场建设的带头人。如国家一级美术师曹明求先生在涟水塘田湾美丽屋场的建设中，用退休工资带头捐款 10 万元，受他影

---

① 《荷叶镇：家风文化墙装点美丽乡村》，双峰网，http：//www.ldsf.com.cn/content/346 4554。

② 《荷叶镇：家风文化墙装点美丽乡村》，双峰网，http：//www.ldsf.com.cn/content/346 4554。

响，塘田组其他乡贤也无私奉献，乡贤们慷慨解囊、积极主动建设家乡的举动开启了涟水塘田湾美丽屋场的建设热潮。二是村民动起来。有美丽屋场建设任务的各村村支两委通过召开多达数十场的屋场会，统一思想，民主协商共建美丽屋场。让村民们积极参与到屋场建设中，充分激发了村民们主人翁精神。三是党建领起来。充分发挥党建促乡村振兴、党员先锋模范带头作用。溪口美丽屋场的党员们不仅在美丽屋场建设过程中带头筹资筹劳、献计献策和帮助村支两委做群众的思想工作，更是在后期的维护中不间断地自发义务劳动。在当地群众中起到了很好的模范带头作用。[1]

2. 以"四自"解决"怎么建"的问题

美丽屋场都不是简单的"复制粘贴"，而是每一处美丽屋场都有自己的特色。乡村建设应符合当地实际。一是自主设计。美丽屋场设计充分挖掘本地人文资源和自然风光禀赋，发挥全体村民的聪明才智，不聘请外面大设计公司，不搞大拆大建，因地制宜，不强求统一，不挖山、不填水、不砍树，尽量保持屋场的"原汁原味"，遵照自身房屋实际和个人风格进行设计。二是自我筹资。杏子铺镇美丽屋场始终采取乡镇统筹、村负责、党员和乡贤带头、村民主体的模式，乡镇不大包大揽，以乡贤能人捐资、村民筹资为主、乡镇财政奖补为辅，整合各类资金，解决资金来源问题。三是自行建设。美丽屋场建设由乡镇党政班子成员担任指导组组长，由驻村干部、村干部、乡贤、党员代表、村民群众代表组成工作组负责具体实施，发动和聘请本村能工巧匠投工出力，倡导村民自己动手对房前屋后进行改建、美化、绿化。四是自觉管理。美丽屋场的环境卫生、基础设施等日常维护均是依靠村民自觉进行。如溪口新塘美丽屋场，村民们不但自觉履行门前三包，还成立义务清扫队，约定每周星期三、六给公共区域打扫卫生，给花草浇水和清理杂草。[2]

---

[1] 中共双峰县委实施乡村振兴战略领导小组办公室：《双峰县推进乡村振兴典型经验》，打印稿。

[2] 中共双峰县委实施乡村振兴战略领导小组办公室：《双峰县推进乡村振兴典型经验》，打印稿。

（五）紧扣农民增收，巩固脱贫成果

双峰县把巩固脱贫攻坚成果作为全面推进乡村振兴的底线任务，开展常态化监测帮扶，全面落实"3+1"保障政策，着力提高脱贫人口收入，以毫不松懈的劲头持续巩固拓展脱贫成果。

1.坚持应纳尽纳

村级设立"防贫监测员"负责动态排查和省防贫监测和帮扶管理平台使用操作，编印《防返贫监测帮扶工作指南》，坚持集中排查、部门数据比对、自主申报"三个途径"发力，动态关注"8类群体"，仔细甄别"5种情形"，对返贫致贫风险对象做到早发现、早干预、早帮扶。2023年组织开展三次集中排查，新增纳入监测对象1931户5642人，做到应纳尽纳、及时纳入。①

2.坚持应帮尽帮

坚持帮扶"3个10天""三明白""两清零"，按照"职务越高帮扶风险消除难度越大的对象"的原则，县委书记、县长示范带头，所有县级领导结对帮扶监测对象，实现对所有脱贫户结对联系、所有监测户结对帮扶全覆盖。编印《2022年巩固拓展脱贫攻坚成果到人到户政策汇编》，加强政策入户宣传；建立完善部门信息共享机制，每月交换部门数据，重点做好教育、健康帮扶，动态清零"三保障"和饮水安全领域的新增风险。2023年新增消除风险357户744人。②

3.坚持应增尽增

把提高收入作为推进乡村振兴的支点，持续抓好强产业稳就业优保障，多管齐下促进脱贫群众持续较快增收。每个产业基地确定一名乡镇班子成员挂点负责、一名产业发展指导员具体指导、一名责任人专职培管；开展产业帮扶协议履行情况"回头看"，组织防返贫"五有"产业帮扶行动。投入有

---

① 中共双峰县委实施乡村振兴战略领导小组办公室：《双峰县推进乡村振兴典型经验》，打印稿。
② 《绘就美丽乡村新画卷——双峰县推进巩固脱贫攻坚成果同乡村振兴有效衔接》，《湖南日报》2022年12月19日，第11版。

效衔接资金 3921 万元、新增贷款 2375 户 11403.9 万元助推产业发展，蛋白桑、红心脐橙、油茶林、青壳蛋鸡、竹产品精深加工等乡村产业巩固提升，培育省、市级农业产业化龙头企业 53 家，发展休闲农业经营主体 667 个。强化稳岗就业，积极提供"311"服务，有就业意愿未就业脱贫劳动力实现动态清零。全县脱贫人口务工总人数（含监测对象）36269 人，比上年底增长 11.37%，巩固发展就业帮扶车间 103 家，比上年底增加 5 家，统筹开发公益性岗位 1121 个。①

4. 坚持应督尽督

开展"庸懒散奢"问题集中整治暨"作风建设提升年"活动，以作风攻坚促问题攻坚。县委书记、县长带头落实"3 个走遍"，县级领导全部下沉挂点乡镇、联点村暗访督查，到行业部门实地调度，现场发现问题、解决问题。实行县委书记、县长季调度，专项工作组和领导小组办公室月调度，组建常态化督导组，推动工作落实落细。2023 年以来组织驻村工作全覆盖集中督查 8 次，发出通报 8 期，通报批评 34 人次。②

5. 坚持应改尽改

对照国家、省考核评估反馈问题，围绕"四个不摘"重点开展防止返贫监测帮扶、脱贫群众持续稳定增收、易地搬迁后续扶持等"三大集中排查行动"，将所有问题汇总梳理为 30 个具体问题，逐一明确整改措施、责任单位，坚持"四不"目标导向，实行"一单四制"管理和"五包"责任制，推动各级各部门对照整改措施真抓实干、较真碰硬、全面整改。至 7 月中旬，国家考核评估反馈的 3 个具体问题、省级考核反馈的 8 个具体问题全部完成整改。同时，举一反三、以点带面，在全县范围内定期组织开展巩固脱贫攻坚成果"回头看"，及时整改市、县督查、调研中发现的问题，全面提升有效衔接工作水平。③

---

① 《绘就美丽乡村新画卷——双峰县推进巩固脱贫攻坚成果同乡村振兴有效衔接》，《湖南日报》2022 年 12 月 19 日，第 11 版。
② 中共双峰县委实施乡村振兴战略领导小组办公室：《双峰县推进乡村振兴典型经验》，打印稿。
③ 中共双峰县委实施乡村振兴战略领导小组办公室：《双峰县推进乡村振兴典型经验》，打印稿。

三 全面推进乡村振兴的重要启示

全面推进乡村振兴的广度、深度、难度不亚于脱贫攻坚，双峰县注重突出工作重点，抓好关键环节，围绕难点问题，实施精准发力，发挥好双峰的优势，凸显双峰的特色，取得了重要成就，积累了很多经验，可以从中获得一些有益启示。

（一）处理好粮食安全与农民增收的关系

粮食安全是"国之大者"。粮食安全与农民增收并非二选一的选择题，二者总体上是统一的、可兼顾的。当然，受诸如生产成本、比较收益、市场风险、自然风险等多重因素叠加的影响，粮食增产可能并不必然带来农民增收。比如，2022年出现的重度旱情，导致粮食歉收、收益下降；有些地区土地细碎化明显，机械化作业难以提升覆盖率，增产增收难度加大。双峰县是传统农业大县、全国产粮大县，享有"湘中粮仓"的美誉，2022年获评"湖南省粮食生产先进县"，连续14年获评"全国粮食生产先进县"。深究其成因，正确处理粮食安全与农民增收关系是重要原因之一。具体而言，双峰县立足本土实际，转变发展思路，既发挥优势，又调整结构。从紧盯"产量"和"价格"的传统定式思维中跳脱出来，以大食物观调整和优化农业结构，由量少的大户、合作社、家庭农场等生产量大的粮食，如水稻、油菜、油茶等；由众多的小农户谋划从事特色高附加值产业，如辣椒辣酱、中药材、楠竹、蛋白桑等，既能保障粮食安全，又能保障收入增长。同时，充分发挥双峰县农机产业集群优势，通过产学研合作和产业链协同，打造丘陵山区农机研发和制造高地，推动粮食生产走规模化、专业化、集约化之路，推广以托管为主的粮食生产社会化服务，提高生产效率、降低生产成本，实现大农与小农、粮食安全与农民增收协调发展。

（二）处理好统一行动与精准施策的关系

农村地域辽阔，十里不同风，百里不同俗。各地情况千差万别，既有共性问题，也有个性需求，不可能按照一个发展模式齐步走，也不能指望"一张方子"治百病。双峰县立足各镇各村经济社会发展水平不同、资源禀赋不同等实际情况，因地制宜、因村施策，分类指导、分区推进村级集体经济发展壮大，严禁各级领导干部下乡调研蜻蜓点水，不听农民心声，不知农村实情，在办公室里"摸脑袋"、一厢情愿定方案。要求必须是在广泛深入调研学习、座谈讨论的基础上，形成"一村一策"或"多村一策"或"一村多策"的发展方案。同时，坚决不搞"一刀切"，不搞统一模式，遵循发展规律、尊重农民意愿。如在"美丽屋场"建设中，充分发挥全体村民的聪明才智，没有聘请外面的设计公司，不搞大拆大建，不强求统一，不挖山、不填水、不砍树，保持屋场"原汁原味"，保留房屋原有构造，按照村民意愿进行设计改造。此外，还努力避免无效投入、杜绝资源浪费，鼓励各镇各村充分发挥主观能动性，积极探寻适合本镇本村、能够奏效的路子。如针对湘中丘陵地区地块窄小分散、大型农机具无法耕作等现实困境，双峰县出台产业转型、农机推广、社会化服务等12个方面具体措施，支持引导本地农机企业研发推广适合丘陵山区耕作、全链条全环节覆盖农作物种植的"小农机"。

（三）处理好基层党建与村民自治的关系

党的坚强领导是贯穿乡村治理和乡村建设的红线，是乡村有效治理的根本保障。无论是脱贫攻坚、乡村振兴战略的实施，还是乡村基层民主管理的推行和完善，都必须强化乡村基层党组织建设和巩固党的基层执政基础。双峰县树牢党的一切工作到支部的鲜明导向，以创建服务型、标准化村级党组织为核心，稳步推进农村基层党建引领各项工作创新提质，推动党支部领导下的村民自治向纵深发展。村党组织不断加强对村民理事会、监事会的引领督促，充分激发村民自治组织和群众的主体作用，建强战斗堡垒，提升发展能力。首先，注重从致富能手、农民合作社负责人、优秀民营企业家、外出务工经商人员中选拔优秀人才担任村党组织书记。突出党建引领，多方发动、多层次鼓励社会团体、企事业单位、社会各界人士积极参与支持村级集体经济发展、公益劳动、扶贫帮困、纠纷调解等工作。其次，建立志愿服务机制，把整治提长工作作为"我为群众办实事"的重要内容，注重发挥基层党组织战斗堡垒和党员模范带头作用，倡导由党员、干部、退休老同志、乡绅贤达组成志愿者队伍，既当参与者，又当监督员，深入推动人居环境整治。最后，充分发挥党员先锋模范带头作用。溪口美丽屋场的党员们不仅在美丽屋场建设过程中带头筹资筹劳、献计献策和帮助村支两委做群众的思想工作，更是在后期的维护中不间断地自发义务劳动，在当地群众中起到了很好的模范带头作用。

（四）处理好文化传承与移风易俗的关系

乡村的美好生活离不开民俗和文化的滋养，乡村文化的魅力就体现在日常生活当中。推进移风易俗，并不意味着对传统乡土文化的全盘否定，当然，传统乡土文化也的确存在与现代乡村发展不相适应的内容。一方面，要警惕传统乡土文化中存在糟粕成分，另一方面，也要注意那些被视为陈规陋俗的内容中的合理成分，比如传统婚丧习俗中包含的礼仪规范、孝道伦理、敬畏生命等内容。因此，在新时代推进移风易俗和加强农村精神文明建设的过程中，要以理性态度正本清源，搞清楚、弄明白哪些要摒弃、哪些要传承、哪些要转化。既要传承优秀传统乡土文化、留住乡愁，如传统民俗、传统美食、古树老院、家风古训、睦邻传统等中蕴含的文化内核，也要破除陈规陋习、杜绝不良风气，如繁文缛节、天价彩礼、厚葬薄养、大操大办、铺张浪费、破坏生态等。双峰县不断挖掘本土优秀的文化基因，全力推进新时代文明实践中心所站建设，开展"推动移风易俗，树立文明新风"活动，创新打造了"和森路上'和森红'""国藩路上'好家风'"文明创建品牌；开展家庭家教家风"七个一"活动，打造具有双峰特色的家教家风品牌，建设家风家教实践基地10个、开办家长学校120处。引导村民崇德向善；成立村红白理事会，制作"文明公约"小卡片发放至农户，定期开设道德讲堂、定期评选"五好家庭"，大力支持广场舞、龙舟赛、办春晚等民俗活动，全力兴家风、淳民风、正社风。

参考文献

《中共中央国务院关于做好 2022 年全面推进乡村振兴重点工作的意见》，《人民日报》2022 年 2 月 23 日，第 1 版。

《中共中央国务院关于做好二〇二三年全面推进乡村振兴重点工作的意见》，《人民日报》2023 年 2 月 14 日，第 1 版。

习近平：《论"三农"工作》，中央文献出版社，2022。

中共中央党史和文献研究院编《习近平关于"三农"工作论述摘编》，中央文献出版社，2019。

中央农村工作领导小组办公室：《习近平关于"三农"工作的重要论述学习读本》，人民出版社、中国农业出版社，2023。

毛伟明：《政府工作报告——2023 年 1 月 14 日在湖南省第十四届人民代表大会第一次会议上》，《湖南日报》2023 年 1 月 28 日，第 1 版。

邹文辉：《努力闯出高质量发展新路子》，《新湘评论》2021 年第 23 期。

曾超群：《政府工作报告——2022 年 12 月 29 日在娄底市第六届人民代表大会第二次会议上》，2022 年 12 月 29 日。

陈文胜：《促进农业高质高效发展》，《人民日报》2022 年 6 月 29 日，第 9 版。

陈文胜等：《落实"大食物观"做优"一桌湖南饭"》，《新湘评论》2022 年第 10 期。

陈文胜：《破解南方难题是中国农业高质量发展的关键》，《湖南师范大学社会科学学报》2022 年第 3 期。

B.11
2023年古丈县乡村振兴研究报告

陈翔宇　陈文胜*

摘　要： 产业振兴是乡村振兴的重要前提，是实现县域经济高质量发展的必要保障。古丈县构建以古丈毛尖为农业主导产业的现代化产业体系，推动县域经济高质量发展，在做好土特产文章、提升联农带农能力、促进茶旅融合、稳岗就业以及完善基层治理体系提升治理效能等方面取得一定成效，其典型做法可以概括为：聚力"茶"品牌打造产业振兴火车头；突出差异特色发展一村一品庭院经济；挖掘传统文化资源提升民族乡村魅力；多元帮扶格局形成乡村振兴共同行动活力。据此提出践行"绿水青山就是金山银山"的理念推进生态赋能、唤醒传统村落的多元价值推进文化赋能、建立共建共享的利益联结机制推进党建赋能等三个方面的经验启示。

关键词： 乡村振兴　产业振兴　茶旅融合　特色村寨　民族文化　古丈县

古丈县位于湖南省西北部、湘西州中部，素有"茶叶之乡""林业之乡""举重之乡""歌舞之乡"的美称，是人口小县、生态大县、茶叶强县、资源富县，2020年"脱贫摘帽"之前是集"老、少、边、穷、山、库"于一体的国家深度贫困县，2022年被确定为省乡村振兴重点帮扶县。近年来，

---

* 陈翔宇，湖南农业大学公共管理与法学学院博士生，研究方向为城乡公共治理。陈文胜，湖南师范大学中国乡村振兴研究院院长、二级教授、博士生导师，研究方向为农村经济、城乡关系、乡村治理。

古丈县产业就业富民、美丽乡村建设、乡村育才聚才、乡风文明铸魂、治理效能提升、基层党建引领等乡村振兴"六大行动"取得积极成效，牢牢守住粮食安全和防返贫两条底线，脱贫攻坚成果不断巩固拓展，以茶叶产业为核心发挥脱贫攻坚的示范引领和带动效应，为打造乡村振兴后发赶超样板提供了可行路径。

一 古丈县推进乡村振兴工作的主要成效

党的二十大报告提出发展乡村特色产业，拓宽农民增收致富渠道。古丈县牢牢抓住古丈毛尖这一区域特色产业，以点带面促进农业产业提质增效，塑造县域经济发展新格局，在提升"内力"的同时不断强化对外开放与合作，涌现出不少值得推荐的经验做法。

（一）立足"土特产"推进绿色发展格局初步形成

产业振兴是乡村振兴的重要基础和切入点。各地推动产业振兴，要把"土特产"这3个字琢磨透。① 古丈县聚焦茶叶、柑橘、烟叶等优势特色产业，突出产业发展，完善产业发展利益联结机制，稳定就业，不断巩固拓展脱贫攻坚成果。特别是依托自然优势、生态优势，突出做大做强茶叶产业，为脱贫群众实现稳定增收提供坚强支撑。

安全生产基础不断夯实。以争创"国家绿色防控示范县"为目标，坚持绿色有机发展理念，大力推进"安全产业"建设，突出抓好茶叶规模化种植、标准化培管、有机化转换等工作，全面推广茶园绿色防控技术，实现无公害栽培。"古丈毛尖"成功进入中欧地理标志合作协议清单，获评首批省级地理标志产品保护示范区，古丈毛尖作为"国家地理标志保护产品"实现产品分级、质量安全有据可依；茶产业新功能持续开发。立足资源优势，结合古丈茶文化、民族文化，将茶叶产业与旅游、文化等产业相结合，

---

① 习近平：《加快建设农业强国　推进农业农村现代化》，《求是》2023 年第 6 期。

加快茶文旅融合发展。高标准打造了竹溪湾、牛角山、梳头溪、青竹山、杜家坡等6个茶旅示范基地，使茶产品与乡村茶旅融合发展，直接带动周边460多户脱贫群众就业，户均增收2600元以上。获评2022年湖南茶叶乡村振兴"十大茶旅融合示范县"，产业规模效益稳步提升。古丈依托自然优势、生态优势，突出做大做强以古丈毛尖为代表的茶叶产业，现有生态茶园20万亩，其中可采面积13.5万亩，人均面积全省第一，全县茶叶总产量12385吨，实现产值16.17亿元，已形成全县近90%的村寨种植茶叶、80%的农业产值来自茶叶、70%的农业人口从事茶业的良好格局。①

（二）品牌强农引领下的联农带农能力不断提升

坚持把茶业发展帮扶作为乡村振兴的主要内容，探索出了资金变资本、资本带产业、产业促增收的茶叶产业扶贫新模式。大力推行"公司+合作社+基地+农户"的发展模式，鼓励脱贫户和监测户将政策扶持资金、土地等生产资料折价入股与龙头企业、合作社、家庭农场（大户能人）结成联股、联利共同体，并实行相应的奖补。目前，全县3.2万余名茶农与龙头企业、合作社和家庭农场建立利益联结机制，并通过入股分红、获取劳动报酬等每年可增收3000元以上，茶产业已成为古丈县最具发展潜力的特色产业，成为群众致富奔小康的重要支柱产业。②

（三）特色村寨支撑下的茶旅融合态势不断强化

古丈民族文化底蕴深厚，列入国家级非物质文化遗产保护名录6项、省级8项，25个村列入中国传统村落，苗族四方鼓舞、土家族茅古斯等独具特色。

古丈县立足资源优势，结合古丈茶文化、民族文化，将茶叶产业与旅游、文化等产业相结合，加快茶叶产业信息化建设，促进茶旅文融合发

---

① 中共古丈县委、古丈县人民政府：《古丈县乡村振兴工作情况汇报》，2023年7月4日，打印稿。
② 中共古丈县委、古丈县人民政府：《一片叶子富一方百姓》，2022年11月16日，打印稿。

展。坚持以茶促旅、以旅带茶，结合红石林、坐龙峡、栖凤湖、高望界等核心景区开发和茶叶专业村寨、传统村落、特色民族村寨等优势资源，积极开发茶旅农家游、生态游、田园游、民俗游等特色项目，高标准打造了竹溪湾、牛角山、梳头溪、青竹山、杜家坡等 6 个茶旅示范基地，使茶产品与乡村茶旅融合发展，直接带动周边 460 多户脱贫群众就业，户均增收 2600 元以上。如牛角山村坚持茶旅融合强产业，夯吾苗寨、夯吾戎寨两个景区年平均接待游客 100 余万人次，旅游收入 1.38 亿元，创造就业岗位 1350 个。墨戎苗寨被国家有关部门相继列入"中国传统村落""中国少数民族特色村寨""乡村旅游扶贫重点村""国家 3A 级旅游景区""中国休闲美丽乡村"等。

（四）着力育才聚才，助力实现创业就业不断突破

近年来，古丈县坚持精准发力、精准帮扶，全面落实培训、帮扶、协作、招聘、创业"五大抓手"，全县稳岗就业工作取得显著成效。

建立"乡村振兴实用人才资源库"，全县共有乡村治理人才、农村实用人才、涉农企业（合作社）经营管理人才、"非遗"传承人才、乡村旅游文化人才等 2448 人。有针对性地培训人才，举办科技特派员和返乡创业人才培训班 5 期，参训 300 多人次，开展乡村建设工匠培训班 1 期，60 多人参训。选派 90 名乡村振兴人才到湘西职院参加培训；举办电商人才（一村一主播）培训班 1 期，130 多人参训；科技特派员自主举办培训班 50 多次。开展科技服务周活动，围绕种植、养殖、加工、农产品销售、农村物流、农村电商、乡村建设、乡村治理等方面，累计培训乡村振兴人才 6600 余人次、培育乡村致富带头人 356 人;[①] 加强企业协作关系，在深圳、宁波、慈溪和宁乡建立劳务服务站，与沿海经济发达 20 个地区 200 个优质企业建立劳务协作关系。1.27 万名农村劳动力通过劳务协作在"珠三角""长三角""长

---

① 中共古丈县委、古丈县人民政府:《古丈县乡村振兴工作情况汇报》，2023 年 7 月 4 日，打印稿。

株潭"实现高质量就业；精心提供招聘服务，成立就业小分队，将岗位送到"家门口"，积极开展"就业援助月""春风行动""民营企业招聘月""高校毕业生就业服务月""夜市招聘会"等线下线上招聘系列活动33场，提供就业岗位4.5万余个；落实帮扶政策，提供政策支持、资源支持和资金支持，关心特困企业，返还失业保险41.05万元，缓缴养老和工伤保险7.52万元、0.42万元，减免工伤保险73万元，发放一次性留工培训和扩岗补助0.25万元、0.6万元，加强公益岗位开发管理，582名脱贫劳动力和边缘易致贫劳动力实现托底安置就业；实施"返茶乡、建茶乡、兴茶乡"人才回引工程，回引524名人才返乡创业；2023年以来全县新增创业主体462家，入驻孵化基地企业11家，入驻县产业园企业10家。①

（五）深化基层党建，促进治理效能全面提升

在组织层面上聚集责任落实，严格落实县镇村"三级书记"抓乡村振兴责任制，健全完善县委实施乡村振兴战略指挥体系，积极推进机构职能优化，强化5个办公室、15个行业指挥部及7个镇级指挥部职责分工，进一步夯实组织力量支撑。2023年以来先后10余次召开县委常委、政府常务会议研究部署相关工作，出台《古丈县乡村振兴责任制实施细则》《古丈县2023年度巩固拓展脱贫攻坚成果同乡村振兴有效衔接工作要点》等文件；在个体层面上压实主体责任。坚持县委书记、县长负总责，30名县级领导联镇联村联行业部门全覆盖，突出县级领导"联镇包村"、行业部门"协调指导"、镇村"主责主体"责任，按月制定行业部门责任清单、镇村落实清单，对32个行业部门7镇103个村量化考核，将结果与联镇联村联行业部门县级领导、镇村及后盾单位干部绩效发放、评先评优相挂钩，激发干事创业精神。在工作方式上加强驻村帮扶。坚持"尽锐出战"，按照"四个不摘"和"一村一队"要求，派出省州县驻村工作队110支308人、工作队

① 中共古丈县委、古丈县人民政府：《"五大抓手"抓出工作新成效——古丈县深入推进稳岗就业工作纪实》，2022年11月16日，打印稿。

长第一书记112人，实现全县110个村（社区）、2个搬迁安置点驻村帮扶全覆盖，确保工作力量不减、持续高效推动各项决策安排落地见效。

二 古丈县乡村振兴工作中形成的基本经验

近年来，古丈基于自身资源禀赋，积极抢抓政策机遇，大力实施"生态文明引领、特色产业强县、改革创新攻坚"战略，聚焦乡村振兴，全力打造后发赶超样板，在产业发展、乡村建设和社会治理等方面积累了一些可供借鉴的经验。

（一）聚力"茶"品牌，打造产业振兴火车头

古丈县依托自然优势、生态优势，突出做大做强以古丈毛尖为代表的茶叶产业，将其作为乡村振兴的主推产业，不断巩固生产基础，把抓管理、树品牌、扩市场作为推进茶产业发展的关键。

1. 加强科技赋能，夯实生产基础

科技是构建现代化产业体系的主要推动力，是塑造产业品牌的关键要素。古丈县委县政府先后出台《关于加快建设古丈茶叶良种繁育基地》《关于强力推进茶叶产业化基地建设的意见》等政策文件，从源头上抓生产管理，重点支持建设茶叶标准化生产基地，大力推进茶叶标准园、示范园、精品园建设，建立起覆盖全产业链的古丈红茶、绿茶地方标准体系，建成标准化绿茶生产线28条、标准化红茶生产线15条、标准化黑茶生产线4条；坚持把产品研发作为茶叶品牌发展的重点，通过与湖南农大等科研院校合作，成功创建"国家茶叶产业技术体系建设示范县"，成功开发出古丈红茶、湘西红砖茶、古丈黑茶等新产品，茶园利用率和产业综合效益稳步提升，平均每亩产值4000元以上，最高亩产达1万元。[①]

2. 重视品牌塑造，拓宽销售市场

古丈大力建设"知名产业"，不断加大品牌创建申报力度，"古丈毛尖"

---

① 中共古丈县委、古丈县人民政府：《一片叶子富一方百姓》，2022年11月16日，打印稿。

先后获评中国驰名商标、国家地理保护产品、"2014 世界茶业博览会"金奖、"百年世博中国名茶评比"金奖、"中华文化名茶"等，古丈被评为"中国有机茶之乡""中国茶文化之乡"，"古丈红茶"获评"国家地理标志产品"，品牌美誉度持续提升。同时，先后成功举办了斗茶会、茶歌大赛、"古丈毛尖"中国行等一系列品牌宣传推广活动，每年定期组织茶企参加国际国内茶叶博览会、茶叶展销会等活动，品牌影响力不断增强。同时，建成武陵山地区唯一一个集茶叶交易、茶艺表演、茶文化研究、茶馆休闲于一体的茶叶专业市场，并在国省道沿线开设了牛角山、神土地、小背篓、县有机茶叶公司等接待销售网点，带动周边脱贫人口实现家门口就业 800 多人。

3. 落实项目带动，推动茶旅融合

坚持以茶促旅、以旅带茶，加强文旅产业开发，支持建设红石林镇城市副中心、默戎镇文旅小镇、高峰和岩头寨森林康养小镇、断龙山和坪坝特色产业小镇等，推动形成"各美其美、美美与共"的城镇发展格局。① 狠抓茶产业创新发展，高标准建设"两茶"数字产业园，打造全省茶产业数字化＋茶文旅融合项目示范基地。

4. 壮大企业集群，深化利益联结

鼓励支持本地茶企做大做强，从农业产业化、现代农业发展、农业综合开发、科技创新、以工代赈、扶贫开发等专项资金中安排项目支持茶叶产业发展，目前，全县已建成茶叶专业合作社 140 个，6 家茶企获评"国家生态原产地产品保护认定"，年销售额 2000 万元以上的企业 15 家，年销售额 4000 万元以上的企业 5 家，5 家企业取得自营出口权。同时，积极抢抓国家IPO 扶贫政策机遇，组建"古丈毛尖"茶业集团，加快上市进程；通过健全企业联脱贫户模式，推动茶业发展帮扶，在政策支持下，大力推行"公司＋合作社＋基地＋农户"的发展模式，强化企业与农户之间的利益联结。如牛角山茶企实行"村支两委＋公司＋科研院校＋专业合作社＋农户"的运作模

---

① 中共古丈县委、古丈县人民政府：《在县委十三届七次全体（扩大）会议暨县委经济工作会议上的讲话》，2023 年 1 月 10 日，打印稿。

式，鼓励农户以资金或土地入股，建立农户从租金、劳务、订单农业到盈余分配、返利、分红等6个方面的增收机制，探索建立了订单式精准脱贫模式，通过承接政府委托扶贫订单，与政府、贫困户签订协议，依托企业带动作用惠及3个镇11个村7000多户2万多人。

5. 培育集体经济，激发村集体发展活力

持续深化农村集体产权制度和"三变"改革，稳步推进农村集体经济发展，增强村级集体经济"造血功能"。出台《村级集体经济发展行动计划（2021—2025年）》《扶持壮大村级集体经济实施方案（2020—2023）》《村级集体经济经营性收入增长奖惩工作方案（试行）》等系列政策文件，确保资金投入力度不减，政策扶持力度不减，鼓励实现从门面租赁的单一村级集体经济向资源利用型、物业商贸型、产业开发型、加工仓储型、文旅发展型、服务生产、委托经营型等多元化发展新格局转变。坚持政策"铺路"。注重激励创新，出台古丈县《村集体村经济受益使用管理办法》《村级集体经济经营性收入增长奖惩工作（试行）方案》，每年从集体经济收益增量中提取15%~20%作为奖励基金，年度考核为"优秀""合格"的集体经济专抓村干，可享受奖励基金30%、25%的奖励，最高不超过1.5万元；年度考核为"优秀""合格"的其他村干部，可享受奖励基金15%、10%的奖励，最高不超过1万元。坚持能人"带路"。采取"基本报酬+绩效奖励"方式，相继聘请39名、58名职业经理人，协助村两委管理村集体经济烟茶基地；实施"返茶乡、建茶乡、兴茶乡"人才回引工程，回引524名人才返乡创业；创办"古丈县人才孵化基地"，开展业务培训12次，选派200余名致富带头人赴浙江、山东、长沙、贵州、宁乡等地培训提能，助力村级集体经济发展。

（二）突出差异特色，发展一村一品庭院经济

2023年，中央一号文件首次鼓励脱贫地区有条件的农户发展庭院经济。作为一种新的乡村经济发展模式，庭院经济正在不断丰富其内涵和定位，乡村庭院经济的重大潜力在于能通过促进小口径的产业融合，帮助乡村实现产

业振兴，尤其对于脱贫地区农民实现收入增长、创造致富新途径有重要帮助。① 古丈县大力发展"庭院经济"，确保家家都有增收产业、户户都有增收项目，实现种植业、养殖业和手工业稳定增收。

1. 实施政策保障，提供财政支持

制定《古丈县高质量发展庭院经济实施方案》，统筹整合 1000 万元财政涉农资金，打造 7 个庭院经济重点村（每镇一个村），鼓励和支持全县 1300 户脱贫户、监测户参与高质量发展庭院经济，② 同时实施财政奖补，明确奖补主体、奖补界限，提供消费支持。

2. 差异化定位，挖掘特色资源

古丈县在庭院经济发展中，通过充分发掘当地优势资源，实施差异化定位。县内拥有得天独厚的自然生态环境，以及独特的人文历史积淀。在发展庭院经济的过程中，将传统的农业生产与旅游、文化等产业相结合，跳出传统庭院经济发展格局，通过扶持发展茶产业、种植养殖、特色加工、休闲旅游、农家乐等庭院经济产业，促进了农民增收，2022 年全县农村居民人均可支配收入达到 11608 元。③ 尤其是依托当地的丰富茶园资源，推动庭院经济与茶叶产业深度融合，培育出一批以茶叶加工、旅游观光为主的庭院经济项目。如墨戎苗寨依托旅游公司租用村民的闲置房屋打造"情景"，让村民以旅游公司员工身份在"自己家里"上班，实现"你中有我、我中有你"的利益联结；古阳镇官坝村结合村里实际情况，在县乡村振兴局的大力支持下，后盾单位、联村领导、村支两委积极发动村民有效利用房前屋后、田间地头闲置零散土地种植宁乡栀子花，发展家门口的庭院经济，目前，官坝村已发动 84 户农户利用房前屋后及闲置空地种植栀子花 6000 株。④

---

① 刘知宜等：《庭院经济："小而精"背后的"广与深"》，《农民日报》2022 年 10 月 27 日，第 8 版。

② 中共古丈县委、古丈县人民政府：《古丈县乡村振兴工作情况汇报》，2023 年 7 月 4 日，打印稿。

③ 向汉庆、伍晏乐：《大力发展庭院经济　培育县域高质量发展新动能》，《湖南日报》2023 年 8 月 24 日，第 13 版。

④ 向宏菊：《湘西古丈官坝村再出"花"招，闯新路》，古丈县融媒体中心，2023 年 4 月 11 日。

3. 突出组织引领，形成共向合力

实施"村党组织+新型经营主体+村集体经济组织+农户"利益联结模式。积极发展庭院经济，扶持发展特色种植、特色养殖、特色加工、休闲旅游和庭院生产生活服务等庭院经济产业，力争覆盖 10% 以上脱贫户和监测对象，培育一批庭院经济示范村示范户，让庭院经济成为群众增收有效渠道。[①] 发挥基层党组织的领导作用，引导和支持农户参与庭院经济，同时协调各方利益，确保公平和透明。同时提供技术和市场支持，帮助农户提高庭院经济的产出和质量，促进庭院经济的持续发展。村集体经济组织可以发挥组织作用，统一管理和运营庭院经济，确保各方利益的均衡分配，提高农户的收入和生活水平，促进当地社区的发展和繁荣。

（三）挖掘传统文化资源，提升民族乡村魅力

党的二十大报告提出要繁荣发展文化事业和文化产业，加强城乡建设中历史文化保护传承。推进乡村文化振兴，不仅要用中国特色社会主义乡村振兴道路的制度框架和价值目标来统领乡村的文化建设，让现代文明融入乡村的日常生活，而且要包容乡土文化的区域差异性和发展多元性，顺应乡村文化的演进规律，传承乡土地方本色，彰显中国民族风格。[②] 古丈民族文化底蕴深厚，被列入国家级非物质文化遗产保护名录 6 项、省级 8 项，25 个村被列入中国传统村落，苗族四方鼓舞、土家族茅古斯等独具特色。通过科学规划、保护开发、文旅结合等方式，可探索传统村落集中连片保护利用模式，展现少数民族特色文化魅力。

1. 制定科学规划，合理布局传统村落

古丈立足村庄自然资源禀赋、历史文化特色，对村庄发展的整体风貌进行顶层设计，制定符合区域发展要求，契合生态、生产、生活实际的乡村空间规划，将传统村落保护规划与"十四五"国土空间、乡村振兴、发

---

① 古丈县人民政府：《2023 年政府工作报告》，2023 年 2 月 22 日，打印稿。
② 陈文胜、李珺：《论新时代乡村文化兴盛之路》，《江淮论坛》2021 年第 4 期。

展等系列规划有机对接、充分融合，科学编制了《古丈县传统村落集中连片保护利用总体规划》，实行集中连片打造；坚持规划引领，全面完成103个村庄规划编制，作为集中连片村落的发展方向和主线，加强山水特色和传统村落、传统民居、古树名木保护，优化乡村风貌。建立传统村落保护档案和文旅项目建设清单，通过修复建设和文化传承，积极完善村落发展蓝图、布局文旅业态、重塑美丽乡村形象、打造传统村落名片，有效整合传统村落的特色资源，焕发传统村落的生机与活力。如以苗族文化为特色的墨戎苗寨、夯吾苗寨和中寨村，以土家文化为特色的坐龙峡村、红石林村、坐苦坝村等。

2. 推进文化大众化，营造共同文化氛围

整理总结了具有古丈特色的茶礼、茶俗、茶歌、茶话、茶史，认真挖掘与古丈茶叶相关的重要历史遗址、历史事件、历史人物，研究开发具有民族特色的《古丈三道茶》《土司擂茶》《苗王油茶》等茶艺，充分展示古丈茶的深厚历史文化底蕴。注重繁荣县域茶文化，围绕"文化和旅游赋能乡村振兴"，推进茶文化进机关、进学校、进企业"三进活动"常态化，让更多群体关注和了解非遗，共享非遗系统性保护成果；精心组织斗茶会、茶歌大赛等系列茶赛事，已举行十一届斗茶会，每年评选出金茶王、银茶王以及斗茶大师，除此之外还有民间斗茶会，在全县形成了爱茶兴茶的浓厚氛围，古丈茶叶知名度得到提升，茶叶市场持续拓展，脱贫群众从事茶叶开发信心不断增强。

3. 实施保护性开发利用举措，鼓励开展生产经营性活动

按照"恢复原状、保护现状"的原则，古丈县深挖细掘村寨历史文化，坚持"依山建、简构造、精细部、亲山水"的建筑格局，加强传统村落历史建筑物的修缮、民居新建的指导，还原传统村落的古朴风貌。同时，注重保护性开发利用，在传统村落内合理开展旅游、休闲度假、传统手工艺和传统技艺加工制作等生产经营活动，积极推动传统村落实现振兴发展和文化复兴。如墨戎苗寨将苗族文化非遗项目打造成经营项目，建成苗族博物馆、苗家婚礼房、巫傩堂、苗银手工坊、农家茶屋等。牛角山村开发建设夯吾、戎

吾两个苗寨旅游景区，实行旅游绿色股份"月月红"村民 12 项保障增收机制。[1]

（四）多元帮扶格局下形成乡村振兴共同行动活力

乡村振兴工作并非政府的独角戏，从政府、社会二分观点来看，社会帮扶是政府帮扶的有益补充，属于第三次分配，精准性更强，主要依靠自愿精神；从政府、市场、社会三分观点来看，社会帮扶是指社群治理，这一治理模式与行政治理、市场治理并列，是基于对共同价值与规范的认可与遵从而形成的一种互动式、多中心、自我式治理。[2] 对乡村振兴共同价值的追求是社会多元帮扶格局形成的前提。古丈积极汇聚多方力量，通过多种方式和渠道对农村地区进行全面、综合的支持和帮助，推动乡村振兴战略的实施。

1. 坚决守牢脱贫成果，加强防止返贫监测和领导干部结对帮扶措施

加强驻村帮扶，确保工作力量不减、持续高效推动各项决策安排落地见效；扎实推进防返贫监测帮扶，常态化开展"基层摸排、行业筛查、平台监测、分析研判、交办反馈、跟踪落实"监测帮扶，目前全县共有脱贫户 8124 户 31692 人、监测户 1351 户 3948 人，其中未消除风险监测户 771 户 2240 人，新识别监测户 47 户 152 人，切实做到"应纳尽纳、应帮尽帮、应退尽退"。扎实开展防止返贫监测帮扶集中排查，共排查出 6 类重点人群 1024 户，其中新识别 35 户 111 人拟纳入监测对象。

2. 东西协作，先富带动后富

2018 年 4 月，浙江省安吉县溪龙县黄社村 20 名党员联名给习近平总书记写信，实施"白叶一号"项目，收到来信，习近平总书记做出重要批示，2018 年 7 月，国务院扶贫办确定湖南省古丈县为受捐对象之一，"白叶一号"落户默戎镇翁草村，受捐茶株 150 万株，种植 660 亩。古丈县成立"白叶一号"产业园建设指挥部，高起点规划、高质量整地、高标准定植、

---

① 胡承鼎、彭宁、向东升：《古丈：传统村落焕发生机》，《团结报》2023 年 6 月 4 日，第 7 版。
② 谢治菊、梁嘉俊：《东西部协作中的社会帮扶：类型、逻辑与未来》，《贵州财经大学学报》2023 年第 4 期。

高水平培管，2020年首次采茶加工并以"携茶"品牌名义上市，按照"茶园景区化、茶旅一体化"的思路，将"白叶一号"茶叶产业园打造为重要旅游景点，同步带动翁草村、牛角山村和夯娄村的经济发展，强化联农带农机制，通过茶叶销售、旅游收益、土地流转、务工等多种方式为农户增收，实现"一片叶"成就一个茶旅融合富民产业。

3. 持续拓宽就业空间，做好易地扶贫搬迁群众就业帮扶

坚持以产业发展带动就业、以技能培训推进就业、以创新创业扩大就业，不断拓宽就业渠道，全力推进稳岗就业提质量上台阶。用好就业帮扶车间，管好公益岗位，做好易地扶贫搬迁群众的就业帮扶，促进脱贫就地就近就业，提高吸纳脱贫人口和防止返贫监测对象就业数量和比重，确保聘用脱贫人口数量稳中有升。实现脱贫人口务工规模稳中有升，持续抓好务工信息动态管理，精准掌握脱贫户和监测户务工就业状况。[①] 坚持创新服务方式、丰富服务内容，充分发挥基层工会主体作用，打通服务群众"最后一公里"。通过创新服务模式，引进幼儿园、培训机构、爱心超市、卫生服务、扶贫车间等丰富社会服务资源，开设家长课堂、群众夜校、技能培训班，不断强化服务保障。通过规范就业管理，依托社区工会成立城区集散劳动力服务中心，服务范围涉及建筑业、水电安装、家政保洁服务、搬运工等类型。

4. 抓实社会帮扶，提供高质量公共服务

着力深化光大定点帮扶和宁乡对口帮扶，先后实施就业、医疗、教育、产业、助残、联村、消费等7项帮扶措施，完成转移就业劳动力62人，开发脱贫户、监测户公岗200个，完成消费帮扶近270万元，2023年已到位光大帮扶资金700万元、宁乡帮扶资金1000万元。[②] 以宁乡市对口帮扶古丈为契机，开创"总部经济+产业异地孵化+科技研发"发展路径，推动古丈县工业破除空间限制，主动承接省会产业转移，为古丈工业高质量发展注入

---

① 古丈县乡村振兴局办公室：《2022年巩固拓展脱贫攻坚成果同乡村振兴有效衔接工作总结及2023年工作计划》，2022年11月30日，打印稿。

② 中共古丈县委、古丈县人民政府：《古丈县乡村振兴工作情况汇报》，2023年7月4日，打印稿。

新动力。在医疗方面，中国光大集团援助古丈县"智慧医疗+"项目即全科医生助手机器人试点项目已完成全县覆盖，目前已为基层群众提供诊疗服务276176人次，通过利用光大集团的互联网医疗资源优势，按照资源共享、优势互补、共同发展、服务社会的原则整合县域内县、镇、村三级医疗网络，组建古丈特色"智慧医疗"的医共体模式，提高基层医疗卫生服务能力，促进医疗资源下沉，做实基本公共医疗卫生服务和村医签约服务；在教育方面，联合中国发展研究基金会、中金公司联合实施山村幼儿园项目，把幼儿园办在村门口，解决一部分3~6岁留守儿童的学前教育问题，同时为一些志愿者提供就业岗位，目前乡村幼儿园办了34所，志愿者45人，在山村幼儿园就读的适龄儿童305人。

三　古丈经验的重要启示

开放合作是发挥相对贫困地区脱贫攻坚与乡村振兴后发优势的必由之路。古丈县强化自身发展基础，一方面以古丈毛尖为核心产业专注于锻炼"内功"，不断创新政务服务体系，同时提升脱贫攻坚"造血"能力；另一方面抢抓政策发展机遇，不断深化对外合作，积极主动创造发展机会，为打造乡村振兴后发赶超的样本提供了一定的经验启示。

（一）践行"绿水青山就是金山银山"的理念推进生态赋能

党的十八大以来，习近平总书记多次强调和阐述绿水青山就是金山银山的理念，指明了实现经济发展和环境保护协同并进的必要路径。古丈是生态大县，森林覆盖率高达79.8%，有高望界国家自然保护区和坐龙峡国家森林公园，有清澈的酉水河与栖凤湖，空气中负氧离子高，被评为"中国生态魅力县""中国健康养生休闲度假旅游最佳目的地""全国休闲农业和乡村旅游示范县""中国天然氧吧"。通过大力发展"两茶一养"区域特色产业，将生态环境优势转换为生态农业、生态工业、生态旅游等经济优势，古丈在推进农业产业绿色有机、集约高效方面取得显著成效。实践证明，生态安全和经济发展相辅相成，只有通过保护和恢复生态系统，我们才能确保资源的可持续利用，从而为经济发展提供稳定的基础。同时，经济发展也为保护生态系统提供了必要的物质基础和技术手段。通过投资环保产业和推动绿色发展，可以实现经济增长与环境保护的良性循环。因此，将生态安全和经济发展视为相互促进的关系，践行"绿水青山就是金山银山"的价值理念，应将技术创新放在突出的位置，将"技术变化"这一关键因素引入农业生产和经济增长当中，以引起生产要素的变化，这要求建立一套与技术变化相适应的制度，更加注重市场化和多元参与，同时鼓励对人力资本进行持续性的投资；应持续开发农业产业新功能、新业态；提高农业生产效率，促进农业可持续发展；发展生态旅游、康养等新业态，拓宽农民增收渠道，促进农村经济产业链融合发展。积极投入资源，加大对农业产业新功能和新业态的研发和推广力度；应加强生态环境整治。全力抓好污染治理和其他环保问题整改，持续推进石漠化治理、矿山复绿、裸露山地治理等生态建设和修复工程，推进山水林田湖草系统治理，深化大气环境治理，严格落实河长制、林长制，推进生态环境持续向好，同时加大农业执法力度，维护农业生产领域安全。

（二）唤醒传统村落的多元价值，推进文化赋能

作为一个以土家族、苗族等少数民族为主的山区县，古丈县有着丰富的自然资源和文化遗产，传统村落就是其中之一。古丈县的传统村落大多建于明清时期，这些村落依山傍水、错落有致，呈现着独特的建筑艺术风格，有其独特地方方言和传统习俗等。在现代化的冲击中，古丈县采取了一系列措施，包括制定保护规划、加强文化遗产保护、推进旅游开发等，以实现传统村落的可持续发展。近年来，古丈县积极推进传统村落保护和开发，通过挖掘多元价值、推进文化赋能，让这些古老的村落焕发出新的生机，在继承传统文化的同时挖掘其经济效益。因此，应重视文化传承与创新，延续乡村历史文脉，传统村落的独特之处在于其历史悠久的文化传统，保护和传承这些传统是至关重要的。通过专业化和技术化的手段加强对传统技艺和民俗文化

的传承和保护，创新其表现形式，同时强化政府的公共文化服务功能，为展现地方民俗文化提供平台，营造社会公共文化的氛围；应制定科学的保护性规划政策，对传统村落进行全面的调查和评估，根据不同的情况制定不同的保护规划。例如，对于一些保存完好的村落，重点放在维护和修缮上，保持其原有的风貌和特色；对于一些损坏较为严重的村落，则采取抢救性的保护措施，尽可能地恢复其历史原貌；应将传统村落保护与旅游开发相结合，挖掘经济价值，围绕传统村落活化和文旅发展，以少数民族文化为主线、非遗项目为载体、设施场景为呈现、民俗活动为业态，打造集少数民族文化非遗项目保护、传承、展示、体验及游、娱、吃、购于一体的消费场景，积极开发村落的旅游资源，开发特色旅游产品。

（三）建立共建共享的利益联结机制，推进党建赋能

古丈县聚焦茶叶、柑橘、烟叶等优势特色产业，突出产业发展，完善产业发展利益联结机制，稳定就业，在基层党组织领导下，强化"村党组织+新型经营主体+村集体经济组织+农户"利益联结机制，引导农户多渠道发展农业产业，同时扶持企业做大做强，大力推行"公司+合作社+基地+农户"的发展模式，鼓励脱贫户和监测户将政策扶持资金、土地等生产资料折价入股，与龙头企业、合作社、家庭农场（大户能人）结成联股、联利共同体，实践证明，在发挥基层党组织的领导作用的同时，建立共建共享的利益联结机制，才能更好地形成社会经济发展的"活力"和共同进步的"合力"，形成党委领导、政府负责、社会协同、公众参与的社会治理格局。因此，推进党建赋能，应充分尊重农民主体意见，在强调党组织领导的同时发挥村民自治的作用，建立多方联动机制，听诉求、实监督、解难题。定期展开沟通交流，完善民生问题反馈处理机制，利用"老熟人"办好"身边事"，不断引导群众参与基层治理；应完善自身组织体系，坚持以"组织体系"为引领，聚焦聚力总目标，建立健全"横向到业、纵向到户"党组织领导全覆盖体系，逐步夯实资源共享、组织共建、活动共联的区域党建工作基础，不断推进资源和权利向基层下沉，完善组织机构，优化政务服务效

能，减轻财政压力，着力解决民生实事；应实事求是地培育集体经济，坚持政策铺路，利用好本土资源，实现不同类型村集体经济的多元化发展，聚焦基础设施等小切口，强化村民脱贫的内生动力，引入市场化思维，实现村集体经济"能人"带路。

参考文献

习近平：《加快建设农业强国　推进农业农村现代化》，《求是》2023 年第 6 期。

陈文胜：《实施乡村振兴战略走城乡融合发展之路》，《求是》2018 年第 6 期。

陈文胜：《推动乡村产业振兴》，《人民日报》2018 年 3 月 12 日，第 7 版。

陈文胜：《农业供给侧结构性改革：中国农业发展的战略转型》，《求是》2017 年第 3 期。

刘知宜等：《庭院经济："小而精"背后的"广与深"》，《农民日报》2022 年 10 月 27 日，第 8 版。

向汉庆、伍晏乐：《大力发展庭院经济　培育县域高质量发展新动能》，《湖南日报》2023 年 8 月 24 日，第 13 版。

陈文胜、李珺：《论新时代乡村文化兴盛之路》，《江淮论坛》2021 年第 4 期。

谢治菊、梁嘉俊：《东西部协作中的社会帮扶：类型、逻辑与未来》，《贵州财经大学学报》2023 年第 4 期。

B.12
2023年汝城县乡村振兴研究报告

周 楠 陈文胜*

摘 要： 作为"半条被子"故事发生地、习近平总书记2020年9月考察湖南的第一站，汝城县的干部群众牢记总书记的殷殷嘱托，深刻感悟"半条被子"故事蕴含的党员初心，着力传承红色基因，加快推动县域高质量发展，巩固拓展脱贫攻坚成果同乡村振兴有效衔接取得明显成效。汝城结合自身县情推进乡村振兴，形成了一系列行之有效的做法：突出发展特色优势产业，培育壮大新型经营主体，延伸产业链；强化基层党组织建设，持续增强基层党建的政治引领、服务群众、凝聚合力功能；传承"半条被子"精神，走好新时代群众路线，问计于民、问需于民，密切党群干群关系；结合"引育留用"，着力抓好本土人才培养培育，多渠道引才揽才。总结汝城县近年来探索，其以党建引领确保方向正确，以坚持"人民至上"确保"半条被子"底色，以激发内生动力确保农民在乡村振兴中的主体作用，以抓实产业振兴筑牢振兴根基，对其他地方的乡村振兴探索提供了有益启示。

关键词： 巩固拓展脱贫攻坚成果 乡村振兴 "半条被子" 汝城县

汝城县位于湖南省东南部，地处湘、粤、赣三省交界之处，全县土地面

---

* 周楠，湖南师范大学中国乡村振兴研究院博士，研究方向为县域城乡融合。陈文胜，湖南师范大学中国乡村振兴研究院院长、二级教授、博士生导师，研究方向为农村经济、城乡关系、乡村治理。

积 2400.7 平方公里，辖 14 个乡镇 217 个村，人口 42.28 万。此前是国家扶贫开发工作重点县、罗霄山片区连片扶贫开发县，2019 年 3 月实现脱贫摘帽。汝城是著名的"半条被子"故事发生地。2016 年 10 月 21 日，在纪念红军长征胜利 80 周年大会上，习近平总书记深情讲述了"半条被子"的感人故事。2020 年 9 月 16 日，习近平总书记把汝城县沙洲瑶族村作为考察湖南的第一站，考察了红色传承、为民服务、产业发展等情况。近年来，汝城干部群众牢记总书记的殷殷嘱托，进一步牢固树立以人民为中心的发展思想，把人民至上作为执着追求，把主要精力放在"三农"工作上，以基层党建为龙头，以巩固拓展脱贫成果为突破口，大力推进"五个振兴"，续写好新时代"半条被子"故事，振兴成果让老百姓看得见、摸得着、真切可感。

一　推动脱贫县加快乡村振兴的主要成效

习近平总书记于 2020 年 9 月在沙洲村考察时强调，要落实"四个不摘"，建立健全防止返贫长效机制，深入研究接续推进全面脱贫与乡村振兴有效衔接。① 近年来，汝城县持续健全防止返贫动态监测和帮扶机制、抓好脱贫人口稳岗就业、推进优势产业加快发展、发挥党建在基层治理中的引领作用、传承"半条被子"精神、深入贯彻落实以人民为中心的发展思想，汝城的全面脱贫与乡村振兴有效衔接获得坚实支撑，连续三年获评为湖南省乡村振兴战略先进县，巩固拓展脱贫成果和推进乡村振兴做法被《人民日报》、新华社、央视等央媒报道，沙洲村被定为全国巩固拓展脱贫攻坚成果村级实践交流基地、入选全国乡村振兴典型案例、湖南乡村振兴"十大"优秀案例，汝城县乡村振兴局荣获"全国五一劳动奖状"，获评为"全国人民满意的公务员集体""全国乡村振兴系统先进集体""全省人民满意的公务员集体"。

---

① 《习近平在湖南考察时强调：在推动高质量发展上闯出新路子　谱写新时代中国特色社会主义湖南新篇章》，《湖南日报》2020 年 9 月 19 日，第 2 版。

（一）围绕首要政治任务，进一步巩固拓展脱贫攻坚成果

实现贫困县摘帽以来，汝城县始终把巩固拓展脱贫攻坚成果作为首要政治任务，持续健全防止返贫动态监测和帮扶机制，织密兜底"保障网"，有效防止困难群众返贫，严格落实"四个不摘"要求，持续健全巩固拓展脱贫攻坚成果的政策体系，强化领导机制和动员机制，以全面与强有力的监督考评机制确保责任落实。2022年，全县实现零返贫、零致贫，脱贫群众年人均纯收入为15736元、同比增长15.1%，防止返贫监测帮扶经验做法在全省推介，高质量通过国家项目资金第三方评估，有力促进全县农村群众的增收致富，极大增强农村群众的获得感和幸福感。

1. 防止返贫动态监测和帮扶机制进一步完善

目前，该县纳入全国防返贫监测信息系统的监测对象1157户2649人，为脱贫户、监测户统一办理50元/人的防贫保险，对210名无人照顾、自理能力差的特困户和其他老、弱、残疾户实行集中供养一批，对170余名特困重点精神残疾病人实行集中治疗一批，对因病因灾等突发性事故陷入困境的边缘户和脱贫户，给予1000~5000元不等的临时救助，确保帮扶到位、风险消除。

2. 巩固拓展脱贫攻坚成果的政策体系进一步健全

脱贫攻坚主要帮扶政策保持基本稳定，出台了关于《促进脱贫人口稳定增收的9条措施》，连续6年出台针对脱贫户的产业奖补政策，每年财政安排2000万元奖补资金；整合财政衔接资金2.48亿元，发放脱贫户监测户产业奖补1040万元、一次性交通补助600万元，用于开发公益岗位1560万元；"企业+村合作社+基地+农户"的利益联结机制不断健全，引导龙头企业签订保底收购协议，脱贫户销售难增收难问题一定程度上得到缓解。

3. 乡村振兴的多元化人才支撑机制进一步优化

领导机制坚强有力，由县委书记、县长"双组长"统筹总揽，定期研究部署，实行县级领导包乡、后盾单位包村、党员干部联户。动员多元参与，继承和发扬脱贫攻坚阶段设置驻村工作队、包村干部等成功经验，选

派乡村振兴驻村工作队 123 支 317 人，持续发挥驻村工作队能挑重担、敢啃硬骨头的作用，构建"处级干部带头干、机关干部跑步干、乡村干部拼命干、群众跟着干部干"的多元化人才支撑机制。

4. 监督考评机制有效作用进一步发挥

县级每季度开展专项督导，将检查情况纳入年度绩效考核，干群关系密切程度达到"群众 100% 认识、98% 认可"是乡村干部提拔重用的硬杠杠。[①]帮扶干部能够积极落实"四到农家八必访"，与帮扶对象结对子、认亲戚，对脱贫户每季走访、监测户每月走访。

（二）突出"重中之重"，补齐就业短板与壮大优势产业齐头并进

习近平总书记于 2020 年 9 月在沙洲村考察时强调，要鼓励发展农民合作社，推动农业适度规模经营，加强对农民的科技服务，提高农产品质量，提高农民参与市场竞争和应对灾害能力。[②] 要接续推进全面脱贫与乡村振兴有效衔接，推进乡村产业振兴与不断提高就业水平无疑是重中之重。近年来，汝城县积极推进就业帮扶车间建设，引导一大批在家闲置劳动力尤其是脱贫劳动力实现就近工，农村就业短板加快补齐。一批农业特色产业不断壮大，农业适度规模经营水平提升，农业产业效益不断增强，优势产业增速较快，龙头企业、农村合作社的联农带农作用得到发挥，产业振兴来势喜人。

1. 脱贫家庭劳动力的就业水平稳步提高

汝城紧扣"就业一人、致富一户"工作目标，坚持"政府主导、企业带动、农户参与、市场运作"的原则，将 80 个脱贫村光伏电站收入的 80%用于安排低收入人员公益岗位，电子智能科技产业园 14 家新投产企业让近3000 人在家门口就业，做到挣钱顾家两不误。从 2020 年起，引进湘南厨师、宜章兴华等 10 多家培训机构，增加审批了电工、焊工、互联网营销师、

---

① 中共汝城县委、汝城县人民政府：《"三个并举"促进高质量巩固脱贫成果》，2023 年 3 月 16 日，打印稿。

② 《习近平在湖南考察时强调：在推动高质量发展上闯出新路子　谱写新时代中国特色社会主义湖南新篇章》，《湖南日报》2020 年 9 月 19 日，第 2 版。

叉车司机、育婴员、保育员、缝纫工等19个热门实用的培训专业。2019～2022年全县组织开展政府性补贴职业培训25422人，实现就业21608人，发放创业担保贷款9534万元，带动就业6398人。群众的就业、发展产业观念明显发生变化，2021年、2022年全县外出务工就业的脱贫人口分别为2.79万人、2.8万人，70%以上的脱贫家庭至少有一人在外务工。

2. 农业基础设施水平不断提升

近4年建设高标准农田11.93万亩，通过新建灌排渠和机耕道、改良土壤等措施，改变乡镇农业基础条件薄弱的情况。冷链体系建设得到加强，建设农产品仓储冷链保鲜物流仓库4.3万立方米，其中建成小黄姜产业园高标准恒温冷冻库2万立方米，推动全县小黄姜保鲜时长从1年提高到2年，损耗从30%降低到10%。

3. 适度规模经营加快推进

在农业基础设施水平提升的基础上，加快推动适度规模经营，因地制宜发展辣椒、生姜、茶叶、水果等产业，近年来引导和发动群众种植辣椒13万亩、生姜5万亩，发展茶园6.9万亩、果园10万亩，沿106国道和S324省道建设2条10万亩蔬菜生产示范带，建设千亩级县级产业生产示范片11个、200亩级乡级生产示范区36个、20亩级村级生产示范点241个。

4. 新型经营主体队伍持续壮大

主体倍增工程、能人大户培育、乡土人才培养工作取得成效，涌现出欧文清、李文权、张有发等864名农村致富带头人；培育农民专业合作社634家，清理整顿"空壳社"、"僵尸社"和"挂牌社"118家，全面提升合作社带富致富能力；累计培育省级农业龙头企业7家、市级农业龙头企业13家、规模以上农业企业43家；建设省级特色产业园6个，其中汝城现代农业产业园成功创建为省级现代农业产业园。其中繁华食品有限公司以加工辣椒酱为主，2022年加工营销产值达到14亿元，在全国各地建立营销网点4100多个。

5. 产业帮扶工作富有成效

1.67万户脱贫户与20家龙头企业、农村合作社签订保底收购协议、接受技术指导服务，85%的脱贫户被带动发展了产业。联农带农机制得到优化，"企业+合作社+基地+农户"的产业化生产经营模式有效运转，通过订单农业、股份分红、产品加工、技术培训等方式，带动农户参与产业发展，农户享受产业发展的红利，2022年发展订单农业16万亩，带动5.3万户农户（其中脱贫户1.6万余户）户均增收6000元以上。

6. 主导产业发展势头良好

根据当地的气候特征、生态优势和产业基础，汝城县委、县政府选择辣椒、生姜、白毛茶、奈李等四大特色优势产业作为乡村产业振兴的主导产业，产业规模均以万亩计，发展势头良好。其中，辣椒产业以省级现代农业产业园建设为总抓手，重点建设了4个千亩辣椒标准化示范基地、4个共300亩的辣椒集中育苗基地。

7. 产业链条得到不断延伸

通过建库容达1.8万立方米的农产品产地冷藏保鲜设施，为农产品深加工提供支撑；通过大坪辣椒文化博览馆、沙洲农旅融合示范基地、九龙江茶旅休闲基地等农旅基地建设，推进三产融合；与中惠旅等企业合作，开发了红色游、温泉游、山水游等旅游线路，加快农旅联动，3292户10564名脱贫户通过发展农家乐、民宿、景区务工，吃上了"旅游饭"。[①]

（三）抓好"第一工程"，基层党建持续为乡村治理赋能

习近平总书记于2020年9月在沙洲村考察时强调，在接续推进乡村振兴中，要继续选派驻村第一书记，加强基层党组织建设，提高基层党组织的政治素质和战斗力。[②] 汝城县始终牢记习近平总书记殷殷嘱托，把抓好组织振兴作为乡村振兴的"第一工程"，基层党建基础不断筑牢，基层组织政治素质持续提升，基层民主建设水平进一步提升，党建引领下的现代化乡村社

---

① 中共汝城县委、汝城县人民政府：《汝城县八条举措"抓巩固、促振兴"》，2023年3月，打印稿。
② 《习近平在湖南考察时强调：在推动高质量发展上闯出新路子 谱写新时代中国特色社会主义湖南新篇章》，《湖南日报》2020年9月19日，第2版。

会治理体制得到完善，以组织有效振兴为全县乡村全面振兴提供强大动力引擎。

1.基层党建基础不断筑牢，基层组织建设持续优化

村级服务平台建设全面完成，村级办公经费得到足额保障，村干部政治和经济待遇不断改善，村党组织书记年工资报酬达到4万元以上；党的基层组织建设得到优化，14个乡镇党委换届顺利完成，领导班子平均年龄38.6岁，正职平均年龄40.4岁，本科文化以上的占69.1%，村级换届实现"两升一降"目标，39名经济能人主动回村任支部领头人，164名在外务工创业的优秀人才返乡当村干部；通过实施"农村基层干部乡村振兴主题培训计划""农民大学生培养计划"，培养农民大学生317名，实现"一村一名大学生村干部"，并培养村级后备力量1083人，实行导师帮带制，切实解决后继有人的问题。基层党建成效赢得各界认可，汝城县沙洲村、龙潭桥村分别荣获"全国先进基层党组织""湖南省先进基层党组织"称号，8名村党组织书记获郴州市"担当作为好支书"。

2.党的组织链条进一步延伸，网格化治理水平提升

以党支部为核心的基层"一网治理"模式得到推广，党员、干部在"线上"，小组长、群众代表等在"点上"，人大代表、政协委员、调解员、志愿者在"格中"，党的组织链条延伸到农村生产生活的新领域，打造联系群众、服务群众的坚强堡垒；通过开展"线上+线下"网格化治理，群众既能在线上反馈问题，由网格员收集后，本级能解决的及时解决，不能解决的反馈至上一级党委解决，也能在线下由网格员、群众代表承担政策宣传、问题排查、跟踪管理、矛盾化解、办事服务等任务，确保信息在网格采集、问题在网格解决。

3.基层民主建设水平进一步提升，基层党建工作"内力"强化

得益于基层民主建设推进，群众参与乡村治理的积极性、主动性、创造性被调动，群众当"主角"、唱"主戏"，充分激发群众的主人翁意识，从以前的"站在一旁看"变为现在的"聚到一起干"，主动挑起乡村治理的大梁，让基层党建工作"内力"得到有效强化。如泉水镇等地积极探索"理

事会自治、老百姓自筹、环卫费自用"的"三自"模式,通过党员干部把关,选出有能力、有威望、有热情、有公心的党员群众代表成立环境卫生整治理事会,全权负责制定环境卫生整治工作方案,自行探索环卫费收取、环卫员聘用、清洁户评比等制度。[①]

(四)牢记"半条被子"初心,党群干群关系进一步密切

习近平总书记于 2020 年 9 月在沙洲村考察时,要求提高为民服务水平,增强为民服务的精准性和实效性。[②] 作为"半条被子"故事发生地,汝城县始终树牢以人民为中心的发展思想,把"半条被子"精神作为"传家宝",牢牢抓住新时代群众工作"牛鼻子",持续强化为民服务能力,不断提升为民服务水平,群众认可度进一步提升,凝聚了民心、赢得了人心。

1. 为民服务基础更坚实,公共服务体系不断完善

习近平总书记在沙洲村考察时强调,要把村为民服务中心作为基层治理体系的重要阵地建设好,完善充实服务事项。[③] 近年来,汝城以打造基层服务"汝城样板"为目标,为民服务的基础设施得到持续完善,全面完成 217 个村基层公共服务(一门式)规范化建设,推行"五有"标准,创新"五办"服务,36 项高频事项实现村内直办,群众足不出村就能办成 90% 以上的事情。整合县域内各种服务资源,促进服务设施、活动场所更加广泛地面向社区居民开放,让群众生活更方便、感觉更安全更幸福。

2. 群众反映诉求更畅通,反映问题更便捷

以创建"人民满意窗口"为抓手,推进首问责任制,畅通信访渠道,领导干部敞开大门办公,群众来访优先接待,完善线上投诉渠道。2022 年,汝城县成功创建全国、全省信访工作示范县。同时,实施"千名干部进万

---

① 刘星宏等:《泉水镇:党建引领,三头并进共描乡村振兴蓝图》,汝城县融媒体中心,2022 年 7 月 24 日。

② 《习近平在湖南考察时强调:在推动高质量发展上闯出新路子 谱写新时代中国特色社会主义湖南新篇章》,《湖南日报》2020 年 9 月 19 日,第 2 版。

③ 《习近平在湖南考察时强调:在推动高质量发展上闯出新路子 谱写新时代中国特色社会主义湖南新篇章》,《湖南日报》2020 年 9 月 19 日,第 2 版。

家"，实现家家户户全覆盖，全县近5年来开展夜谈活动6346场次，解决实际问题16568个，走村串户、日访夜谈成为常态，群众反映诉求的渠道更畅通，反映的问题能够得到更快反馈。

3.为民服务精准性、时效性进一步提升

持续完善民情民意收集渠道，7895名有履职能力的农村党员联结11.1万户农户，通过调研分析、日访夜谈，在问需于民的基础上，帮助群众解决了一批急难愁盼问题。村民反映的4911个产业发展问题得到解决，14499项生产、生活的需求得到合理满足。2021年以来，285件群众信访突出问题得到解决，1260多起矛盾纠纷得到化解。

4.党群干群关系持续密切，群众满意度进一步提升

汝城县委县政府要求所有党员干部把党群干群关系当生命抓，把党群干群关系提升到前所未有的高度，努力实现走访帮扶、认识熟悉、政策落实三个"百分百"，落实首问负责制、干部代办制，真心实意办好群众的每一件小事、实事、难事。集益乡谭集村被江西省崇义县丰州乡丰州村隔开，成为乡里的一块"飞地"，村民到乡里办事，驾车至少要45分钟，办完事吃饭不便。对此，乡里要求政府食堂管饭，把上门办事群众当客人待，干部与群众边吃边聊，顺便了解民情，得到了群众的高度评价。土桥镇涧布村何笑古把帮扶干部叫作"亲人们"；延寿瑶族乡九如村群众为驻村帮扶工作队队长朱振宇写表功信；文明瑶族乡东山村74岁的村民胡汝林感叹"新时代的好干部越来越多了！"[①]

二 推动脱贫县加快乡村振兴的基本经验

汝城县广大干部群众牢记习近平总书记的殷殷嘱托，深入贯彻落实省市决策部署，持续巩固拓展脱贫攻坚成果，加快推进乡村全面振兴，牢牢守住

---

① 汝城县委组织部：《汝城县：弘扬"半条被子"精神 密切党群干群关系》，红星网，2023年5月4日。

不发生规模性返贫底线，在发展特色产业、强化党建引领、做实做细群众工作、持续育才引才等方面形成了一系列行之有效、值得借鉴的做法。

（一）发展特色产业，激发乡村振兴内在力

汝城县在全面实施乡村振兴战略中，坚持以产业振兴为基础，突出发展特色优势产业，延伸产业链，扩大产业优势，不断提高产业效益，为脱贫成效巩固、农民持续稳定增收、农村集体经济发展壮大提供坚实保障，为实现乡村全面振兴奠定坚实的基础。2022 年，全县农村居民可支配收入达 11183 元，同比增长 8.4%，汝城县获评国家农业绿色发展先行区，汝城朝天椒连续三年获评省"一县一特"农产品优秀品牌。

1. 以产业增长巩固脱贫成效，帮助群众持续增收致富

汝城县坚持发展产业，稳妥推动适度规模经营，持续增加就业创业机会，改善脱贫群众生计，以稳健可持续的增长，为巩固脱贫成效提供最坚实、最长效的保障。目前全县建成 2 条以辣椒、生姜为主的蔬菜产业带，涵盖大坪、土桥、泉水、井坡 4 个千亩辣椒生产示范基地和土桥、马桥 2 个千亩生姜生产示范基地，创建以辣椒为主导产业的省级现代农业产业园，全县 1.9 万户脱贫户有 85% 依托特色产业走上致富路。以辣椒产业为例，汝城县持续出台各项产业奖补政策，鼓励村民种植辣椒，全县脱贫户每种一亩辣椒可享受 200 元的奖补资金。截至目前，全县有 1.7 万脱贫户靠种植辣椒实现增产增收。[①] 旱塘村曾经山多地少、交通不便，近年来结合自身优势，因地制宜发展茶产业，采取"合作社+基地+农户"运作模式，实行"统一技术指导、统一产品收购、统一加工销售、统一产品品牌"经营模式，引导家家户户种茶叶，种植面积从 200 多亩发展到 5200 多亩，年产值超过 2000 万元，村民户均年收入达 6 万元。通过发展产业，曾经的贫困小山村不仅脱贫成效得到巩固，还成为闻名十里八乡的茶产业发展专业村、新农村示

---

① 张琼文：《湖南汝城县：红色热土产业兴》，《中国乡村振兴》2023 年第 4 期。

范村。①

2.以产业帮扶带动农户增收，持续优化联农带农机制

持续加大产业帮扶工作力度，连续 6 年出台针对脱贫户的产业奖补政策，每年财政安排 2000 万元奖补资金，整合财政衔接资金 2.48 亿元，发放脱贫户监测户产业奖补 1040 万元。制定《汝城县 2023 年乡村振兴农业产业发展奖励扶持办法》等，对发展特色产业进行奖励扶持，每年整合一批涉农项目资金，集中支持特色产业开发。不断创新帮扶带动模式，以产业带就业、以增收促民富，出台产业奖补政策，组织 20 家龙头企业、农村合作社与 1.67 万户脱贫户签订保底收购协议、开展技术指导服务，带动 85% 的脱贫户发展了产业。持续优化联农带农机制，健全"企业+合作社+基地+农户"的产业化生产经营模式，通过订单农业、股份分红、产品加工、技术培训等方式，带动农户参与产业发展，让农户享受产业发展的红利。2022年发展订单农业 16 万亩，带动 5.3 万户农户（其中脱贫户 1.6 万户）户均增收 6000 元以上。

3.以产业升级推动高质量发展，助力乡村振兴提效增速

近年来，汝城不断完善"龙头企业+合作社+农户"等生产经营模式，推动产业升级，加快三产融合发展，并持续完善冷链、物流、仓储等产业配套，既能强化农业抵御市场风险的能力，增强农户议价能力，又能提高产品附加值。以产业转型推动乡村振兴提效增速，一方面以此完善乡村产业体系，建成产业、形成集群，另一方面也聚拢人气、留住人才，为高质量发展奠定基础。以汝城县的传统产业小黄姜为例，"小黄姜之乡"马桥镇以"合作社+基地+农户"的运作模式引导村民加入，实现规模化种植，加上小黄姜冷链集散中心项目投入使用，拥有库容 1 万立方米的冷库，可存储小黄姜7500 吨，以及小黄姜冲洗流水线，相当于农户自建 300 个姜窖的存储量，小黄姜保鲜时长从 1 年提高到 2 年，损耗从 30% 降低到 10%，冷链"保驾"实现错峰销售，避免了农产品上市高峰时贱卖伤农，极大减轻了这一产业应

---

① 汤静怡：《湖南汝城："小作物"助力乡村振兴"大作为"》，新华网，2022 年 9 月 30 日。

对自然灾害和市场风险的能力。如今全镇 16 个村均发展小黄姜种植，实现年产值近 9 亿元，并辐射带动全县其他 13 个乡镇种植生姜，更多加工企业陆续参与进来，实现由粗加工到深加工的转型，小黄姜产业发展插上腾飞的翅膀，为地方追求高质量发展提供了强大动力。

4. 以产业发展激活沉睡资源，赋能农村集体经济壮大

汝城县结合县情乡情村情，下发了《汝城县进一步加快发展壮大农村集体经济的实施意见》等文件，探索集体经济改革，以发展产业为核心，提出了 7 个方面 21 条配套措施，认真抓实村级集体经济项目建设，有力促进农村集体经济发展，探索了卢阳镇磨刀村、热水镇热水村创办劳务有限公司模式，马桥镇梓洞村、泉水镇华塘村、土桥镇黄家村、濠头乡宝沙村入股当地企业、加工厂模式，泉水镇旱塘村利用传统茶叶种植加工产业实现与群众利益联结模式等，结合村情推广，确保每个村有一个以上有效益的实体（项目）、一个有收入的种养合作社或农产品销售（服务）组织，村级组织服务能力、"造血"能力显著提高，形成村级集体经济持续增收、长足发展的良好态势。南洞乡光明村长期受制于缺乏创收资源和渠道等因素，集体经济一度在全乡排倒数第一，2021 年 3 月被评定为软弱涣散村。近年来，该村以村委会名义从农户手中集中流转 300 多亩土地，引入新型经营主体，做好土地经营中长期规划，发展双季稻等产业，获得村集体收入 12 万元。同时引进优秀青年返乡创业，将闲置多年的村级活动中心改造租赁，不仅实现村里 20 多位妇女家门口就业，也为村集体带来 8000 余元的收益。通过盘活资源、发展产业，光明村集体经营性收入达到 13.36 万元，排名上升到全乡第一，实现了从"空白村"到"明星村"的蜕变，其他事业也步稳行健、有力推进。①

5. 以产业融合蹚出发展新路，打造县域新业态新模式

汝城近年来充分发挥好红色历史、蓝色温泉、绿色生态、古色文化资源的优势，加快农旅融合、三产融合，推动资源产业化、产业生态化，打造县

---

① 邓生祥等：《汝城：光明村集体创收的"逆袭之路"》，红网，2022 年 9 月 8 日。

域产业的新业态、新模式。一是以"红色沙洲"为核心，串联长征文化展示传承馆、湘南起义旧址群汝城会议旧址等红色资源，推动以红色为主题的文化旅游与农旅、研学融合，打造红心向党、红红火火、红遍全国的红色教育基地，打造与乡村振兴高度融合的文旅产业发展示范区；二是立足温泉资源禀赋，培育精品化、个性化"温泉+康养"旅游业态，创响"湘"约"98"温泉品牌，打造中国温泉休闲康养首选地；三是释放生态红利，坚决守牢生态保护红线，建好九龙江国家森林公园、德寿山森林康养基地等绿色生态旅游景区，推出富硒茶叶、有机蔬菜、特色水果等绿色农产品，真正把生态资源变为生态经济，争创全国"两山"实践创新基地；四是汝城作为千年古县、古祠堂之乡，具备古村落等历史文化资源较多优势，可以打造古色乡风旅游线路。

（二）强化党建引领，凝聚乡村振兴强大合力

加强农村基层党组织建设，是推动乡村振兴的固本之举。汝城县扎实落实新时代党的组织路线，把组织建设作为乡村振兴工作的基础工程，不断强化基层党组织建设，增强基层党组织的政治引领和服务群众功能，强化基层组织战斗力，发挥基层党组织在乡村振兴中的战斗堡垒作用；通过党建引领，持续完善好问计于民、问需于民的平台，实现党的工作与群众需求的对接，既彰显党建阵地的吸引力、服务力，又充分激发群众参与乡村振兴的积极性和内生动力；通过把党的组织体系和工作触角延伸到方方面面，并发挥这一优势，把乡村振兴战略贯彻落实到基层的方方面面，引领各方参与乡村振兴、形成强大合力。

1. 党建引领夯实基层基础，让党组织强起来、带头人强起来

汝城围绕夯实基层基础，组织实施行动，全面推进农村过硬支部建设，发挥基层党组织在乡村振兴中的战斗堡垒作用，强化基层组织战斗力。近年来汝城县实施村干部轮训计划，举办村（社区）干部培训班，为村党组织书记、村干部赋能充电；对247个村（社区）开展村党组织、村党组织书记评估排查，按30%、60%、10%的比例评出"好"、"较好"、"差"和

"优秀"、"称职"和"不称职"，推动村党组织书记积极履职、担当有为；乡镇派驻村领导、包村干部，协调处理村级解决不了的事项；2022年调优12名驻村第一书记、工作队长，18名驻村工作队员，为乡村振兴配强驻村力量；推动"党员联户承包""五个到户"全覆盖，8000多名在家党员、村民小组长，发挥先锋模范作用，通过强化村党组织核心，配强振兴帮手，增强振兴后盾，凝聚振兴力量，乡村振兴有了主心骨。①

2. 党建引领激发基层活力，把群众力量组织起来、发动起来

乡村振兴主要靠村民自己，要充分激发基层活力、村民内生动力。在近年来，汝城通过党建引领，坚持问计于民、问需于民，围绕一心想着群众、一切为了群众、一切依靠群众，全面推行"一约四会"，建立村规民约，组建村民理事会、道德评议会、治安协作会、好人协会，推动村民自治；探索"六靠"模式，把村民群众动员起来了，群众投工投劳，花小钱办大事；探索"互助会"模式，把在家在外的群众发动起来，让村民参与到互助和自治中来，谁都不是旁观者；探索"支部+合作社"模式，把群众发展生产的积极性调动起来，群众有了稳定收入，就有了动力。正是因为充分尊重群众，群众力量被广泛、充分地发动起来，在霞留村，村民理事会带头排忧解难，找水源、修水渠、化纠纷、谋振兴，一个月拆危拆旧1.2万平方米、化解邻里纠纷3起，群众的事不出组就能办好。在上河村，人居环境整治坚持"三定"原则，"项目建不建"由群众决定，"项目建什么"让群众确定，"项目怎么建"与群众约定，坚持群众投工投劳，2021年该村3个示范点建设比工程外包节省施工费用约30万元，群众参与的积极性高，"等靠要"思想彻底转变，内生动力彻底被激活。

3. 党建引领凝聚各方合力，助区域联动资源活起来、火起来

汝城充分发挥党建覆盖面广等优势，搭建起一个发挥党建引领各方参与乡村振兴的共享平台，充分整合驻村后盾单位、企业力量，形成区域联动优势，提升乡村振兴速度。用好湖南中医药大学、郴州技师学院等高校的科研

---

① 汝城县委组织部：《汝城：党建引领乡村振兴》，红星网，2022年6月30日。

技术力量，发展特色产业、做好农村产业规划。湖南中医药大学在洪流村开展林地鸡养殖场项目，以中药八珍汤喂养方剂喂养林地鸡，提高鸡的营养成分及抗病能力，让鸡肉更鲜美，2021 年经济收入达 150 万元。郴州技师学院在龙虎村开展乡村振兴规划，打造一个"样板间"，聘请该村大学生在村绘制墙画，美化环境，因为该村为全县饮用水保护区，长期以来农业养殖业无法发展，学院驻村工作队想方设法，引进台商，建设了八百亩水苔项目，村集体收入路径彻底打通。用活企业力量，开展村企联建，集龙村企业多，村企业老板投资 40 余万元用于乡村振兴，桥头村党员原在广东办厂，村企联建后，回乡办厂，带动周边群众务工增收，2022 年 4 月，县工商联引导 19 家企业积极参与村企联建，加入企业"帮扶千村、破零倍增"专项行动。①

（三）弘扬"半条被子"精神，为乡村振兴赋予不竭动力

"半条被子"的故事充分体现了中国共产党的人民情怀和为民本质。"半条被子"是汝城最闪亮的名片，汝城县始终坚持树牢以人民为中心的发展思想，把"半条被子"精神作为"传家宝"，走好新时代群众路线，做好新时代群众工作，密切联系群众，充分尊重群众，精准对接群众需求，邀请群众监督，用真心真情付出，持续密切干群鱼水情，为乡村振兴赋予不竭动力。

1. 密切联系群众，上门入户倾听群众呼声

汝城县委、县政府要求所有党员干部把村里群众当亲戚走动，以驻点帮扶村群众为对象，坚持贫困户和非贫困户一户不漏，县直单位干部每月集中开展一次走访活动，乡、村、工作队"三支队伍"60% 以上时间在走村入户、田间地头，实施"千名干部进万家"，全县近 5 年来开展夜谈活动 6346 场次，解决实际问题 16568 个，走村串户、日访夜谈、结对帮扶成为常态，群众认可度在脱贫摘帽后持续上升。

---

① 汝城县委组织部：《汝城：党建引领乡村振兴》，红星网，2022 年 6 月 30 日。

2. 充分尊重群众,"建什么"由群众自己定

充分尊重群众意愿,探索"四定""六靠"建家园,"建什么"由过去政府"说了算"变为现在群众自己定。按照办点示范、连线成景的思路,通过以奖代拨方式,每名处级干部每人打造一个示范村,创新实施"四定六靠"模式,即项目建什么、怎么建、如何管、好不好都由群众定,推进靠党建引领、管理靠村规民约、建设靠投工投劳、材料靠就地取材、投入靠项目支持、持续靠产业支撑,唤起工农千百万、同心干,群众拆房不要补偿、出工不拿工资,内生动力全面激发,2022年各乡村申报示范点126个,自筹资金1016万元,这一模式得到各界认可。比如,土桥镇龙潭桥村家家户户齐动手,主动参与巷道硬化、污水沟建设、村内果园建设等工作,花三分之一的钱办成了全部的事。上章村发动群众投工投劳实施人居环境整治项目,仅用46万元就完成了本来需要150万元的工程量,得到了全村群众认可,满意度高。

3. 精准对接需求,把服务做到群众心坎上

通过"千名干部进万家""党员联户承包"等,入户调研分析、日访夜谈,做到问计于民、问需于民,从群众反映的突出问题入手,做到"不为不办找理由,只为办好想办法",千方百计为群众办好事、解难事。比如在沙洲村,针对群众集中反映的办事流程问题,沙洲村优化流程,推出"五办"服务法:在村一级能够办理的"马上办",村民不能到场、政策允许代办的实行"帮代办",确需村民本人办理的实行"指导办",因客观原因不能马上办理的可以"预约办",针对老弱病残等群体实行"上门办"。一系列暖心举措,提升了公共服务质量和实效,让群众办事更省心。

4. 邀请群众监督,把群众满意度作为评判标准

把群众工作作为考核"硬杠杠",列入责任、成绩、问题"三张清单"重要内容,作为宣传表彰、提拔重用、约谈提醒"三个一批"重要依据,乡村和工作队干部必须做到让所驻村群众100%认识、98%以上认可,否则不调动调整、不提拔重用,树立以群众满意为标准的"风向标"。

（四）持续育才引才，强化乡村振兴支撑力

汝城县坚持深入实施新时代人才强县战略，坚持"引育留用"结合，强化政策支持，创造良好环境，积极营造识才、爱才、敬才、用才的良好氛围，着力抓好人才培养培育，充实本土实用人才这一"主体"力量；积极争取上级部门支持，充分借助科技特派员等人才的力量，推动人才和产业紧密融合；拿出真金白银，打造人才洼地，通过多渠道引才揽才，为乡村振兴提供了坚实的人才基础和智力保障。

1. 持续抓好人才培养培育，充实本土实用人才"主体"力量

近年来，汝城通过实施"人人有技能"培养工程，采取把专家请进来、办班培训和开设"田间课堂"等形式，开展各类技能技术培训 420 期，开展创业致富带头人、茶艺师、农艺工等就业技能培训，有超过 2.9 万人次参加，大力培育行业学科带头人、基层党组织带头人、规模种养殖户，培养了一批有文化、懂技术、善经营、会管理的乡村实用人才。因为培训工作有成效，汝城职中荣获全国中职组工程测量大赛团体三等奖，汝城县"人人有技能"培养工程被评为全国全民终身教育学习品牌项目。

同时，加大政策和资金支持的激励力度，引导乡村人才队伍发展壮大，对粮食生产和汝城白毛茶、辣椒、奈李等产业的农业龙头企业、农民专业合作社、家庭农场、规模种（植）养（殖）户给予资金奖补，在创业贷款、用地、用电、用工等方面给予支持，近年来扶持乡土人才 1.2 万人次，培育高素质农民 140 名、致富带头人 4000 余人次，注册生姜、茶业、奈李等协会组织 5 个。[①]

2. 积极争取人才帮扶援助，推动产才紧密融合出成效

在上级部门的支持下，汝城县加强与湖南农大、湖南省农科院、长沙市农科所等科研院所对接，做好科技特派员、"三区"人才的选派。2021 年以

---

① 汝城县委组织部：《汝城县："四抓"激发人才活力赋能乡村振兴》，红星网，2023 年 6 月 14 日。

来，全县选派省市县三级科技特派员 111 人，组建由 101 名中央及省市县各级专家组成的科技专家服务团，引荐中央及省市专家组来汝城开展技术服务，实施技术创新。针对汝城白毛茶、小黄姜、奈李、辣椒、畜牧养殖等重点产业组建专家服务团队，为乡村人才和产业发展提供人才支撑和技术支持。湖南农大专家团队与县农业农村局签订汝城朝天椒产业链关键技术研究、汝城白毛茶科技创新技术服务等协议，在木草人茶业公司建立湖南省首批省级专家工作站，对汝城朝天椒提纯复壮、白毛茶种质资源筛选和加工工艺等方面进行专项研究。针对姜瘟防治、连作障碍等产业发展瓶颈，通过与湖南农大、省农科院等科研院所合作，联合实施了汝城小黄姜育苗移栽、姜瘟病治试验、连作示范等试验研究，帮助解决了大批产业发展中的技术难题。同时，省市专家到汝城对本土人才进行技术培训，提高全县广大科技人才的指导服务水平，为汝城县农业农村经济发展提供了人才支撑。

3. 持续抓好人才精准引进，提升农村公共服务水平

汝城县紧扣"事业所需、发展所需、人民所需"精准引才，出台《汝城县人才引进管理办法（试行）》，安排 1000 万元人才发展专项资金，拿出真金白银引才、聚才、揽才，努力造就人才洼地。通过采取人才引进、直赴高校招聘、面向社会公开招聘等方式和降低开考比例、放宽学历及年龄等方面的要求，加大乡村教师、医护人员、文化旅游等公共服务人才招聘力度。2022 年以来引进急需紧缺人才 47 名，其中硕士研究生 12 名，全县公开招录招聘各类人才 700 余名，突破历史新高。深入实施"墩苗行动"，选拔 60 名优秀年轻后备干部建立"墩苗培养"人才库，通过"优苗甄选"等方式进行精心培育，择优选拔任用。① 同时，加大柔性引才力度，安排 1200 多万元用于柔性引才，引进了 110 多名中央及省市专家来汝开展技术合作，为乡村振兴注入人才新动力。

---

① 汝城县委组织部：《汝城县："四抓"激发人才活力赋能乡村振兴》，红星网，2023 年 6 月 14 日。

三　推动脱贫县加快乡村振兴的有益启示

以党建引领确保方向正确，坚持"人民至上"、保持"半条被子"底色，激发群众内生动力，发挥农民在乡村振兴中的主体作用，抓紧抓实产业振兴这个重中之重，为农业农村现代化奠定牢固根基。对此，汝城县的乡村振兴探索提供了有益启示。

（一）要牢牢抓住党建引领这个根本

乡村振兴面临着多方面的挑战，汝城通过加强党的建设，持续充分发挥党建在统一思想认识、示范带动、动员群众等方面的引领作用，使党建资源转化为发展资源，把组织优势转化为发展优势，走出了一条党建引领助推乡村振兴的特色之路。因此，为乡村振兴提供坚实的组织保障，一要以党建引领统一思想认识，通过多方面、多层次深入学习，帮助广大党员更深入地了解乡村振兴战略，统一思想认识，让基层党组织成为带领群众推进乡村振兴的"主心骨"；二要以党建强化示范带动效果，通过组织有履职能力的党员与农户开展结对帮扶工作，让党员进百姓门，了解村情民意，做到哪里有困难，哪里就有党员，在为民服务中加强农村党组织的组织建设和队伍建设，提高党组织的凝聚力和战斗力，让党员干部成为助推社会发展的"领头羊"；三要以党建引领广泛动员群众，推进靠党建引领、管理靠村规民约、建设靠村民投工投劳、材料靠就地取材、投入靠项目支持、持续靠产业支撑等，全面激发群众内生动力，激发更多力量成为参与乡村振兴的"生力军"。

（二）要牢牢抓住"以人民为中心"这个主旨

汝城县近年来坚持传承红色基因，续写好新时代的"半条被子"故事，坚持以老百姓为中心，始终跟他们站在一起、想在一起、干在一起，确保群众的话有人听、群众的事有人管、群众的难有人解，促进基层治理工作持续走深走实。因此，要走好群众路线，助力乡村振兴，一要深入群众及时了解群众所思所盼，通过组织党员代表开展民意征询、列席会议、专题培训、联系党员群众等活动，推进了党代表履职常态化，坚持与群众一家人、一条心、一起干，把村里群众当亲戚走，网格员坚持"敲门问事"，及时排查解决群众天天有感的"关键小事"，提交镇村协调解决牵肠挂肚的"民生大事"，对群众做到"有求必应"；二要完善平台让群众诉求更畅通，用好村新时代文明实践中心、党代表联络处、村党群服务中心矛盾纠纷调解室等阵地，按照"上门即倾听""接待即办事"的要求，畅通群众表达真实想法的渠道，让群众说事有门、办事有路，并通过"线上+线下""定期+不定期"相结合等方式，倾听群众呼声、收集群众诉求；三要凝聚多方力量提升为民服务实效，比如健全村协商议事制度，推进村"四议两公开"制度落实落地，选出村民、党员代表成立议事会，充分发挥"代表"队伍政治优势、经验优势、威望优势，既能更好地调处化解村民之间的一般性矛盾纠纷，又能广泛且及时地了解群众诉求、集纳群众智慧，将群众反映的问题迅速转给村"两委"成员领办、督办、联办，凝聚多方力量，及时解决群众关注的问题，推动基层治理共建共治共享。

（三）要牢牢抓住内生动力这个关键

汝城县通过探索"四定""六靠"模式等，坚持农民主体地位，充分尊重农民意愿，发挥了农民在乡村振兴中的主体作用，让村民真正成为村庄建设和乡村治理的主人，更好地发挥其主体性和主导作用。因此，要进一步激发群众参与乡村振兴的内生动力，一要坚持问计于民、问需于民，充分尊重群众意愿，发挥群众在乡村振兴中的主体作用。二要坚持"授人以鱼不如授人以渔"，推进免费技能培训与乡村振兴有机结合，提升群众的就业和创业能力，为激发内生动力打下能力基础。

（四）要牢牢抓住产业振兴这个"硬支撑"

乡村振兴，产业先行。汝城始终把产业振兴作为乡村振兴的重要抓手，紧扣"八山二水半分田"山区农业县实际，突出发展适宜旱土坡地种植的"辣椒、生姜、茶叶、水果"等四大特色优势产业，出台了特色产业奖励扶持办法，对基地建设、产品加工、品牌打造、产业链建设等产业链发展的重点环节和薄弱环节进行支持，引导经营主体、社会资本参与四大产业开发，将资源优势转化为产业优势、发展优势。因此，要发挥产业振兴对乡村振兴的支撑作用，一要持续提升基础设施配套水平，建设农产品基地，完善物流、冷链、仓储等配套；二要培育新型经营主体，壮大龙头企业，发挥龙头企业和合作社的联农带农作用；三要强化农业品牌的赋能效应，推动更多农产品成为绿色食品、农产品地理标志登记产品、省级一县一特优秀农产品品牌；四要强化农业科技支撑，与大学院校、科研机构等专业团队合作，建立产、学、研平台，开展技术课题攻关，解决长期制约产业发展的技术瓶颈，不断提高农业发展质量和生产效益。

参考文献

《中共中央国务院关于做好二〇二三年全面推进乡村振兴重点工作的意见》，《人民日报》2023年2月14日，第1版。

习近平：《习近平谈治国理政》（第三卷），外文出版社，2020。

习近平：《论"三农"工作》，中央文献出版社，2022。

中央农村工作领导小组办公室：《习近平关于"三农"工作的重要论述学习读本》，人民出版社、中国农业出版社，2023。

陈文胜：《中国乡村何以兴》，中国农业出版社，2023。

陈文胜：《全面推进乡村振兴的底线、主线与重点任务》，《湖南日报》2022年2月24日，第6版。

陈文胜：《构建农业农村现代化新格局》，《新湘评论》2021年第5期。

陈文胜、李珊珊：《论新发展阶段全面推进乡村振兴》，《贵州社会科学》2022年第1期。

陆福兴：《做好乡村振兴这篇大文章》，《新湘评论》2021年第2期。

黄四平：《湖南汝城：牢记嘱托　续写好新时代"半条被子"故事》，《党建》2023年第8期。

村 庄 篇
Village Reports

B.13
长沙市长沙县新云村乡村产业调研报告

曹 倩 陈文胜[*]

摘　要： 创新党建形式、党建载体、党建活动是抓好基层党建工作的重要手段。党支部之间开展党建结对共建活动，更是实现基层党组织工作互动和资源共享、优势互补、提升党建水平的重要方式。长沙县北山镇新云村认真贯彻党的共商共建共享治理观，充分发挥基层党组织的作用，取得了十分瞩目的成绩，同时也为城郊村提供了党建引领助力乡村产业振兴的经验启示：加强基层党组织建设，以党建促发展；创新组织形式，科学发展互动；开展多元合作，整合共建资源；充分发掘资源，增强"造血"功能。

关键词： 党建共融　城乡共建　新云村　长沙县

---

* 曹倩，湖南师范大学中国乡村振兴研究院、马克思主义学院硕士研究生，研究方向为乡村经济。陈文胜，湖南师范大学中国乡村振兴研究院院长、二级教授、博士生导师，研究方向为农村经济、城乡关系、乡村治理。

"党建共融、城乡共建"是共商共建共享治理观指导下的一种新的治理模式，城与乡之间的党支部的交流共建，特别适用于城郊村与地理位置相距不远的社区。以党建为引领，结对进行资源的互换，不仅有利于解决城郊村农产品的输出问题，而且有利于结对社区居民享受到物美价廉的农产品，长此以往还将带动结对支部所在村庄与社区之间的友好往来，为城郊村庄进一步推进农旅结合、引进社会资本等提供渠道。长沙县北山镇新云村作为典型的城郊村，不仅拥有便利的交通，还具有丰富的自然资源，其采用"党建共融、城乡共建"的发展模式，不仅与社区共建，还与高校党支部进行合作，探索多种共建模式。分析其取得的经验有利于为其他城郊村的长效发展提供参考与借鉴。

一 新云村开展"党建共融、城乡共建"模式的主要优势

新云村位于长沙县北山镇东南部，北与107国道相连，离县城星沙十公里，并与一、二、三环线联网，国家省级重点工程武广高速铁路贯穿境内。村域总面积约13.4平方公里，人口5011人，共有耕地5789亩、林地7892.2亩、水域940.45亩。村级主干道路9公里，村级公路硬化率达到100%，生态环境优美，自然资源丰富。新云村坚持把美丽乡村建设与产业发展、民生改善和农民增收紧密结合，建设成效初显。

长沙县北山镇新云村与星沙街道新兴社区、星沙马达岭社区等建设"为农"供销综合服务社社区分社，以该分社为平台，双方开展城乡党建共建，为社区居民提供健康、稳定、物美价廉的农产品，有效引导社区居民下乡，为城区居民和党员提供党建活动和周末休闲场地，将美丽宜居村庄建设与产业发展进行有效融合，推动乡村振兴。

（一）地理位置优越，城乡联结紧密

新云村地处北山镇东南部，距离星沙仅十公里，同时与长沙主城区三个

环线联网，进出城区道路宽敞，极少有堵车情况发生。因此，在党建引领乡村振兴过程中，共建双方在前期便于洽谈合作并实地考察双方基本情况。一方面，于新云村而言，有利于进一步了解共建社区的人口分布情况、具体需求，从而有针对性地对本村生产与发展进行规划；另一方面，于共建社区而言，能更清晰地明确新云村的具体情况，有利于更进一步了解新云村的优势产业，并对本社区居民进行准确的宣传。

同时，交通便捷有利于进一步降低物流成本。农产品上行过程中遇到的运输问题主要有物流成本高、运输过程中货物破损、存放时间短的问题。然而在"党建共融、城乡共建"模式下，进行村对社区的农产品售卖服务，采取订单农业的模式，可有效解决物流成本高的问题。同时，十公里的路程能最大程度避免因气温高、运输设备简陋导致的农产品腐烂现象。最后，订单农业模式解决了存放时间问题，无须压货，从农作物产地摘下便可包装好运输到城市居民手中，既保证了农产品的新鲜度，又减轻了存放压力。

（二）农产品丰富，自然条件优越

新云村共有耕地面积5789亩，两季共种植水稻3860亩，经济作物850余亩。2014年，湖南生物机电职业技术学院超级杂交水稻生产示范与人才培训基地"北山田园"落户于此，现有蔬菜棚120亩、生猪养殖基地50亩、藤本植物研究园50亩、水产实训中心12亩。耕地面积广阔、地形平坦、水利条件优越，有利于在合作中进一步满足城市居民的需求，除却特殊的热带水果、特殊品类的农产品外，基本的农产品供给都能满足。新云村农产品品类丰富，不仅有水稻、各类蔬菜和水果供应，还能保障水产品及鲜花的供给，能充分满足社区居民对农产品的基本需求。同时，城乡共建模式没有中间商赚差价，不仅让城市居民买到更实惠的农产品，也使得农民获得更高的收益。

（三）党建基础牢固，密切联系群众

新云村党总支现有直管党员共计200名，其中女性党员50名。村级党支部发挥领导核心作用、党建引领+网格管理发挥协调作用、020网格发挥信息员作用，开展廉政建设、文娱、就业、卫生、普法、消防安全活动，为村居民提供医疗保健、申请助学、法律援助、扶残助困、职业培训、民事调解、代办医保社保缴费、独生子女奖扶、计生失独补助等多项便民利民服务，竭心尽力服务村民群众，在决策、执行、监督、完成等方面使工作有效落地。

新云村党支部切实抓好党风廉政建设，定期组织村干部开展党风廉政建设座谈会，加强党风廉政警示宣传教育，确保党员干部廉洁勤政。按分工实行首问责任制，强化了对村干部的管理。促进党务、政务、村务三公开。党建工作取得成效，筑牢群众基础，有利于加强群众对党建共建工作顺利开展的信心，更配合村支两委的工作。

二 新云村"党建共融、城乡共建"助力
乡村产业振兴取得的成效

习近平总书记多次强调，要发挥基层组织的战斗堡垒作用从而带动村民实现共同富裕，新云村党支部充分发挥其战斗堡垒作用，以党建引领乡村产业振兴，探索校地共建、村企共赢模式等，取得了十分优异的成绩。

（一）探索校地共建、村企共赢模式

新云村在王家湾、佘家大屋开展美丽宜居示范点建设，规划"北山田园"实训基地，"校地共建""村企共赢"打造乡村振兴典范。湖南生物机电职业技术学院"湖南超级杂交水稻生产示范与人才培养基地"项目在新云村落地。标准化农田建设标段 2015 年动工建设，目前工程已经完工并投入生产，包括生产示范、科研科普、实习体验区流转农田 310 亩（流转时间 30 年），现代水产养殖水生花卉展示休闲区 50 亩水面（流转时间 40 年）。同时落地的项目有：农业部项目"湖南省肉用种山羊生产性能测定中心建设项目"，省级项目"玉米原原种扩繁基地"项目，水产实习实训中心项目。

基地建成后，学院又依托基地申报了"国家重点专业群（种子专业）

建设""双高示范校建设""农类优质校建设""乡村振兴示范校建设"等系列国家级农业教育项目，挂牌了"国家级农业培训中心"。目前已通过"长沙市中小学生研学营地"项目验收，正在申报和准备申报的项目有："国家级大中小学生劳动锻炼和劳动教育基地""湖南省社会公共实习实训平台""湖南省智慧农业示范基地"等。集聚各方要素将基地打造成"现代农业高质量发展示范区""农业智慧教育展示区"。

对"北山田园"实训基地项目周边景观和基础设施进行整体改造，引入专业运营团队，与村集体联合成立运营公司，开展中小学研学教育的运营。打造以农耕文化为主线的从"传统农业到现代农业、智慧农业"的特色研学课程，同时，结合丰厚的红色党性资源，开展党建、工会活动，大力发展乡村旅游，在增加集体经济收入的同时带动周边农户增收致富，打造"研学游"基地，将王家湾、北山田园打造成长沙县乡村振兴新地标。

（二）供销合作、盘活资源，壮大村集体经济收入

新云村通过城乡供销社合作，以党建引领供销综合改革，畅通城乡之间人员、物资流动，实现城乡双赢。通过整合生产要素，建立专业机械化队伍，打造本土特色稻谷品牌，提升大米附加值。通过与企业开展股份合作、劳务合作实现入股分红，增加居民收入，发展壮大集体经济。

1. 城乡供销合作，实现城乡双赢

北山镇新云村在县供销社的支持下，建立了村级惠农供销综合服务社，为服务三农、助力新云村集体经济发展发挥了重要作用。2022年，新云村被列入深化供销综合改革示范村，为此，新云村决定与城市社区联动，通过建立城乡融合的党建共同体，引领和推动供销综合改革完成了从"建起来"到"用起来、强起来"的快速升级。未来新云村将与星沙主城区商业集中、人流量大的一个或多个社区建立城乡融合党建共同体，并利用该社区免费的物业用房，建设新云村供销综合服务社社区分社，该分社主要承担三大功能：一是城乡党员开展活动的交流场所。城乡党员定期开展交流活动，就工

作经验进行分享，形成村支部到城市小区兼职委员会制度，开展支部共建、共融、共优和主题党日活动交流，互鉴"党建+五零村（社区）"建设经验，激发党员发挥示范引领作用。二是新云村农民自种蔬菜和长沙县供销体系农产品销售的场所。新云村农产品丰富，为保障新云村村民与长沙县对口社区居民双方利益的最大化，在此平台实现新云村农产品的上行。三是社区居民和城市企事业单位到新云村或北山镇其他村开展亲子活动、乡村旅游和党建、团建活动的接待窗口。该分社建成后，既可以作为农产品进城的线下实体店，又是城市居民下乡的通道，可以有效地推动城乡居民的互动融合，发挥出供销社服务城乡居民的作用。

2. 整合生产资源，提供代耕代种服务

将生产要素进行整合，由传统的"卖谷模式"变成"卖米模式"。组织新云村佳润农机合作社成员及村内9位种植大户，实施代耕代种服务大包干模式。利用新云村9支农业专业机械化队伍，流转土地1000亩，种植一到两个优质稻谷品种。代耕代种服务有利于实现耕种品种的统一，有利于打造本地特色优势稻谷品牌，为后续品牌建设打下基础。同时，长沙兴社供销社资产经营管理有限公司与长沙县学文农业科技有限公司共同出资购买联合大米加工设备，进行大米深加工，提升销售量及农副产品附加值。对大米进行深加工不仅能直接售卖至对口社区，也能解决部分就业问题，是促进农民增收、提升农民幸福指数的有效手段。

3. 合股联营、入股分红，壮大村集体经济

村集体以占股七成的比重联合九通文旅、金一田园、金犁乡建团队成立运营公司，充分发挥企业运营专业渠道优势，与当地资源结合，促进研学游及衍生产业大力发展，解决美丽乡村建设中美而不活的问题，实现集体经济增收20万元以上。同时，利用村集体经济（股份经济合作社）的自有资金与长沙县强柯机械入股分红，与湘华粤农业公司、耕心堂农业公司、红华农业科技有限公司等合股联营，取得固定分红收益，利用闲置的原西湖村部取得租金收入。引进长沙博约生物科技有限公司，构建黄粉虫绿色健康养殖现代农业循环经济全产业链，与村股份经济合作社合股联营并提供劳务合作。

通过与企业进行股份合作、开展劳务合作等，不仅增强了村集体经济持续发展壮大的可能性与可行性，同时有利于本村产业链的构建与完善，巩固村集体收入来源。

三　新云村"党建共融、城乡共建"助力乡村产业振兴的经验

新云村以"党建共融、城乡共建"的模式发展乡村产业，为农村产业振兴提供了一些可行的经验。通过加强党的基层组织建设，深化了与人民群众的血肉联系，巩固了党的执政基础，以便更好地推进基层工作。通过创新组织形式，增强城乡资源互补，就地解决居民就业问题。加强校企村合作，整合有效资源，实现产业融合发展。充分利用本村资源优势，发挥研究基地的作用，增强持续"造血"能力。

（一）加强基层党组织建设，以党建促发展

习近平总书记指出，要把加强基层党的建设、巩固党的执政基础作为贯穿社会治理和基层建设的一条红线。农村是乡村振兴的主战场，农村基层党组织是党在农村全部工作和战斗力的基础，是乡村振兴的领导者和根本保证，其自身建设的好坏关系到党的建设全局和乡村振兴的成败。促进党建工作制度化、规范化、程序化。推进城乡党建共融，农村基层党组织要注意积极学习社区基层党建工作规范、注重程序制度完善等优点，推进农村党建工作制度化、规范化、程序化。打破传统乡村熟人社会的办事方法，特别注意在工作过程中注重公平正义的原则，增强农村基层党组织在群众心中的威信。新云村党支部时刻开展廉政建设，落实工作责任制，将制度透明化、公开化，时刻注意密切保持同人民群众的血肉联系。

（二）创新组织形式，科学发展互动

围绕经济工作重点展开党建共融。以新云村为例，其与星沙马达岭社区

开展共建模式的中心工作内容是发展农业产业，以此为中心开展其他方面的活动。经济工作涉及面广，城乡共建过程中不仅能解决农产品销售渠道的问题，城市企业、家政物业公司能进行定向招工解决村民就业问题。同时，通过组织各类文化节吸引对口社区居民前来实地体验农村生活，加大城乡之间的黏度，深化开展进一步合作。抛却形式主义，分步骤、有计划地制定双方合作流程与规划。科学合理设定总目标及阶段性目标，并积极争取上级党组织的帮助。以新云村为例，与马达岭社区开展共建时，大致设定了七个步骤，分步骤、有条件地实现目标。城乡党建合作不是一蹴而就的，而是需要经过双方长期的交流合作才能成功。因此，前期在进行合作时，可以开展多个合作项目，经过实践总结再选取主要合作项目。合作过程中双方需多交流沟通，积极对合作过程中出现的问题进行总结与思考，为下一步合作提供经验教训。

（三）开展多元合作，整合共建资源

拓展党建共融渠道。党建共融可以从城乡共建拓展到村校共建，进而到村企共建。从与社区基层党组织合作拓展到同高校党组织、企业党组织进行合作，合作的范围更广、层次更深。例如新云村不仅开展同社区基层党组织的合作，还与高校进行合作，研发新品种、推广优质农产品种源，还同各企业合作经营，此举能借用不同合作方的资源来发展和壮大乡村产业。整合共建资源，升级产业链。在开展多元合作后，要善于将有效资源进行整合以形成完整的链条。例如，高校落地研究项目进行优质品种的培育与推广、与企业合作的项目对农产品进行初加工或深加工、与社区基层党组织合作售卖农产品，并为社区居民提供与高校合作的产学研基地等。将各类资源资产进行有效整合，从而实现一、二、三产业的融合发展，各个产业之间形成良好的促进作用。

（四）充分发掘资源，增强"造血"功能

农村基层党组织要充分识别并唤醒本村沉睡的资源，变"输血"式合

作为"造血"式合作。要充分利用本村各类资源优势，将各项资源进行分类整理，细分各类资源及量级，为科学规划本村发展方向提供依据。新云村充分利用本村自然地理位置优越、农产品丰富等优势，积极开展各项合作，大力促成各个研究基地的落地，为本地注入新的生机活力。同时，在党建共建过程中更加注重增强"造血"功能，尤其在开展供销合作及经营合作时，尽量采取入股分红的形式，推动持续健康发展村级集体经济。在共建实践中注重分类"造血"，对其他村庄共建成功的经验不可照搬照抄。如解决在生产过程中的农产品种源问题、农产品种植问题，注重开展同高校、研究所的合作；若是产业链不健全的问题，注重开展同企业之间的共建；若是销售渠道问题或第三产业发展的问题，注重开展同社区基层党组织的合作。

四 总结

乡村产业振兴是实施乡村振兴战略的关键一环，新云村创新"党建共融、城乡共建"的模式发展乡村产业，不仅能发展壮大乡村产业，同时可以为全省乃至全国有着相同区域特点的城郊村提供可借鉴、可参考的党建共建模式。用党建引领乡村产业振兴，强化基层党组织的领导，将实现乡村产业振兴的"硬"任务分解内化为共建单位党组织的自觉行动。这种党建共融模式不仅有利于缩小城乡差距、解决农村发展不平衡不充分的问题，还能充分实现社区基层党组织对资金、人才、信息、技术等资源的开发与利用。

参考文献

习近平：《论"三农"工作》，中央文献出版社，2022。
中共中央党史和文献研究院编《习近平关于"三农"工作论述摘编》，中央文献出版社，2019。

陈文胜、汪义力：《乡村振兴背景下乡镇治理现代转型研究》，《农村经济》2022 年第 4 期。

陈文胜：《实施乡村振兴战略走城乡融合发展之路》，《求是》2018 年第 6 期。

韩庆祥、虞海波：《全面精准理解中国式现代化新道路》，《党建研究》2022 年第 3 期。

陈文胜：《大国村庄的进路》，湖南师范大学出版社，2020。

B.14
浏阳市沙市镇东门村乡村振兴调研报告

田 珍 陆福兴*

摘 要： 东门村始终围绕乡村振兴战略的总要求，在党建引领、集体经济、乡村治理、生活富裕、环境宜居等方面取得了显著的成效；但也面临乡村人才短缺、资源整合不当、尚未充分激发农民主体性和处理好集体经济与市场之间的关系等难题。为此，在新发展阶段，东门村需要进一步强化党建堡垒作用，紧紧把握共同富裕方向；突出人才培训服务特色，打造村级人才培训洼地；激发农民主体能动性，构建村级治理新格局；遵循市场运行规律，推动产业高质量发展。

关键词： 乡村振兴 集体经济 乡村治理 东门村

东门村地处浏阳市沙市镇西北部，村域面积 6 平方公里，下辖 14 个村民小组 639 户 2639 人，其中党员 90 人，下设 2 个党支部 5 个党小组。[①] 近年来，东门村先后获评全国乡村治理示范村、湖南省特色精品乡村示范村、中国美丽休闲乡村、国家森林乡村等，走出了从落后的"贫穷村"到"中国美丽乡村"的蝶变之路。

---

* 田珍，湖南师范大学中国乡村振兴研究院硕士研究生，研究方向为乡村教育。陆福兴，湖南师范大学中国乡村振兴研究院教授，研究方向为乡村治理、农业安全。
① 东门村：《东门村基本情况》，2022，打印稿。

一 乡村振兴拓新篇

全面推进乡村振兴以来，东门村围绕"堡垒强""村级强""社会稳""村民乐""青山绿"的目标，以生态之美催生发展之变，把党建优势转化为推动乡村振兴的发展优势，不断拓展东门村乡村振兴的崭新篇章。

（一）党建引领，组织体系优化——"堡垒强"

基层党建是构筑乡村振兴强大动力系统的关键，东门村始终坚持党建引领，切实把党的领导放在首位，优化组织体系，强化基层堡垒作用。一是支部班子注活力。东门村不断拓宽人才选拔渠道，打破资历与学历的传统桎梏，注重从返乡青年、退役军人、回乡大学生等群体中发现并培养党性强、善治理、甘于奉献、敢闯敢拼、能够团结带领群众推进乡村振兴工作的优秀人才进入党组织，激发支部活力。通过笔试、面试、公开竞职演说等一系列方式，选拔出思想好、有能力、为人民的优秀青年人才充实后备军，储备支部人才力量。东门村现任班子成员通过专家授课、外出学习、集中学习等方式，进一步提高政治素养与业务水平。二是党员管理创新招。加强党员教育管理工作，通过创新党员分类管理制度，将党员分为"红星党员""红心党员""红旗党员""红烛党员"四类，根据"四红党员"的实际情况，分别设置不同岗位，党员积极参与乡村振兴、社会治理工作，发挥党员先锋模范带头作用，并建立积分考核机制，强化日常管理工作。三是人才培育出实效。大力培育乡村发展"能手"，系统培训乡村发展所需的专业能力，不断提升乡村发展专业能力，并发展壮大乡贤力量，注重吸纳退伍复员军人、外出经商人员、退休干部等乡贤人才，发挥他们各自优势，为村级事业无私奉献，发展壮大乡村振兴人才队伍，凝聚乡村振兴强大合力。

（二）特色集体经济兴盛——"村级强"

产业兴旺是实施乡村振兴战略的重点任务。东门村坚持以产业发展为第一要务，不断壮大村集体经济实力，助力乡村振兴工作。一是盘活土地资源，加快实现从"地"到"钱"的飞跃。2007 年，东门村以嵩山为核心区域，流转土地 1240 亩，建成村级便民服务中心。2010 年和 2012 年，分别流转油麦冲 1015 亩荒废土地和野鸡冲 903 亩荒废土地。2016 年，成立利东土地专业合作社，负责全村土地合作经营的组织、指导和协调工作，确定"五个统一"标准，对全村土地进行整体包装经营。截至目前，东门村共流转土地 4937 亩（其中耕地 2316 亩、林地 2621 亩），盘活了东门村土地资源，将土地资源转化为经济优势，实现了从"地"到"钱"的飞跃。[①] 二是发挥生态优势，做活"绿色"经济。依托耕地面积广阔、森林覆盖率高达 80% 的资源禀赋，打造嵩山森林体育公园，2017 年，嵩山森林体育公园以每年 80 万元的租金，整体出租给湖南信合湘诚生态农业有限公司经营，拓宽了集体经济收入渠道，增加了集体经济收入；[②] 通过不断建设和完善嵩山环山游道、月亮湖、叠水瀑布、农耕文化馆、工匠坊、四合院、森林足球场等景点与设施，嵩山森林体育公园综合体逐渐完善，掀起新一轮乡村旅游热潮，以"绿色"增强村集体经济优势，打造"绿色"集体经济。三是发展特色种植，打造"烟花"高地。通过土地流转，打破传统农业局限，加强一三产业深度融合发展。建成油茶花卉基地 1015 亩、栀子花药材基地 903 亩、优质烤烟基地 1050 亩，为发展壮大特色种植产业，与湖南郎坤生态农业开发有限公司合作，签订百合种植合作协议，建设总面积约 500 亩的百合种植基地，打造百合博览园，建设花卉药材旅游观光基地，有效带动旅游、研学产业等联动发展，[③] 打造烤烟与花卉齐发展的"烟花"高地。四是拓展第三产业，打造培训品牌。东门村积极创新工作思路，立足产业发展实际，注重开拓创新，发掘培育了一批懂技术、善经营、会管理的专业人才。依托自身优势，吸引社会力量注入，合作成立浏阳市东门乡村振兴人才培训学校，并与湖南师范大学、湖南农业大学、湖南农科院等省内高校院所建立

---

① 东门村：《东门村基本情况》，2022，打印稿。
② 东门村：《东门村基本情况》，2022，打印稿。
③ 东门村：《东门村基本情况》，2022，打印稿。

合作关系，为受训学员提供生产技术、产品加工、市场推广等全方位的培训服务。同时，引进湖南信合湘成公司，与涉农高校院所合作创办"星创天地"和乡村振兴创业孵化基地，实现乡村振兴人才培训与产业发展双向互动，将理论与实际紧密联系。近年来，东门村人才培训效果卓著，先后被授予中共中央组织部、农业农村部培训基地和长沙市党员教育培训示范基地等称号，累计为全国各地培训乡村振兴人才 1 万余人次，培训收入达 900 余万元，[①] 打响了东门村乡村振兴培训品牌。

（三）三治融合，乡村治理有活力——"社会稳"

治理有效是实现乡村振兴的重要保障。东门村坚持三治融合，推进乡村善治。一是"自治"格局展新颜。完善以"四议两公开"为核心的民主决策制度，制定村民议事协商制度、村务公开及监督制度、民主评议制度等，完善形式多样的村民议事会、屋场协商、微网格协商、小组协商等议事协商机构和机制，不断规范议事程序，提高村民参与乡村治理的规范化、程序化水平。并以打油诗形式编写村规民约，将议事、协商、决策、移风易俗、五治、产业发展、社会公德、家族美德等纳入其中，使得村规民约深入人心。通过公共设施管理委员会和村规民约监督委员会严格执行公共设施的管理维护，并将日常监督作为村民监督委员的绩效考核标准之一，提升公共服务质量。结合党员分类管理，制定党员言语行为正负面清单，规范党员行为，并依托"党建+微网格"促进党员线上线下联系群众，密切党群关系。二是"法治"观念入人心。积极主动与高校对接，充分利用高校优势助力乡村治理，东门村现已成为中南大学法学院法治乡村建设基地。加大法治文化宣传力度，与镇司法所联合开展"送法下乡"等法治宣讲活动，通过微信群、村广播等方式宣传国家法律法规。激励党员发挥先锋模范作用，组织党员和退休村干部成立法律宣讲队、志愿者服务队，深入宣传国家法律法规、惠农政策和安全知识，使村民知法、守法、懂法。深入推进扫黑除恶，无重大刑

---

① 东门村：《东门村基本情况》，2022，打印稿。

事案件、越级上访和非法宗教等活动，连续 15 年没有上交一起矛盾到政府，没有一起上访事件，做到了小事不出组、大事不出村，"法治"观念深入人心。三是"德治"理念树新风。积极践行村规民约，发挥村规民约应有效用。发挥党员模范带头作用，捐资成立帮扶协会，对因灾因病致贫家庭发放帮扶金，截至目前共募捐 40 余万元，发放 30 余万元。[①] 积极开展"五世同堂""最美夕阳红"等评选活动，充分发挥先进典型示范作用。摒弃旧的婚庆、丧葬等陈规陋习，褒扬喜事新办的创新做法，加快移风易俗进程。通过开展文艺汇演、知识抢答邀请赛、广场舞大赛等具有浓厚乡土气息的文化活动，丰富群众精神文化生活，树立文明新风尚。

（四）创新村民帮扶，民生福祉提升——"村民乐"

民生是人民幸福之基、社会和谐之本。民生稳，人心就稳，社会就稳。东门村时刻将村民关注的热点、难点放在心上，落实各项措施，不断提升村民安全感、获得感、幸福感。一是村集体经济发展村民富。东门村用活土地经济，流转土地 4937 亩，建设烤烟、栀子花、百合花、花卉苗木等一系列特色种植基地，建设嵩山森林体育公园、国家标准森林足球场、登山健身步道、月亮湖、叠水瀑布、农耕文化馆等乡村旅游景点，带动村民就业 400人，人均年增收 6000 元，2021 年全村人均可支配收入为 39600 元，村集体经济收入达 223.6 万元。村级每年对 60 岁以上的老年人发放 200~600 元不等的老年慰问金，对考上本科的考生发放 1000 元的奖学金，对幼儿园的幼儿每人每年发放补助 1000 元，向全村弱势群体发放 50 余万元的爱心款，人人得以共享村集体经济红利，拓宽共同富裕道路。[②] 二是人居条件改善环境优。东门村依托村级集体经济，积极推进民生项目，整合村民集资和国家项目资金 2000 余万元进行人居环境改善工作，硬化、提质改造道路 10 公里，硬化水渠 6500 余米，修建提灌站 5 座，安装太阳能路灯 750 盏，沥青路面

---

① 东门村：《东门村基本情况》，2022，打印稿。
② 东门村：《东门村基本情况》，2022，打印稿。

修建到小组。开展以"治厕、治水、治垃圾"为重点的综合治理工作，实现全村旱厕清零、自来水入户，并安装污水处理机，处理后水质达到一级 A 标准，推行垃圾分类减量，截至目前，减量达 90%。便利村民生活，快递驿站多处布点，自来水实现"智能缴费"，提升村民生活幸福感。[①] 三是精神文化活动丰富村民乐。建设儿童之家、黄土岭长者之家、江口片爱心活动中心，打造绍溪美丽屋场、江口美丽屋场，为村民提供休闲娱乐场所。开展文艺汇演、知识抢答赛、广场舞大赛等娱乐活动，丰富村民精神文化生活。每季度为全村 60 岁以上的老人举办集体庆生活动，在重阳节、教师节开展探访老人、慰问教师等活动，弘扬"善孝和"、尊师重教的优良传统。四是社会和谐稳定村民安。健全矛盾协调机制，充分发挥微网格长、党代表、人大代表的作用，成立人民调解志愿者队伍——调解帮帮团，做到村上有调解专干、户上有调解明白人，实现调解率达 100%，矛盾纠纷"零上交"。深入推进扫黑除恶工作，社会环境和谐稳定。

（五）水土保持试点生态环境优美"青山绿"

良好生态环境是最公平的公共产品，是最普惠的民生福祉。东门村秉持"绿水青山就是金山银山"的发展主线和"人不负青山，青山定不负人"的发展理念，在"绿富同兴"上下功夫，让生态多一点"含绿量"，让乡村振兴多一点"含金量"，不断加强生态环境保护，实现生态环境优美"青山绿""河水清"。一是保留原始森林，打造天然氧吧。东门村始终将绿色作为亮丽底色，在别的村庄生态环境为经济发展让路时，东门村以蒿山森林体育公园建设为核心，保留原始森林，并种植金丝楠木等珍贵树种作为后备森林资源储备，不断扩大树木种植面积，提高植被覆盖率，保持空气清新，打造天然氧吧，打开群众致富增收的大门，用好绿色发展这把"金钥匙"，实现"青山绿"。二是清理淤塞河道，保持河水清澈。水是生命之源、生产之要、生态之基，东门村以对东门江河的综合整治为核心，清理维修硬化淤塞

---

① 东门村：《东门村基本情况》，2022，打印稿。

沟渠和山塘，降低河道、沟渠、山塘淤塞程度，保持农田供水通畅，建设高标准农田，并扩大高标准农田面积；安装污水处理机净化水质，净化后水质达到一级 A 标准，"零污水"排放入河流，实现"河水清"。三是水土保持试点，绘就东门山清水秀。东门村以国家水土保持试点为契机，不断改善基础设施和优化生态环境。通过打造沿江风光带与河道沟渠建设，不断增强保持水土能力，实现"水秀"；通过植树造林，不断提高森林覆盖率，实现"山清"。在水土保持试点下的东门村，既有山水田园的芬芳，更有"诗和远方"的意境。

二 乡村振兴加速推进有挑战

乡村振兴既是一场攻坚战，更是一场持久战。经过四年多的努力，东门村乡村振兴工作取得了一定成效，但同时也应该清醒地看到，与全面乡村振兴相比，也面临不少问题，乡村振兴依然任重而道远。进入新发展阶段，东门村需要在新的起点上，继续深化改革，不断破解发展中的难题，努力推进乡村振兴工作再上新台阶。

（一）高质量发展需要解决人才短缺问题

"乡村振兴，人才是关键"。东门村立足产业发展实际，发掘培育了一批懂技术、善经营、会管理的专业人才，如紧跟电子商务发展趋势，着重培育农村电商人才，目前，已有 30 余人从事电商行业；如邀请具有丰富种植经验的村民罗克诚、李世奇回乡发展特色种植，共种植 1000 亩栀子花药材基地、1000 亩油茶花卉基地，[1] 这些人才为东门村的发展做出了不可磨灭的贡献。但东门村要勇立发展潮头、实现高质量发展，人才队伍必须扩大，需要囊括各有所长、各有特色的人才，丰富人才类型。所以，人才短缺问题是制约东门村高质量发展的瓶颈之一。

---

[1] 东门村：《东门村基本情况》，2022，打印稿。

（二）高速度前进需要解决资源整合问题

资源整合是将内外部资源重新选择、激活、重组的动态过程。① 东门村以土地流转撬动资金支持其他特色产业发展，加快了月亮湖、蒿山森林体育公园、烤烟种植基地、栀子花种植基地、油茶花种植基地等的建设，这是东门村坚守"绿色"底线最大限度开发本村资源交出的优秀答卷。这些资源是东门村发展的重要内容，但其效用还尚未充分发挥，在资源整合方面还存在一定的提升空间，如乡村旅游如何同现有旅游资源产生联动，并在资源整合中如何突出自己的特色，避免出现与周边地区同质化效应；如烤烟种植基地如何与花卉种植基地产生联动才能成为旅游观光资源；如剩余劳动力如何转化、回乡人才如何最大限度发挥作用等，总体而言，东门村要实现各类资源整合发展还需进一步发力。

（三）强动力激发需求解决农民主体问题

人民群众是历史的创造者，农民的主体性在社会发展中发挥着极其重要的作用。党的十八大以来，习近平总书记多次强调要发挥农民主体作用，"调动他们的积极性、主动性、创造性"。② 农村的发展要依靠农民、培育农民、发展农民，东门村在发展特色产业过程中，调动了部分村民的积极性，使得部分村民加入了助力乡村振兴的阵营。但农民的主体性还需要进一步全面激发出来，让所有村民自己主动成为乡村振兴的主人，而不是依靠村干部的推动被动地参与乡村振兴，这是现阶段东门村所要解决的重要问题。

（四）强竞争优势需要解决市场主导问题

在全面深化改革的过程中，市场是产业发展的决定力量，一定要发挥市场在资源配置中的决定性作用。东门村在发展特色产业过程中具有得天

---

① 秦晶：《乡村振兴进程中资源整合的现实困境与实现路径》，《云南行政学院学报》2019年第6期。

② 习近平：《习近平谈治国理政》（第三卷），外文出版社，2020，第262页。

独厚的地理优势，其地处浏阳市沙市镇西北部，距长沙市七十多公里，交通便利；村域面积达 6.5 平方公里，其中林地 5000 亩、耕地 2400 亩，域内有蒿山、捞刀河，资源类型丰富多样。① 东门村强大的集体经济优势和资源，需要得到良好的市场驱动，只有按照市场经济的原则运作，才能使集体经济发展行稳致远。如果不突破集体经济发展的传统劣势，则会止步不前、优势不显，市场竞争优势逐渐失去。因而，当前东门村需加快解决市场主导问题。

三 东门村乡村振兴进一步推进的基本建议

全面推进乡村振兴是一项系统工程，既要有攻坚突破、立说立行的狠劲，也要有持续用力、久久为功的韧劲。当前，正值东门村全面推进乡村振兴的重要节点，这既是大战，也是大考，东门村面对乡村振兴这道"复合题"，唯有多措并举、多方并下，以强化党建堡垒作用、突出人才培训服务特色、激发农民主体能动性、遵循市场运行规律为抓手，探索具有东门特色的乡村振兴新样本。

（一）进一步强化党建堡垒作用，紧紧把握共同富裕方向

习近平总书记强调，实施乡村振兴战略，关键是要"发挥好乡村党组织的作用，把乡村党组织建设好，把领导班子建设强"。② 东门村在全面推进乡村振兴、实现高质量发展的奋斗过程中，要继续强化党建引领作用，加强堡垒作用，为东门村的发展引好方向、做好规划。一方面，打铁还需自身硬，做好"四个自我"工程。不断提高自我净化、自我完善、自我革新、自我提高能力，以增强本村党组织凝聚力，为村民做实事、做好事，不断朝着村民对美好生活向往的方向努力奋斗。另一方面，做好人才吸纳

---

① 东门村：《东门村基本情况》，2022，打印稿。
② 习近平：《习近平谈治国理政》（第三卷），外文出版社，2020，第 261 页。

与整合工作，壮大乡村振兴组织力量。人才是组织力量的基础，也是乡村振兴中最为关键最为活跃的因素。通过公开选拔、公开招聘等方式吸引本地人才回流，并培养一批思想好、作风优、本领强的乡贤作为党组织后备力量，为党组织注入鲜活力量，为村级发展注入磅礴动力。同时，更为重要的是，坚守社会主义的本质要求——共同富裕，坚持走共同富裕的道路，把全体村民引上共同富裕的社会主义道路，建设人人展笑颜、家家共富裕的新东门村。

（二）突出人才培训服务特色，打造村级人才培训洼地

人才是发展最宝贵的资源，硬实力、软实力，归根到底是靠人才的实力。东门村依托良好的产业基础，秉承"人才振兴助推乡村振兴"理念，开展乡村振兴人才培训，并成为中共中央组织部、农业农村部农村实用人才培训基地。东门村要突出人才培训服务特色，打造村级人才培训洼地，需在"育好人"上下功夫。一方面，强化自身培训优势。利用好与高校密切联合机制，充分发挥高校在人才培训方面的文化资源优势，将高校文化资源优势与本村特色产业优势相结合，通过专家授课、现场模拟和案例分析等方式，提升乡村振兴人才培训的专业水平；创新培训模式、方法和途径，依托培训项目，采取"互联网+在线课堂""案例教学+现场模拟""基地培训+生产指导"等方式，突出培训的需求导向，提升乡村振兴人才培训的实用性。另一方面，引进优秀产业发展人才。打造人才培训洼地需要内外联动，既要请得进来——专家学者授课，也要自身硬——产业发展带头人引领。东门村特色产业是其开展人才培训服务的基础所在，要不断强化其特色产业的优势，通过引进优秀产业发展人才为产业发展注入新鲜力量，为特色产业发展不断赋能，从而助力乡村振兴人才培训，打造东门村人才培训洼地。

（三）激发农民主体能动性，形成村级治理新格局

乡村振兴战略是解决新时代"三农"问题的整体性方略，农民主体性

重构是助推乡村振兴的内生动力。[1]农民是乡村价值的依托主体，既是乡村生产价值和社会价值的主导者，也是生态环境的保护者，更是文化价值和教化价值的传承者，激发农民主体能动性对于构建村级治理新格局意义重大。一方面，培养农民文化主体意识，完善文化建设人才体系。充分利用儿童之家、黄土岭长者之家、初心广场、江口片爱心活动中心，对村民进行培训，引导村民积极主动参与文化建设；深入挖掘本土文化，挖掘并发扬古蒿山泉井、劝农文化广场背后的故事，讲好东门村故事，吸引年轻人关注和参与乡村文化建设，增强年轻人与东门村文化的黏性，提升其文化自信。另一方面，提升农民主体地位，完善村民参与乡村治理的制度保障。提升农民在乡村振兴中的责任意识，激活农民的主体能动性，使其自觉主动参与乡村建设，形成"人人为东门"的社会氛围；加强村民自治组织建设，不断改进和完善村民议事会、村民理事会等组织建设，以拓宽村民参与村级事务的渠道，并建立村民参与村级事务协商、决策制度，建立村级重要事项的公示制度和村民对村级事务的监督制度，通过绍溪美丽屋场、江口美丽屋场畅通村民表达渠道，激发农民主体能动性。

（四）遵循市场运行规律，推动产业高质量发展

市场是产业发展的决定力量。产业高质量发展要充分发挥市场在资源配置中的决定性作用，遵循市场运行规律。东门村发展以人才培训、花卉种植为核心的特色产业，是一三产业结合发展的典型，在深入推动人才培训与花卉种植相结合的特色产业过程中，一定要遵循市场运行规律，以市场为导向、以自身特色为纽带，推动本村产业发展。一是遵守市场秩序，按市场规律办事。在发展花卉种植产业过程中，要严格遵循市场秩序，做好花卉的品控工作，按照市场价格销售花卉；在发展人才培训特色产业过程中，要厚植自身办学优势，按市场规则办事，做大做强人才培训特色产业。二是掌握市

---

[1]　钟曼丽、杨宝强：《再造与重构：基于乡村价值与农民主体性的乡村振兴》，《西北农林科技大学学报（社会科学版）》2021年第6期。

场动向，做好供给工作。综合考量市场动向、社会大环境等因素，在自身发展的基础上，紧跟市场需求，决定产业发展的规模、产品供给的数量。比如在花卉品种的选择上，选择既具有观赏价值又具有药用价值的花卉，既能满足消费者的观赏要求，同时提升花卉种植的附加值。

参考文献

习近平：《习近平谈治国理政》（第三卷），外文出版社，2020。

陈文胜：《牢牢把住接续推进脱贫攻坚到乡村振兴的关键与核心》，《湖南日报》2020年9月24日，第4版。

陈文胜、汪义力：《乡村振兴背景下乡镇治理现代转型研究》，《农村经济》2022年第4期。

陆福兴：《让基层干部受重用才能有担当敢作为》，《中国乡村发现》2021年第3期。

秦晶：《乡村振兴进程中资源整合的现实困境与实现路径》，《云南行政学院学报》2019年第6期。

唐建明：《以基层党建引领新时代乡村振兴：逻辑理路与实践进路》，《湖南师范大学社会科学学报》2021年第4期。

钟曼丽、杨宝强：《再造与重构：基于乡村价值与农民主体性的乡村振兴》，《西北农林科技大学学报》（社会科学版）2021年第6期。

B.15

浏阳市官桥镇石灰嘴村
乡村振兴调研报告

朱 烨 陈文胜*

摘 要： 实施乡村振兴战略，是新时代"三农"工作的总抓手，湖南省
浏阳市官桥镇石灰嘴村始终坚持党建引领，推动石灰嘴村实现
"产业兴旺、生态宜居、乡风文明、治理有效、生活富裕"的目
标，探索出一条全面推进乡村振兴的实践之路。当前，全面推进
乡村振兴，破解石灰嘴村基层党组织薄弱、农村人才缺失、农村
融资困难等问题，需要加强基层党组织建设、留住农村劳动力、
促进农村经济发展，推动农业农村实现现代化。

关键词： 乡村振兴 党建引领 石灰嘴村

党的十九大报告做出实施乡村振兴战略的重大决策，将"产业兴旺、
生态宜居、乡风文明、治理有效、生活富裕"作为乡村振兴战略的总要求。
湖南省浏阳市官桥镇石灰嘴村勇于改革创新，积极探索乡村振兴实践，高度
契合党中央提出的"产业兴旺、生态宜居、乡风文明、治理有效、生活富
裕"目标要求，走出了一条独特的乡村振兴的道路，为当前正在实施的乡
村振兴战略提供了许多有益经验。

---

* 朱烨，湖南师范大学中国乡村振兴研究院硕士研究生，研究方向为乡村治理。陈文胜，湖南
师范大学中国乡村振兴研究院院长、二级教授、博士生导师，研究方向为农村经济、城乡关
系、乡村治理。

一 石灰嘴村党建引领乡村振兴的实践探索

石灰嘴村地处浏阳西大门，与株洲芦淞区、醴陵两地交界，是官桥镇面积最大、人口最多的一个村，辖区 23.1 平方公里，环村道路近 22 公里。下设 7 个村民小区，共 1615 户 5848 人。2014 年定为省级贫困村，原有建档立卡贫困户 158 户 500 人，2020 年村级所有贫困户全部脱贫。自乡村振兴战略提出以来，石灰嘴村以加强基层党组织建设为总抓手，通过发挥党员先锋模范作用、发挥"党建+产业"优势等方面的探索，在乡村产业、乡村治理、乡村生态等方面，积极发挥党建的引领作用，为乡村振兴战略的推进积累了有益的经验。

（一）坚持党建引领，推动产业兴旺

产业兴旺是乡村振兴的基础，产业发展起来，乡村才能振兴，群众才能富裕。党的十九大报告指出："构建现代农业产业体系、生产体系、经营体系，完善农业支持保护制度，发展多种形式适度规模经营，培育新型农业经营主体，健全农业社会化服务体系，实现小农户和现代农业发展有机衔接。促进农村一二三产业融合发展，支持和鼓励农民就业创业，拓宽增收渠道。"[①] 石灰嘴村坚持以党建为引领，充分利用本地资源优势，因地制宜，大力发展集体经济，推动产业优化升级，构建现代农业产业体系。该村是传统的农业村，拥有耕地 4997 亩、山林 27650 亩，其中优质水稻 2500 多亩、烤烟 400 多亩，种植水稻和烤烟是村民的主要收入来源。为大力发展集体经济、提高村民收入，石灰嘴村在村党小组的带领下，坚持以产业为支撑，整合多方资源，集中力量发展药材迷迭香种植产业，目前已经在全村范围内种植 100 余亩。据了解，该项目有易管理、少投入、低劳动强度的特征，能够

---

① 中共中央党史和文献研究院编《十九大以来重要文献选编（上）》，中央文献出版社，2019。

推动村里种植产业优化升级，提高村民收入。该村村域内有规模工业企业花炮厂两家，为推动村中剩余劳动力就业，石灰嘴村以党建为统领，以产业带动为突破口，积极推动产业帮扶，推动该村剩余劳动力就业，两家花炮厂带动本村就业人口 400 多人，厂内设立了扶贫车间，解决原贫困户 37 人。同时在村党小组的领导下，该村建立冬竹家庭农场，带动本村就业 20 多人，解决原贫困户 7 人就业。石灰嘴村村集体经济基础薄弱，这成为该村发展建设的卡脖子难题，建设村集体经济光靠争取上级资金项目来输血是远远不够的，必须自己有造血的功能，在村党小组的带领下，石灰嘴村紧紧围绕打造垂钓小镇这一发展理念，与育波生态农场合作，努力提高村集体经济收入，同时与黄景园钓鱼基地合作，入股 20 万元，每年参与利润分红，增加村级集体经济收入。此外，在村党小组的带领下，该村开展船湾小区群利美丽屋场建设，通过一年时间，让群利组旧貌换新颜，提升了群众的福祉和幸福指数，并成功通过了长沙市农业农村局的验收。

（二）坚持党建引领，强化乡村治理

2018 年中央一号文件指出："乡村振兴，治理有效是基础。必须把夯实基层基础作为固本之策，建立健全党委领导、政府负责、社会协同、公众参与、法治保障的现代乡村社会治理体制，坚持自治、法治、德治相结合，确保乡村社会充满活力、和谐有序。"[①] 党的十九届五中全会指出："完善社会治理体系，健全党组织领导的自治、法治、德治相结合的城乡基层治理体系，完善基层民主协商制度，实现政府治理同社会调节、居民自治良性互动，建设人人有责、人人尽责、人人享有的社会治理共同体。"[②] 石灰嘴村通过党建引领，不断激发乡村各级各类组织的共同参与、自我管理、自我服务，构建党领导的"自治、法治、德治"相结合的乡村治理体系。在传统的乡村治理过程中，该村村民参与村级事务的主动性和积极性不强，存在着

---

① 中共中央、国务院：《关于实施乡村振兴战略的意见》，《人民日报》2018 年 2 月 5 日，第 1 版。
② 中共中央党史和文献研究院编《十九大以来重要文献选编（中）》，中央文献出版社，2021，第 810~811 页。

村干部"一言堂"的问题，现在石灰嘴村的村党小组带领全体村民一起制定村规民约，村民代表及时发现村民中的问题以及村民的需求，并利用民主决策机制及时把村民中的问题和需求转告党支部，由村干部、党员、村民代表共同商议，由村民会议表决通过，制定村规民约。现阶段，石灰嘴村在村党小组带领下，由村民共同制定的村规民约包括环境卫生、村级治安、公共安全、村级事务管理、集体资源、村风民俗、邻里关系、婚姻家庭和执行修订等各个方面。为进一步整治婚丧陋习，推进移风易俗，打造富裕、民主、文明的社会主义新农村，促进物质文明和精神文明建设的同步发展，在村党小组的带领下设立红白理事会，制定红白理事会章程。构建"党建+红媒+都管"模式，理事会接受村"两委"管理和指导，实行"五统一"，即统一组织，统一程序，统一规格要求，统一调配人员，在本辖区内统一服务。红白理事会组织机构成立后，石灰嘴村的移风易俗取得了较好的成果。为了进一步改善农村人居环境，美化家园，建设美丽石灰嘴，营造整洁优美、文明有序、健康舒适的生产生活环境，同时让广大人民群众积极参与环境卫生管理，落实"庭院三包"责任，根据人居环境村规民约，在村党小组的带领下，经村民代表大会讨论通过，制定了石灰嘴村群利屋场环境卫生评比机制，各户都要自觉接受村委会的监督检查，共同遵守人居环境村规民约。石灰嘴村在村党小组的引领下，先后制定村规民约，成立红白理事会，制定了村群利屋场环境卫生评比机制，以社会主义核心价值观为引领，营造守规矩、讲文明、正品行、崇节俭的氛围。

（三）坚持党建引领，建设美丽乡村

建设优美村庄，生态宜居是乡村振兴的关键，良好的生态环境是农村最大优势和宝贵财富。习近平总书记在2017年中央农村工作会议中强调："建立健全城乡融合发展体制机制和政策体系，统筹推进农村经济建设、政治建设、文化建设、社会建设、生态文明建设和党的建设，加快推进乡村治理体系和治理能力现代化，加快推进农业农村现代化，走中国特色社会主义乡村振兴道路，让农业成为有奔头的产业，让农民成为有吸引力的职业，让农村成为安居乐业的美丽家园。"① 石灰嘴村在村党小组的领导下，加强农村公共基础设施建设，严格保护耕地和生态环境，开展农村人居环境整治，推进美丽乡村建设。在村党小组的带领下，全村无耕地建房、无新增耕地抛荒现象。在村党小组的带领下，建设群利美丽屋场，在屋场内建设党建广场、篮球场、体育健身设施等，同时全村硬化道路入户，建设7项水利设施项目，并投入18万余元安装路灯亮化设施，全村厕所革命即将完成。石灰嘴村积极实施村庄卫生长效管理责任制，在全村环境卫生方面，由各支部组织相应小区责任人、老协成员、保洁员、志愿者等，在全村范围内进行环境卫生常态化日常管理。并组织相关人员上户进行宣传教育，对保洁人员加强管理，岗位责任制落实到个人。村民通过积极参与环境卫生整治及讲文明、讲卫生等教育宣传，培养良好家风和村风，强化"共建共享、共管共治"意识，促进乡村全面振兴。

二　石灰嘴村全面推进乡村振兴中存在的问题

湖南省浏阳市官桥镇石灰嘴村全面推进乡村振兴战略，取得了突出的成效，但全面推进乡村振兴刚刚起步，受基础条件薄弱、自然和人文环境等因素的影响，也存在各种现实难题，需要认真分析这些难题，扎实推进农业农村现代化。

（一）基层党组织薄弱，振兴引领不足

乡村振兴战略作为解决"三农"问题的重要举措，已在全党全社会中达成共识，在实施乡村振兴战略背景下，农村基层党组织建设将面临前所未有的挑战。一是基层党组织干部队伍参差不齐，调研发现，石灰嘴村党员干部人员构成不平衡，平均年龄偏高，男性比例偏高，同时领导班子理论学习

---

① 中共中央党史和文献研究院编《十九大以来重要文献选编（上）》，中央文献出版社，2019，第141页。

有待加强。二是对基层党组织干部权力监督不到位，调研发现，县级及以上的党组织难以把权力监督的触角直接深入基层党组织中去，所以基层党组织干部行使权力缺乏上级党组织的有效监督。三是基层党组织干部建设物质基础薄弱，调研发现，石灰嘴村党建党日活动开展、政策宣传经费不够，农村经济发展不景气，大大影响了各项基层党建工作开展的效率。

（二）农村人才缺失，振兴动力不足

乡村振兴最首要的是人才的振兴，它是乡村振兴的关键，如果没有人才的支撑，乡村振兴只是一句空话，在石灰嘴村乡村振兴中，农村人才的缺失是最为突出的问题。一是随着经济社会的发展，石灰嘴村劳动力流失严重，调研发现，该村大部分年轻人为了谋求更高的收入，前往长沙、株洲等地区就业，这就导致该村青年劳动力急剧减少，造成农村空心化现象。二是随着劳动人口的流失，石灰嘴村人口老龄化现象加剧，调研发现，该村大部分青年劳动力流向城市，留在村里的主要是他们的子女、妻子和父母，留在村子里的这些人自身能力较弱，难以适应该村发展经济的要求。三是农村产业在发展，但石灰嘴村缺乏引进和培养人才的意识，调研发现，该村引进人才的主观能动性和针对性规划不够，加上引进人才的激励机制不到位，导致该村技术人才和创新型人才缺乏。

（三）农村融资困难，振兴资金缺乏

资金作为现代经济发展的重要组成部分，在推动乡村振兴战略实施中发挥了重要的作用，要实现"产业兴旺、生态宜居、乡风文明、治理有效、生活富裕"的目标，需要资金的扶持与助推，在石灰嘴村乡村振兴中，资金缺乏是最为重要的问题。一是乡村产业贷款难，调研发现，石灰嘴村虽然发展了产业经济，种植水稻和烤烟，开办农场和花炮厂，但这些产业存在规模不大、成本大、市场不稳定的问题，金融机构对该村的产业关注度也不够，贷款的银行为了维护自身利益，不愿意向这些产业发放贷款，导致该村产业融资困难，该村产业只能通过民间贷款来解决融资问题。二是乡村产业

回本慢，调研发现，石灰嘴村创办的产业依靠销售农产品或加工农村副产品、工艺产品获得经济收入，容易受到市场价格波动的影响，以致该村产业回本慢，农民的收入难以达到预期水平。三是地方政府支持资金较少，调研发现，石灰嘴村产业的发展虽然得到地方政府的支持，但地方政府支持的力度远远不如支持城镇的力度，故该村基础设施建设、扩大产业方面存在着资金不到位问题，阻碍了乡村振兴战略的实施。

三　全面推进石灰嘴村乡村振兴的对策

实现乡村振兴目标不是一蹴而就的事情，石灰嘴村要解决乡村振兴过程中面临的问题，必须从加强基层党组织建设、留住农村劳动力、促进农村经济发展等方面下功夫，不断提高农业农村发展质量，全面推进乡村振兴。

（一）加强基层党组织建设

能不能成事，关键在人，怎么把人组织起来干成想干的事，那就需要充分发挥基层党组织领导作用，持续抓党建促振兴，才能带动广大党员和群众团结一心干好村级各项事业。加强基层党组织建设，一是完善基层党组织建设，优化基层党组织内部人才队伍建设，同时上级党组织要加强对基层党组织的监督，严抓问责落实到位。二是要加强理论学习，支村两委和驻村工作队要每个月召开乡村振兴工作例会，加强组织建设、提升组织建设的能力，推动村干部、党员学习新思想，加强村支两委班子建设，使得村干部、党员的思想意识和工作作风得到进一步提高。三是加强组织队伍建设，驻村工作队要帮助选优训强村干部队伍，严格党员教育管理监督，发展年轻党员，培养村级后备力量，支持建好管好用好村级活动场所，提高党支部标准化规范化建设水平。四是巩固建设成果，工作队和村支两委严格落实各项帮扶政策，帮助做好稳岗就业工作，加强扶贫项目资产管理和监督，参与开展易返贫致贫人口常态化监测和帮扶，建立低收入人口常态化帮扶机制，防范化解返贫致贫风险。

（二）留住农村劳动力

在乡村振兴中，农村劳动力是主要的力量，以留住农村劳动力为主，引导本土人才回流、加大外来人才引进力度和缩小城乡差距对实现乡村振兴至关重要。一是积极引导本地区人才返乡就业，本地农民在城市工作经历使他们学到了更多的技术，要制定相应的政策，吸引他们返乡创业，以创业带动就业。二是要借助农村的优势来引进外来优秀人才，石灰嘴村离株洲、长沙较近，拥有耕地约五千亩，可以利用市场和土地的优势，吸引外来人才在乡村发展相应的产业，让外来优秀人才带来资金、技术，并推动乡村资源的开发与利用以及产业的发展。三是要构建城乡一体化的就业服务体系，要"加强农村基层就业服务，统筹建立城乡一体的社会公共就业服务制度，保障城乡劳动力享有平等的权利"[1]。四是要提供优质的公共服务和基础设施，要缩小城乡生活差距，在教育方面，政府应该加强乡村师资队伍建设，制定相关的政策，使教育资源向农村倾斜，缩小城乡之间的教育差距；在医疗方面，政府应该加大对农村医疗的服务力度，完善医疗保障体系，缩小城乡之间的医疗差距；在基础设施方面，政府应该加大对乡村基础设施建设的力度，推进城乡公共服务均等化。通过缩小城乡差距，让石灰嘴村留得住人才。

（三）促进农村经济发展

在乡村振兴中，农村经济的发展是基础，要通过推动农村产业优化升级、加快生产要素的流动、加大扶持力度实现农村经济高质量发展。一是推动农村产业由粗放型向集约型转变，目前石灰嘴村都是家庭或者个人进行农作物生产，生产规模较小、收益较少、产业链较短，因此可以通过引进资金、土地流转、土地入股、闲置资金入股等多种形式发展种植大户、家庭农场、农业产业联合体、农业产业园，推动农村产业优化升级，使农村产业由

---

[1] 陈文胜：《论中国乡村变迁》，社会科学文献出版社，2021，第148页。

粗放型向集约型转变，打造品牌产业，增加产品的附加值，提高产品的质量，解决资金周转难的问题。二是加快生产要素的流动，通过优化生产要素流通渠道，畅通生产要素流通环节，建立合理的生产要素流通机制，把技术要素、管理要素、资本要素和劳动要素有机结合起来，培养具有现代理念和技术的人才，提高生产要素流通质量，有效促进农村经济健康发展。三是政府要加大对农村产业的扶持力度，积极拓展渠道，为农村产业发展提供更好的技术、更多的资金支持，同时农村产业要提高品牌建设水平，利用互联网拓展营销渠道，推动农村经济高质量发展。

参考文献

中共中央党史和文献研究院编《十九大以来重要文献选编（上）》，中央文献出版社，2019。

中共中央党史和文献研究院编《十九大以来重要文献选编（中）》，中央文献出版社，2021。

陈文胜：《论中国乡村变迁》，社会科学文献出版社，2021。

B.16
湘潭市湘潭县乌石峰村
特色文旅调研报告

胡 勇 陈文胜*

摘 要: 随着乡村振兴战略的实施，越来越多的村庄开始探索自身的发展路径，利用自身的资源、文化、环境等优势，发展特色旅游，已经成为乡村振兴的一条重要途径。本文通过对湘潭县乌石镇乌石峰村的实地调查，考察它从"贫困村"到"特色旅游村"转变的原因，探究创建特色文旅村庄的优势，对发展特色文旅产业的基本经验进行了总结。同时针对乌石峰村特色文旅发展面临的挑战，提出创新宣传手段方法，讲好"乌石"文旅品牌故事；逐步规范村庄风貌引导，打造"乌石"特色民居风格；注重提升农民精神风貌，激活"乌石"发展内生动力等对策和建议。

关键词: 乡村振兴 特色文旅 乌石峰村

湘潭县乌石镇乌石峰村，位于南岳七十二峰之一的乌石峰后山脚下，与彭德怀故居仅一山之隔，是由原斑竹村和珍珠村合并而成，现有村民556户2133人。曾因基础设施落后、产业发展薄弱，2014年被确定为省定贫困村。作为湖南一个传统村庄，它长期以来以农耕为主，村民的收入主要来源于种田和外出务工，经济基础非常薄弱；青壮年劳动力大量外流，留守老人、农

---

* 胡勇，湖南师范大学中国乡村振兴研究院硕士研究生，研究方向为乡村文化。陈文胜，湖南师范大学中国乡村振兴研究院院长、二级教授、博士生导师，研究方向为农村经济、城乡关系、乡村治理。

妇、儿童多，导致大量宅基地闲置、大量农房"空心化"。[①] 近年来该村大力推进研学旅游，利用村里闲置的宅基地和村小学倾力打造的"乡村三十六坊"和"乐创森林营地"已经成为网红打卡地。2020 年，共计接待游客 5 万余人次，接待来自全市各学校的研学团队 50 批次，乌石峰村旅游营业收入超 800 万元、村集体经济收入超 50 万元，村民年人均纯收入超 2 万元，跻身"湖南省乡村旅游重点村""全国文明村"之列。

一 乌石峰村创建特色文旅村庄的优势

首先，乌石峰村具有良好的区位优势，距离湘潭市区仅一个多小时车程，离省会长沙也只有不到两个小时的车程，毗邻长株潭都市圈，是周末和假期里城市居民旅游的重要目的地之一，乌石镇近年来新修了一条宽阔的乌石大道与许广高速相连接，省会长沙或者外地的游客来乌石旅游都很方便，交通十分便利。

其次，乌石峰村具有良好的红色、人文资源优势，境内旅游资源丰富。依托国家 4A 级旅游景区彭德怀纪念馆、彭德怀故居等红色资源及自身人文旅游资源的优势，积极发展红色教育实践基地，坚持以红色旅游带动乡村特色种养和农产品加工融合发展，同时充分挖掘乌石峰村人文、历史文化底蕴，利用村里的闲置农房、传统湖南民居，还原历史集市，打造乡村文创"乡村三十六坊"研学旅游基地，建设集红色教育实践培训和党建实践中心、乡村生态旅游、亲子研学、休闲度假于一体的美丽乡村旅游示范点。

最后，乌石峰村具有良好的生态优势，境内生态环境优美，蓝天白云、山清水秀、空气清新，适合优质农作物的生长。为了充分利用乌石峰村的生态资源，在村支部书记贺师的带领下，乌石峰村采取"公司+基地+农户"运作模式，发展智慧农业、休闲农业、优质农业，大力推进优质稻、水果、

---

① 中共湘潭市委全面深化改革委员会办公室：《变"闲"为"宝"走出乡村振兴新路子》，《改革发展要报》2021 年第 6 期。

中药材为主的高效经济作物种植，集中连片建设了 500 亩优质稻田，200 亩黄桃、柚子，100 亩玉竹等基地，更有一米菜园特色农事体验基地。

便利的交通、深厚的红色人文底蕴、优美的自然风光以及乡土气息浓郁的土特产等构成了乌石峰村丰富的旅游资源，使得乌石峰村创建特色文旅村庄具有独特的优势。

二　乌石峰村特色文旅发展的基本经验

近年来，乌石峰村找准自身的发展定位，深入挖掘其红色、人文、自然资源和历史底蕴，在盘活村里原有闲置宅基地的基础上，构建利益共享机制，因地制宜走出了一条集乡村旅游、特色研学和红色教育于一体的特色文旅发展道路。

（一）找准发展定位，打造"乡村三十六坊"研学品牌

在乡村振兴的大背景下，一个村庄想要获得发展和新生，必须找准自己的定位，不能千篇一律，而是要有差异化。乌石峰村充分挖掘其历史文化底蕴，据考察在 20 世纪 20、30 年代乌石峰村曾是周边乡镇市集的主要集中地，原有许家染坊、颜家摊煎饼、尤姐面坊、杜家酒坊等二十余类作坊，人称"九厅十八坊"，每逢集市，人声鼎沸，盛况空前，但随着战争和炮火的到来，人员流动，原有的作坊不复存在。为恢复这一盛况，同时发展乡村旅游，在 2019 年的时候，乌石峰村委联合康辉国际旅行社，成立丰农文化旅游公司，康辉旅行社投资 1000 余万元，村集体占股 20%，在乌石峰村利用闲置农房，还原乡村本色，打造"乡村三十六坊"等特色研学基地。"乡村三十六坊"注重培育乡村旅游和研学旅游两大板块，按照不同主题组织一系列寓教于乐的适合于青少年的科普文创活动。

目前已有面条坊、扎染坊、酒坊、豆腐坊等 16 个工坊投入运营。2023 年，该村联合湖南筑力建设工程有限公司，成立湖南乌石梦农业发展有限公司，村集体占股 20%，筑力建设投资 300 万元，建设餐饮及培训中心，建成

后，将能同时容纳 300 人就餐、200 人培训，直接带动就业岗位 100 个。与湘潭康辉旅行社"联姻"打造的特色文化旅游项目——"乡村三十六坊"，以农家体验、手工制品创作等项目，吸引人们开展研学游、亲子游，以往鲜有人来的村落如今热闹非凡，特别是节假日，来乡村旅游人员络绎不绝，"乡村三十六坊"也成为市内网红景点。该村还开发了小程序，游客在"掌上"就能及时了解研学、红色培训、土特产等信息。2019 年，该村接待游客达 1 万人次，收入 80 万元；2020 年，共计吸引、接待游客 5 万余人次，接待来自全市各学校的研学团队 50 批次，村旅游营业收入超 800 万元。①同时，乌石峰村也积极引进电商平台，在新村部侧栋一楼乌石本地电商正陆续入驻，利用"乡村旅游+电商带货"的模式，拓宽乌石优质农产品的销路，增加村民收入。旅游与电商相互促进，并逐步品牌化。

（二）传统与现代相融合，守护老屋、留住"乡愁"

习近平总书记 2015 年在云南考察时就强调，新农村建设一定要走符合农村实际的路子，遵循乡村自身发展规律，充分体现农村特点，注意乡土味道，保留乡村风貌，留得住青山绿水，记得住乡愁。②乡村建设需要一个较长的过程，既要看得见发展，也要留得住乡愁。乌石峰村"乡村三十六坊"和"老屋书吧"改造成功的秘诀正是基于此。"修旧如旧，建新如故"，一边对传统老建筑进行原样修复，一边对其内部构造进行改造提升，既保留了湖南传统老建筑的整体风貌和空间肌理，也更新了配套设施、改善了人居环境。

乌石峰村原本的贫困户老黑将自己的闲置老屋出租，村委在保留其原本土砖结构的基础上，对内部房间进行改造，将原本破旧落后的土房子改造成了一间宽敞明亮的书吧——"大湾学堂"，2020 年老黑的书吧营业收入超过8 万元，成功脱贫致富。乌石峰村还有一间空置的传统土砖房被改造成了

---

① 中共湘潭市委全面深化改革委员会办公室：《变"闲"为"宝"走出乡村振兴新路子》，《改革发展要报》2021 年第 6 期。
② 习近平：《坚决打好扶贫开发攻坚战　加快民族地区经济社会发展》，《人民日报》2015 年1 月 22 日，第 1 版。

"老房子博物馆"，在村委的带头下，"老房子博物馆"收集了很多老物件，不仅有传统的农具，也有一些是地方乡贤捐助的历史古物，村委也打造了一些宣传展示牌对老屋传承和发展进行展示讲解，游客不仅可以参观和体验湖南传统民居和"乡村三十六坊"工艺，还可以了解当地的历史文化发展。这充分说明，保护古迹与建设乡村是并不矛盾的，历史文化和现代生活完全可以融为一体，这样既保护了传统建筑，留住了乡愁，也发展了乡村，带动了经济发展。

（三）构建利益共享机制，壮大集体经济，带动村民共同富裕

习近平总书记指出："要把好乡村振兴战略的政治方向，坚持农村土地集体所有制性质，发展新型集体经济，走共同富裕道路。"[1] 乌石峰村创新发展模式，构建利益共享机制。农户以闲置宅基地和闲置住宅直接入股，利润与投资者按比例分配，而且既可以约定保底租金，然后再进行部分入股按比例分红，也可以采取"农户有偿退出+村集体入股"，获取经营主体提供的稳定收益和分红。如该村的谷爹爹参与"乡村三十六坊"之一的陶瓷坊分红，每年有1200元的房租收入，除此之外每月还能拿到500元的卫生清洁费用，2020年收入增长近万元。2020年，该村入股农户达53家，户均分红达1.2万元，同比增长8%。[2]

通过红色旅游、民宿餐饮和文化研创等发展方式，不仅使游客体验到了别样的乡村风味，还为该村带来了实实在在的经济效益，群众有效实现"家门口"就业增收，村级集体经济不断壮大。如该村选出热情能干、卫生清洁、饭菜可口的53户农家为餐饮接待农户，村民们足不出户就能赚到钱；村民肖利芝回乡投资开办了一家能容纳500余人的餐饮接待点，直接带动当地就业近百人；余铁强家自2019年下半年才开始接待游客，如今成了"明星接待农户"，最多一餐要接待10余桌客人。通过共同参与村级发展建设，

---

① 习近平：《把乡村振兴战略作为新时代"三农"工作总抓手》，《求是》2019年第11期。
② 中共湘潭市委全面深化改革委员会办公室：《变"闲"为"宝"走出乡村振兴新路子》，《改革发展要报》2021年第6期。

很多村民年收入逐年上浮，日子越过越红火。截至目前，该村通过盘活闲置资源，带动了 25 名劳动力回村发展乡村旅游或生产农副产品，200 余人实现家门口就业，村民农产品销售每户年增收 1 万元，户均年增收 5 万元，村民年人均纯收入超 2 万元，2020 年村级集体经济收入达 52.2 万元，较 2019 年翻了一番，全村 556 户村民都实现利益分红或入股分红，村民生活质量显著提升。① 随后，乌石峰村集体经济增收方面又有了质的飞跃。通过招商引资，乌石峰村老村部被租赁给一家军旅文旅集团，用于青少年军训、新入伍军人培训，此举不仅盘活了闲置资产，还为村集体经济进账 20 万元，间接带动了乌石旅游产业的延伸。

三　乌石峰村特色文旅发展的现实挑战

乌石峰村从一个"省级贫困村"发展成为"湖南省乡村旅游重点村""全国文明村"，付出了相当大的努力，取得了很大的发展成果，村里的基础设施和村民收入取得了明显的进步，但是在打造全国知名特色文旅品牌的过程中仍然存在一些现实的挑战，必须始终坚持问题导向，解决发展中遇到的难题。

（一）文旅品牌知名度有待进一步提高

乌石峰村倾力打造的"乡村三十六坊"在 2021 年成功获评"湖南省五星级乡村旅游区（点）"称号，在湖南省内已经有一定的名气，但是对省外的宣传力度还不够，品牌知名度还不够高。大部分游客一般都来自附近县市，且以湘潭市本地游客为主，在全省乃至全国的知名度还可以进一步提高。很多外地游客来乌石峰大多是慕名去彭德怀故居和纪念馆参观，如果不是当地人介绍或者以前就来过此地的人基本上很少会了解到坐落于乌石峰后

---

① 中共湘潭市委全面深化改革委员会办公室：《变"闲"为"宝"走出乡村振兴新路子》，《改革发展要报》2021 年第 6 期。

山脚下、与彭德怀故居仅一山之隔的乌石峰村，更不会主动到村里游玩，去游览"乡村三十六坊"、网红彩虹长廊、水浮码头等一系列特色旅游项目，感受乡村美景和体验农家乐的趣味。现在乌石峰村较出名的是"乡村三十六坊"和"乐创森林营地"两个项目，其旅游周期受学生研学的影响，旺季的时候游人如织、学生众多，但淡季时很少有外地游客来此旅游，较为清冷。村民的收入也受此影响，起伏比较大。因此要加强乌石峰村文旅品牌建设，提高其知名度，吸引全省乃至全国的游客来此旅游，以此延长乌石峰村旅游周期。其实乌石峰村可以开发的项目还有很多，例如近期很火的露营。稻田餐厅前面广袤而平整的草坪就是露营最好的地方，蓝天白云之下、绿水青山之旁是露营爱好者的绝佳去处。村里可以向露营者有偿出租各种露营装备如帐篷、睡袋、防潮垫、户外炊具等。夜晚也可以举办篝火晚会，活跃气氛，吸引游客，甚至可以打造一个房车露营的基地。

（二）村庄布局规划有待进一步提升

实施乡村建设行动，要着力改善农村人居环境，不断提升村容村貌。虽然乌石峰村在"乡村三十六坊"等景点的带动和各级各部门的扶持下，改善了乡村环境和村民交通，使得村庄的居住条件、村民的文明素质、村容村貌得到了明显的提升，但是村庄的规划和布局仍有待进一步提升。建议将村里略显杂乱的电线电缆统一规划，将明线埋设为暗线，让村庄有一个宽敞的天际线。"乡村三十六坊"项目是利用村民的闲置民房建设的，所以村庄内的餐饮、住宿地点的布局比较分散，没有统一集中安排，而且规模较小，接待能力较弱。如新开的"稻田餐厅"尽管环境极好、位置也极佳，但是提供给游客吃饭、休息的空间并不大。在规划村庄内部建设的同时也要严格保护好乌石峰村优质农业的生产空间和乡村美好的生态空间，使人与自然能够和谐相处，科学划定养殖业适养、限养、禁养的区域。同时也要合理分配生活、生产、生态用地，让村庄的布局更加合理，方便各地区可以按照规划有序开展建设工作。村庄的空间布局要以生命为核心、以人为中心，着眼于人与自然的和谐，体现四季的变化和村庄自身的文化特色。每个村庄都有自己的历史，每个村庄的四季变化也绝不相同。因此，村庄规划不仅是空间上的规划，还应从多层面进行设计，例如土壤的结构，山、水、湖、田、草、人等人与自然的关系，而且要考虑到村庄独特的历史与文化因素，在从过去到现在的发展脉络中，把握村庄未来的发展趋势。规划的关键不是完美，而是可行。规划应以村庄的可持续发展为目标和中心，而不应杀鸡取卵地以从村庄攫取资源为目的。①

（三）农民主体地位有待进一步提升

"坚持农民主体地位"是乡村振兴一切工作的出发点和落脚点。只有农民广泛参与并发挥主体作用，乡村建设才能真正落地。因为农民既是乡村振兴的受益者也是建设者，乡村产业的发展、村庄整体环境的提升、传统文化的传承和创新等都需要农民持续不断地投入人力、物力和财力。乌石峰村在建设过程中，其实更多的是依靠村支两委和上级有关部门的领导，很多村民主体意识不强、缺乏长远眼光，前期更多的是"政府干、群众看"，不太配合村委的建设工作，在发展中"等靠要"思想仍然较重。村民参与乡村振兴的体制机制也不够完善，面对一些特别需要人力、物力集中投入的公共事务时，往往更多人从个人利益方面来考虑，认同"无利不起早"，对于村庄发展的公共利益，很多时候持有"不想参与""与我无关"的态度。要提升村民在村庄建设中的责任感和获得感，让村民在分配中占据主动地位，进一步明确农民既是乡村振兴的受益者，也是主力军，把广大农民对美好生活的向往转化为促进乡村振兴的内生动力。

四　乌石峰村特色文旅发展的对策建议

乌石峰村发展特色文旅产业，找到了一条振兴乡村的发展道路，但是要想将乌石峰文旅品牌做大做强、实现可持续发展，必须切实解决好乌石峰村

---

① 陈文胜：《大国村庄的进路》，湖南师范大学出版社，2020。

面临的现实问题和挑战，通过调研，我们也针对乌石峰村发展特色文旅产业提供一些建议和想法。

（一）创新宣传手段方法，讲好"乌石"文旅品牌故事

乌石峰村若想打造为全国闻名的特色文旅村庄，必须创新宣传方式与方法，深耕其历史底蕴，打造"乌石"特色文旅品牌。加大对外宣传力度不能仅仅依靠传统媒体如报纸、电视、广播的力量，更应该发挥新媒体与自媒体的作用。通过网站和微信公众号对乌石峰村进行详细的介绍和宣传。还可以利用抖音、快手等短视频平台，引导村民游客们自发对家乡景点进行拍摄、传播、引流，必要时村委的年轻干部可以对村民们进行一定的培训，不仅可以提升乌石峰村的知名度，也可以吸引在外发展的年轻人，让他们看到家乡的发展，吸引乡贤回乡创业。也可以请一些网红、知名博主来到乌石峰村生活体验一段时间，利用他们的平台和粉丝增加乌石峰村的曝光度。文旅品牌的打造同时也离不开历史文化底蕴的支撑，必须讲好乌石峰村的故事，对典型人物和典型事迹进行立体式报道。特别是要进一步发挥"乡村三十六坊"的品牌效应，将三十六坊的文化底蕴和现实应用结合起来，打造成拳头项目。

（二）逐步规范村庄风貌引导，打造"乌石"特色民居风格

乌石峰村十分注重保护和开发湖南传统特色民居，有些老屋在改造后实现了传统和现代的较好融合，既看得到发展，又留得住乡愁。但美中不足的是传统民居并不集中连片，单一存在，没有形成整体风格。要科学、合理、有规划地进行村庄布局，充分发挥乡村规划的引领作用，上级部门也要加强对村庄规划编制进行指导。乌石峰村可以邀请知名专家和学者进行整体规划和设计，将传统特色民居进行统一设计管理，打造"乌石峰"特色民居风格，与其他村落形成差异。同时也可以聘请乡村画师为乌石峰村的建设增添色彩，可以适当增加彩绘墙。乌石峰村既有传统手工作坊"三十六坊"的存在，又以现代设计、特色研学的方式进行运营。村庄建设要逐步规范村庄

的风貌，使人们既看得到绿水青山，又能体验人文景观，因地制宜结合优秀传统文化进行传承和创新；既能体验传统老屋的历史感，又能感受现代生活的便利性。

（三）注重提升农民精神风貌，激活"乌石"发展内生动力

乌石峰村研学旅游与"三十六坊"的发展，让更多的群众看到了发展的前景，获得了实实在在的收益，更加积极主动地参与到乡村振兴的事业中来。村干部也带头转变发展观念，同时激发村民的主人翁意识，依靠"三十六坊"特色研学旅游和红色教育基地等以点带面，让村民们更有参与感和获得感。同时依托乌石特有的红色阵地，挖掘红色资源，讲好红色故事，传承红色基因，建强战斗堡垒，以党建助力乡村振兴，这是乌石村党总支的行动指南，更是 44 个村民小组、556 户村民劲往一处使的源泉。乌石峰村村委会和上级部门通过开展劳动力转移培训、农村实用技能培训等，激励村民再就业，参与公共事业管理。例如梁凯林、鄢爱霞之前都是村里的贫困户，致富意愿不强，看到别人家搞得风生水起，于是振奋精神，自觉通过网格接受游客接待方面的技能培训，成为研学基地的"接待农户"，经济状况明显改善，建起了新房，买起了摩托，生活越来越好。[①] 通过身边实实在在脱贫致富典型案例的示范带动和成功发展村产业，村委积极开展就业培训和创业指导，激发了村民的主动性、积极性、创造性，从"被动扶"向"主动兴"转变，使乌石峰村的发展和乡村振兴获得了源源不断的内生动力。

乌石峰村要更加注重加强对农民的公民意识和公民精神的培育，农业农村现代化，更重要的是人的现代化。可以组织农民积极学习现代政治、经济、文化基本常识，培育农民内在的村集体荣誉感、责任感、使命感，提升农民的精神风貌，加强其主体意识。同时，要不断加强普法教育，增强其法

---

① 中共湘潭市委全面深化改革委员会办公室：《变"闲"为"宝"走出乡村振兴新路子》，《改革发展要报》2021 年第 6 期。

律意识，提高农民对于事物正确判断的能力和遵纪守法意识，全面提高农民参与的合法性。

参考文献

《中共中央国务院关于全面推进乡村振兴加快农业农村现代化的意见》，2021年1月4日。

《中共中央国务院关于做好2022年全面推进乡村振兴重点工作的意见》，《人民日报》2022年2月23日，第1版。

习近平：《把乡村振兴战略作为新时代"三农"工作总抓手》，《求是》2019年第11期。

陈文胜：《大国村庄的进路》，湖南师范大学出版社，2020。

陈文胜：《论中国乡村变迁》，社会科学文献出版社，2021。

陈文胜主编《湖南乡村振兴报告（2022）》，社会科学文献出版社，2022。

陈文胜、李珊珊：《论新发展阶段全面推进乡村振兴》，《贵州社会科学》2022年第1期。

梁家春：《关于乡村创建特色旅游村的调研报告——以桂平市西山镇前进村为例》，《法制与社会》2016年第2期。

中共湘潭市委全面深化改革委员会办公室：《变"闲"为"宝"走出乡村振兴新路子》，《改革发展要报》2021年第6期。

B.17
邵阳市隆回县向家村乡村产业调研报告

凌力群　陈文胜*

摘　要： 产业兴旺是确保农业稳产增产、农民稳步增收、农村稳定安宁的基础，全面推进乡村产业振兴、加快农业农村现代化，要求加快构建新的动力机制，为乡村振兴注入"活水"。向家村作为曾经的特困村，经过多年乡村振兴的实践，建立起了政府为主导、村民集体为主体、社会力量为主力的产业发展动力机制，走出了一条可持续发展的多元融合特色之路，形成了农民、政府、社会共同发展的多赢局面。

关键词： 乡村振兴　乡村产业　多元投入机制　向家村

一　向家村基本概况

向家村隶属于隆回县岩口镇，面积 6.9 平方公里，距隆回县城 30 公里。向家村曾是隆回的一个特困村，贫困发生率达 22%，村集体经济几乎为零。近年来，向家村积极探索乡村振兴的多元要素，构建起了政府主导、农民主体、社会主力的有效衔接新机制，形成了"政府、农民、社会"多重力量协同推进乡村振兴的合力。向家村因此发生了翻天覆地的变化，实现了农业的转型升级、农村的持续发展和农民的全面进步，并于 2016 年底提前脱贫，

* 凌力群，湖南师范大学中国乡村振兴研究院硕士研究生，研究方向为乡村治理。陈文胜，湖南师范大学中国乡村振兴研究院院长、二级教授、博士生导师，研究方向为农村经济、城乡关系、乡村治理。

成为隆回第一个整体脱贫村。村民人均年收入由 2013 年的不足 2000 元提高到 2021 年的 1.8 万元,村集体经济年收入达到 63 万元。[①] 先后荣获"全国文明村""全国乡村治理示范村""乡村旅游重点村""休闲农业集聚发展示范村"等荣誉。向家村的典型事迹先后在新华社、《人民日报》、中央电视台、中国网等主流媒体和海外华文媒体宣传推介,向家村乡村振兴的实践,让曾经贫苦的村庄实现了最美丽"蝶变",绘就了乡村振兴的新画。

二 开创新局面:向家村产业发展 多元投入的主要成效

习近平总书记指出:"产业兴旺,是解决农村一切问题的前提。"产业兴则百业兴,产业强则经济强,"产业兴旺"是乡村振兴的重点工程,是实现农民增收、农业发展和农村繁荣的基础。向家村在脱贫攻坚与乡村振兴有效衔接的进程中,以农旅融合为主要抓手推进乡村产业振兴,构建起了政府主导、农民主体和社会主力的多元投入机制,形成了农民、政府、社会共同发展的多赢局面。

(一)农民生活呈现新气象:收入渠道增加,精神风貌提升

在乡村振兴发展过程中,不论是农村宜居宜业,还是农业高质高效,其实都紧紧围绕农民这一主体的富裕富足而言,向家村的发展无疑极大地增进了民生福祉。一是农民收入增加。经过多年乡村振兴的实践,向家村打造了集旅游产业、种养产业、现代农业于一体的综合性产业发展区,并通过整合农业、旅游业、种养业的生产生态功能,推动各项产业的交叉融合,高品质打造了"农业+旅游+产业"发展模式。在这种模式的带动下,农民从农产品的生产加工到销售,再到提供餐饮农家乐,都能获得可观的收益,一些不便于外出就业的村民在本村解决了就业问题,实现了村民就近就地就业。据

---

① 中共隆回县委实施乡村振兴战略领导小组:《隆回县乡村振兴相关材料》,打印稿。

统计，向家村先后发展了 23 户种养专业户，开发了 12 个旅游项目，解决了 140 多名村民的就业问题，村民人均年收入由 2013 年的不足 2000 元提高到 2021 年的 1.8 万元[①]。二是农民精神风貌提升。向家村的发展不仅使农民的"钱袋子"鼓了起来，无形之中也助推了农民精神富足。旅游业的发展创造了大批就业岗位，农民通过岗位技能培训和实践锻炼，不仅增长了知识和本领，眼界也得到了拓宽，实现从"传统农民"到"新型职业农民"的跨越。归与书院、村史馆、文化长廊等文化旅游景点的开发，生动展示了古今名人优良的家风家教故事，以生动活泼、民众喜闻乐见的形式，让当地村民认识到了历史文化的价值，在所见所闻所感中弘扬了向好向善的正能量。向家村通过打造系列文化旅游景点，为村民创建了一个欣欣向荣的精神家园。

（二）政府工作谱出新篇章：民生福祉持续增进，社会经济稳步发展

政府作为乡村振兴的主导力量，以推进当地社会经济发展及保障当地居民增收致富为主要利益追求。向家村的发展深刻贯彻落实了地方政府以人民为中心、推动社会经济增长的发展要求。一是拓展了民生福祉。乡村旅游的发展带动了向家村基础设施建设的加速发展，目前，向家村 6.8 公里的环村大道已全部拓宽成 6 米宽的油砂路，新修环山观光游步道 3 公里、通组公路 10.6 公里，新修高标准水渠 8 公里，铺设污水管道 8000 多米[②]。实现了水、电、路"三通"，文教、文娱、文体"三有"，基本公共服务水平大幅度提高，民生福祉达到了新水平。二是发展了社会经济。向家村不仅以自身发展优势吸引了众多本地游客，成为隆回县最具人气的旅游景点，还通过举办各种大型活动，如全国"魏源杯"演讲比赛、湖南（夏季）乡村文化旅游节、新时代文明实践和乡村振兴高端论坛、23 家海外华文媒体"追梦中华·幸福湖南"调研活动等，吸引了来自全国各地的游客，关联带动了商业、服

---

① 中共隆回县委实施乡村振兴战略领导小组：《隆回县乡村振兴相关材料》，打印稿。
② 中共隆回县委实施乡村振兴战略领导小组：《隆回县乡村振兴相关材料》，打印稿。

务业、交通运输业等行业发展，增加政府财政收入，拉动了当地的社会经济发展。

（三）社会发展绘就新画卷：要素合理流动，打造城乡双赢局面

随着工业化、科技化和城市化的迅速发展，人们的收入显著上升，居民消费结构逐渐升级。向家村结合本地的自然风光和地理环境，将产业振兴与生态振兴相结合，大力发展乡村旅游、传统农业、现代农业三大产业，打造了集游乐、观光、采摘于一体的综合性旅游村落，满足了广大城市人民的多元化旅游需求。并通过"大农业"和"大旅游"的有效结合，加快了城乡经济一体化和一二三产业的联动发展。不仅扩大了城市居民在农村的消费，满足了城市居民的消费需求，同时也加快了城市的信息、资本和技术资源向农村的流动，切实改善了城乡要素流动、居民收入和乡村基础设施建设等方面的问题。打造了城市和农村的双赢局面，有利于破除城乡二元壁垒，实现城市和乡村在规划布局、要素配置等方面的相互融合，推进城乡融合的高质量发展，拉紧城乡融合发展的共同纽带。

三　激活新动力：向家村产业发展的多元投入机制研究

脱贫攻坚任务完成以后，我国进入了全面推进乡村振兴的历史阶段。无论是实现农村产业兴旺，还是转变农村发展动能，都必须构建新的产业发展动力机制。向家村经过多年乡村振兴实践，构建起了政府为主导、农民为主体、社会为主力的乡村振兴战略机制，通过发挥三者的协同作用，全面激活了政策、主体、社会力量等要素，为推进向家村的乡村振兴工作激活了新的动力。

（一）以政府为主导的政策引领推进机制

政府是乡村振兴治理协调的主体，全面推进乡村振兴，离不开政府的

支持和引导。从政府角度看，乡村振兴的外在推力体现在完善农村制度政策保障、优化农村基础设施和公共服务等方面。① 因此，政府在乡村振兴的实践中，需根据各地的实际情况，做好优化顶层设计、推进政策创新的工作。隆回县立足县情，积极探索乡村振兴工作新模式，着力设计全面推进乡村振兴的工作蓝图，为向家村的乡村振兴工作奠定了坚实的制度基础。

首先，健全体制机制，强化顶层设计。隆回县立足县情，坚持把产业振兴作为增加农民收入的重要抓手，健全各项体制机制，为全面推进乡村产业振兴蓄力、蓄能、蓄势。一是实施产业链长制。推进农业三个"百千万"工程，实施"六大强农"行动，推进产业链链长制，实行"一名链长、一个工作专班、一个产业规划、一个年度计划、一套政策措施"工作机制，并印发了《隆回县重点产业链链长制工作方案》。二是实施特色产业发展战略。按照"一县一特、一乡一业、一村一品"的基本思路，依托资源优势大力实施特色产业发展战略，并投入 3.33 亿元发展特色产业。三是创新发展农村集体经济"一二三四"法，通过壮大村级集体经济以实现农民增收。隆回县通过出台多项政策不断完善顶层设计，为全面推进乡村振兴奠定了坚实的制度基础。

其次，加大财政扶持力度，强化产业振兴的资金保障。政府财政在乡村产业振兴过程中发挥着重要干预和支持作用，为稳定脱贫的成效，隆回县不断加大财政扶持力度，为发展产业和拓展民生需求提供了强大的资金支持。主要突出在四个方面。一是从涉农整合资金中专项安排 5.2 亿元支持扶贫产业项目；二是县本级财政从 2015 年开始，每年安排产业发展专项资金 5000 万元以上；三是发放扶贫小额信贷资金 3.6 亿元，县财政金额贴息，支持贫困群众发展生产；四是争取国家一二三产业融合项目、湖南省特色县域经济重点县项目、资本市场县域工程试点县项目、"三个百千万"工程等产业支

---

① 高强等：《新时期全面推进乡村振兴的动力机制研究》，《南京农业大学学报》（社会科学版）2021 年第 6 期。

持资金 1.6 亿元，以支持龙头企业做大规模、做响品牌、延伸产业链条①。接续推进乡村全面振兴，离不开财政政策的支撑和保障作用。隆回县通过多层次多角度地推动落实各项财政政策，不断提高财政政策的治理效能和基础保障作用，为促进农业农村现代化提供了强大的资金支持。

最后，打造专业人才队伍，激活农村示范"引擎"。人力资本是农村经济社会发展的主要动力源泉②，乡村要振兴，人才是关键。隆回县为打造一支乡村振兴的强大工作队伍，采取了一系列措施。一是出台"魏源人才行动计划"及四项配套措施，组建隆回县人才发展服务中心。制定《"智汇潇湘（隆回）·高校共行"校地合作工作方案》，明确 9 个板块 22 条具体任务清单，设立人才发展专项资金 1000 万元/年③。为隆回县引进专业人才、推进乡村人才振兴提供了有力的制度和资金保障。二是设立"五大振兴"和"七大专项行动"工作专班，明确从县委书记到帮扶责任人自上而下九个层面的工作职责，配齐乡村工作班子和干部班子的振兴力量。三是派驻村级乡村振兴工作队，实现有脱贫人口的村派驻工作队、第一书记和结对联系帮扶全覆盖。四是与湖南大学、县委党校、归与书院、华兴公司联合打造特色培训实践基地，创办县级乡村振兴学校，致力培养乡村振兴专业人才。隆回县大力实施乡村振兴人才行动计划，在人才引进、培养和管理上下功夫，为全面推进乡村振兴提供了人才保障和智力支持。

（二）以村民利益共同体为主体的内生动力机制

农民是农村经济发展、社会治理、文化传承的主体，是乡村振兴的内生动力；农民是实践主体，也是动力来源。习近平总书记在党的十九大报告中强调："要尊重广大农民意愿，激发广大农民积极性、主动性、创造性，激活乡村振兴内生动力，让广大农民在乡村振兴中有更多获得感、幸福感、安

---

① 《隆回县：立足精准谋发展——产业扶贫的"隆回经验"》，湖南省乡村振兴局网站，2020年 11 月 9 日。
② 陈文胜：《为乡村振兴提供内在动力》，《人民日报》2019 年 5 月 13 日，第 9 版。
③ 《隆回县：强化人才支撑，助推乡村振兴》，湖南省乡村振兴局网站，2022 年 2 月 9 日。

全感。"向家村通过发展村级集体经济，在村民之间构建起了利益联合机制，以利益共同体的构建激发了村民参与集体事务的热情和主动性，在建设村庄的同时促进了农民的共同富裕。

向家村山多地少、土地贫瘠，曾经是典型的特困村和集体经济收入"空壳村"。2021年9月，湖南省委办公厅、省政府办公厅印发《关于进一步加快发展壮大农村集体经济的意见》，隆回县委、县政府积极响应上级政府号召，将壮大村级集体经济作为巩固脱贫攻坚成果与乡村振兴有效衔接的发力点，通过"一二三四"法发展壮大集体经济，积极整合资源要素，以成立村级建筑劳务服务有限公司为突破口，探索出一条发展壮大农村集体经济的高质量发展路径。在政府的指导和湖南华兴实业发展有限公司的帮扶下，向家村于2021年12月成立村级建筑劳务服务有限公司，全面盘活资产资源，大力发展乡村旅游。通过土地流转模式，建成了彩虹滑道、农家乐、儿童游乐场、卡丁车、5D战车等十余个旅游景点，可获得租赁收入55万元，新建月亮湖、阿里山、凤凰台3个项目，预计可获得租赁收入25万元，通过土地入股的模式，建成向家村农业科技产业示范园，实现经济收入117.8万元[①]。

通过发展集体经济，向家村把有限的土地资源充分盘活和利用了起来，实现了集体经济的大幅增收，增加了村民的收入。享受到村集体经济发展红利之后，村民之间的利益联合体逐步构建起来，参与村庄治理和建设的积极性逐渐提高，最终实现村民主体力量的最大化。

（三）以社会力量为主力的资源配置机制

2021年，《中共中央国务院关于全面推进乡村振兴加快农业农村现代化的意见》发布，指出要发挥财政投入引领作用，支持以市场化方式设立乡村振兴基金，撬动金融资本、社会力量参与，重点支持乡村产业发展。社会力量参与是助力乡村振兴的重要机制，向家村乡村振兴同样离不开社会力量

---

① 中共隆回县委实施乡村振兴战略领导小组：《隆回县乡村振兴相关材料》，打印稿。

的支持和帮助。

2014 年，习近平总书记在十八洞村提出了"精准扶贫"的号召，从而打响了脱贫攻坚战。2015 年 10 月 17 日，全国工商联、国务院扶贫办、中国光彩会正式发起"万企帮万村"行动，湖南省华兴实业发展有限公司积极响应号召，将向家村作为华兴公司的对口帮扶对象，以多种方式助力向家村的脱贫攻坚与乡村振兴工作。一是资金帮扶。为支持向家村的乡村振兴工作，华兴公司已陆续投入 1.5 亿元资金，涵盖设计旅游开发、扶持种养专业户等多项乡村振兴工程，为向家村的建设和发展提供了强大的资金支持。二是人力帮扶。为提高向家村景区的可持续发展能力，华兴公司派出专业团队和人员来协助向家村的各类旅游项目的经营管理，并帮助进一步壮大集体经济，为向家村的发展提供了人才支持。三是就业帮扶。通过优先安排符合条件的村民到华兴公司或者景区就业，不仅解决了部分村民的就业问题，也让村民能够实现"家门口"就业。八年来的实践中，在华兴公司的大力帮扶下，向家村探索总结出了一套"乡贤任村官、企业做后盾、村企同携手、全力保脱贫"的"华兴模式"，得到了省市及国务院扶贫办的充分肯定，探索出了一条"党建引领、村企携手、共同富裕"的发展之路。

四 锁定新目标：向家村产业振兴的发展方向

2020 年我国脱贫攻坚任务全面完成，接续推进巩固全面脱贫成果与乡村振兴有效衔接，巩固脱贫攻坚的成果是当前农村工作的重要任务。向家村要进一步做好乡村振兴工作，必须提高产业发展质量，进一步强化人才队伍建设工作，为实现可持续发展提供创新动力，并要结合自身优势在区域一体化进程中寻找到自己的立足点。

（一）提升发展质量，实现产业可持续发展

党的十九届五中全会提出，"十四五"时期经济社会发展要以推动高质量发展为主题。推进乡村产业高质量发展，是新时期推进乡村振兴战略和实

现农业农村发展的现实需要。在新的历史阶段，实现产业高质量发展，要以打造特色品牌实现差异化发展、利用数字经济转变农业生产经营方式作为着力点，激发产业发展的动力、活力。

1. 深挖特色底蕴，打造"地标"产品

地域品牌是提升市场价值的重要抓手，是产业可持续发展的原动力和航标①。习近平总书记指出：要科学把握乡村的差异性，因村制宜，精准施策，打造各具特色的现代版"富春山居图"。②"十里不同风，百里不同俗"，每个地区都有其不同的地域特色，这些特色使得每个乡村都具有独特的吸引力，充分挖掘这些地域资源能够有效避免乡村开发建设中千篇一律、粗制滥造等问题。因此，在产业发展过程中，要充分整合地域、文化、产业等各种乡村资源的差异性，以突出特色为核心实施差异化战略，打造特色"地标"产品。着力提升品质品牌品位，以差异化、特色化取胜。

2. 利用数字经济，发展现代产业

农业现代化主要是农业作为特定产业的现代化，其核心在于生产方式的转化，关键在于依靠科技进步和制度创新来改善农业物质生产条件，并提高农业综合生产能力和水平③。调研发现，向家村农业产业虽然得到了比较好的发展，但产业发展依然存在产业链条不长、产品销售难等问题，创新产业发展模式成为推动向家村产业结构变迁的重要契机。数字乡村的建设是实现乡村振兴的重要举措，数字经济与乡村产业融合发展，能够发挥二者的多样化功能、推动乡村发展、不断提升产业的投入和产出效率以及发展效益。要充分发挥数字经济在提高生产能力和优化生产经营体系方面的重要作用，以数字经济赋能乡村产业振兴。如在农产品的销售问题上，可以充分利用"互联网+"的农业产销模式，在依靠农产品批发市场和当地旅游带动农产

---

① 陈文胜：《论乡村振兴与产业扶贫》，《农村经济》2019 年第 9 期。
② 习近平：《把乡村振兴战略作为新时代"三农"工作总抓手》，《求是》2019 年第 11 期。
③ 杜志雄、陈文胜、陆福兴、廖红斌、王文强：《全面推进乡村振兴：解读中央一号文件（笔谈）》，《湖南师范大学社会科学学报》2022 年第 3 期。

品销量的同时，推动农村电商、直播电商等现代科技带动向家村农产品的销售，带动农产品品牌宣传，促进农业的品牌化发展。并通过技术渗透、产品交叉等建立多产融合机制，打破地域壁垒，实现生产要素的扩散，让城乡共享数字化发展红利。

（二）"外引内培"，汇聚人才力量

乡村五大振兴，哪个振兴也离不开人，推动农村经济的长远发展离不开人这一主体性因素。中共中央办公厅、国务院办公厅《关于加快推进乡村人才振兴的意见》强调："坚持把乡村人力资本开发放在首要位置，大力培养本土人才，引导城市人才下乡，推动专业人才服务乡村，吸引各类人才在乡村振兴中建功立业。"乡村的发展离不开人才资源的充分挖掘和利用，要坚持"外引"和"内培"齐发力，为农村可持续发展汇聚人才力量。

1. 夯实乡村基础，吸引在外务工人员返乡创业

在长期的城乡二元分割局面下，完善的城市功能使得进城务工人口对农村的制度建设、产业发展、乡村治理、乡风文明、基础设施建设等抱有更高的要求。乡村产业的发展潜力、基础设施水平和相关政策决定了在外务工农民是否愿意回乡创业或者愿意长久地在农村就业。栽下梧桐树，引得凤凰来，吸引在外人员返乡创业最关键的在于重视人才需求，充分发挥农业从业人员的主体作用，当地政府也要为村落发展提供更多的政策和资金技术支持，制定更为灵活的金融信贷政策，使返乡群体能够拥有更加自由便捷的创业空间和更加完善的政策支持。

2. 孵化本土人才，培育新型职业农民

习近平总书记指出："针对农村缺少适用人才的问题，要善于自身挖潜，就地培养更多爱农业、懂技术、善经营的新型职业农民。"在当代，随着科学技术的快速发展，社会生产力和产业升级日趋加快，新业态和新生产的发展对农业从业者素养和技能方面的要求日益提高。在人才振兴问题上，一方面要盯着外面的世界，吸引高素质人才返乡；另一方面也要善于从当地发现和培育本土农民人才。要加强对本土农民的现代教

育，提升农民的素质与技能，从自身挖潜。培训课程要注重针对性，为农民提供与其需求相适应的技术培训，解决农民在实践中遇到的具体问题，并加强对农民的职业培训，培养大批有文化、懂技术、会经营的新型职业农民。

（三）在区域一体化进程中寻找自己的立足点

新发展阶段要实现更高阶段的城乡融合，最关键的就是破除让资源要素单向流向城市的城乡二元结构，使城市和乡村资源双向流动。这就要求农村在发展过程中找到自己的立足点，并形成新的发展格局。

1. 面向市场需求，推动农业产业升级

针对当前居民日益升级的消费需求，农业产业应根据市场供求变化和城乡区域比较优势，立足于农村资源禀赋发展特有产业经济。"走质量兴农之路，突出农业绿色化、优质化、特色化、品牌化"①。推动普通农村产业向精品产业转型，建立标准化、特色化的产业基地，并进行质量认证，以满足城市居民日趋绿色、高端、个性的消费需求，进而吸收资金、市场、技术等城市资源向农村流动，逐渐夯实农村产业的发展基础，进而推动农业产业结构升级。

2. 培育多元产业，吸引工商资本下乡

随着城市生产经营成本的不断提高，产业在城乡间重新分布是生产力发展的必然要求②。在依据资源禀赋打造优质化与特色化的产业之外，还需进一步推进农村产业的多元化发展，培育具有吸引力的产业项目。同时要注重经济方面的合理性，以维护农民利益为前提，选择能够辐射带动农村传统产业发展、拓宽农民受益面、能够协助农民学习掌握产业经营知识的工商资本下乡，为后期农村居民长期可持续性的经营夯实基础。如农产品深加工产业、农村康养产业、现代种养业、农产品流通业等，逐渐在城乡区域之间形

---

① 习近平：《论坚持全面深化改革》，中央文献出版社，2018。
② 隋筱童：《马克思恩格斯城乡关系理论研究及其新时代启示》，《兰州学刊》2020年第10期。

成优势互补、资源要素合理流动的发展格局，实现农业高质高效、乡村宜居宜业、农民富裕富足。

参考文献

习近平：《论坚持全面深化改革》，中央文献出版社，2018。

习近平：《把乡村振兴战略作为新时代"三农"工作总抓手》，《求是》2019年第11期。

高强等：《新时期全面推进乡村振兴的动力机制研究》，《南京农业大学学报》（社会科学版）2021年第6期。

陈文胜：《破解南方难题是中国农业高质量发展的关键》，《湖南师范大学社会科学学报》2022年第3期。

陈文胜：《为乡村振兴提供内在动力》，《人民日报》2019年5月13日，第9版。

陈文胜：《论乡村振兴与产业扶贫》，《农村经济》2019年第9期。

杨春柏：《乡村振兴背景下乡村旅游可持续发展制约研究》，《农业经济》2022年第1期。

隋筱童：《马克思恩格斯城乡关系理论研究及其新时代启示》，《兰州学刊》2020年第10期。

B.18
常德市桃源县新跃村乡村振兴调研报告

韩梦瑶 陆福兴[*]

摘 要： 新跃村依托天然的自然资源和优美的生态环境，在党建引领人才振兴、特色经济促进产业振兴、二治融合推动组织振兴、保护生态促进生态振兴、多元就业推进共同富裕等方面成绩斐然，但新跃村在新形势下全面推进乡村振兴仍然面临着不少的挑战，需要在创新党建引领机制、完善利益联结机制、改善基础设施和公共服务，守好生态红线底线等方面继续努力，更好地实现巩固脱贫攻坚成果与全面推进乡村振兴有序衔接。

关键词： 乡村振兴 党建引领 人才振兴 新跃村

新跃村是位于常德市桃源县沙坪镇西南方向的偏远山村，总面积32.9平方公里，总人口3105人，党员80人。新跃村地理位置优越，旅游资源丰富，它与5A级景区桃花源、国家森林公园花岩溪、3A级景区乌云界生态园形成"品"字形，彼此距离均在15公里之内。[①] 当地村民的主要收入来源于乡村旅游、外出打工和出售楠竹杉木。

一 新跃村巩固脱贫成果，快速推进乡村振兴

全面推进乡村振兴工作以来，在镇党委、镇政府的统筹规划下，全

---

[*] 韩梦瑶，湖南师范大学中国乡村振兴研究院硕士研究生，研究方向为乡村人才振兴。陆福兴，湖南师范大学中国乡村振兴研究院教授，研究方向为乡村治理、农业安全。
[①] 新跃村：《新跃村基本情况》，2022，打印稿。

村上下共同努力，新跃村巩固脱贫攻坚成果与全面推进乡村振兴工作成效显著。

（一）党建引领，搭建乡贤建设家乡平台

新跃村在乡村振兴的道路上，始终坚持在"党建+"的引领下，筑牢一线战斗堡垒，以基层党建高质量发展引领乡村振兴，积极推进党建扶贫向组织振兴转变，促进农村发展、农民致富。

1. 抓好党员示范，以党建促进发展

党员以身作则发挥模范带头作用，引领群众积极参与，提升乡村振兴推动力。一是当好"乡贤"做表率。在村干部联片、组长联户的基础上，发挥"乡贤"作用，协助组长抓好各项工作，主动当好"五员"，即民意调查员、政策宣传员、矛盾调解员、卫生监督员、产业指导员。[①] 各联组党员按照网格管理模式，分块包段做好人居环境整治，切实保证各方位卫生无死角，秸秆不乱烧、垃圾不乱丢、污水不乱倒、树木不乱伐。二是落实"到户"优服务。精准到户深入联系群众，将党员干部与群众分类结对，打通服务村民的"最后一步路"，了解群众真正的困难，让群众切实感受到党组织对他们的关心。如以党员家庭先行先试带动其他群众建设美丽庭院、开展植树造林活动。到目前为止，累计种植各类花草树木 1 万多株，基本实现了家家户户房前有花、屋后有果。三是抓好"学""用"见长效。将党的主题教育学习活动与乡村振兴工作结合起来，并进一步落实到日常工作中。如利用党史学习的契机开展"我为群众办实事"活动。2022 年，在医保缴费、纠纷调处、"三保障"政策解读等事务上为 105 余名村民解决了实际困难。[②]

2. 狠抓队伍建设，让工作后继有人

定期召开工作交流会，让村里有能力、有水平、有远见的优秀青年自荐

---

① 新跃村：《新跃村党建引领乡村振兴情况》，2022，打印稿。
② 新跃村：《新跃村党建引领乡村振兴情况》，2022，打印稿。

演讲，为村里的各项工作做规划谋发展，并将他们纳入村后备人才库，在今后的入党、评优、村干部选拔等活动中，优先考虑人才库里的人才，不断吸收新鲜血液加入组织，夯实村级人才队伍基础。年轻人有想法有思路，而老干部工作经验丰富，新跃村的领导班子便采用新老结合的搭配模式，顺利开展工作。

3. 动员乡贤荣归故里，推进乡村振兴

通过排查外出务工人员的基本信息，把一些有能力、有想法、有财力的乡贤团结在支部周围，动员他们建设自己的家乡。本着"以人帮人，以点带面"的原则，2021年成功修建了一家高端民宿——高山和院，为新跃村的旅游发展起到了良好的带头引领作用。致富达人毛兴栋申请了兴栋竹业乡村振兴车间项目，主要生产竹筷子，[①] 不仅为自己开启了致富之门，也为乡亲脱贫致富谋思路、想办法，提供了诸多有益的帮助，提供了就业岗位，拓展了乡亲收入来源，解决当地群众就业问题，稳步增加村民家庭收入，实现企业效益和社会效益双赢。

（二）因地制宜，发展特色产业成效显著

只有实现乡村产业兴旺，才能为农民进步、农村发展、农业升级打下基础。新跃村围绕产业谋发展，成效显著。

1. 保障粮食安全，农业产业生产稳步增长

"突出产业稳产保供功能。保障粮食安全和重要农产品有效供给，为经济社会健康发展提供支撑。发展乡村产业要稳住农业基本盘，以保障国家粮食安全为底线。"新跃村已顺利种植早稻450亩、中稻1904亩，完成耕地抛荒整改73亩，基本实现早中稻全覆盖、零抛荒。[②]

2. 强化规划引领，旅游产业成为村庄发展重要动力

习近平2022年4月10日至13日在海南考察时的讲话中说道："乡村振

---

① 新跃村：《新跃村乡村人才振兴工作情况》，2022，打印稿。
② 新跃村：《新跃村基本情况》，2022，打印稿。

兴要在产业生态化和生态产业化上下功夫，继续做强做大有机农产品生产、乡村旅游、休闲农业等产业。"新跃村位于湖南乌云界国家级自然保护区范围内，拥有得天独厚的山水旅游资源和生态优势。从 2022 年 3 月开始，新跃村确立了"以旅游为中心，一切围绕旅游转"的产业发展思路，充分利用自然优势，努力建好最全、最好玩的漂流项目，打造"旅游乡村"，带动村民利用乡村旅游实现发家致富。新跃村围绕沙坪镇旅游发展"三条溪流之一"的目标，邀请专家进行现场调研，立足于村情村貌的现有基础，打造出"漂流游玩+农家乐居住+景区观光"的综合一体化发展模式。① 近年来，该村通过产业振兴带动全村经济发展，全面落实乡村振兴战略部署。村内拥有的峡谷漂流，年接待人次逐步上升，年旅游收入稳步提高，连同村内高端民宿，基本构成了吃、喝、玩、住的乡村旅游格局。

3. 创新发展模式，集体企业帮助村民增资增收

一方面，创新建立"村社共管"新模式，即采用"合作组织统管，村支两委入股，企业大户支持，村内村民参与，带动整体致富"的产业发展机制。目前，村两委牵头成立了"新跃村种养殖专业合作社"，包含种养、农家乐、旅游采摘等多个方面，其中脱贫户入社率高达 100%。村民在合作社的统一指导下发展生产，既可到合作社参与务工，也可与合作社签订合作订单，提供农产品由合作社实行统购统销。既完善了旅游产业链条，也保证了农户收入稳定增长。自 2018 年来，合作社累计向脱贫户分红 27 万元。另一方面，培育特色产业，加快产业升级，走融合发展道路。村集体养殖合作社发展罗汉果基地近百亩，每年集体经济收入高达 10 万元；栽种几百亩油茶树，不断给合作社创收；村内两个种田大户承包几百亩农田，年年丰收，这为全村劳动力就业搭建了良好的平台、给老百姓创造了经济收益。村庄的集体经济组织不断发展，经济实力不断增强，村民收入水平不断提高。②

---

① 新跃村：《新跃村 2022 年上半年推进乡村振兴工作总结》，2022，打印稿。
② 新跃村：《新跃村 2021 年推进乡村振兴工作情况》，2021，打印稿。

（三）三治融合，乡村治理体系不断健全

新跃村常态化抓好社会治理，提升振兴实力，做好乡村自治、做严乡村法治、做活乡村德治。一是以自治引领民风。修订《新跃村村规民约》，并将村规民约作为村民自治的基础，号召全村群众积极响应、自觉遵守。自2022年实施以来，乡风文明明显好转，违规酗酒、打牌赌博、燃放鞭炮等农村陋习日渐消除。二是以德治树立家风。村支两委不断完善《新跃村村民道德守则》，并在2022年5月，全村组织开展"农村运动会"，党员干部自发组织团队，积极响应，深入发掘农村运动精神，引领群众多方参与，形成良好的活动氛围。每年的七一建党节，村里会筹办规模盛大的交流会和党史学习会，加强党员干部的沟通交流，丰富精神文明。① 三是以法治端正社风。建立相关法纪法规，为乡村治理法治化提供有"法"可依的坚实基础。于2022年初建立法律援助队，设立调解员和党员"和事佬"，为村民提供专业法律咨询，普及法律知识及政府政策，在潜移默化中使村民的行为习惯符合法律要求。②

（四）环境治理，绿水青山逐渐变金山银山

党的二十大报告指出"坚定不移走生产发展、生活富裕、生态良好的文明发展道路，实现中华民族永续发展"，写好绿水青山这篇大文章，厚植高质量发展的生态优势，促进经济社会持续健康发展。新跃村不断加强环境治理，矢志不渝地走绿色发展的道路，保护生态与发展旅游双管齐下，最终达到山清水秀、环境优美的目标。

1.基础设施建设明显加强

基础设施建设是村两委重点抓的工作。路桥水电工程等都是涉及民生的关键要素。新跃村地处偏远山区，一旦出现连续强降暴雨天气时，就会导致

---

① 新跃村：《新跃村2022年上半年工作总结》，2022，打印稿。
② 新跃村：《新跃村2022年推进乡村振兴工作情况》，2022，打印稿。

部分村民房屋、公路严重受损。所以村两委本着不等不靠的原则，以村民为中心，从保障生命财产安全出发，组织人力、财力、物力对受灾群众进行转移安置，对水毁公路进行抢修。2022 年，新跃村计划实施组级公路硬化 3 条、主干道硬化 1 条，打通多条路径通往"漂流"起始点；结合农村"厕所革命"，积极新建公共服务厕所 3 座，便于群众游玩休息；新建停车场 1 个，计划车位 100 多个，方便游客集中停车。[①]

2. 人居环境质量显著提升

农户改厕工作有条不紊地进行，成功改造了 50 户的化粪池，改变了新跃村污水直排的现象。新跃村的环境卫生采用支部派专人主管、协会主抓、代表管组、党员包户的模式开展工作，垃圾做到分类储存、及时清运和处理，村级主干道添置垃圾处理设施，其卫生由保洁员负责，村委每个季度都会检查卫生，坚决贯彻"谁弄脏谁清理，谁的区域谁负责"的方针，[②] 在全村上下的一直努力下，卫生状况极大改善，村民素质大幅提升，村庄也变得越来越美丽了。

3. 原生态环境不断得到保护

通过环境整治协会开展工作，制定村规民约。禁止乱砍滥伐，提倡植树育株，保持生态平衡发展；禁止非法捕鱼，保护河道及各种野生动物，促进人与自然和谐共生；严禁秸秆焚烧，改善空气质量，提高居民生活的舒适度。

（五）多元就业增收，不断推进共同富裕

共同富裕是社会主义的本质要求，是我党坚定不移的前进目标，也是中华民族长期以来的共同愿望。增加农民收入是连接脱贫攻坚与乡村振兴的首要工程。进入新发展阶段，新跃村利用多渠道促进农民持续增收，有力支撑共同富裕目标的实现。

---

① 新跃村：《新跃村 2021 年工作总结》，2021，打印稿。
② 新跃村：《新跃村党建引领乡村振兴情况》，2022，打印稿。

1.持续推进共同富裕，提高居民生活水平

新跃村耐心倾听群众诉求，及时满足群众需求。一方面开展防返贫致贫风险摸排：对全村所有农户进行全面摸底排查，掌握情况后，结合"十个有无"和"五必纳"的要求，严格按照监测户纳入程序，做到精准识别，结对帮扶责任人积极上门走访家庭情况，关注医疗、住房、饮水、教育、收入等生活情况，看有无返贫致贫风险，精准制定增收方案。[①] 另一方面开展结对帮扶走访活动：原则上是每季度一次，制定相关帮扶措施，让他们实现收入增长的目标要求，询问他们近期家里情况，有无实际困难，再由帮扶责任人上报给村里，实时跟进，做到真正为监测户、脱贫户解决实际困难，全程监控贫困群众脱贫后的发展质量，帮助他们打好物质基础。

2.产业链接就业增收，共同富裕展新招

一是产业促进村民家门口就业，新跃村现有桃花源峡谷漂流和高山和院两个较为完善的旅游项目，正在开发楠竹洞瀑布、雷钵尖登山道等各项旅游项目，后期为农户提供就业岗位，提供创业机会。二是开展"311"就业帮扶，转发招聘信息，组织去参加县里举行的招聘会，让群众多选择多比较。三是龙头企业以创业带动就业，不断提升振兴活力。村内的兴栋竹林加工厂的生意做得风生水起，本着造福乡里、带动村民共同致富的理念，着手建立乡村车间，为农村劳动力就近实现致富打下基础，加快推进产业振兴，使家乡的经济状况得到彻底改善。极具特色的是它还设有公益性岗位，另外，该厂录用的工人全部是本村的农民和贫困户，本村村民务工率达到100%。其月工资在3500~8000元，年收入在35000~70000元，[②] 为贫困群众提供就业机会，采用直接务工带贫模式，切实提高脱贫人员经济收入，缓解经济压力，提升生活水平，带动他们致富增收，助力乡村发展，为老百姓就业和创收提供了良好的就业平台。

---

① 新跃村：《新跃村党建引领乡村振兴情况》，2022，打印稿。
② 新跃村：《新跃村乡村人才振兴工作情况》，2022，打印稿。

二 新跃村乡村振兴中面临的问题

新跃村是一个资源丰富、环境优美、民风淳朴、团结自强的村庄。在乡村振兴工作中，政策指明前进方向，思路决定发展道路，方法决定发展效果。而新跃村的发展思路是非常正确的，村干部齐心协力地搞发展、做品牌，利用楠木做林业，利用溪水做漂流，做好产业振兴工作。但是进一步推进乡村振兴中，还存在不少的挑战。具体来说，主要表现以下几个方面。

（一）农村基础设施仍然薄弱

村庄规划建设标准低，基础设施不完善，吸纳能力较弱，村庄现有基础设施难以满足村民的实际需求。村内公路覆盖的都是大路，虽然在一定程度上改善了基本的交通状况，但是通行条件一般，具体到村到户的道路太窄，仍需加大力度建设道路，积极覆盖通组通户路。村内大多没有大的停车场，举办大的活动场地难找，乡村旅游不能接纳大的团队，公共服务等基础设施建设相对滞后，影响了总体接待能力，成为制约发展的瓶颈。其他基础设施质量也有待提高，村民活动场所和公共文化设施辐射范围有限。

（二）发展资源与人才短缺严重

疫情当下，经济下行压力明显加大，政府下发的资金有限，便导致村庄启动资金缺乏，产业发展困难较多。一是产业项目回报周期长。产业项目讲究的是以点带面，以示范点带动周围地区多方面发展，所以资金资助量可能会比较大，其产业会比周边的村发展得更快。这种辐射效应从长远来看是一种良好的发展模式，但是从短期来看实际效果与理想状态会有所出入。二是人才资源流失严重。当前年轻人才由乡村向城市单向流动仍是主流，新跃村也不例外，一度陷入了"留人难、引人难"的困境，即使能够吸引到极个别人才，但是在多重因素的综合作用下，人才驻留也十分短暂，不能与村庄建立长久的合作关系。乡村发展既要靠村里面的干部，也要靠村民。如若村民外出回不来，村庄发展的内生动力便会随之枯竭。俗话说："栽下梧桐树，引得凤凰来。"而"栽下梧桐树"意味着既要产业强，也要环境美。但是受到多重条件的制约，外出的年轻人回乡创业抑或愿意回村里任事的少之又少，发展资源匮乏与人才短缺形成恶性循环。

（三）基层干部责任大、事务多、待遇低

基层干部工作任务繁重，补贴少。当前，县乡村均处于巩固脱贫攻坚的评估检查期，迎接各级督查频繁，村支两委的工作人员写文字资料比较频繁，村干部的精力投放在此，相应地减少了实质性的建设村庄的精力与时间，以致农民不满意，造成人人都累、上下都怨的现象，严重制约了乡镇治理现代转型和乡村振兴的顺利推进。而这些文字资料工作既不是村干部所擅长的，也不直接关系到民生，村干部却因此没有时间和精力做群众工作，工作落实相对较弱，未能将"大走访"等工作落实到位，与群众越来越陌生，群众认可度不高。

基层干部是党坚强的基层工作力量，让他们有政治前途、有提拔进步的希望，他们才能更加有担当精神、才敢有大的作为。但目前来看，村庄内部工作复杂多样，薪资待遇低，没有晋升渠道，没有获得感。村干部是普通人，也是村民，也要养家糊口、向往过上更美好的生活，可是现实情况是村干部工资待遇的增长幅度始终跟不上经济社会的发展，付出和所得不成正比，村内事务需要自己全职甚至加班完成，耽误了自己发家致富的时间，有的村干部认为福利待遇与经济发展差距比较大，没有成就感，有的村干部有辞职意愿，村干部的职位也由之前被争抢到现在的没人要，村组的党员干部流失了一批又一批。而新来的干部对业务不熟练，对政策解释不足，与群众沟通困难，需要重新培训学习。

（四）体制机制制约与优惠政策落地难

一方面，相关政策实施难度大。如土地要素制约问题较为突出，当前土地管理较为严格，一些政策改革并未到位，相关部门之间相互扯皮，比如发

展产业时，生态林和基本农田的界限分明，国家明令禁止不能动，资金、人才等要素没有土地要素的配套，进入乡村就很难。

另一方面，政策优惠难以全覆盖。在现在的乡村振兴工作中，政策落实到脱贫户和监测户这种少部分人群身上也达不到100%。甚至一些真正困难的一般家庭没有得到实际的帮助。就民生医保工作而言，自2020年全面脱贫以来，所有的脱贫户就医没有任何额外报销优惠，办理过残疾证的人群也无法享有更多的医保优惠，脱贫户对此产生很大的反感。少数脱贫户还存在以前的思想，要钱要物，对帮扶工作产生了依赖性，未正确了解相关政策。另外，疫情之后，作为弱势群体的监测户，能够维持正常收入就很不易了，对于他们而言，若要增收10%确实有困难。

三 全面推进乡村振兴的对策措施

新跃村在推进乡村振兴中面临着不少的问题和挑战。与乡村振兴示范村庄相比还存在一定的差距。为了全面推进乡村振兴、实现高质量发展，新跃村在创新党建引领机制、完善利益联结机制、改善基础设施和公共服务、守好生态红线底线等方面仍需努力。

（一）创新党建引领机制，增强人才回乡吸引力

习近平总书记强调，打造千千万万个坚强的农村基层党组织，将为乡村振兴提供源源不断的动力。诚然，基层党组织是党在社会发展中的执政基础。基层党组织软弱涣散，乡村振兴将步履维艰；基层党组织强劲有力，乡村振兴就会蹄疾而步稳。所以要加强基层党组织的作用，实现党建工作与乡村振兴深层次发展。

1. 加大人才引进力度

借助了解教育资助落实情况契机，摸底村内大学毕业、省外回村、海外留学等人员信息，积极联系，通过村支两委上门谈心、党员组长上门沟通、帮联干部上门走访等形式，引导年轻人留在家乡、建设家乡。同时，加强宣

传，通过广播、公告栏、微信群等途径，大力宣传重点人才引进政策，鼓励年轻人参与基层工作、锻炼自身能力、提高自身认识、展现自身价值、为家乡奉献自己的力量。

2. 培养后备人才

面对村组干部短缺、领导班子后继无人的困境，可以以村干部换届选举为契机，将一批优秀人才纳入队伍，并持续推动各类学习教育常态化、制度化，提高基层队伍的工作能力，支持他们的工作，关心他们的生活，在他们遇到挫折、受到委屈时挺身而出，积极替他们善后、承担责任，努力创造一个人尽其才、人尽其力的良好事业环境，打造一支高水平的基层干部队伍。

因此，村支两委的党员代表要竭尽全力地利用家乡情结把村里的经济能人、政治能人、文化能人留在村里，既要培养本土人才，又要引进外来人才，动员他们带领村民走共同富裕的道路，形成"以人带人，以人帮人"的良好氛围，唯有如此，村庄才会实现振兴。

（二）完善利益联结机制，激发资源要素下乡积极性

全面深化农村改革，完善村内组织方式，优化利益联结机制，人民群众受益才是乡村振兴的重中之重。要健全和完善企业和脱贫户之间的利益联结机制，其核心就是要坚持利益共享、风险共担的原则。

其一，大力支持乡村产业的发展，不断发挥资金的引导作用。对助农效益良好的龙头企业或者合作社等项目优先予以财政帮扶。其二，积极解决产业发展中遇到的各种各样的问题，助推龙头企业和乡村振兴车间提高增收能力，努力探索形式多样的产业联合体，通过股份合作、建立契约、生产托管、提供技术服务等多种方式，将民众动员到产业链中来，完善利润分配机制，以租金、工资、分红等形式保障农户合法收益，增强农民的参与感。其三，强化农民市场主体作用。深化农村改革，优化利益联结机制，鼓励农民以土地、林地、资金、劳动、技术、产品等资源要素进行多种形式的合作，持续推进农民增产增收，推动农业发展，为高质量推进乡村振兴打下坚实的基础。依据村庄现有的产业发展基础，结合当地的资源禀赋和当前的市场行

情，规划好村庄一、二、三产业融合发展和产业的转型升级，为全面推进乡村振兴强化物质支撑。村内的合作社为农户提供统一的技术培训，实行统一市场销售、统一利益联结的管理模式，为农民提供社会化服务。

（三）改善基础设施和公共服务，加快美丽乡村建设

1. 不断改进和完善农村基础设施

基础设施建设要一切从实际出发，瞄准村民核心需求，解决群众"急难愁"的问题，做到源于实际，又不超越实际，合理分配村内的资金，不贪大求全、一步到位，切实彰显"以人民为中心"的思想。一是加大对交通、水电和通信等农村基础设施的改善力度，补齐乡村事业发展的短板，改善农村的硬件环境，为村民提供良好的公共服务。二是加大农田基本建设力度，它决定了农业生产的效能，尤其是机械化的电力设施和灌溉设施的建设尤为重要。三是完善农村的污水处理设施，新跃村在发展乡村旅游这个第三产业时，要特别重视地方污水的处理问题。

2. 提升村庄环境风貌

因为村庄的形象参差不齐，公共环境管理严重缺位，所以要持续加强村庄的生态文明建设，不断推动农村环境向好向善，提升农村的人居环境和村庄整体颜值。用更加便利的生活条件吸引人才返乡，打造美丽宜居的环境，让回乡的人没有后顾之忧，不断提高人才的幸福感和获得感。

（四）守好生态红线底线，提升绿水青山生产力

乡村振兴战略秉持着人与自然和谐发展的理念，坚持走农村绿色发展的道路，贯彻落实绿水青山就是金山银山的发展理念，注重生态环境的建设，发展美丽宜居乡村。转变思想观念，发展乡村经济。优良的生态环境是农村发展最大的优势和内在的宝贵财富，新跃村的生态旅游资源得天独厚，但在传统思想下，村民们只能守着金山银山要饭吃。所以要加强对绿水青山市场价值的认识，积极挖掘村庄资源的潜在价值，开发民宿旅游的新价值。将保护乡村自然风貌与地域特色文化标记纳入村规民约，使乡村成为延续中华文

化与历史文脉的有效载体。提高对环境卫生工作的重视程度，下大力气抓实环境保护主体责任，深层次地推进乡村绿色发展，生态报告工作每月一调度，对防治村内的生态污染、水污染和空气污染工作，为打好蓝天保卫战起到了良好的保障。解决乱烂石桥问题，让水路桥旁花草鲜、庭院美、沟渠清、夜景美，建设人民所期盼的人间仙境和世外桃源，打造中国人民所憧憬的乡土中国梦。

参考文献

习近平：《在中国共产党第二十次全国代表大会上的报告》，人民出版社，2022。

陈文胜：《牢牢把住接续推进脱贫攻坚到乡村振兴的关键与核心》，《湖南日报》2020年9月24日，第4版。

陈文胜、李珊珊：《论新发展阶段全面推进乡村振兴》，《贵州社会科学》2022年第1期。

陆福兴：《高质量巩固拓展脱贫攻坚成果推进乡村振兴》，《团结》2021年第1期。

陈文胜、汪义力：《乡村振兴背景下乡镇治理现代转型研究》，《农村经济》2022年第4期。

陆福兴：《让基层干部受重用才能有担当敢作为》，《中国乡村发现》2021年第3期。

陆福兴：《全面乡村振兴如何开好局》，《中国乡村发现》2021年第4期。

陈文胜、瞿理铜、李珺：《乡村振兴不能盲目"现代化"》，《乡村振兴》2022年第7期。

后 记

党的二十大报告指出，"全面建设社会主义现代化国家，最艰巨最繁重的任务仍然在农村"，并就"全面推进乡村振兴"进行专章部署，明确提出"加快建设农业强国，扎实推动乡村产业、人才、文化、生态、组织振兴"。习近平总书记在2022年中央农村工作会议上进一步指出，"全面推进乡村振兴是新时代建设农业强国的重要任务"，对建设农业强国、全面推进乡村振兴的重大理论和实践问题进行了深刻阐述，为做好新时代新征程"三农"工作提供了根本遵循和行动指南。湖南作为传统农业大省，认真学习贯彻习近平总书记关于"三农"工作重要论述和对湖南重要讲话重要指示批示精神，立足湖南省情、彰显湖南特色，不断推动农业大省向农业强省跨越，展现湖南新作为，谱写湖南新篇章。

因此，2023年出版发布的乡村振兴蓝皮书《湖南乡村振兴报告》，以构建农业农村现代化新发展格局为主题，立足省内典型地区的调研，总结农业大省实施乡村振兴战略的新经验，分析新形势，探讨新问题，提出新对策，为湖南全面推进乡村振兴、加快建设农业强省贡献智慧，也期待能为全国实施乡村振兴战略提供有实际价值的参考。

本书由湖南师范大学道德文化研究中心、湖南师范大学中国乡村振兴研究院为主编单位，湖南师范大学中国乡村振兴研究院院长陈文胜、湖南师范大学道德文化研究中心主任向玉乔担任主编，陆福兴、瞿理铜担任副主编，游斌、汪义力、李珊珊担任执行主编。编委会成员有湖南省委农村工作领导小组"三农"工作专家组成员陈文胜、邹冬生、杨胜刚、王文强、瞿理铜、柳中辉，湖南师范大学道德文化研究中心主任向玉乔、湖南师范大学中国乡村振兴研究院陆福兴、游斌、汪义力、李珊珊。研究工作由陈文胜主持并全面负责统筹、组织、策划、提出研究提纲和统稿、定稿工作，陆福兴、瞿理铜、游斌、李珺、李珊珊、汪义力、王文强、周楠等完成主体部分的起草工作，并作为核心研究力量，进行分工合作研究。

《2023 年郴州市乡村振兴研究报告》的研究工作由陈文胜主持，游斌、王文强共同调研并执笔完成，陈文胜定稿，李珊珊、汪义力、凌力群参与调研。

《2023 年娄底市乡村振兴研究报告》的研究工作由陆福兴主持，陆福兴、韩梦瑶、康霜共同调研并执笔完成，陈文胜定稿，游斌、胡勇参与调研。

《2023 年湘西州乡村振兴研究报告》的研究工作由瞿理铜主持，瞿理铜、文雅芳共同调研并执笔完成，陈文胜定稿，陈翔宇参与调研。

《2023 年常宁市乡村振兴研究报告》的研究工作由陈文胜主持，游斌、孙建红共同调研并执笔完成，陈文胜定稿。

《2023 年宜章县乡村振兴研究报告》的研究工作由陈文胜主持，李珊珊、凌力群共同调研并执笔完成，陈文胜定稿，王文强、游斌、汪义力参与调研。

《2023 年双峰县乡村振兴研究报告》的研究工作由陈文胜主持，汪义力、胡勇共同调研并执笔完成，陈文胜定稿，陆福兴、游斌参与调研。

《2023 年古丈县乡村振兴研究报告》的研究工作由陈文胜主持，陈翔宇、陈文胜共同调研并执笔完成，陈文胜定稿，瞿理铜、文雅芳参与调研。

《2023 年汝城县乡村振兴研究报告》的研究工作由陈文胜主持，周楠、陈文胜共同调研并执笔完成，陈文胜定稿，王文强、游斌、李珊珊、汪义力参与调研。

《2023 年湖南省农产品区域公共品牌研究报告》是海星区域公共品牌研究院的研究成果，该项研究工作由任双主持，胡庆红、张辉、李梦钰、陈致远共同调研并执笔完成，陈文胜定稿。

《2023年岳阳市乡村文化振兴研究报告》是岳阳市政协课题组的研究成果，该项研究工作由黎作凤主持，张赟、罗鹏、郑立新、刘庆华、孟日清、廖涛涛、李雅丽共同调研并执笔完成，陈文胜、唐智彬、李珺为指导专家。

《2023年益阳市农业产业化龙头企业发展研究报告》是益阳市政协课题调研组的研究成果，该项研究工作由谢梅成主持，谢梅成、雷越毅共同调研并执笔完成。

《长沙市长沙县新云村乡村产业调研报告》的研究工作由陈文胜主持，曹倩、陈文胜共同调研并执笔完成，陈文胜定稿。

《浏阳市沙市镇东门村乡村振兴调研报告》的研究工作由陆福兴主持，田珍、陆福兴共同调研并执笔完成，陈文胜定稿。

《浏阳市官桥镇石灰嘴村乡村振兴调研报告》的研究工作由陈文胜主持，朱烨、陈文胜共同调研并执笔完成，陈文胜定稿。

《湘潭市湘潭县乌石峰村特色文旅调研报告》的研究工作由陈文胜主持，胡勇、陈文胜共同调研并执笔完成，陈文胜定稿。

《邵阳市隆回县向家村乡村产业调研报告》的研究工作由陈文胜主持，凌力群、陈文胜共同调研并执笔完成，陈文胜定稿。

《常德市桃源县新跃村乡村振兴调研报告》的研究工作由陆福兴主持，韩梦瑶、陆福兴共同调研并执笔完成，陈文胜定稿。

本书的研究与出版得到了中共湖南省委农村工作领导小组办公室、湖南省农业农村厅、湖南省乡村振兴局的关心、指导与支持；得到了郴州市、娄底市、湘西州、岳阳市、益阳市、常宁市、宜章县、双峰县、古丈县、汝城县等地党委、政府及有关部门的大力支持与帮助；得到了岳阳市政协、益阳市政协、海星区域公共品牌研究院等单位的大力支持；得到了社会科学文献出版社领导和编辑的倾心指导与大力支持，在此，一并表示衷心的感谢！

本书引用了大量数据、案例，如无特殊说明，均来自调研中各地方部门或相关单位提供的资料，以及省、市、县（市）统计年鉴、国民经济与社会发展统计公报和政府门户网站所发布的资讯，在此作特别说明并表达谢意。由于编者和研究者的水平有限，书中难免有不妥之处，敬请读者批评指正。

编　者

2023 年 9 月

社会科学文献出版社

皮书

智库成果出版与传播平台

❖ 皮书定义 ❖

皮书是对中国与世界发展状况和热点问题进行年度监测,以专业的角度、专家的视野和实证研究方法,针对某一领域或区域现状与发展态势展开分析和预测,具备前沿性、原创性、实证性、连续性、时效性等特点的公开出版物,由一系列权威研究报告组成。

❖ 皮书作者 ❖

皮书系列报告作者以国内外一流研究机构、知名高校等重点智库的研究人员为主,多为相关领域一流专家学者,他们的观点代表了当下学界对中国与世界的现实和未来最高水平的解读与分析。截至 2022 年底,皮书研创机构逾千家,报告作者累计超过 10 万人。

❖ 皮书荣誉 ❖

皮书作为中国社会科学院基础理论研究与应用对策研究融合发展的代表性成果,不仅是哲学社会科学工作者服务中国特色社会主义现代化建设的重要成果,更是助力中国特色新型智库建设、构建中国特色哲学社会科学"三大体系"的重要平台。皮书系列先后被列入"十二五""十三五""十四五"时期国家重点出版物出版专项规划项目;2013~2023 年,重点皮书列入中国社会科学院国家哲学社会科学创新工程项目。

权威报告·连续出版·独家资源

皮书数据库
ANNUAL REPORT(YEARBOOK)
DATABASE

分析解读当下中国发展变迁的高端智库平台

所获荣誉

- 2020年，入选全国新闻出版深度融合发展创新案例
- 2019年，入选国家新闻出版署数字出版精品遴选推荐计划
- 2016年，入选"十三五"国家重点电子出版物出版规划骨干工程
- 2013年，荣获"中国出版政府奖·网络出版物奖"提名奖
- 连续多年荣获中国数字出版博览会"数字出版·优秀品牌"奖

皮书数据库　　"社科数托邦"
微信公众号

成为用户

　　登录网址www.pishu.com.cn访问皮书数据库网站或下载皮书数据库APP，通过手机号码验证或邮箱验证即可成为皮书数据库用户。

用户福利

- 已注册用户购书后可免费获赠100元皮书数据库充值卡。刮开充值卡涂层获取充值密码，登录并进入"会员中心"—"在线充值"—"充值卡充值"，充值成功即可购买和查看数据库内容。
- 用户福利最终解释权归社会科学文献出版社所有。

社会科学文献出版社　皮书系列
SOCIAL SCIENCES ACADEMIC PRESS (CHINA)
卡号：439413557614
密码：

数据库服务热线：400-008-6695
数据库服务QQ：2475522410
数据库服务邮箱：database@ssap.cn
图书销售热线：010-59367070/7028
图书服务QQ：1265056568
图书服务邮箱：duzhe@ssap.cn

S 基本子库
SUB DATABASE

中国社会发展数据库（下设 12 个专题子库）

紧扣人口、政治、外交、法律、教育、医疗卫生、资源环境等 12 个社会发展领域的前沿和热点，全面整合专业著作、智库报告、学术资讯、调研数据等类型资源，帮助用户追踪中国社会发展动态、研究社会发展战略与政策、了解社会热点问题、分析社会发展趋势。

中国经济发展数据库（下设 12 专题子库）

内容涵盖宏观经济、产业经济、工业经济、农业经济、财政金融、房地产经济、城市经济、商业贸易等 12 个重点经济领域，为把握经济运行态势、洞察经济发展规律、研判经济发展趋势、进行经济调控决策提供参考和依据。

中国行业发展数据库（下设 17 个专题子库）

以中国国民经济行业分类为依据，覆盖金融业、旅游业、交通运输业、能源矿产业、制造业等 100 多个行业，跟踪分析国民经济相关行业市场运行状况和政策导向，汇集行业发展前沿资讯，为投资、从业及各种经济决策提供理论支撑和实践指导。

中国区域发展数据库（下设 4 个专题子库）

对中国特定区域内的经济、社会、文化等领域现状与发展情况进行深度分析和预测，涉及省级行政区、城市群、城市、农村等不同维度，研究层级至县及县以下行政区，为学者研究地方经济社会宏观态势、经验模式、发展案例提供支撑，为地方政府决策提供参考。

中国文化传媒数据库（下设 18 个专题子库）

内容覆盖文化产业、新闻传播、电影娱乐、文学艺术、群众文化、图书情报等 18 个重点研究领域，聚焦文化传媒领域发展前沿、热点话题、行业实践，服务用户的教学科研、文化投资、企业规划等需要。

世界经济与国际关系数据库（下设 6 个专题子库）

整合世界经济、国际政治、世界文化与科技、全球性问题、国际组织与国际法、区域研究 6 大领域研究成果，对世界经济形势、国际形势进行连续性深度分析，对年度热点问题进行专题解读，为研判全球发展趋势提供事实和数据支持。

法律声明

"皮书系列"（含蓝皮书、绿皮书、黄皮书）之品牌由社会科学文献出版社最早使用并持续至今，现已被中国图书行业所熟知。"皮书系列"的相关商标已在国家商标管理部门商标局注册，包括但不限于LOGO（🖐）、皮书、Pishu、经济蓝皮书、社会蓝皮书等。"皮书系列"图书的注册商标专用权及封面设计、版式设计的著作权均为社会科学文献出版社所有。未经社会科学文献出版社书面授权许可，任何使用与"皮书系列"图书注册商标、封面设计、版式设计相同或者近似的文字、图形或其组合的行为均系侵权行为。

经作者授权，本书的专有出版权及信息网络传播权等为社会科学文献出版社享有。未经社会科学文献出版社书面授权许可，任何就本书内容的复制、发行或以数字形式进行网络传播的行为均系侵权行为。

社会科学文献出版社将通过法律途径追究上述侵权行为的法律责任，维护自身合法权益。

欢迎社会各界人士对侵犯社会科学文献出版社上述权利的侵权行为进行举报。电话：010-59367121，电子邮箱：fawubu@ssap.cn。

社会科学文献出版社